KB119155

한국정치의 재편성과
2017년 대통령선거 분석

나남
nanam

한국정치의 재편성과
2017년 대통령선거 분석

2019년 1월 5일 발행
2019년 1월 5일 1쇄

편저자   강원택 · 박원호 · 김석호
발행자   趙相浩
발행처   (주) 나남
주소   10881 경기도 파주시 회동길 193
전화   (031) 955-4601 (代)
FAX   (031) 955-4555
등록   제 1-71호 (1979.5.12)
홈페이지 http://www.nanam.net
전자우편 post@nanam.net

ISBN 978-89-300-8981-4
ISBN 978-89-300-8001-9(세트)

책값은 뒤표지에 있습니다.

이 책은 2015년 교육부의 재원으로 한국연구재단의 지원을 받아
수행된 연구입니다(NRF-2015S1A5A2A03049595).

한국정치의 재편성과
2017년 대통령선거 분석

강원택 · 박원호 · 김석호 편

나남
nanam

Analyzing the 2017 Presidential Election in South Korea

edited by

Kang, Won Taek

Park, Won Ho

Kim, Seok Ho

한국 정당정치의 재편성과 2017년 대통령선거

박원호

1. 들어가며

지난 2017년 19대 대통령선거가 매우 이례적인 선거였다는 말은 여러 차원의 의미를 내포한다. 현직 대통령의 탄핵이 확정된 후 치른 "궐위 선거"였다는 제도적인 의미에서나, 탄핵 당한 대통령을 배출한 여당이 애초에 승산이 거의 없었던 선거였다는 선거공학적인 의미에서나 지난 대통령선거는 이론(異論)의 여지없이 한국선거사에서 아마 다시는 보기 힘든, 매우 이례적인 선거였을 것이다.

그러나 이상과 같은 의미를 넘어서는 다른 차원에서도 지난 선거는 매우 이례적인 선거였다. 그것은 선거가 치러진 당시뿐 아니라 상당 기간이 흐른 지금 돌이켜보았을 때 지난 대통령선거가 한국정치에서 정당정치의 근본적인 재편성(realignment)이 시작되는 결정적인 장면이 아니었는가 하는 질문과 관련된다. 다시 말해 지난 대통령선거는 한국의 유권자와 정당들의 관계가 전면적으로 새롭게 재구성되는 장면이었다는 가설이 우리 앞에 놓인 것이다.

물론 한국정치사와 선거사의 맥락에서 지난 선거의 의미를 되새기는 일은 상당한 시간과 노력이 필요한 일이 될 것이다. 정당과 유권자의 관계가 매우 근본적으로 재편성되었다는 주장의 타당성은 시간의 검증을 거쳐야 확인될 수 있을 것이기 때문이다. 예컨대 미국의 정치학자 키(Key) 교수에 의하면, 미국선거에서 정당과 유권자 사이에 확립되어 있는 상호 지지의 '정렬'관계(alignment)라는 것은 상대적으로 안정된 상태에서 상당 기간 지속될 수 있지만, 때로는 역사적 시기를 거치면서 이러한 정당-유권자 사이의 연대가 구조적이고 근본적으로 재정렬, 혹은 재편성될 수 있다는 것이다. 이러한 선거를 우리는 '중대선거'(critical election)라고 부른다(Key 1955).

과연 19대 대통령선거는 중대선거였을까? 그것이 중대선거이기 위해서는 첫째, 이전까지 상당 기간 지속되었던 한국선거의 유권자-정당 관계가 근본적으로 깨어졌다는 사실이 명백해야 할 것이고, 둘째, 이러한 관계가 다시 복원되는 것이 아니라 새로운 상태로 상당 기간 지속되어야 할 것이다. 예컨대 미국의 1932년 선거에서 루즈벨트 대통령을 중심으로 형성된 '뉴딜 연합'은 이전까지 미국 민주당의 지지층과는 전혀 다른 대도시 노동자, 소수 인종, 지식인, 남부 백인 등을 아우르는 연합이었으며, 이후 최소한 30년 동안 지속됐을 뿐 아니라 오늘에 이르기까지 현대 미국 민주당의 골간을 정의하는 연합이기도 하다. 논자들은 미국정치가 이러한 정렬관계가 30년 정도 지속되고 깨어지는 사이클을 반복한다고 주장하기도 한다(Burnham 1970).

마침 '87년 체제'가 정확하게 30년이 지난 시점인 2017년에 붕괴되었다고 선언하는 것만큼 매력적이고 선정적인 일은 없겠지만 학술적인 관점에서는 조심스러울 수밖에 없다. 해당 선거에서 드러난 상당히 깊은 수준의 변화상이 복원되지 않은 채 상당 기간 지속되기 이전에는 87년 체제 — 적어도 유권자와 정당의 관계에 대한 서술이라는 측면에서 —

가 붕괴했다고 말하기는 아직 이르기 때문이다.

따라서 이 책의 목적은 이러한 수행 불가능한 '시간의 테스트'를 제외하고 과연 2017년 대통령선거에서 드러난 여러 양상들이 얼마나 근본적으로 이전과 다른지를 살피는 데 있다. 여기서 근본적이라 함은 19대 대통령선거의 여러 경향들이 87년 이후 지속적으로 유지된 한국선거의 구조적인 속성들과 얼마나 불일치하는지, 둘째로 그런 경향들이 얼마나 지속될 가능성이 있는지 여부이다. 요컨대 이 책의 목적은 선거에서 드러난 여러 특징들을 기술(記述)하는 것을 지나, 그러한 특징들이 얼마나 근본적으로 한국정치를 뒤바꿀 것인지에 대한 질문을 던지는 데 있다.

여기서는 지난 대통령선거에서 드러난 구조적인 특징들을 한국선거 정치의 맥락에서 되새겨 본다. 특히, 보수의 재편성과 국민의당의 발흥 등으로 요약되는 다당제적 유인들이 어떻게 한국정치의 제도적 배열과 엘리트의 정책적 인센티브와 상호작용하는지, 그리고 이것이 어떻게 유권자들의 균열구조와 후보 지지로 나타나는지를 살펴볼 것이다.

2-1. 전통적 보수의 궤멸?

지난 19대 대통령선거의 가장 큰 특징은 한국의 보수 정당, 혹은 한국의 보수가 일방적으로 궤멸한 선거라는 점이며 이러한 경향은 2018년 지방선거에서 증폭되었다. 돌이켜보면, 2016년 촛불 정국 직후 기존 여당이던 자유한국당(前 새누리당)이 공천할 후보자조차 없는 상황이 한동안 지속되었고, 결국 공천된 홍준표 후보가 5%도 되지 않는 지지율을 보였던 시기가 장기간 존재하였다. 이를 감안한다면 선거의 최종 결과로서 24%를 득표하여 2위를 차지한 것은 자유한국당의 입장에서는 상당히 성공적인 선거, 혹은 '선전'이었던 것으로 착각하게 만든다. 그러나 이는 한국의 대통령선거에서 유력한 4당 주자들이 완주한 1987년 대통령선거에서 노태우 후보가 36.6%의 득표율을 보인 이래 한국의 보수 정당이 받아든 최악의 득표율이다. 대안적 보수 후보였던 유승민 후보의 득표율(6.8%)을 합치더라도 30%를 겨우 상회하는 수준이다.

단순히 득표율의 측면에서뿐 아니라, 자유한국당이 선거운동 기간을 통해 지속적으로 강조하였던 정치적 레토릭 또한 이전 새누리당 시절에 볼 수 있던 포괄정당(catch-all party)의 모습을 보이지는 않았다. 홍준표 후보는 토론회와 유세를 통해 끊임없이 지지세를 확장하기보다는 전통적인 지지층의 믿음과 목소리를 확인시켜주는 데 주력함으로써 선거의 목표가 자유한국당의 '생존'임을 비교적 명백히 하였다. 홍 후보와 자유한국당이 주로 전달한 정치적 메시지의 중심에는 첫째, 대통령 탄핵 반대, 혹은 그 절차적 부당성의 강조, 둘째, 전술핵 등 극단적 대북 강경 노선, 셋째, 강한 대통령(국가)에 대한 과거의 향수 자극, 넷째, 친기업(재벌)적 규제 완화·세제 지원 및 노조 반대, 다섯째, 사형제, 성소수자 정책 등 논쟁적 이슈에 대한 명확한 입장 표명 등으로 요약할 수 있다. 불과 4년 전 경제민주화 의제를 선점하며 민주화 이후 처음으로 과반의 지지를 얻어 당선되었던 박근혜 후보의 선거운동을 상기한다면, 애초 선거운동이 목표와 대상으로 설정했던 유권자의 범위가 매우 축소되었음을 알 수 있다.

여기에서 당시 홍준표 후보의 메시지를 다시 정리하는 이유는 그 선거전략을 평가하기 위해서가 아니다. 그것은 24%의 확고한 득표를 위해 자유한국당을 다당제하 극우 정당의 모습을 띠도록 변모시킨 것이 미래에 어떤 영향을 미칠 것인지를 생각할 기반이 되기 때문이다. 박근혜 게이트가 한국 보수의 입지를 매우 약화시키고 그 지반에서부터 통째로 뒤흔든 계기가 되었다면, 홍준표 후보와 자유한국당의 선거운동은 보수의 입지를 강화하는 대신 보수의 범위를 매우 축소시켰다고 평가할 수 있을 것이다.

2016년 촛불 정국 이후 보수 정당에게 불리한 '기울어진 운동장'이 만들어진 이래 약 80%에 육박하는 국민들이 박근혜 전 대통령의 탄핵을 지지하는 상황에서, 홍준표 후보를 중심으로 진행된 두 달여의 선거운동은 자유한국당이 얻을 수 있는 득표를 최대화한 것도 사실이지만 동시에 자유한국당의 입지를 매우 고립화시킨 것으로 보인다. 만약 87년 체제가 우리에게 부여한 것이 지역주의에 기반을 둔 양당제, 혹은 준양당제였다면, 적어도 해당 선거에서 자유한국당이 보여준 모습은 매우 전형적인 극우 정당의 모습이었고, 그런 의미에서 우리가 목도하고 있는 것은 새로운 형태의 정당체제로 진입하는 터널의 입구인지도 모른다.

2-2. 정당 재편성의 동인: 엘리트의 선택?

정당과 유권자의 정렬이 근본적으로 바뀌는 것이라면 양당제가 붕괴하고 다당제 시스템이 시작될 가능성이 무엇인지에 대한 고려를 하지 않을 수 없다. 정치학 문헌은 이에 대해 크게 세 갈래의 해답을 제공한다. 하나는 제도적 설명으로서, 잘 알려진 것처럼 특정한 선거제도가 양당제 혹은 다당제적 경향성을 강화하거나 막는다는 주장이다 (Duverger 1963 등). 두 번째는 사회균열의 측면에서 사회적 수요가 다당제를 요구하는 분절적인 사회구조를 지니고 있는지 여부와 이러한 균열구조가 정치적으로 동원될 수 있는지에 대한 고민이다(Ordeshook et al. 1994 등). 세 번째는 직접적으로 정당체계에 대한 논의는 아니지만 잘 알려진 중위투표자 이론(median voter theorem)의 주장(Downs 1957)이다. 이러한 논의들을 통하여 양당제와 다당제에 대한 정치엘리트들의 전략적 선택에 대한 몇 가지 실마리를 얻을 수 있을 것이다.

우선 제도적 측면에서 보았을 때 분명한 사실은 현재 한국의 선거제도가 취하고 있는 제도적 설정은 매우 강한 양당제적 경향을 띠고 있다는 점이다. 결선투표가 없는 단순다수 대통령선거제와 지방자치단체장 선거, 매우 제한적 비례대표제와 착종된 국회의원 소선거구제 등의 제도적 배열은 한국에서 유권자 수준의 다당제적 수요 존재 유무와는 무관하게 매우 강한 구심력으로 정당들을 양당으로 묶는 상수로 작용한다. 여기에 덧붙여 지구당이 불법화되고 공천, 충원, 자금과 선거전략이 모두 중앙화된 한국의 정당현실을 생각한다면 지방선거 또한 중앙의 양당제로 흡인될 수밖에 없다. 선거에서의 생존을 위해서는 국지적 생존보다는 전국 수준에서의 협력(coordination)이 필수적이기 때문이다(Cox 1997). 어떤 의미에서 87년 체제의 중핵에는 이런 매우 강한 양당제적인 선거제도가 놓여있는 것이다.

만약 유권자 수준에서 매우 강한 다당제적 수요가 존재한다고 하더라도, 이처럼 강한 양당제적 제도 배열하에서 다당제적 정당체제가 안정적으로 운영될 가능성은 매우 낮다.[1] 안철수 후보를 중심으로 제기된 대통령선거 결선투표제가 이러한 제도적 제한들을 넘으려는 시도였다면, 바른정당 13명의 의원들이 지방선거를 우려하면서 집단적으로 선거 막바지에 자유한국당으로 되돌아간 것은 이러한 제도적 제한의 현

---

[1] 그 유일한 예외는 아마 지역적으로 압도적인 지지를 받는 다수의 정당들이 소선거구제하에서 존속하는 경우일 것이다. 예를 들어 1990년대 자민련 계열의 정당이나 인도의 정당체제를 생각하면 될 것이다(Chhibber & Kollman 1998).

실을 반영하는 것이었다. 국민의당과 바른정당의 바른미래당으로의 합당 또한 제도적 구심력이 작동한 사례로 볼 수 있을 것이다.

선거제도의 개혁을 현실적으로 예측하는 것은 매우 어렵고 정치와 우연의 영역에 속한다. 어떤 특정한 인센티브를 지닌 행위자가 언제 어떻게 이해관계가 맞는 누구를 만나서 정치적 합의와 의회 내 다수를 구성할 수 있는지는 근본적으로 학술적 예측의 영역이 아닌지도 모른다. 그러나 분명한 사실은, 다음 절에서 다루겠지만, 현재 적어도 유권자 수준에서는 매우 원심적인 다당제적 수요가 상당히 존재한다는 사실이며, 이것이 지속되고 조직되기만 한다면 의외로 쉽사리 제도가 돌파될 수 있을지도 모른다는 점이다. 확실한 사실은 적어도 현재의 시점에서 바른미래당이나 정의당이 상당한 지지세가 있다는 것이며, 그런 의미에서 다당제 친화적인 선거제도 개혁의 목소리를 낼 인센티브는 충분해 보인다.

두 번째 정치·사회적 균열의 측면에 대한 이야기는 다음 절로 미루고, 이곳에서는 앞서 언급한 세 번째, 중위투표자 이론에 입각하여 정당엘리트들, 특히 자유한국당의 홍준표 후보가 왜 극단적인 보수 우파 전략을 선택했는지를 검토해 보겠다.

경쟁하는 두 정당이 중도로 수렴한다는 다운스의 단순한 공간모형은 어쩌면 우리의 87년 체제를 매우 잘 설명해 온 이론이라 할 수 있다. 지난 2012년 대통령선거에서 박근혜 후보가 오히려 경제민주화 의제 — 당선 후 실행 여부를 막론하고 — 를 선점하는 등, 우리는 매우 중도적인 거대 정당들의 정책적 수렴을 목도하였다. 2007년 17대 대통령선거에서 이명박 후보는 수도권 지역 화이트칼라를 공략했으며, 2008년 총선에서는 서울 지역에서만 40석을 얻었다. 2011년 무상급식과 관련된 주민투표를 둘러싼 오세훈 전 서울시장의 사퇴로 치르게 된 보궐선거는 정작 무상급식 이슈에서는 유권자들의 선호가 상당히 수렴했다는 점을 보여준 것도 사실이다. 요컨대 한국의 전통적인 보수 정당들은 끊임없이 영남이라는 지역적 극단을 벗어나 중도를 공략하는 노력을 아끼지 않았다.

제19대 대통령선거에서 자유한국당과 홍준표 후보가 명확하게 제시한 선거전략은 이러한 경향을 극단적으로 부정하는 것이었다. 앞서 언급한 것처럼 안보, 통일, 경제 등의 이슈에서 중도보다는 극단의 의견을 내고, 양당제적 경합에서는 조심스럽게 피했을 성소수자나 젠더, 사형제 등의 매우 논쟁적(dividing) 이슈들에 대한 입장을 공격적으로 밝히는 데 주저함이 없었다. 요컨대 자유한국당은 다당제하 극우 정당이 취하는 선거전략을 취했다.

그 원인은 물론 자유한국당의 입지가 박근혜 게이트를 통하여 매우 주변화된 애초의 출발점 때문이기도 하지만, 동시에 해당 선거가 다름 아닌 다당제적인 구도하에서 치러졌고, 특히 국민의당과 안철수 후보가 중도적 위치를 점하고 있었기 때문이었다. 중위투표자 이론이 예측하는바, 경쟁하는 후보들이 매우 중간적인 정책적 입장들로 수렴한다는 주장(Downs 1957)이 지금까지 한국의 선거를 잘 설명해줄 수 있었던 이유는 한국의 정당시스템이 양당제였기 때문이며, 그것이 지난 대통령선거에 들어맞지 않았던 이유는 선거구도가 구심력보다는 원심력이 작동하는 다당제적 선거였기 때문이다. 중위투표자 이론은 경쟁자들이 오직 2명의 후보 — 혹은 2개의 정당 — 만 있을 경우[2]에 성립하며, 그 이상의 대안들이 있는 경우는 가정에 위배되어 성립하지 않는다. 이

---

[2] 유권자들은 자신의 정책적 선호와 가장 가까운 후보자/정당을 선택하고, 이들이 고려하는 정책차원은 한 개만 있으며, 어떤 경우에도 투표불참이 없다는 추가적 가정들이 있다.

러한 구도에서 자유한국당의 홍준표 후보는 좌우 이념스펙트럼의 오른쪽 극단으로 달려갔다.

따라서 질문은 자유한국당이 예전의 한나라당이나 새누리당이 차지하고 있었던 명목적, 혹은 이념적 중도 노선으로 복원할 수 있을 것인가 하는 질문이다. 이것은 앞서 밝힌 것처럼 정치적 행위자들의 선택의 문제이므로 쉽사리 예측하기는 어려운 일이지만, 적어도 주어져 있는 현재의 조건하에서 상당한 진통 없이는 어려워 보인다. 첫째, 외부적인 합당의 가능성을 본다면 지역적 기반이나 지지자들의 사회인구학적 배경이 매우 다른 바른미래당의 경우 자유한국당과의 합당 인센티브가 크지 않을 것이기 때문이다. 둘째, 자유한국당 내부의 역학관계나 홍 후보를 지지한 24%의 파괴력을 감안해볼 때, 급작스럽게 정책노선을 변경할 수 있을지는 의문이다.

요약하자면, 당분간은 다운스적인 양당제적 균형이 깨어진 곳에서 다당제적 원심력이 각 정당엘리트들과 이들의 정책노선에 영향을 미칠 것으로 보인다. 이곳에서는 '수렴'보다는 '선명성'이 우선시되고, '중도'보다는 '극단'에 위치한 유권자들을 대상으로 한 동원이 이뤄질 것으로 생각된다. 다만 이러한 경향성의 지속을 여전히 최종 심급에서 결정하는 것은 양당제적인 선거제도이며 이에 대한 개혁의 목소리가 나타날 것으로 예상된다. 의석수로 거대양당인 더불어민주당과 자유한국당이 어떤 전략적 선택을 하는가, 선거제도를 둘러싼 갈등이 어떤 형식으로 봉합되는가에 따라 다당제적 정치가 얼마나 지속되는지도 결정될 것이다. 이는 아마도 다음 절에서 살펴볼 유권자 수준에서의 균열구조가 요구하는 다당제 정치에 대한 요구의 강도에 의해서도 또한 좌우될 수 있을 것이다.

2-3. 정당 재편성의 동인: 유권자의 이념적 분화?

한국선거에서 이와 같은 다당제적 구도가 발생하게 된 것은 사실 박근혜 게이트보다도 더 이전에 시작된 안철수라는 정치인의 독특한 정치적 이력이 결정적이라고 말해야 정확할 것이다. 그가 2011년 홀연히 몰고 온 신드롬과 함께 시작된 정치경력과 야당 입당, 뒤이은 국민의당 창당, 2016년 20대 국회의원 총선거에서의 성공적 생존과 탄핵 국면에서의 부침, 그리고 한때는 문재인 후보의 유일한 대항마였던 지난 4월 초의 가능성 등은 본인이 주장하는 것처럼 '양당의 카르텔'을 상당 부분 깨뜨린 것이었다.

학술적으로 더 흥미로운 질문은 어떻게 해서 그가 기존의 보수 유권자들을 상당히 잠식했는가 하는 점이며, 좀더 정확하게 말한다면 어떤 보수적 유권자들이 홍준표 후보가 아닌 안철수 후보를 선택했는가 하는 질문이다. 이 질문을 계속 묻다 보면, 이후 선거에서 이 두 그룹의 후보들이 다시 하나의 통일된 보수 후보를 선택할 가능성이 있는지 또한 좀더 잘 알게 될 것이다. 이를 위해 이곳에서 잠시 우회하여 이전 선거들을 살펴볼 필요가 있다.

지난 대통령선거에서 홍준표 후보와 유승민 후보가 얻은 득표의 총합은 전체 투표의 약 30%에 지나지 않았다. 2012년 18대 대통령선거에서 박근혜 후보가 얻었던 약 52%의 득표율이나 그 이전 17대 대통령선거에서 이명박 후보의 49%와 이회창 후보의 15%를 감안한다면 전통적인 보수 투표자들의 상당수가 — 거의 절반 정도가 — 안철수 후보를 지지한 것으로 추정할 수 있다.

이러한 보수의 분화가 일어난 이유는 무엇이며, 그런 분화가 지속될 가능성은 얼마나 높은가? 사실 돌이켜보면, 한국에서 보수 정당이 근래에 가장 광범위한 지지를 구가했던 시기는 2007년 대통령선거와 뒤이은 2008년 총선이었다. 특히, 2008년 국회의원 총선거는 한국의 보수 정당이 한국정치에서 어떤 장기적인 비전을 가지고 다수 연합의 영속성을 유지할 수 있는지에 대한 해답을 던져준 선거이기도 하였다. 전국적으로 고른 지지를 얻은 한나라당은 당시 영남·친박계가 탈당하여 '친박연대'라는 독립적인 정당으로 의원을 공천했음에도 과반수인 153석을 획득하였으며, 서울에서만 40석을 획득하는 대성공을 거두게 된다. 이념적으로 중도, 지역적으로 중앙(서울·경기), 계층적으로는 중산층 유권자들을 중심으로 하는 삼중(三中)의 거대 중도보수의 시기가 열린 것이다.

이러한 연합을 한마디로 정의하자면, 강력한 박정희식 국가주의의 전통과 안보로 무장된 전통적인 대구·경북 지역의 '민정계 보수'와 이명박식 샐러리맨의 신화로 요약되는 수도권 지역을 중심으로 하는 '규제 완화 친기업 보수', 양자가 연합을 맺은 거대 중도보수 정당의 출현이다. 이 두 세력 간 동거는 사실 이론적으로는 쉽지 않은 것이 비교적 명백한데, 시장주의를 선호하고 국가에 대한 개인의 권리를 강조하는 후자가 발전국가의 전통과 충돌할 가능성이 언제든지 존재하기 때문이다. '규제 완화 보수'는 한국의 전통적인 보수주의의 계보라기보다는 오히려 한국의 보수 야당에 존재하던 요소이며, 유럽에서는 자유주의라는 이름으로, 미주에서는 자유지상주의(libertarian)라는 이름으로 불리는 사조에 가깝다고 할 수 있다(박원호 2012).

박근혜 정부의 4년 통치 기간은 어떤 의미에서는 이러한 한국의 전통적 보수와 새로운 보수의 동거를 불가능하게 한 기간이기도 하였다. 교과서 국정화 문제나 시위 진압을 둘러싼 정부의 철권적 통치, 유신시기를 연상케 하는 행정부 독주의 문화 등은 ― 후속 연구를 통해 자세히 밝혀지겠지만 — 시장주의적 보수 유권자들의 등을 돌리게 만들었다고 가설적으로 이해할 수 있다. 이들은 아마도 탄핵 정국에서 촛불을 들 수밖에 없었을 것이다.

그런 의미에서 보수 지지자들의 분화가 일어난 것은 단순히 탄핵 정국의 결과가 아니라 그 이전부터 준비되고 있었고, 2016년 20대 총선거에서 새누리당의 예상하지 못했던 패배를 거쳐 오히려 탄핵 정국의 원인이 되었다고 볼 근거가 있다(천관율 2017).

안철수 후보가 이끄는 국민의당이 상당한 정도로 보수 지지층을 잠식한 것이 2017년 대통령선거가 처음이 아니며, 박근혜 게이트와 탄핵 국면이 시작하기 이전인 2016년 4월의 20대 국회의원선거에서 이미 상당한 보수표의 잠식을 보여준 바가 있다. 국민의당이 실지 거의 모든 지역구 의석을 호남에서 얻음으로써 당시 야당이었던 더불어민주당의 표를 잠식했던 것은 주지의 사실이지만, 전국적인 비례대표 득표에서는 2위에 해당하는 약 27%를 얻었다는 것, 그리고 기존 새누리당 지지자들로부터도 상당한 득표를 얻었다는 것도 사실이다.

바른정당과 유승민 후보의 입지와 이후 향배 또한 매우 흥미롭다. 이들이 위에서 밝힌 것처럼 보수 거대연합에 속해 있다가 더 이상 박근혜 정부를 지지할 수 없게 된 상당수의 유권자들로 구성된 선거시장 (*electoral market*)을 타깃으로 생각했던 것도 사실이며, 그런 의미에서 국민의당과 경합 관계에 있었다고 보는 것이 상식적이기 때문이다.

그러나 유승민 후보가 후보자 토론이나 유세를 통해 명백하게 표명한 입장은 전술핵 배치로 요약되는 매우 극단적으로 보수적인 안보정책과 정의당의 심상정 후보 못지않게 상당히 진보적인 경제·복지정책의 조합이었다. 이것은 국민의당이 호남 유권자들을 의식하여 취할 수밖에 없었던 사드배치 등을 둘러싼 안보에 대한 어정쩡한 입장과도 매우 확연하게 구분이 되며, 앞서 정의한 시장주의자들의 입장과도 매우 직접적으로 배치되는 포지션이라 할 수 있다. 어떤 의미에서는 2011년 안철수 후보가 처음 밝힌 "안보는 보수, 경제는 진보"[3]라는 입장에 보다 충실했던 후보는 오히려 유승민 후보였으며, 그가 선거기간에 줄곧 낮은 지지율을 극복하지 못했던 이유는 이러한 포지션에 공감할 수 있는 유권자가 그리 많지 않아서라는 가설적 설명이 가능하다.

3. 다당제적 분화?

적어도 다당제적 경쟁의 출현이라는 차원에서 지난 대통령선거는 이전 양당제적 선거와는 근본적으로 다른 양상을 띠었다. 이전의 거대 연합으로서의 보수 정당은 완전히 사라지고 분절화되었으며, 이들이 내놓은 정책적 입장 또한 중도적 포괄정당의 것이라기보다는 극단적 유권자들을 염두에 둔 내용이었다. 즉, 다운스적인 중도 수렴이 아닌 강력한 정책적 원심력이 작동한 선거였다. 2018년 지방선거는 일당우위의 결과를 보여주었지만 그 근원에는 사실 여당이 대통령의 대중적 지지만을 등에 업고서도 선거를 지배할 수 있었던 다당제적 분절화가 놓여 있었다.

이 배경에는 변화하는 유권자와 정당의 상호작용이 놓여 있었으며,

---

3 이것은 안철수 후보가 출마선언을 하면서 자신의 입장을 밝힌 것인데, 여기에서 "경제는 진보"라는 주장은 사실 중소기업을 보호하기 위해 규제를 완화하는, 경제정책에 있어서는 오히려 상대적으로 보수적인 입장으로 이해된다. 한국에서 "규제 완화"라는 슬로건은 많은 경우 경제적으로 진보적인 포지션으로 정치엘리트와 유권자들에게 공히 이해되는 경향이 존재한다(박원호 2012).

특히 보수 정당의 분화에는 정책적·이념적 원인들이 작동하는 것으로 보인다. 매우 강력한 국가주의적 전통과 새로운 시장주의적 선호를 하나의 연합으로 결집시킨 이명박 정부의 보수 대연합은 박근혜 정부에서 유지될 수 없었다. 유신시대를 방불케 하는 통치 스타일과 교과서 국정화 등의 배제적 정책을 통해 시장주의적 보수는 끊임없이 소외되었고 이들의 이탈은 이미 2016년 20대 총선에서 목격되었다. 박근혜 게이트와 탄핵 정국은 이러한 경향을 가속화하고 고착시킨 계기에 불과했으며, 우리는 그 결과로서 여당이었던 보수 정당이 24%의 지지를 얻은 선거결과를 받고 만족하는 것이 당연시되는 시점에 다다르게 되었다. 국민의당이나 더불어민주당 등으로 이탈한 유권자들이 다시 우리가 익숙한 형태의 보수 정당의 지지층으로 되돌아올 것인지는 매우 의문이다.

　지역주의적 투표의 영향력은 여전히 강고하지만 지난 대통령선거는 연령별, 세대별로 정당 지지가 뚜렷하게 분화된 선거이기도 하였다. 특히, 지지자들이 매우 극적으로 고연령층과 저연령층으로 명확하게 나누어진 자유한국당과 바른정당이 다시 하나의 정당으로 합당하거나 연대하는 것에도 많은 난관이 있을 것으로 보인다. 요컨대 지난 대통령선거는 다당제적 원심력이, 특히 구여권 지지자들을 중심으로 강력하게 작용한 선거였으며 이렇게 분절화된 유권자들이 다시 하나의 거대 보수 정당으로 복원되는 것이 단기간에 가능하지는 않을 것으로 보인다.

　이상과 같은 보수 정당의 분화가 더불어민주당이나 정의당 등에 미치는 영향도 생각해 볼 수 있을 것이다. 지난 대통령선거에서 드러났던 것처럼 안정적 다수를 문재인 후보가 확보했을 것이라고 믿는 순간 정의당의 잠재적 지지율이 치솟았던 것처럼, 이념적 스펙트럼의 한쪽에서 시작된 원심력이 그 반대쪽에도 동일하게 작용하는 것은 얼마든지

가능하다. 가장 주요하게는 후보자 토론에서 성소수자 이슈가 적극적으로 제기되고 논란을 불러일으켰던 것처럼 다당제 정치라는 것은 양당제에서는 거론하지 않고 애써 피해왔던 지엽적이고 대립적인 정치적 의제들이 오히려 동원되는 공간일 수밖에 없기 때문에, 그 원심력의 영향이 보수 진영에만 머물지는 않을 것이다. 그런 의미에서 우리는 새로운 다당제적 정치가 시작되는 터널의 입구에 서 있는지도 모른다.

그럼에도 양당제적 정치의 복원력을 무시할 수 없을 것이며 30년이나 지속된 정치의 관성 또한 존재한다. 무엇보다도 정당체계는 선거제도의 영향을 벗어날 수 없다. 우리에게 제도로서 주어진 87년 체제의 핵심은 강한 양당제적 편향이 있는 결선투표 없는 대통령제, 소선거구제, 그리고 제한된 비례대표제 등으로 정의될 수 있고, 아무리 강력한 다당제적 기회와 수요가 존재하더라도 제도적 변화 없이는 양당체제로 회귀할 가능성이 크다.

그러나 동시에 제도는 종속변수일 수도 있다. 제도가 양당제를 산출하기도 하지만 1987년도에 존재했던 사회적·정치적 수요가 안정된 양당제적 제도로 귀결되고 이에 당시의 여야가 합의에 성공했던 것이 바로 우리의 현행 헌법이라는 사실이 그것을 웅변한다. 마찬가지로 강력한 다당제적 요구가 선거와 정당과 의회를 통해서 제기되고 이것이 정치적 행위자들의 이해관계와 일치한다면, 선거제도의 변화 또한 불가능한 일은 아닐 것이다.

마지막으로, 양당제건 다당제건 어느 정당체계가 다른 것보다 근원적으로 우월하다고 말할 수는 없다. '87년 체제의 낡은 외피'라는 레토릭도 무엇이 낡았고 무엇이 보다 나은 정치를 가로막고 있는지에 대해 분명히 지적하는 것으로 시작해야 할 것이다. 그러나 적어도 확실한 것은 지난 수년간 유권자의 소외과정과 이에 응답하는 데 실패한 정치의 근원에는, 보다 중요하고 다양한 의제들의 거명과 토론을 가로막고 있었던 독점적 양당제가 존재한다는 인식이 존재하고, 이것이 새로운 정치에 대한 수요로 표출되고 있는 것으로 보인다는 점이다. 이러한 모든 변화가 정당 재정렬, 혹은 새로운 정치의 시작으로 귀결될지는 오직 시간만이 말해 줄 수 있을 것이다.

4. 이 책의 구성

이상과 같은 문제의식들은 2017년에 치른 19대 대통령선거가 한국선거사와 정치사에서 어떤 의미를 지니는지에 대한 보다 큰 질문으로 귀결되며, 이 책은 그 질문에 대한 다양한 대답을 시도한다. 이 책은 크게 세 부분으로 구성되며 그 내용은 다음과 같다. 첫째, 지난 19대 대통령선거에서 드러난 정당체계의 변화에 보다 초점을 두어 이에 조응하는 유권자들의 변화를 자세하게 살펴본다. 둘째, 지난 선거에서 보인 유권자의 독특하거나 새로운 의식과 행태들을 분석한다. 셋째, 그럼에도 불구하고 이전 선거들과의 연속성에서 지난 대통령선거를 이해하고 자리매김하려는 작업 또한 시도한다.

우선, 강원택·성예진은 지난 대통령선거에서 나타난 보수의 분화를 세대라는 렌즈를 통해 들여다본다. 이를테면 기존의 보수와 구분되는 '젊은 보수'의 존재를 밝히고 이들을 이해할 수 있다면 한국의 보수의 미래에 대해 우리는 좀더 잘 설명하고 예측할 수 있을 것이다. 물론 보수와 진보를 나누는 이념이라는 잣대와 한국사회의 갈등이 응축되어 있는 세대의 상호작용은 상당히 복잡할 수밖에 없다. 연구결과 중 가장 중요한 부분은 지난 대통령선거에서 이념이 후보 선택에서 매우 핵심적 역할을 했다는 점, 그리고 안보·북한 이슈를 통해 정의되고 구분되는 전통적인 보수와는 달리 20~30대의 보수는 경제적 이슈의 중요성을 강조하는 것으로 나타났다는 점으로 요약할 수 있다. 물론 기존 이슈가 새로운 이슈로 대체되는 것은 정당 재편성의 필요조건이기도 하다(Carmines & Stimson 1989).

류재성은 정당과 유권자의 관계를 좀더 종합적으로 규명한다. 류재성에 따르면 각 후보자를 지지한 유권자들을 중심으로 이들의 사회경제적 특성, 정치이념, 정치적 태도 등을 검토한 결과, 보수 후보 지지자들은 상이한 여러 갈래로 나뉘어지는 것이 보인다. 가장 흥미로운 부분은 홍준표 후보와 자유한국당을 지지한 전통적 보수 지지층이 정책 선호에 있어서 안철수 후보와 국민의당은 물론이고, 유승민 후보와 바른정당 지지층과도 상당한 분화를 보이는 것으로 나타났다는 점이다. 여러 가지 해석의 여지가 남아 있지만 분명한 것은 이러한 지지층 분화는 정당들과 엘리트 내부 이합집산의 원인이자 결과가 될 수 있다는 점이다. 어떤 의미에서는 대통령선거와 이후 지방선거 국면, 그리고 현재에 이르기까지 진행되는 중도/보수 야당들의 합종연횡을 바라보는 하나의 실마리가 이미 지난 대통령선거 국면에서 보인다고 할 수 있다.

장승진은 19대 대통령선거가 다당제적 경쟁이었다는 점에 주목한다. 연구에 의하면 유권자들이 인식하는 후보자들과의 이념적 거리는 후보자에 대한 반대를 설명하는 데는 유효하지만 후보자에 대한 지지를 설명하지는 않는 것으로 드러났다. 요컨대 이념투표는 매우 제한적인 방식으로만 작동하며 이러한 점이 다당제적 경쟁체제에서 명확하게 드러났다는 점이다. 반면 정당에 대한 호감도는 후보자 선택에 매우 결정적인 영향을 보인 것으로 나타났다.

이상의 논의들이 정당체계의 변화와 관련된 논의라면, 정당·정파와는 독립적인 유권자 수준의 특징을 살펴볼 필요가 있다. 하상응은 지난 대통령선거에서 드러난 한국유권자들의 포퓰리즘적 성향을 자세하게 살핀다. 전 세계적인 현상이기도 한 포퓰리즘은 2017년 대통령선거에서 관측할 수 있으며 무엇보다도 기존의 진보-보수 구분과는 무관하게 양 진영에서 공히 관찰된다. 지난 2017년 대통령선거에서 유권자들은 포퓰리즘 성향이 높을수록 정치체제에 대한 반감은 크지만 선거참여는 더 활발한 것으로 나타났으며, 20대와 비교해 봤을 때 50대에게서 포퓰리즘 성향이 더 두드러지게 나타났다. 포퓰리즘 성향이 높은 유권자들은 문재인, 안철수, 유승민 후보에 대해서도 낮은 호감도를 보였고, 선거운동 기간 동안 포퓰리즘에 기반한 담론을 눈에 띄게 유포한 홍준표와 심상정, 자유한국당과 정의당에 대해서는 특별한 반감을 보이지는 않았다.

강신구는 한국유권자들이 지난 대통령선거에서 전략투표를 수행했는지를 경험적으로 검증한다. 특히, 이는 이전 연구들과는 달리 유권자들에게 후보자에 대한 선호 순위와 후보자들의 당선가능성을 묻는 설문을 통해 가능해진 것이다. 연구에 의하면 지난 대통령선거에서 한국유권자들은 자신이 가장 선호하는 후보의 당선가능성이 희박할수록, 그리고 1, 2위 후보 간의 경쟁이 치열하다고 인식할수록 자신이 선호하지 않는 다른 후보에게 투표하는 것으로 나타났다.

김연숙은 정당에 대한 부정적 감정이 지난 대통령선거에 미친 영향을 검토한다. 예컨대 지난 대통령선거는 유권자들이 좋아하는 후보(혹은 정당)를 선택한 선거가 아니라 싫어하는 후보(혹은 정당)를 회피한 선거였다는 것이다. 연구는 현직 대통령의 탄핵이라는 상황과 집권당에 대한 부정적인 감정과 태도가 상당한 영향을 미쳤다는 점을 보인다.

이상의 논의들이 지난 19대 대통령선거의 이례성과 이전 선거들과의 단절을 강조하는 연구들이라면, 이하의 연구들은 한국선거의 연속성과 보편성을 강조한다. 우선 윤광일은 지역균열의 변화상을 체계적으로 살피는데, 무엇보다도 민주화 이후 한국선거를 규정해 온 지역균열을 ① 사회구조적 배경, ② 구성원의 정체성, ③ 정당 등의 정치적 주체 등을 모두 지니고 있다는 의미에서 '완전한' 균열이라고 재평가한다. 한국선거 연구 문헌에서 지역균열의 대안적 균열이라 할 만한 이념, 계급 등은 이 글의 입장에 의하면 지역균열의 동원된 결과이다. 그런 의미에서 지난 대통령선거에서 제기되었던 영남 지역 유권자들의 분화(즉, 대구·경북과 부산·경남 사이)에 대한 주장에도 불구하고 후보자 개인의 출신 지역을 통제할 때, 여전히 지역균열의 영향은 강고한 것으로 나타났다.

　송병권의 연구는 기존 선거에 바탕한 집계자료만을 가지고 19대 대통령선거의 결과를 예측하려 한다. 이미 치러진 선거에 대한 예측과 검증이 성취하고자 하는 이유는 무엇인가? 그것은 기존 선거에 바탕을 둔 집계자료만을 가지고 다가오는 한 번의 선거를 잘 예측할 수 있다면 선거들은 매우 연속적이며 동일한 구조적 힘들의 영향을 받는다고 볼 수 있기 때문이다. 이 연구는 1997년 이후 최근의 선거들에서 시도별 득표율 정도만을 가지고 추정한 모델이 19대 대통령선거의 시도별 득표율을 거의 정확하게 예측할 수 있는 것으로 보고한다. 다시 말해, 지난 19대 대통령선거가 그다지 이례적이지 않은 선거였다는 것이다.

　한규섭 등은 지난 대통령선거에서 정책투표가 얼마나 이루어졌는지를 경험적으로 검토함으로써 또한 연속성을 강조한다. 우선 지난 대통령선거는 예년의 선거에 비해 여러 제반 정책적 입장을 바탕으로 투표를 결정하는 정책투표자들이 많지 않았던 것으로 나타났으며, 이것은 아마 촛불과 탄핵의 영향권 내에서 치러진 선거이기 때문에 당연한 것인지도 모른다. 그러나 핵심적 질문은 이러한 현상이 탄핵 이후에 일어난 선거의 특수성에 기인한 것인지 아니면 정치적·당파적 대립이 격화되는 감정적 양극화의 장기적 경향 때문인지 여부일 것이다. 특히, 유권자들의 정책적·구조적 선택의 부재는 한국유권자 지형의 근본적 변화가 존재한다는 주장, 혹은 정당 재편성의 반증일지 모른다.

참고문헌

강원택. 2017. "2017년 대통령선거에서의 보수 정치", 〈한국정당학회보〉 16(2), 5~33.

박원호. 2012. "유권자의 정치이념과 정책선호, 그리고 후보자 선택", 박찬욱 편. 《2012년 국회의원선거 분석》. 파주: 나남.

천관율. 2017. "3년만 참으면 보수가 살아난다?" 〈시사인〉 504호, 20~23.

Burnham, W. D. 1970. *Critical Elections and the Mainsprings of American Politics*. New York: Norton.

Carmines, E. G. & Stimson, J. A. 1989. *Issue Evolution: Race and the Transformation of American Politics*. Reprint edition. Princeton, N. J.: Princeton University Press.

Chhibber, P. & Kollman, K. 1998. "Party aggregation and the number of parties in India and United States", *American Political Science Review*, 92, 329~42.

Cox, G. W. 1997. *Making Votes Count: Strategic Coordination in the World's Electoral Systems*. Cambridge: Cambridge University Press.

Downs, A. 1957. *An Economic Theory of Democracy*. New York: Harper and Row.

Duverger, M. 1963. *Political Parties*. John Wiley & Sons Canada, Limited. 1963.

Key, V. O. Jr. 1955. "A theory of critical elections", *The Journal of Politics*, 17(1), 3~18.

Neto, O. A. & Cox, G. W. 1997. "Electoral institutions, cleavage structures, and the number of parties", *American Journal of Political Science*, 41(1), 149~174.

Ordeshook, P. C. & Shvetsova, O. V. 1994. "Ethnic heterogeneity, district magnitude, and the number of parties", *American Journal of Political Science*, 38(1), 100~123.

한국정치의 재편성과
2017년 대통령선거 분석

차 례

1부
정당정치의 재편

1장 이념과 세대
보수 성향 유권자를 중심으로*

강원택 · 성예진

1. 들어가며

2002년 대통령선거 이래 한국정치에서 발견되는 현상 중 하나는 이념과 세대의 결합이다. 2002년 선거 당시 한국의 정치맥락에서 강한 진보성을 표출한 노무현 후보가 등장했고 이에 대해 젊은 시절 진보 이념으로 무장하여 반권위주의 투쟁에 나섰던 이른바 386 세대가 호응하면서 이념과 세대가 한국정치에서 만나게 되었다. 이러한 움직임에 대해 50대 이상 유권자들이 강한 보수성을 보였던 이회창 후보의 지지로 결집하면서 이념과 세대는 선거에서 정파적으로 결합하는 특성을 보이게 되었다. 이와 같은 세대와 이념의 결합은 뒤이은 선거에서 계속해서 이어져 오고 있고, 젊은 세대의 진보성과 나이 든 세대의 보수성이라는

---

* 이 장의 글은 〈한국정치연구〉 27권 1호, 201~239쪽에 수록된 "2017년 대통령 선거에서 이념과 세대: 보수 성향 유권자를 중심으로"(강원택·성예진 2018)를 수정, 보완한 것이다.

이념적 차이는 여전히 분명하게 나타난다. 2012년 대통령선거에서도 연령대별로 보수적인 박근혜 후보 지지와 진보적인 문재인 후보 지지의 비율은 상당한 차이를 보였다. 20대에서 박근혜와 문재인의 득표율은 34.9% 대 65.1%, 30대에서는 48.1% 대 51.9%였지만, 40대에서는 51.0% 대 49.0%, 그리고 50대에서는 65.3% 대 34.7%, 그리고 60대 이상에서는 72.3% 대 27.5%로 나타났다(노환희·송정민 2013, 152). 연령이 높아질수록 보수적인 박근혜 후보에 투표하는 비율이 높아지고 있음을 알 수 있다.

이러한 현상은 2017년 대통령선거를 전후해서도 마찬가지로 확인된다. 2016년 후반 박근혜 대통령 퇴진을 요구하는 촛불집회의 참석자와 이에 반대하는 이른바 '태극기 집회' 참가자의 연령대는 뚜렷한 차이를 보였다. 전자의 경우 다양한 연령층이 참가한 가운데 젊은이들이 다수를 차지한 반면, 후자의 경우에는 나이 든 세대가 집회 참가자의 대다수를 차지했다. 이런 점을 고려할 때 박근혜 대통령의 탄핵이 핵심적 이슈였던 2017년 대통령선거에서도 세대별 후보 지지에는 분명한 차이가 있었을 것이다.

2017년 대선에서 나타난 또 다른 주목할 특징은 보수의 분열이다. 박근혜 대통령 탄핵을 둘러싸고 새누리당은 분열했다. 탄핵에 찬성한 의원들이 탈당하여 바른정당을 창당했고 잔류한 새누리당 의원들은 자유한국당으로 당명을 개칭했다. 그 결과 2017년 대통령선거에서는 보수와 진보 정파 간의 경쟁뿐만 아니라, 보수 정파 내부의 경쟁이 함께 이뤄졌다. 선거 결과 새누리당의 홍준표 후보는 24.0%, 그리고 바른정당 유승민 후보는 6.8%를 얻었다. 두 후보 간 득표율에 다소 격차가 있지만, 주목할 점은 보수 유권자의 표가 갈렸다는 것이다. 말하자면 속성에서 '서로 다른' 보수가 확인되었다는 것이다. 세대별로 볼 때도 홍준표 후보는 나이 든 보수 유권자로부터 많은 지지를 받은 반면, 젊은 보수 유권자들은 유승민 후보에게 많은 지지를 보냈다(강원택 2017).

이 연구에서는 이처럼 2017년 대통령선거에서 나타난 보수의 분화에 유의하여 보수 이념집단 내에서 확인되는 세대적 차이의 특성을 찾아 보고자 한다. 예컨대 20~30대의 젊은 보수와 60대 이상의 고연령층 보수가 정책태도, 지역주의, 정파적 지지와 같은 이념성향의 구체적 속성을 고려했을 때 '같은 보수'라고 할 수 있는지, 그렇지 않다면 어떤 점에서 차이를 보이는지에 대해 살펴보고자 한다. 이런 점에 주목하는 것은 2017년 대선에서 나타난 보수의 분열이 단순한 후보 선호의 차이인지 아니면 보수 이념 내부의 정체성의 분화를 의미하는 것인지 확인해 볼 필요가 있기 때문이다. 여기서 사용되는 데이터는 서울대 사회발전연구소에서 2017년 대통령선거 이후 실시한 조사자료이다.[1]

2. 기존 연구에 대한 검토

과거 한국정치는 보수 이념이 지배하는 이념적 협애성을 문제로 삼았지만(최장집 2010), 오늘날 선거나 정당정치에서 이념요인의 영향은 매우 두드러지게 나타난다. 지역주의 영향에 놓여 있던 한국선거에서 이념의 영향에 관심을 갖기 시작한 것은 1997년 대통령선거 때부터라고 할 수 있다(강원택 1998). 그러나 본격적으로 이념에 주목하기 시작

---

[1] 이 연구에서 사용된 자료 "정치와 민주주의에 관한 의식조사"는 서울대 사회발전연구소가 조사기관인 칸타 퍼블릭에 의뢰하여, 2017년 8월 22일부터 9월 3일까지 전국 19세 이상 유권자 중 1,200명을 대상으로 대인면접방식으로 실시한 것이다.

한 것은 2002년 대선이 계기였고 그 이후 유권자의 투표선택 결정요인으로서 이념의 중요성이 지속적으로 확인되었다(이갑윤·이현우 2008; 김성연 2017 등).

그런데 좌-우이든 진보-보수이든 이념이 의미하는 바는 시공간적, 역사적 맥락에 따라 서로 다를 수 있으며 그 속성 또한 변화할 수 있다. 예컨대 서구정치에서는 경제적 가치에 따른 계급정치적 속성을 갖는 좌우 이념(Lipset & Rokkan 1967)이 오랜 시간동안 지배적이었지만, 1970년대에 들어서면서 탈물질주의(Inglehart 1977)와 같은 새로운 가치가 부상했고 또한 자유지상주의-권위주의 간의 대립도 등장했다 (Middendorp 1992). 최근에는 특히 유럽을 중심으로 이민 이슈가 이념 갈등에 더해지고 있다(De Vries, Hakhverdian & Lancee 2013). 미국에서도 경제 쟁점뿐만 아니라 인종, 성 문제 등의 문화적 쟁점이 새로운 이념차원을 구성하는 것으로 나타났다(Shafer & Claggett 1995; Treier & Hillygus 2009). 이러한 사실은 이념을 구성하는 주된 요인이 시간적으로 변화할 뿐만 아니라 그 속성 역시 다차원적(*multi-dimensional*)이라는 것을 잘 보여준다.

한국정치에서의 이념 역시 다차원적이며 시간의 흐름에 따라 이슈의 현저성(*salience*)이나 영향력이 조금씩 변화해 가고 있다. 그동안 한국 정치에서 나타난 이념과 관련된 이슈들은 대미, 대북정책을 둘러싼 안보 및 반공이데올로기 차원, 국가 개입, 재벌 개혁, 복지 확대 등의 경제적 차원, 사형제, 대체복무제 등 사회적 차원 등 다차원적인 특성을 보였다(강원택 2003: 2005; 김주찬·윤성이 2003; 이현출 2005; 박원호 2012; 조성대 2015).

그 중에서도 한국정치에 가장 큰 영향력을 미친 것은 역시 안보정책 영역이었다. 북한 이슈나 대미 관계는 선거경쟁을 비롯한 현실정치에서 중요한 쟁점이 되어 왔지만, 동시에 유권자 개인의 이념적 태도와의 연관성도 매우 높았다(김무경·이갑윤 2005; 윤성이 2006; 박경미·한정택·이지호 2012). 이는 한국의 이념갈등이 분단, 냉전, 권위주의 지배와 반공이데올로기 등 한국정치의 역사적인 경험에 기초해 있고, 민주화 이후 대북정책 이슈가 정치쟁점화되면서 이른바 '남남 갈등'의 형태로 나타난 것과 관련을 갖는다. 여기에 천안함 사건, 연평도 포격, 북한 핵 개발 등 대북 이슈가 끊이지 않으면서 그 갈등의 영향력이 지속되었다.

한편 복지 논쟁이나 신자유주의를 둘러싼 경제적 논쟁이 이념갈등에서 중요해지기 시작한 것은 경제 위기, 불평등 문제가 심화된 2010년 전후의 일이다(이갑윤·이현우 2008; 이내영 2011). 그 이전까지는 한국에서 나타나는 이념갈등 속에서 경제적 차원을 둘러싼 대립은 서구에서처럼 뚜렷하고 일관된 형태로 나타나지 않았다(강원택 2003; 이현출 2005; 박경미·한경택·이지호 2012). 그러나 1997년, 2008년 경제위기 이후 청년실업의 증가나 계층 간 격차 증대가 사회적으로 커다란 관심사가 되었고, 2010년 지방선거에서는 무상급식 논쟁이, 그리고 2012년 대선에서는 경제민주화 이슈가 선거에서 가장 주목받는 이슈가 되었다(고원 2012). 이처럼 이념갈등은 안보정책을 둘러싼 일차원적 대립을 넘어 경제정책으로까지 확대되는 다차원적인 양상을 보이고 있다(박원호 2012; 조성대 2015). 또한 최근에 들어서는 경제적 양극화의 확대와 함께 부, 재산에 따른 이념적 태도의 차이도 확인되기 시작했다(강원택 2017).

이처럼 이념의 속성에 대해 논의한 것은 한국정치에서 나타나는 이념과 세대 간의 관계와 그 변화에 대해 살펴보기 위함이다. 사실 이념과 세대가 결합한다는 것은 비교정치적으로 일반적인 현상은 아니다.

물론 생물학적 연령이 높아짐에 따라 현상유지적이고 보수적인 성향이 강해지는 연령효과(aging effect)는 존재한다. 한국유권자들 사이에서도 높은 연령 집단이 낮은 연령 집단에 비해 더 보수적 성향을 보이는 데에는 이러한 연령효과의 영향이 존재할 것이다(박명호 2009; 박찬욱·김경미·이승민 2008). 하지만 2002년 대통령선거와 2004년 국회의원선거에서 이념과 세대가 만나게 된 것은 386 세대라는 특수한 세대적 요인의 영향이 컸다. 세대효과(generation effect)는 정치사회화가 주로 이루어지는 청년 시기에 유권자들이 특정 역사적 경험을 공유하면서 유사한 정치적 정향을 형성하고 그 독특성이 유지되는 현상을 의미한다(Mannheim 1952; Jennings & Niemi 1981). 386 세대 역시 그들이 청년기에 겪은 반권위주의 투쟁이라는 세대 공통의 경험을 통해 유사한 정치적 성향을 갖게 된 것이다. 더욱이 시기적으로 2002년 대선은 '3김'의 정치적 퇴장으로 인해 지역주의로부터의 변화에 대한 기대감이 높았던 시점이었고, 이런 상황에서 이념이 새로운 정치적 균열로 부상하게 되었다(강원택 2003; 최준영·조진만 2005). 이념적 내용으로 볼 때 세대 간 태도의 차이는 역시 무엇보다 대북, 대미 관계, 반공이데올로기와 같은 안보정책 차원에서 크게 나타났다. 최근 들어서는 386 세대가 나이를 들어가며 보수화되었다는 분석(박원호 2012)도 나오고 있고, 여전히 386세대의 상대적 진보성이 지속되고 있다는 주장도 존재한다(노환희·송정민 2013).

이처럼 세대와 이념 간의 관계에 대해서는 이미 많은 학술적 논의가 이뤄져 왔다. 그런데 이 연구에서 관심을 갖는 것은 보수 이념 내부에서의 세대 간 차이이다. 그런 점에서 예전에 나타난 세대와 이념 간의 결합의 특성과는 다소 다른 시각에서 살펴볼 필요가 있다. 예컨대 2002년처럼 반공이데올로기를 둘러싼 20~30대 젊은 세대와 이념적 진보성의 결합, 50대 이상의 고령 세대와 보수성의 결합과 같은 단순화된 이분법으로는 2017년 대통령선거에서의 보수의 분열을 분석하기는 쉽지 않다. 만약 2017년 대선에서의 보수의 분열이 이전에 이념-세대 결합 속에서 나타난 이념갈등과 다른 특성을 보인다면, 그것은 한국정치에서 이념적 속성과 관련된 새로운 변화가 나타나게 되었음을 의미할 것이다. 이 연구는 바로 그런 점에 주목하고 있다.

3. 분석

1) 이념, 세대와 후보 선택

이념과 세대 간의 관계에 대해 본격적으로 살펴보기 전에, 우선 2017년 대통령선거에서 유권자의 이념이 후보 지지에 미친 영향에 대해서 분석했다. 이를 위해 유권자의 주관적 이념성향(*self-placement*)을 진보-보수 두 집단으로 분류한 뒤, 이념성향에 따른 후보 선택의 패턴에 대해 살펴보았다. 〈표 1-1〉은 이념적 태도에 따라 유권자의 선택이 달라진다는 사실을 매우 잘 보여준다. 문재인과 홍준표, 두 거대 정당 후보에 대해서는 이념에 따른 지지의 차이가 매우 뚜렷하게 나타났다. 문재인의 경우 보수에서 진보로 갈수록, 홍준표의 경우에는 진보에서 보수로 갈수록 지지의 비율이 일관되고 뚜렷하게 높아졌다. 진보 성향 유권자의 67.4%, 온건-진보 유권자의 55.1%가 문재인에게 표를 던졌다. 반면 보수 성향 유권자의 50.5%, 그리고 온건 보수 유권자의 35.9%가 홍준표에게 투표했다. 유승민의 경우에도, 그 비율은 낮지만, 보수, 온건-보수 유권자로부터의 지지가 진보 성향 유권자보다 높았고, 심상

	문재인	홍준표	안철수	유승민	심상정	기권	n	이념 비중 (%)	
진보	67.4	3.6	8.9	3.8	3.8	12.5	528	44.0	62.8
온건-진보	55.1	3.6	12.0	3.6	6.7	19.1	225	18.8	
온건-보수	32.0	35.9	10.9	7.0	0.0	14.1	128	10.7	37.3
보수	20.4	50.5	11.3	6.9	0.3	10.7	319	26.6	
총합	48.8	19.5	10.3	4.9	3.0	13.4	1,200	100	

주: 1) $\chi^2(15) = 410.14$, $p < 0.00$.
2) 주관적 이념 측정 방식으로 0(가장 진보)~10(가장 보수)의 11단위 중 0~4까지의 응답을 진보로,
   6~10까지의 응답을 보수로 보았다. 그리고 중도 값인 5로 응답한 이들에 대해 재차 보수, 진보
   중 어디에 더 가깝다고 생각하느냐에 대한 질문에 의해 보수나 진보로 입장을 밝힌 이들을 온건-
   진보, 온건-보수라고 칭했다.

정의 경우에는 그 반대의 패턴이 확인되었다. 즉, 〈표 1-1〉의 결과는
2017년 대통령선거에서도 이념적 태도는 후보 선택에 중요한 영향을
미쳐 유권자들이 자신의 이념성향에 따라 투표했음을 보여준다.[2]

그러나 진보-보수의 두 유권자 집단을 비교했을 때, 보수 유권자들의
투표선택은 진보 유권자들의 선택에 비해 홍준표, 안철수, 유승민 후보
간에 분산되는 모습을 보이고 있다. 특히, 온건-보수 유권자들의 경우,
홍준표 35.9%, 안철수 10.9%, 유승민 7.0% 등 보수 성향 후보들(강원
택 2017) 이외에도 문재인에게 32.0%의 지지를 보인 것을 고려하면 보
수 유권자들의 선택은 매우 분산되었다는 것을 알 수 있다. 이는 다당제
적인 경쟁 구도라는 점을 고려하더라도 지난 2012년 대통령선거에서 보

---

[2] 다음은 설문 응답자들의 각 정당과 대선 후보자의 이념성향에 대한 인식을 보여주
고 있다. 유권자들은 더불어민주당-문재인, 정의당-심상정을 진보로 인식하고 있
었고, 자유한국당-홍준표, 바른정당-유승민을 보수로 인식하고 있었다. 국민의당-
안철수의 경우 중도인 5점에 가까웠다.

더불어민주당	자유한국당	국민의당	바른정당	정의당	유권자
3.04	7.79	4.88	5.85	2.92	4.72
문재인	홍준표	안철수	유승민	심상정	
3.02	7.97	4.94	5.89	2.79	

여주었던 '보수의 결집' 현상과 비교할 때(오현주·길정아 2012), 2017년 대통령선거에서 나타난 흥미로운 특징이라고 할 수 있다.

그렇다면 이러한 보수의 분화에 세대가 중요한 변수였는지 살펴볼 필요가 있다. 이 연구에서는 세대분류를 연령에 따라 20~30 세대, 40~50 세대, 60대 이상 세대의 세 집단으로 나누었다. 세대의 구분은 연구의 목적이나 연구자의 기준에 따라 크게 달라질 수 있다(박명호 2009; 이내영·정한울 2013; 노환희·송정민 2013). 하지만 여기에서의 관심은 2017년 대통령선거에서 보수 이념 유권자의 세대 간 차이이다. 2016~2017년 이어진 탄핵 정국을 거치면서 보수가 분열했고, 그러한 분열은 특히 20~30대의 젊은 세대와 60대 이상의 고연령대에서 크게 부각되었다. 이 연구에서는 이와 같은 20~30대와 60대 이상의 세대 간 시각 차이에 주목하고자 하며, 이런 이유로 세대 구분을 20~30대, 40~50대, 60대 이상의 세 집단으로 구분하였다.

이러한 세대 구분 하에 이념과 후보 지지의 관계에 대해 살펴보았다. 〈표 1-2〉에서는 진보와 보수 간 비교적 뚜렷한 차이가 확인된다. 진보 집단에서는 세대와 무관하게 문재인에 대한 지지가 압도적으로 나타났다. 60대 이상에서 가장 높은 76.4%의 지지를 보인 것이 특이해 보이지만, 다른 세대에서도 압도적이라고 할 만한 높은 지지를 나타냈다. 계급정치를 대표하는 심상정의 경우 60대 이상에서 지지 비율이 상대적으로 낮은 것도 흥미롭다. 반면 보수 집단에서는 홍준표의 지지가 세대별로 매우 큰 폭의 차이를 보이고 있다. 60대 이상 고령 연령층에서는 61.1%의 높은 지지율을 보였지만, 40~50대에서는 38.7%로 뚝 떨어지고 20~30대에서는 29.0%로 더 낮아졌다. 또 다른 보수 후보인 유승민의 경우에는 이와 반대로 60대 이상에서는 2.7%의 지지에 그쳤지만, 40~50대에서는 9.1%, 그리고 20~30대에서는 11.8%로 높아졌다. 보

<표 1-2> 이념, 세대와 투표선택

(단위: %)

이념	세대	문재인	홍준표	안철수	유승민	심상정	기권	합
진보	20~30대	62.7	1.8	7.6	5.0	5.5	17.5	100
	40~50대	61.5	4.4	13.0	3.0	5.0	13.0	100
	60대 이상	76.4	7.6	8.5	1.9	0.9	4.7	100
	총합	64.2	3.6	9.9	3.7	4.68	13.9	100
보수	20~30대	23.7	29.0	11.8	11.8	1.3	22.4	100
	40~50대	23.1	38.7	15.6	9.1	0.0	13.4	100
	60대 이상	24.3	61.1	6.5	2.7	0.0	5.4	100
	총합	23.7	46.3	11.2	6.9	0.2	11.6	100

수 유권자라고 하더라도 세대별로 두 보수 후보에 대한 선호의 정도가 뚜렷이 다르다는 것을 알 수 있다.

〈표 1-1〉과 〈표 1-2〉는 2017년 대통령선거에서 이념이 후보 선택에 중요한 영향을 미쳤음을 보여준다. 그리고 이와 동시에 보수 유권자의 경우 동일한 이념집단 내에서 세대별로 정치적 선택의 차이가 있었음을 시사하고 있다. 그렇다면 보수 이념집단에서 세대별로 정치적 선택의 차이를 만들어 낸 것은 무엇 때문인지 살펴볼 필요가 있다.

2) 세대, 이념과 거주지역: 영남-보수, 호남-진보?

이 연구에서의 관심이 세대와 이념인 만큼 우선 세대별 이념성향의 차이에 대해 분석했다. 〈표 1-3〉은 전체 조사 집단을 대상으로 20~30 대, 40~50대, 60대 이상의 세 집단별 주관적 이념성향의 평균과 진보-보수 성향의 비율을 정리한 것이다. 우선 주관적 이념성향의 평균을 볼 때, 연령별 세 집단 간 흥미로운 차이가 확인되었다. 응답자 전체 이념 성향의 평균인 4.72점과 가장 가까운 세대는 평균값이 4.75인 40~50 대였다. 이들보다 젊은 20~30대의 경우 4.05로 뚜렷한 진보 성향을 나타낸 반면, 60대 이상의 유권자들의 평균은 5.63으로 매우 강한 보수성을 보여주었다. 세대별 이념구성의 비율에서도 20~30대에서는 보수가 17.9%에 불과한 반면, 40~50대에서는 38.4%로 그 비율이 높아지고 60대 이상에서는 63.6%로 절반을 넘는 높은 비율을 보여준다. 즉, 세대별로 진보-보수 이념의 차이가 뚜렷하게 나타나고 있음을 알 수 있다. 특히, 20~30대의 이념평균과 60대 이상의 이념평균은 1.58로 그 차이가 매우 크다는 것을 알 수 있다.

이번에는 세대와 이념성향의 관계를 거주지역별로 나눠 살펴보았다. 거주지역을 함께 고려한 것은 한국의 진보-보수 간의 이념대립이 세대뿐 아니라 지역균열과 중첩되는지 여부를 살펴보기 위함이다. 기존의 연구에서는 진보와 보수 간 이념대립이 세대뿐만 아니라 지역과도 중첩되고 있어서, 진보-저연령층-호남과 보수-고연령층-영남의 양극적 형태로 대립이 심화되어 갔다는 주장이 제기되고 있기 때문이다(지병근 2015; 문우진 2017). 또한 언론의 보도나 일상의 대화에서도 호남의 진보성, 영남의 보수성에 대한 언급이 종종 이뤄져 왔는데 이것이 사실이라면 이념은, 앞에서 살펴본 대로 세대뿐만 아니라, 지역과도 긴밀하게 연결되어 있을 것이다. 하지만 세대에 주목하는 이 연구에서 제기하는 궁금증은 어떻게 지역이 이념적으로 하나로 뭉쳐질 수 있을까 하는 점이다. 즉, 지역과 이념이 만나려면 예컨대, 호남의 60대 이상 고연령층 유권자도 진보적이어야 하고, 영남의 20~30대 젊은 유권자들은 보수적이어야 할 것이다. 하지만 이는 앞에서 살펴본 〈표 1-3〉의 결과와 배치되는 것이다.

이러한 점을 감안하여 세대와 이념의 관계를 지역별로 나눠 〈표 1-4〉에서와 같이 분석했다. 〈표 1-4〉의 분석결과는 매우 흥미롭다. 지역별로 상대적으로 강한 이념적 특성이 존재하지만 그럼에도 불구하고

<표 1-3> 세대별 이념평균과 진보-보수 집단의 비율

	20~30대	40~50대	60대 이상	응답자 전체
이념평균	4.05	4.75	5.63	4.72
진보(%)	82.1	61.1	36.4	62.8
보수(%)	17.9	38.4	63.6	37.3
n	424	485	291	1,200

<표 1-4> 세대별 이념성향과 거주 지역의 관계

세대	이념	서울	수도권[1]	충청	호남	경북	경남	n	χ^2
20~30대	진보	76.7	82.8	88.6	92.1	71.8	85.9	346	p = 0.10
	보수	23.3	17.2	11.4	7.9	28.2	14.1	74	
40~50대	진보	52.2	69.1	76.0	93.6	30.6	49.4	296	p<0.00
	보수	47.8	30.9	24.0	6.4	69.4	50.6	182	
60대 이상	진보	38.2	46.4	41.9	47.2	5.9	25.5	104	p<0.01
	보수	61.8	53.6	58.1	52.8	94.1	74.5	183	

주: 1) 수도권은 경기, 인천, 강원.

세대별로 이념적 구성은 매우 상이하게 나타났다. 다시 말해 호남의 진보성, 영남의 보수성이 대체로 나타난다고 할지라도 한 지역 내에서 세대별로 상당한 이념적 차이를 갖는 것으로 나타났다. 20~30대의 경우 경북 지역에서 진보 성향이라고 답한 비율이 71.8%였으며 경남에서 이 비율은 무려 85.9%였다. 영남권에서 진보적인 20~30대의 비율은 다른 지역과 통계적으로 유의미한 차이를 보이지 않았다. 호남 지역 20~30대에서 진보 성향의 비율이 조금 더 높게 나타났지만, 그렇다고 해서 영남 지역 젊은 유권자들이 보수적이라고 결코 말할 수 없는 것이다. 즉, 20~30대는 거주지역과 무관하게 진보 성향이라는 응답이 압도적으로 높게 나타났고, 이는 영남에서도 역시 마찬가지였다. 경북보다 경남에서 이러한 경향이 더욱 강하게 나타난 것도 주목할 만한 특성이다.

40~50대 유권자의 경우 거주지역에 따른 이념성향의 차이가 세 세대 집단 중 가장 뚜렷이 구분되었다. 호남에서는 진보 성향으로 답한 응답이 93.6%로 압도적이었지만, 다른 지역에서는 대체로 보수, 진보 이념이 혼재하는 모습을 보였다. 경북 지역에서는 보수라는 응답이 69.4%로 다른 지역에 비해 제일 높게 나타났지만 진보라는 응답도 30.6%였다. 가장 흥미로운 곳은 경남인데, 진보와 보수가 각각 거의 절반에 가까운 비율을 나타냈다. 보수라는 응답이 50.6%, 진보라는 응답이 49.4%였다. 다시 말해 40~50대의 경우, 호남이 진보적이라고 말할 수는 있겠지만 영남이 보수적이라고 말할 수는 없는 것이다. 이 세대에서 영남의 경우에도 진보적 성향의 유권자들이 적지 않게 존재한다는 것을 알 수 있다. 그리고 충청의 경우 진보 성향 비율이 76%로 다소 높았고, 수도권에서는 69.1%, 그리고 서울은 52.2%로 나타났다. 다른 지역에서도 진보 성향의 비율이 다소 높기는 하지만 지역별로 어느 한쪽의 이념성향이 일방적이라고 보기는 어려웠다.

　60대 이상의 경우 경북 지역의 강한 보수성이 확인되었다. 경북 지역의 60대 이상의 94.1%가 보수 성향이었다. 경남 역시 74.5%로 높은 편이었다. 즉, 60대 이상에서 영남은 대체로 보수적이라고 할 수 있다. 이런 점에서 흥미로운 지역은 호남이다. 호남의 60대 이상에서 자신을 보수적이라고 응답한 비율은 52.8%였다. 이는 진보 성향이라는 응답 47.2%보다 높은 것이다. 호남에서도 나이 든 세대의 강한 보수성이 확인되는 것이다. 영남 보수, 호남 진보의 구분은 60대 이상 유권자 층에서도 잘 맞지 않는다는 것을 알 수 있다. 다른 지역에서는 지역별로 차이를 보였는데, 서울과 충청의 경우에는 보수, 진보의 비율이 6 대 4 정도로 보수가 다소 높게 나타났고, 수도권에서는 5.4 대 4.6으로 그 차이가 더 작았다.

이상에서 살펴본 대로 〈표 1-4〉의 결과는 매우 흥미롭다. 영남-보수, 호남-진보라는 단순한 이분법은 세대를 고려할 때 적합하지 않다는 사실이 확인되었다. 영남에서 20~30대에서는 압도적인 다수가 진보적이라고 답했고, 40~50대에서도 상당한 수가 진보적으로 자신의 이념성향을 평가했다. 한편, 호남에서는 60대 이상에서 절반 이상의 응답자가 자신을 보수라고 평가했다. 이러한 결과에 따르면 영남-보수, 호남-진보의 구분처럼 지역과 이념을 중첩해서 바라보는 시각은 세대별 차이를 비롯한 지역 내부의 다양성을 고려하지 않은 결과라고 할 수 있다. 60대 이상 영남 거주자들은 압도적으로 다수가 보수적이라고 할 수 있지만 20~30대 보수의 경우에는 거주지역과 큰 관련이 있다고 보기 어렵다. 〈표 1-4〉에서는 지역보다 세대가 이념적 차이를 살펴보는 데 중요하다는 사실도 보여준다.

3) 세대, 이념과 정파적 태도

이번에는 지역에 이어 세대별 이념에 따른 정파적 태도에 대해 분석했다. 이는 박근혜 대통령 탄핵과정을 거치면서 보수 정치에 대한 신뢰가 크게 추락했고 또 대통령선거를 앞두고 보수 정당이 분열했기 때문에, 특히 보수 이념집단에서 세대별 정파적 태도의 차이를 살펴보기 위함이다.

정파적 태도에 관해 크게 세 가지 변수들을 고려했다. 첫째는 전직 대통령에 대한 업무 수행 평가이다. 각 대통령이 남긴 업적에 대한 객관적 평가와 무관하게 최근 들어서 이념적 입장에 따른 평가의 차이가 비교적 분명해지고 있다. 그런 점을 고려하여 노무현, 이명박, 박근혜 세 대통령의 업무 수행에 대한 평가와 박근혜 대통령 탄핵에 대한 태도의 세대별 이념집단 간의 차이를 살펴보았다. 두 번째는 각 정당에 대한 호감도의 평균을 분석했다. 가장 싫은 경우를 0으로 하고, 가장 좋은 경우를 100으로 하는 감정온도계(feeling thermometer) 평가 방식을 활용했다. 세 번째는 보다 직접적으로 어느 정당을 지지하는지를 물어 지지 정당별 각 집단의 비율을 살펴보았다. 각각의 결과가 〈표 1-5〉, 〈표 1-6〉, 〈표 1-7〉에 정리되어 있다.

〈표 1-5〉는 역대 대통령의 국정운영과 박근혜 전 대통령 탄핵 이슈에 대한 응답자들의 평가를 분석한 것이다. 역시 각 대통령에 대한 평가는 이념집단별로 매우 뚜렷한 차이를 나타냈다. 20~30대를 비롯한 모든 세대 내에서 각 대통령의 업무 수행에 대한 평가의 차이가 확인되었다. 그러나 40대 이상에 비해 20~30대의 경우 박근혜 대통령의 국정운영에 대한 평가가 상당히 낮았고, 탄핵이 정당하다고 보는 경향이 상대적으로 높았다. 국정운영 평가와 탄핵 이슈에 관해 세 세대별 이념집단 중 가장 큰 차이를 보인 세대는 40~50대였다.

정당선호와 관련해서도 이념집단별로 뚜렷한 차이가 있었다. 〈표 1-6〉에 정리한 대로, 모든 세대에서 그 차이가 확인된 것은 더불어민주당, 자유한국당과 정의당이었다. 특히, 더불어민주당과 자유한국당 등 두 거대 정당에 대한 호감도에서 진보-보수 집단 간 차이가 크게 나타났다. 여기서도 흥미로운 것은 40~50대의 경우이다. 이 세대에서는 정당의 크기와 무관하게 모든 정당에 대해 이념성향별로 정당호감도의 유의미한 격차가 존재했고, 그 차이의 정도도 다른 세대와 비교했을 때 큰 편이었다. 한편, 60대 이상의 경우 이념성향이 뚜렷한 더불어민주당, 자유한국당, 정의당 3당에 관해서는 이념집단별로 호감도의 차이가 크게 나타났으나, 국민의당과 바른정당에 관해서는 호감도의 정도에 통계적으로 유의미한 차이가 나타나지 않았다. 20~30대에서는 바른정당에 대한 호감도에 차이가 나지 않았다. 대체로 20~30대와 60대 이상의 세대는 중도에 가까운 정당에 대해 이념적으로 뚜렷한 시각의 차이를 보이지 않았다. 세대별 보수 집단끼리 비교했을 때, 20~30대 보수의 경우 더불어민주당에 대한 평균 호감도가 자유한국당에 대한 호감도보다 더 높게 나타났다. 그러나 20~30대 보수가 바른정당에 대해 높은 호

〈표 1-5〉 세대별 이념성향에 따른 전직 대통령 평가

		박근혜 국정	이명박 국정	노무현 국정	박근혜 탄핵
20~30대	진보	1.73	2.61	5.50	7.93
	보수	2.63	3.53	4.96	6.57
	t-test	p<0.00	p<0.00	p<0.05	p<0.00
40~50대	진보	1.92	2.79	5.47	7.82
	보수	3.25	3.95	4.36	5.97
	t-test	p<0.00	p<0.00	p<0.00	p<0.00
60대 이상	진보	2.29	3.26	5.57	7.52
	보수	3.41	3.94	4.58	5.52
	t-test	p<0.00	p<0.05	p<0.00	p<0.00

주: 1) 국정 평가: 0 = 매우 못했다, 10 = 매우 잘했다.
　　2) 박근혜 탄핵 이슈: 0 = 매우 부당·불공정, 10 = 매우 정당·공정.

〈표 1-6〉 세대별 이념성향과 정당호감도

		더불어민주당	자유한국당	국민의당	바른정당	정의당
20~30대	진보	65.6	27.7	41.4	41.9	43.3
	보수	54.3	46.4	46.9	44.1	34.5
	t-test	p<0.00	p<0.00	p<0.05	p = 0.33	p<0.00
40~50대	진보	65.4	26.7	41.8	38.7	41.1
	보수	46.2	53.0	46.9	47.5	33.3
	t-test	p<0.00	p<0.00	p<0.01	p<0.00	p<0.00
60대 이상	진보	69.2	33.1	43.6	40.5	40.5
	보수	47.3	57.2	44.2	42.5	31.1
	t-test	p<0.00	p<0.00	p = 0.71	p = 0.34	p<0.00

t-test *p<0.01, **p<0.05, ***p<0.001.
주: 0 = 대단히 부정적인 느낌, 50 = 호의적이지도 부정적이지도 않음, 100 = 대단히 호의적인 느낌.

<table>
<thead>
<tr><th colspan="2"></th><th>더불어민주당</th><th>자유한국당</th><th>국민의당</th><th>바른정당</th><th>정의당</th><th>없다</th><th>합</th></tr>
</thead>
<tbody>
<tr><td rowspan="2">20~30대</td><td>진보</td><td>53.2</td><td>0.6</td><td>4.0</td><td>4.0</td><td>5.7</td><td>32.5</td><td>100.0</td></tr>
<tr><td>보수</td><td>22.4</td><td>19.7</td><td>5.3</td><td>6.6</td><td>0.0</td><td>46.1</td><td>100.0</td></tr>
<tr><td rowspan="2">40~50대</td><td>진보</td><td>55.9</td><td>2.0</td><td>7.4</td><td>1.0</td><td>3.7</td><td>30.1</td><td>100.0</td></tr>
<tr><td>보수</td><td>16.1</td><td>40.3</td><td>9.7</td><td>8.6</td><td>0.5</td><td>24.7</td><td>100.0</td></tr>
<tr><td rowspan="2">60대 이상</td><td>진보</td><td>67.0</td><td>4.7</td><td>6.6</td><td>1.9</td><td>0.0</td><td>19.8</td><td>100.0</td></tr>
<tr><td>보수</td><td>16.8</td><td>53.0</td><td>4.3</td><td>4.3</td><td>0.0</td><td>21.6</td><td>100.0</td></tr>
</tbody>
</table>

〈표 1-7〉 세대별 이념성향과 지지 정당

주: 어느 정당을 지지하는지 질문한 후, "선호하는 정당이 없다"고 질문한 응답자에게 조금이라도 더 선호하는 정당이 있는지 질문함. 이 표의 수치는 두 질문에서의 지지 정당 응답의 합.

감을 보이고 있다고 보기는 어렵다. 다른 세대보다 20~30대의 경우, 보수 정당에 대한 정서적 지지가 호의적이지 않았다. 60대 이상 보수유권자의 경우 자유한국당을 선호하는 데 반해 바른정당에 대한 호감도가 상당히 낮았다.

세 번째로 세대별 이념성향에 따른 정당 지지의 비율에 대해 살펴보았다. 〈표 1-7〉에서 보듯이 모든 세대에서 이념성향에 따라 지지하는 정당이 뚜렷이 구분되었다. 특히, 양대 정당인 더불어민주당과 진보 이념, 자유한국당과 보수 이념의 정파적 연계가 강하게 나타났다. 그러나 이념성향에 따른 지지의 비율은 세대별로 상대적인 차이가 있었다. 같은 보수라고 해도, 자유한국당에 대한 20~30대 보수의 지지는 40~50대, 60대의 지지와 비교했을 때 현저히 낮았다. 이와는 반대로 더불어민주당에 대한 진보 집단의 지지는 연령이 올라갈수록 그 비율이 더욱 높아지는 경향을 보였다. 전체적으로 볼 때, 고연령층일수록 기존 정당과의 연계가 강하게 나타났으며 '지지 정당 없음'이라는 응답이 20~30대에서 높게 나타났다. 사실 이런 경향은 다른 민주주의 국가에서도 나타나는 일반적인 현상이라고 할 수 있다. 그런데 여기서 주목할 점은 유독 '젊은 보수' 유권자들의 경우 기존의 보수 정당에 대한 지지가 상당히 낮을 뿐 아니라, 지지 정당이 없다는 비율이 다른 집단에 비해 상대적으로 크게 높았다는 점이다. 20~30대 보수의 경우 거의 절반에 육박하는 46.1%가 지지 정당이 없다고 응답했다. 20~30대 진보 집단의 경우 그 비율은 10% 이상 낮은 32.5%였다. 이러한 사실은 자유한국당이든 바른정당이든 기존의 보수 정당이 20~30대의 젊은 보수를 정치적으로 제대로 끌어들이지 못하고 있음을 보여주는 것이다.

정리하면, 세대와 무관하게 이념과 정파적 태도 간의 강한 관련성이 확인되었다. 그러한 연계는 특히 40~50대에서 상대적으로 강하게 드러났다. 반면 20~30대의 경우 상대적으로 정파적 연계가 약하며, 특히 보수 성향 유권자의 상당수가 지지할 만한 정당을 찾지 못하고 있는 것으로 나타났다. 2017년 대통령선거에서 나타난 보수의 분열, 보수 집단 내 세대의 분열은 기존 보수 정당이 젊은 보수들로부터 외면받았다는 사실과도 관련이 있는 것으로 보인다.

4) 세대, 이념과 정책태도

여기서는 앞에서의 논의를 토대로 본격적으로 각 세대별로 이념집단이 중시하는 구체적인 내용에 대해서 살펴보고자 한다. 지금까지 분석한 이념태도는 모두 응답자가 스스로 평가한 주관적 이념성향에 의한 것이었다. 응답자가 주관적으로 평가한 이념위치가 갖는 한계를 고려하여(이갑윤·이현우 2008), 이번에는 구체적인 정책 영역에서의 태도를 분석하여 세대별 이념성향의 특성을 도출하고자 한다. 앞에서 이념 성향의 다차원적인 특성에 대해 언급한 대로, 외교안보 차원, 경제 차원, 사회 차원의 세 영역에서 세대별 이념성향의 차이에 대해 살펴보았다. 이 연구에서 사용한 정책문항은 총 10개이며 그 내용에 따라 안보

(외교안보/대북), 경제(개입/복지), 사회(개인/권위) 정책 영역을 구분하여 정책이념의 지표를 만들었다. 3

분석 결과, 세대별로 진보와 보수 집단 간 유의미한 태도 차이가 나타나는 정책 영역이 서로 달랐다. 모든 세대에서 보수-진보 간의 이념대립을 대표하는 정책 영역은 안보정책으로서, 각 세대에서 이념집단 간 태도의 차이가 가장 크고 또한 유의미한 정책 영역으로 나타났다. 그동안 한국정치에서 이념적 대립을 촉발해 온 외교, 안보정책에 대한 진보-보수 간 시각의 차이는 여기에서도 모든 세대에서 유사한 형태로 확인되었다.

경제에 대한 국가 개입, 복지 확대 등의 이슈를 포함하는 경제정책의 경우 20~30대와 40~50대에서 이념집단별 정책 이견이 확인되었다. 상대적으로 20~30대에서 경제적 차원에서의 진보-보수 간 시각의 차이가 컸다. 그러나 60대 이상에서는 진보-보수 집단 사이에서 경제정책태도는 통계적으로 유의미한 차이를 보이지 않았다($p = 0.80$). 사회정책의 경우에는 40~50대와 60대 이상 집단에서 진보와 보수의 차이가 나타났으나, 20~30대에서는 이 정책 영역에서는 진보-보수 집단 사이의 의견 차이는 거의 없었다.

〈표 1-8〉의 결과로 보았을 때 우선 한국정치에서 외교·안보정책은 여전히 이념갈등을 격화시킬 수 있는 요인으로 남아 있음을 알 수 있다. 세 세대 집단 모두에서 진보-보수집단 간 정책태도의 차이가 유의미했고, 그 차이도 다른 정책 영역과 비교했을 때 크게 나타났다. 이 정책차원에서 이념집단 간 태도의 차이가 가장 큰 세대는 40~50대였다. 더욱이 40~50대의 경우에는 안보 차원, 경제 차원, 사회 차원의 세 정

---

3 각 정책별 구체적 설문문항은 이 장 끝의 부표를 참고할 것.

<표 1-8> 세대별 이념성향과 정책태도

		안보(외교안보/북한)	경제(개입/복지)	사회(개인/권위)
20~30대	진보	2.59	2.18	2.60
	보수	2.77	2.36	2.56
	t-test	p<0.01	p<0.01	p = 0.51
40~50대	진보	2.61	2.28	2.60
	보수	2.86	2.39	2.70
	t-test	p<0.00	p<0.01	p<0.1
60대 이상	진보	2.56	2.29	2.57
	보수	2.74	2.28	2.74
	t-test	p<0.01	p = 0.80	p<0.01

주: 1) 1 = 가장 진보적, 4 = 가장 보수적.
　　2) 정치(외교안보/북한): 한미동맹 유지, 국가보안법 유지, 개성공단 운영재개.
　　　 경제(개입/복지): 비정규직 자율화, 복지 또는 성장, 공기업 민영화, 고소득자 증세.
　　　 사회(개인/권위): 학교체벌 유지, 대체복무 허용, 사형제 폐지.

책 영역 모두에서 이념집단 간 태도의 차이가 확인되었다. 즉, 이념갈등과 관련해서 40~50대 내에서 이념집단 갈등과 대립이 발생할 가능성이 높아 보인다고 할 수 있다.

이와 함께 흥미로운 또 다른 점은 20~30대의 경우이다. 젊은 세대에서 이념적 태도의 차이는 안보 분야뿐만 아니라 경제 영역에서도 확인되었다. 이 점은 특히 기존의 연구결과를 고려할 때 주목할 만하다. 즉, 20~30대의 경우에는 대북정책과 같은 안보 분야뿐만 아니라, 분배, 복지 등 경제 분야에서도 진보와 보수 간의 이념적 차이가 확인된다는 것이다. 이는 다른 세대와도 구분되는 특성이다. 60대의 경우 경제정책에서의 이념집단 간 이견이 거의 없는 것으로 나타났으며, 40~50대의 경우 유의미한 차이는 있지만 20~30대보다 그 차이는 크지 않았다. 즉, 20~30대의 진보-보수의 시각 차이에는 경제적 차원의 이슈가 중요하게 작용하고 있었다.

20~30대의 젊은 세대에서 나타난 경제정책 영역에서의 이념차이를

구체적으로 확인해 보기 위해서 이번에는 각 정책별 정부 지출 증감에 대한 찬반의 태도를 살펴보았다. 정부 지출의 증가는 국가 개입의 정도와 긴밀한 관계를 갖기 때문에, 정부 지출에 대한 시각은 곧 경제정책에 대한 이념적 인식과 맞닿아있다고 할 수 있다. 〈표 1-9〉에는 모두 10개의 정책에 대한 정부 지출의 필요성에 관한 세대별 응답의 평균값을 분석했다.

〈표 1-9〉에서도 〈표 1-8〉에서와 유사한 경향이 확인된다. 60대 이상에서는 10개 정책 모두에서 진보와 보수 간 유의미한 차이를 보이는 항목이 없었다. 40~50대에서는 이념집단 간 태도 차이가 복지 지출에 대해서만 유의미하게 나타났다. 그러나 20~30대에서는 진보-보수 집단 간 정부 지출과 관련된 태도의 차이가 다수 항목에서 나타났다. 통계적으로 그 차이가 확인된 항목은 교육, 실업 급여, 국방, 경찰 및 치안, 복지, 청년 고용, 안정 등 무려 일곱 개에 달했다. 10개 항목을 합한 태도의 평균에서도 20~30대에서만 통계적으로 유의미한 차이가 나타났다. 이는 〈표 1-8〉에서 경제정책과 관련하여 20~30대와 40~50대 모두 이념집단 간 차이를 보이고 있다 하더라도, 각 세대가 주목하고 있는 이슈는 다를 수 있음을 보여준다. 이러한 결과는 향후 정치적 상황의 전개에 따라서는 정부 지출과 관련된 경제정책, 분배정책, 조세정책 등에서 특히 젊은 세대 간 이념적 대립이 발생할 가능성이 높다는 점을 시사한다.

이번에는 〈표 1-9〉에서 조금 더 나아가 근본적인 경제적 가치관에 대한 태도의 이념집단 간 차이에 대해 분석해 보았다. 〈표 1-10〉은 자본주의 시장경제 체제의 운영 방식과 작동 원리와 관련된 질문 항목에 대한 응답자들의 태도를 세대, 이념별로 분석한 결과이다. 여기서도 40~50대, 그리고 60대 이상에서는 이념집단 간 통계적으로 유의미한 차이가 나타나지 않았다. 그러나 20~30대의 경우에는 두 항목에서 그 차이가 확인되었다.

20~30대의 진보와 보수가 임금 차등, 사적 소유, 경쟁이라는 자본주의 경제 운영 방식의 근원적 가치에 대한 차이를 보이는 것은 아니었다. 차이가 드러난 영역은 국가의 복지 확대 여부와 노동의 성취와 관련된 것이었다. 복지정책에 대한 시각의 차이는 〈표 1-8〉, 〈표 1-9〉에서도

〈표 1-9〉 세대별 이념성향에 따른 정부지출에 대한 태도

정부 지출 늘려야 하나	이념	20~30대	40~50대	60대 이상
보건/의료비	진보	2.87	2.87	2.72
	보수	2.96	2.96	2.66
교육	진보	2.58***	2.58	2.56
	보수	2.83	2.83	2.74
실업 급여	진보	2.82**	2.82	3.06
	보수	3.09	3.09	2.95
국방	진보	2.90***	2.90	2.77
	보수	2.66	2.66	2.76
노인 연금	진보	2.87	2.87	2.72
	보수	2.96	2.96	2.66
기업과 산업	진보	2.97	2.97	3.10
	보수	3.01	3.01	2.94
경찰 및 치안	진보	2.58***	2.58	2.56
	보수	2.83	2.83	2.74
복지	진보	2.46**	2.46***	2.58
	보수	2.78	2.78	2.60
청년 고용	진보	2.35*	2.35	2.56
	보수	2.77	2.77	2.59
안전	진보	2.35***	2.35	2.43
	보수	2.60	2.60	2.47
10개 정책 합	진보	26.69**	26.69	27.43
	보수	28.41	28.41	27.31

t-test *p < 0.01, **p < 0.05, ***p < 0.001.
주: 1 = 지금보다 매우 더 많이 지출해야 한다, 5 = 지금보다 매우 더 적게 지출해야 한다.

<표 1-10> 세대별 이념성향에 따른 경제적 가치 차이

	이념	20~30대	40~50대	60대 이상
임금 수준 평등 vs 능력에 따른 차등	진보	6.50	6.58	6.55
	보수	6.78	6.58	6.70
기업과 산업의 사적 소유 확대 vs 정부 소유 확대	진보	5.51	5.32	5.30
	보수	5.43	5.33	5.50
정부가 국민 복지 위해 책임 vs 국민이 스스로 책임	진보	4.93	4.99	4.93
	보수	5.38*	5.28	5.09
경쟁은 좋은 것이다 vs 경쟁은 나쁜 것이다	진보	4.64	4.36	4.50
	보수	4.70	4.54	4.49
열심히 일하면 삶이 윤택해진다 vs 꼭 성공하는 것은 아니다	진보	5.42	5.03	4.81
	보수	4.99*	5.14	4.89

t-test *$p < 0.1$.
주: 각 입장을 양 극으로 하는 10점 척도. 0에 가까울수록 각 항목의 전자에, 10에 가까울수록 후자의 입장에 강하게 찬성함.

유사한 형태로 확인되었다. 젊은 보수는 다른 세대보다 더 뚜렷하게 복지에 대한 개인적 책임을 지지하고 있으며, 이로 인해 20~30대 사이에서 국가 지출의 확대, 복지정책이 진보, 보수를 구분하는 중요한 갈등의 축이 되고 있음을 알 수 있다. 여기서 주목해야 할 또 다른 점은 '열심히 일했을 때 삶의 윤택이나 성공 여부'에 대한 것이다. 이는 양극화와 계층 상향 이동성의 문제를 의미한다. 20~30대에서 진보 집단의 경우에는 열심히 일해도 성공할 가능성을 보수 집단보다 낮게 보고 있었다. 즉, 젊은 진보 집단에서 양극화의 심화와 계층의 고착화에 대한 우려감이 보다 강하게 드러나고 있는 것으로 보이며, 이는 결국 국가의 복지 확대에 대한 태도의 차이로 이어지게 될 것이다.

이상에서 살펴본 대로 젊은 유권자들은, 특히 60대 이상 고연령층 유권자들과 비교했을 때 경제 영역에서 이념적 차이를 뚜렷하게 보인다. 안보 영역에서의 차이도 확인되지만, 분배, 국가 개입, 복지 등 경제정책에서 이 세대의 뚜렷한 이념적 차이는 매우 주목할 만한 변화라고 할 수 있다. 이런 사실은 2017년 대통령선거에서 보수 정치가 분열했고 두 보수 정당에 대한 지지 역시 세대적으로 차이를 보였다는 점과 관련해서 생각할 때 중요한 의미를 갖는다.

4. 종합분석

지금까지 세대별 이념집단에 따라 지역, 정파적 이슈와 정당 지지, 정책태도 간의 관계에 대해 분석해 보았다. 이제까지의 논의를 토대로 종합적으로 이들 간의 관계에 대해 분석하고자 한다. 종합분석은 20~30대, 40~50대, 60대 이상 세 세대 집단별로 나눠 실시했으며 각각 네 가지 모델을 설정하여 로지스틱 회귀분석을 행했다. 종속변수는 응답자의 이념성향으로, 진보인 경우 0, 보수인 경우를 1로 간주했다. 첫 번째 모델은 〈표 1-8〉에서 논의한 열 가지의 정책 변수의 영향을 분석한 것이다. 두 번째 모델은 여기에 가계소득 수준과 주택소유 여부, 지역주의 영향이 강한 경북, 경남, 호남 거주 여부, 그리고 사회경제적 변인을 추가하였다. 가계소득과 주택소유 변인은 계층적 측면의 영향을 살펴보기 위해 포함했다. 세 번째, 네 번째 모델은 정당 지지 변수를 추가한 것이다. 세 번째 모델에서는 기존 양대 정당인 더불어민주당, 자유한국당만을 추가한 것이고, 네 번째 모델에서는 국민의당, 바른정당, 정의당까지 모두 포함하여 최종 모델을 구성하였다.

〈표 1-11〉, 〈표 1-12〉, 〈표 1-13〉은 각 세대별 종합분석의 결과다. 〈표 1-11〉은 20~30대의 이념성향의 결정요인을 보여준다. 열 가지 정책 변수만을 포함한 모델 1에서, 20~30대의 진보-보수 성향을 가르는 요인으로는 국가보안법, 복지정책, 고소득자 증세에 대한 태도가

통계적으로 유의미한 것으로 나타났다. 즉, 국가보안법 유지에 찬성할수록, 복지확대보다 경제성장을 추구할수록, 고소득자 증세에 반대할수록 보수적인 태도가 높게 나타났다. 국가보안법뿐만 아니라 경제정책에 대한 시각의 차이가 이념적 태도에 영향을 미친다는 점이 주목할만하다.

사회경제적 변수를 추가한 모델 2에서도 세 정책에 대한 진보-보수의 이념적 차이는 통계적으로 유의미한 것으로 나타났다. 그런데 모델 2에서 흥미로운 점은 20~30대의 이념적 태도의 차이에 거주지역은 의미 있는 변인이 아니라는 것이다. 경남, 경북, 호남 거주 모두 통계적인 유의미성이 없는 것으로 나타났다. 이는 세대별 이념성향과 거주지역의 관계를 다룬 〈표 1-4〉에서 본 대로, 젊은 세대의 경우 지역과 이념이 중첩되지 않는다는 것을 보여주는 결과라고 할 수 있다. 다시 말해, 20~30대의 경우 영남이나 호남에 거주한다고 해서 특별히 지역별로 진보적이거나 보수적인 성향을 보이지 않는다는 것이다.

모델 3과 모델 4에서 정당 지지 변수를 추가하자 역시 두 거대 정당인 더불어민주당과 자유한국당 변수의 강한 영향력이 확인되었다. 그러나 이에 비해 다른 정당들의 영향은 통계적으로 유의미하게 나타나지 않았다. 정당 변수를 추가했지만 20~30대에서 복지 확대 여부, 고소득자 증세 여부와 같은 경제적 변인의 영향력은 여전히 통계적으로 유의미한 것으로 나타났다.

40~50대는 앞에서 본 20~30대와 다소 상이한 패턴을 보인다. 〈표 1-12〉의 모델 1에서는 국가보안법과 개성공단 이슈가 이 세대의 이념성향을 구분 짓는 유의미한 요인인 것을 알 수 있었다. 정책 변수만을 고려했을 때, 국가보안법 유지에 찬성하고 개성공단의 재개에 반대하는 유권자들이 자신을 보수 집단에 속한다고 응답할 가능성이 높았던 것이

	모델1	dy/dx	모델2	dy/dx	모델3	dy/dx	모델4	dy/dx
한미동맹 강화	0.29 (1.24)	0.04	0.36 (1.49)	0.05	0.46† (1.75)	0.05	0.48† (1.78)	0.06
국가보안법 유지	0.47** (2.62)	0.06	0.36† (1.94)	0.05	0.35† (1.73)	0.04	0.22 (1.03)	0.03
개성공단 폐쇄	0.11 (0.62)	0.01	0.08 (0.41)	0.01	0.09 (0.43)	0.01	0.12 (0.60)	0.01
비정규직문제 기업 자율	-0.03 (0.17)	0.00	-0.03 -(0.17)	0.00	0.01 (0.05)	0.00	0.01 (0.05)	0.00
공기업 민영화	0.24 (1.30)	0.03	0.26 (1.38)	0.03	0.30 (1.46)	0.03	0.29 (1.41)	0.03
복지보다는 경제 성장	0.41* (2.16)	0.05	0.46* (2.31)	0.06	0.48* (2.23)	0.05	0.48* (2.22)	0.05
고소득자 증세	0.54** (3.07)	0.07	0.54** (2.92)	0.07	0.40† (1.94)	0.04	0.40† (1.91)	0.05
학교체벌 유지	-0.03 (0.13)	0.00	-0.04 -(0.18)	0.00	0.04 (0.19)	0.00	-0.01 -(0.05)	
대체복무제	-0.27 (1.46)	-0.04	-0.30 -(1.52)	-0.04	-0.34 -(1.62)	-0.04	-0.41† -(1.82)	-0.05
사형제	-0.16 (0.94)	-0.02	-0.16 -(0.91)	-0.02	-0.21 -(1.10)	-0.02	-0.18 -(0.92)	-0.02
여성			0.02 (0.09)	0.003	-0.01 -(0.04)	0.00	0.00 (0.01)	0.00
가계소득			-0.18 (1.38)	-0.02	-0.27† -(1.92)	-0.03	-0.29* -(2.06)	-0.03
주택 소유			-0.12 (0.36)	-0.01	-0.15 -(0.43)	-0.02	-0.20 -(0.57)	-0.02
학력			0.11 (0.38)	0.01	0.04 (0.13)	0.00	0.03 (0.09)	0.00
연령			0.04† (1.76)	0.00	0.04 (1.39)	0.00	0.03 (1.31)	0.00
TK 거주			0.28 (0.62)	0.04	0.01 (0.03)	0.00	-0.12 -(0.23)	-0.01
PK 거주			-0.48 (1.10)	-0.05	-0.76 -(1.56)	-0.07	-0.97† -(1.90)	-0.09
호남 거주			-0.67 (1.02)	-0.06	-0.47 -(0.70)	-0.05	-0.60 -(0.88)	-0.06
더불어민주당 지지					-1.03** (3.18)	-0.12	-1.16*** -(3.41)	-0.14
자유한국당 지지					3.37*** (4.02)	0.68	3.29*** (3.89)	0.67
국민의당 지지							-0.12 (0.17)	-0.01
바른정당 지지							0.01 (0.02)	0.00
정의당 지지							0.00	
상수	-5.11*** (3.95)		-5.53** -(2.95)		-4.61* -(2.28)		-3.75† -(1.77)	
N	424		418		418		399	
pseudo R²	0.074		0.093		0.209		0.215	

주: †p < 0.1, *p < 0.05, **p < 0.01, ***p < 0.001. dy/dx는 각 독립변수의 평균값(mean)에서의 한계효과.

〈표 1-12〉 40~50대의 이념성향 결정요인 분석

	모델1	dy/dx	모델2	dy/dx	모델3	dy/dx	모델4	dy/dx
한미동맹 강화	0.28 (1.59)	0.07	0.28 (1.42)	0.06	0.13 (0.59)	0.03	0.13 (0.55)	0.03
국가보안법 유지	0.30* (2.19)	0.07	0.26† (1.72)	0.06	0.10 (0.58)	0.02	0.14 (0.80)	0.03
개성공단 폐쇄	0.28* (2.21)	0.07	0.25† (1.75)	0.06	0.24 (1.46)	0.05	0.19 (1.11)	0.04
비정규직문제 기업 자율	0.12 (0.87)	0.03	-0.14 -(0.83)	-0.03	-0.03 (-0.15)	0.00	0.03 (0.16)	0.01
공기업 민영화	0.04 (0.31)	0.01	-0.02 -(0.12)	0.00	0.05 (0.30)	0.01	0.03 (0.15)	0.01
복지보다는 경제 성장	0.01 (0.05)	0.00	0.19 (1.25)	0.04	0.07 (0.41)	0.02	0.18 (1.01)	0.04
고소득자 증세	0.23† (1.80)	0.05	0.16 (1.16)	0.04	0.14 (0.88)	0.03	0.09 (0.57)	0.02
학교체벌 유지	0.10 (0.72)	0.02	0.18 (1.28)	0.04	0.19 (1.14)	0.04	0.07 (0.39)	0.02
대체복무제	-0.13 (0.97)	-0.03	-0.15 (-1.02)	-0.03	-0.19 (-1.13)	-0.04	-0.19 (-1.09)	-0.04
사형제	0.18 (1.37)	0.04	0.08 (0.56)	0.02	0.23 (1.41)	0.05	0.18 (1.07)	0.04
여성			-0.38† (-1.72)	-0.08	-0.41† (-1.65)	-0.09	-0.37 (-1.43)	-0.08
가계소득			-0.15† (1.69)	-0.03	-0.16 (-1.61)	-0.04	-0.19† (-1.82)	-0.04
주택 소유			0.39 (1.30)	0.09	0.23 (0.71)	0.05	0.23 (0.67)	0.05
학력			-0.36 (1.63)	-0.09	-0.29 (-1.19)	-0.07	-0.46† (-1.81)	-0.10
연령			0.07*** (3.40)	0.02	0.04† (1.76)	0.01	0.04 (1.64)	0.01
TK 거주			1.30*** (3.58)	0.31	0.67 (1.59)	0.16	0.45 (1.02)	0.11
PK 거주			0.65* (2.20)	0.14	0.15 (0.43)	0.05	-0.03 (-0.09)	0.00
호남 거주			-2.19*** (3.41)	-0.33	-1.54* (-2.36)	-0.27	-1.49* (-2.25)	-0.26
더불어민주당 지지					-1.15*** (4.31)	-0.25	-0.82** (-2.72)	-0.18
자유한국당 지지					2.62*** (5.57)	0.56	2.98*** (6.10)	0.62
국민의당 지지							0.72†	0.17
바른정당 지지							2.49***	0.53
정의당 지지							-1.06	-0.20
상수	-3.88*** (4.34)		-5.79*** (-3.42)		-3.61† (-1.86)		-3.12 (-1.56)	
N	485		478		478		478	
pseudo R^2	0.057		0.169		0.315		0.347	

주: †p < 0.1, *p < 0.05, **p < 0.01, ***p < 0.001. dy/dx는 각 독립변수의 평균값(mean)에서의 한계효과.

다. 이와 함께 고소득자 증세 변수도 통계적으로 유의미한 것으로 나타났다.

사회경제적 변수를 포함한 모델 2에서도 국가보안법이나 개성공단과 같은 안보/외교적 쟁점들이 여전히 중요한 요인으로 확인되었다. 그러나 20~30대와는 달리 경제적 변수들은 모델 2부터는 통계적으로 하나도 유의미한 것으로 나타나지 않았다. 즉, 40~50대에서 이념에 영향을 주는 요인은 안보/외교 변수와 같은 정치적 요인일 뿐 경제적 요인은 별다른 영향력을 갖지 못하는 것으로 나타났다.

또한 정파적 지지가 포함되지 않은 모델 2에서는 특히, 거주지역 변수가 이념성향의 차이에 영향을 미치는 것으로 나타났다. 경남과 경북에 거주하는 유권자들은 더욱 보수적이었으며 호남 거주자들은 더욱 진보적이었고 그 영향력의 강도도 상당히 강했다. 이 역시 20~30대와는 상이한 결과이다.

그러나 모델 3과 모델 4에서 지지 정당 변수를 추가하자 경남과 경북 거주지역 변수는 유의미성을 상실했으며, 호남 거주 변수만이 통계적으로 유의미하게 나타났다. 경남과 경북의 경우 자유한국당 지지라는 정파적 영향에 흡수되는 모습을 보이는 데 비해, 호남에서는 더불어민주당의 지지로부터 독립적일 수 있는 강한 진보성이 40~50대 집단에서 확인된 셈이다. 10가지 정책 변수 역시 정당 지지 변수가 포함되자 통계적 유의성이 사라졌다. 또 한 가지 흥미로운 점은 모델 4에서 보듯이, 정의당을 제외한 더불어민주당, 자유한국당, 국민의당, 바른정당 등 네 정당에 대한 지지 변수가 모두 통계적으로 유의미하게 나타났다는 것이다. 40~50대에서 이념과 정파성이 매우 강하게 연계되고 있음을 보여준다.

〈표 1-13〉은 60세 이상의 고연령층 세대에 대한 분석결과를 보여준

다. 정책 변수만을 포함한 모델 1의 경우, 국가보안법과 사형제, 그리고 공기업 민영화 등에 대한 태도에서 통계적으로 유의미한 차이가 확인되었다. 반공이데올로기와 권위-자유주의 쟁점이 60대 이상 세대들에게 중요함을 보여준다고 할 수도 있지만, 이슈별로 일관된 패턴을 나타낸다고 보기는 어렵다. 그리고 정파적 지지가 포함된 모델 3, 모델 4에서는 10가지 정책 변수의 통계적 유의미성이 사라져 버렸다. 60대 이상에서 진보-보수를 가르는 요인으로 구체적 정책 변수의 영향은 그리 크다고 보기 어렵다.

모델 2에서는 거주지역 변수의 영향이 확인되었다. 경남과 경북 거주 변수의 영향력이 확인되었다. 흥미로운 점은 모델 2에서는 호남 거주 변수의 영향력이 확인되지 않았다는 것이다. 이는 60대 이상 세대에서 호남에 거주한다는 것이 다른 지역 거주자들과 비교했을 때 특별히 진보적임을 의미하지 않는다는 것이다. 60대 이상에서 호남 거주 변수의 부호는 양(+)으로 나타났다. 앞에서 논의한 대로, 호남-진보라는 지역과 이념의 연결을 강조하는 것은 세대요인을 고려하지 않은 지나친 단순화의 문제를 낳을 수 있는 것이다. 다시 말해 호남에서도 이념적 요인을 고려할 때 세대의 영향이 존재하는 것이다. 이러한 호남 노년층 유권자들의 비 진보성은 모델 3과 모델 4를 볼 때 더욱 흥미로운 결과를 보여준다. 지지하는 정당 변수를 포함한 모델 3과 모델 4에서 오히려 호남 유권자들이 다른 지역 유권자들보다 더 보수 성향일 수 있음이 발견되는 것이다. 또한 정당 지지 변수를 포함했음에도 불구하고 호남 거주 변수가 통계적으로 유의미하게 나타난 것도 주목할 만하다. 이러한 결과는 적어도 호남 지역의 60대 이상의 유권자들 사이에서 정당 지지로 흡수되지 않는 이념적 요소가 존재한다는 것으로, 현재 지역 독점적 정당체제에 만족하지 못하는 상당수의 유권자들이 존재할 것이라 추론

	모델1	dy/dx	모델2	dy/dx	모델3	dy/dx	모델4	dy/dx
한미동맹 강화	0.02 (0.10)	0.01	0.04 (0.16)	0.01	0.09 (0.28)	0.01	0.04 (0.13)	0.01
국가보안법 유지	0.35* (2.15)	0.08	0.33† (1.73)	0.07	0.35 (1.51)	0.07	0.35 (1.51)	0.07
개성공단 폐쇄	0.19 (1.13)	0.04	0.15 (0.87)	0.03	0.22 (1.05)	0.05	0.27 (1.23)	0.05
비정규직문제 기업 자율	-0.12 (0.68)	-0.03	-0.12 (-0.57)	-0.03	0.08 (0.33)	0.02	0.1 (0.37)	0.02
공기업 민영화	-0.45* (2.38)	-0.10	-0.35† (-1.69)	-0.07	-0.32 (-1.29)	-0.07	-0.35 (-1.40)	-0.07
복지보다는 경제 성장	0.09 (0.50)	0.02	0.12 (0.57)	0.03	-0.01 (-0.04)	0.00	0.01 (0.04)	0.00
고소득자 증세	0.22 (1.21)	0.05	0.25 (1.16)	0.05	0.21 (0.82)	0.04	0.22 (0.84)	0.04
학교체벌 유지	0.14 (0.77)	0.03	0.31 (1.50)	0.07	0.15 (0.62)	0.04	0.20 (0.80)	0.04
대체복무제	0.02 (0.09)	0.00	0.17 (0.78)	0.04	0.18 (0.71)	0.05	0.27 (1.00)	0.05
사형제	0.33† (1.94)	0.07	0.21 (1.07)	0.04	0.38† (1.65)	0.07	0.34 (1.43)	0.07
여성			0.22 (0.78)	0.05	0.21 (0.61)	0.04	0.2 (0.57)	0.04
가계소득			-0.03 (0.25)	0.00	-0.20 (-1.50)	-0.04	-0.21 (-1.56)	-0.04
주택 소유			-0.5 (1.11)	-0.11	-0.17 (-0.28)	-0.03	-0.13 (-0.22)	-0.03
학력			-0.39 (1.44)	-0.08	-0.23 (-0.70)	-0.06	-0.29 (-0.89)	-0.06
연령			0.07* (2.08)	0.02	0.04 (0.99)	0.01	0.03 (0.81)	0.01
TK 거주			1.85* (2.31)	0.28	-0.41 (-0.46)	-0.13	-0.61 (-0.66)	-0.13
PK 거주			0.78† (1.84)	0.15	0.26 (0.47)	0.04	0.23 (0.39)	0.04
호남 거주			-0.23 (0.47)	-0.05	1.12† (1.93)	0.17	1.15† (1.95)	0.17
더불어민주당 지지					-2.12*** (5.12)	-0.47	-2.29*** (-4.91)	-0.47
자유한국당 지지					1.98*** (3.42)	0.31	1.90** (3.03)	0.31
국민의당 지지					-0.21	-0.96		-0.21
바른정당 지지					0.11	0.70		0.11
정의당 지지							0.00	
상수	-1.35 1.04		-5.91† -(1.89)		-4.12 -(1.06)		-3.64 -(0.93)	
N	291		273		273		273	
pseudo R^2	0.068		0.145		0.354		0.363	

주: †p < 0.1, *p < 0.05, **p < 0.01, ***p < 0.001. dy/dx는 각 독립변수의 평균값(mean)에서의 한계효과.

도 가능해 보인다.

지금까지 살펴본 〈표 1-11〉, 〈표 1-12〉, 〈표 1-13〉의 결과를 정리하면 다음과 같다. 첫째, 정책 영역에서의 차이이다. 그동안 이념갈등에서 지배적이었던 안보정책 가운데 국가보안법 이슈는 세 세대 집단에서 모두 유의미한 차이를 보였다. 이외에 사형제, 개성공단 등의 이슈도 세대별로 차이를 나타냈다. 그러나 40~50대와 60대 이상의 경우 정당지지 변수를 포함하면 이러한 안보 이슈의 통계적 유의미성은 사라졌다. 안보 이슈와 정당 지지 간의 연계가 이들 세대에서는 확인되는 것이다. 이에 비해 20~30대의 경우에는 정당 지지를 포함하더라도 국가보안법 또는 한미동맹 이슈의 영향력이 확인되었다. 즉, 20~30 세대의 안보정책 태도는 40~50대, 60대 이상과 달리, 정파적 연계를 고려하더라도 이념성향에 독립적으로 영향을 미치고 있었다. 이는 또한 20~30대의 이념성향에 안보이슈가 중요하지 않다는 기존 논의와도 다른 발견이다(윤성이·이민규 2014, 280).

정책과 관련하여 보다 흥미로운 점은 경제정책에 대한 세대별 차이에서 찾을 수 있다. 20~30대에서는 복지정책과 고소득자 증세 이슈가 이념성향의 결정에 유의미한 영향을 미쳤지만, 40~50대와 60대 이상 세대에서는 그러한 차이가 확인되지 않았다. 보다 중요한 점은 다른 세대들의 경우 정파적 지지 변수가 포함되면 경제정책에 대한 태도의 차이가 사라지게 되지만, 20~30대의 경우에는 여전히 그 영향이 확인된다는 점이다. 다시 말해 20~30대의 경제적 이슈에 대한 시각 차이는 거주지역이나 정당 지지를 넘어 이념적 태도에 강한 영향을 미치는 것이다.

즉, 최근 들어 정치적으로 부상하고 있는 복지 문제나 증세 쟁점은 젊은 세대에서는 이미 이념적 차이를 낳는 요소로 작용하고 있는데, 이러한 이념적 차이가 아직 정당정치를 통해서 발현되고 있다고 보기는 어렵다. 그러나 향후 이러한 경향이 계속된다면 경제정책을 둘러싼 이념의 차이가 한국사회의 주요한 갈등으로 부각할 가능성은 높다고 볼 수 있다.

둘째, 지역주의의 문제이다. 전체적으로 볼 때, 호남-진보, 영남-보수라는 지역과 이념중첩의 이분법적인 설명은 유효하지 않다고 할 수 있다. 40~50대와 60대 이상에서는 여전히 지역 변수의 영향이 크게 나타났지만, 20~30대 젊은 유권자들에게서 거주지역 변수의 영향이 통계적으로 유의미하지 않게 나타났고 일관된 패턴도 보이지 않았다. 20~30대의 경우 지역주의와 이념의 중첩 현상은 확인되지 않았던 것이다. 60대 이상에서 흥미로운 변수는 호남 거주였다. 정당정치 변수를 포함할 때, 호남 지역 거주는 보수 이념의 확률을 높이는 것으로 나타났다. 즉, 60대 이상 호남 거주 유권자의 보수성이 기존의 지역독점 정당체제에 대표되지 못한 채 독립적인 요인으로 존재함을 알 수 있다. 호남-진보, 영남-보수의 '전통적' 인식을 적용해 볼 수 있는 것은 40~50대였지만, 정파적 지지의 영향에 지역 변수가 흡수되는 것으로 나타났다. 다만 호남 40~50대의 진보성은 뚜렷하게 확인되었다.

셋째, 이념적 갈등과 정파적 지지의 연계는 각 세대마다 비교적 뚜렷하게 확인되었지만, 그 연계의 정도와 일관성이 가장 크게 나타난 세대는 40~50대였다. 다른 세대와 비교했을 때 40~50대의 이념갈등은 정책적 가치관의 대립보다는 정파적 대립의 성격이 강했다. 그리고 더불어민주당, 자유한국당뿐만 아니라 국민의당과 바른정당에 대한 지지 여부도 이념적 태도에 영향을 미치고 있었다.

5. 나가며

　이 연구는 2017년 대통령선거에서 나타난 보수의 분열과 보수 후보에 대한 세대별 지지의 차이가 어떤 정치적 의미를 갖는지에 대해 살펴보고자 했다. 보다 구체적으로 '같은 보수'라고 해도 20～30대의 젊은 보수와 60대 이상의 나이 든 보수 간에 보수 이념과 관련된 속성의 차이가 존재하는지에 대해 분석했다.

　분석 결과, 20～30대와 60대 이상 집단 사이에서는 단지 홍준표, 유승민 간의 투표선택의 차이뿐만 아니라 보다 본질적인 차이가 나타났다. 그동안 한국정치에서 나타난 이념갈등의 축이 외교, 안보 이슈에 대한 것이었다면, 이제는 그러한 이념적 차이가 경제적 영역으로까지 확대되고 있다는 사실이 확인되었다. 기성세대의 경우 진보-보수의 이념을 구분하는 데 외교, 안보 이슈의 강한 영향력이 확인되었지만, 20～30대의 경우에는 여기에 더해 복지정책, 증세 문제 등 구체적인 경제 사안에 대한 이념적 차이가 나타났다. 더욱이 이러한 경제정책을 둘러싼 이념적 태도의 차이는 정파적 지지와 무관하게 일관된 특성을 보였다. 특히, 젊은 보수의 경우 기존 보수 정당과의 연계가 가장 낮은 것을 알 수 있었다. 이러한 점은 기존의 정당들이 그동안 유권자를 동원해 온 주요 이슈가 대북, 안보정책 등에 치중되어 있었고, 새로이 젊은 세대들이 관심을 갖는 경제 이슈에 대해서는 소홀히 해 왔다는 사실과도 관련이 있을 것으로 보인다. 보수 세력의 분화와 함께 경제 이슈를 둘러싼 이념적 차이가 젊은 세대를 중심으로 부상하면서 향후 한국정치의 새로운 갈등 구조를 형성해 갈 것으로 보인다.

　이와 함께 지역주의와 관련된 기존의 편견에 대한 문제점도 확인되었다. 즉, 영남-보수, 호남-진보라는 이분법적 통념은 지역주의 정당

정치와 맞물려 그동안 일반적으로 수용되어 왔다. 그러나 지역 내의 진보-보수 집단을 세대별로 나눠 분석해 본 결과 이러한 통념은 잘못된 것임이 드러났다. 20~30대의 경우 지역과 무관하게 강한 진보 성향을 나타냈으며 지역주의 정당과의 연계도 매우 약했다. 60대 이상의 보수 유권자와 비교하면, 젊은 보수와 영남 지역주의와의 연계가 상당히 약했다. 호남 지역에서도 60대 이상 고연령층 유권자들의 경우 상당한 비율로 보수 성향 유권자가 확인되었으며, 이들은 호남 지배 정당의 정치적 동원에서 벗어나 있거나 이탈해 있는 것으로 나타났다. 이러한 결과는 지역주의가 외형상 여전히 강고해 보이지만 그 내부에서는 이미 상당한 분화와 변화가 일어났음을 보여주는 것이라고 할 수 있다.

2017년 대통령선거는 선거시기, 이슈, 선거경쟁의 구도 등 많은 점에서 이전의 선거와 커다란 차이를 보였다. 이 연구는 2017년 대통령선거가 단지 박근혜 탄핵과 여야 간 정권교체뿐만 아니라 한국정당정치가 의미심장한 변화의 과정을 겪고 있다는 사실을 잘 보여주고 있다.

참고문헌

강원택. 1998. "유권자의 이념성향과 투표행태", 이남영 편. 《한국의 선거 II: 제15대 대통령선거를 중심으로》. 서울: 푸른길.

_____. 2003. 《한국의 선거정치: 이념, 지역, 세대와 미디어》. 서울: 푸른길.

_____. 2005. "한국의 이념갈등과 진보·보수의 경계", 〈한국정당학회보〉 4(2), 193~217.

_____. 2017. "2017년 대통령선거에서의 보수 정치: 몰락 혹은 분화", 〈한국정당학회보〉 16(2), 5~33.

고　원. 2012. "한국에서 복지의제의 지배적 정치담론화 과정 분석", 〈경제와사회〉 95, 12~38.

김무경·이갑윤. 2005. "한국인의 이념정향과 갈등", 〈사회과학연구〉 13(2), 6~32.

김성연. 2017. "제18대 대통령선거에서 이념의 영향: 패널 데이터 분석결과", 〈의정연구〉 51, 148~177.

김주찬·윤성이. 2003. "2002년 대통령선거에서 이념성향이 투표에 미친 영향", 〈21세기 정치학회보〉 13(2), 87~103.

노환희·송정민. 2013. "세대 균열에 대한 고찰: 세대효과인가, 연령효과인가", 박찬욱·강원택 편. 《2012년 대통령선거 분석》. 파주: 나남.

문우진. 2017. "지역주의 투표의 특성과 변화: 이론적 쟁점과 경험분석", 〈의정연구〉 50, 82~111.

박경미·한정택·이지호. 2012. "한국사회 이념갈등의 구성적 특성", 〈한국정당학회보〉 11(3), 127~154.

박명호. 2009. "2008 총선에서 나타난 세대효과와 연령효과에 관한 분석", 〈한국정당학회보〉 8(1), 65~86.

박원호. 2012. "유권자의 정치이념과 정책선호, 그리고 후보자 선택", 박찬욱·강원택 편. 《2012년 국회의원선거 분석》. 파주: 나남.

박찬욱·김경미·이승민. 2008. "제17대 대통령선거에서 유권자의 사회경제적 특성과 이념정향이 후보 선택에 미친 영향", 박찬욱 편. 《17대 대통령선거를 분석한다》. 서울: 생각의 나무.

오현주·길정아. 2013. "유권자의 이념과 투표선택: 보수의 결집과 진보의 분열", 박찬욱·강원택 편. 《2012년 대통령선거 분석》. 파주: 나남.

윤성이. 2006. "한국사회 이념갈등의 실체와 변화", 〈국가전략〉 12, 163~82.

윤성이·이민규. 2014. "한국사회 이념갈등의 세대 간 특성 비교", 〈21 세기정치학회보〉 24(3), 271~292.

이갑윤·이현우. 2008. "이념투표의 영향력 분석", 〈현대정치연구〉 1(1), 137~166.

이내영. 2011. "한국사회 이념갈등의 원인", 〈한국정당학회보〉 10(2), 251~287.

이현출. 2005. "한국 국민의 이념성향", 〈한국정치학회보〉 39(2), 321~343.

조성대. 2015. 《이념의 정치와 한국의 선거: 공간이론으로 본 한국의 대통령선거》. 서울: 오름.

지병근. 2015. "민주화 이후 지역감정의 변화와 원인", 〈한국정당학회보〉 14(1), 63~91.

최장집. 2010. 《민주화 이후의 민주주의》. 서울: 후마니타스.

최준영·조진만. 2005. "지역균열의 변화 가능성에 대한 경험적 고찰", 〈한국정당
학회보〉 39(3), 375~394.

De Vries, C. E., Hakhverdian, A. & Lancee, B. 2013. "The dynamics of
voters' left/right identification: The role of economic and cultural attitudes",
Political Science Research and Methods, 1(2), 223~238.

Inglehart, R. 1977. *The Silent Revolution: Changing Values and Political Styles
among Western Publics*. Princeton: Princeton University Press.

Jennings, M. K. & Niemi, R. G. 1981. *Generations and Politics: A Panel Study
of Young Adults and Their Parents*. Princeton: Princeton University Press.

Lipset, S. M. & Rokkan, S. 1967. "Cleavage structures, party systems and
voter alignments: An introduction", Lipset, S. M. & Rokkan, S. (eds.).
Party Systems and Voter Alignments: Cross-national Perspectives. New York:
Macmillan.

Mannheim, K. 1952. "The problem of generations", In Kecskemeti, P. ed.
Essays on the Sociology of Knowledge. New York: Oxford University Press.

Middendorp, C. P. 1992. "Left-right self-identification and (post) materialism in
the ideological space: Their effect on the vote in the Netherlands",
Electoral Studies, 11(3), 249~260.

Shafer, B. E. & Claggett, W. J. 1995. *The Two Majorities: The Issue Context of
Modern American Politics*. Baltimore and London: JHU Press.

Treier, S. & Hillygus, D. S. 2009. "The nature of political ideology in the
contemporary electorate", *Public Opinion Quarterly*, 73(4), 679~703.

부표

이념 분류는 다음의 질문을 토대로 행했다. 아래 질문 가운데 한미동맹, 국가보안법, 개성공단 문항은 안보 영역으로, 성장-복지, 비정규직, 부자 증세, 민영화는 경제 영역으로, 그리고 체벌, 대체복무, 사형제는 사회 영역으로 각각 분류했다.

C1. 다음의 각 정책에 대해서 귀하께서 얼마나 찬성 또는 반대하시는지 말씀해 주십시오.

	매우 찬성	대체로 찬성	대체로 반대	매우 반대
1) 한미 동맹관계를 더욱 강화해야 한다	①	②	③	④
2) 국가보안법을 폐지해야 한다	①	②	③	④
3) 개성공단을 정상화시켜야 한다	①	②	③	④
4) 경제성장보다는 복지에 더욱 힘을 기울여야 한다	①	②	③	④
5) 비정규직 노동자 문제는 기업에게 자율적으로 맡겨야 한다	①	②	③	④
6) 고소득자들이 현재보다 세금을 더 많이 내게 해야 한다	①	②	③	④
7) 철도 등 공기업 민영화를 추진해야 한다	①	②	③	④
8) 학교에서 체벌이 허용되어야 한다	①	②	③	④
9) 종교 등 개인의 신념에 따른 대체복무제를 허용해야 한다	①	②	③	④
10) 사형제를 폐지해야 한다	①	②	③	④

2장　정당 분열 및 유권자 분화[*]

류재성

1. 들어가며

19대 대선에서 더불어민주당 문재인 후보는 41.08%의 득표율로 낙
승했다. 2위 자유한국당 홍준표 후보의 23.03%, 3위 국민의당 안철수
후보의 21.41%의 득표율을 큰 폭으로 앞섰다. 당선가능성을 묻는 대
선 전 설문조사에서 대체로 60~69%에 이르는 응답자가 문재인 후보
의 당선을 예상한다고 응답했고,[1] 문재인 후보 스스로가 자신이 '대세'
라고 언명한 바도 있어, 예상되었던 선거결과이다.

문재인 후보 당선의 가장 큰 원인은 박근혜 대통령 탄핵으로 인한 조
기 대선과 여당의 자유한국당과 바른정당으로의 분열이다. 야당 역시
더불어민주당과 국민의당으로 분열되었지만 문재인 후보 당선에 큰 영

* 이 연구는 국민의당과 바른정당이 통합을 선언한 2018년 1월 18일 이전에 작성되었
음을 밝힌다.

1 〈이데일리〉. 2017. 3. 27. "[KSOI]문재인 36.0% 지지율 1위 … 당선가능성 69.0%".

향을 미치지 못했다. 보수 여당 분열의 직접적 원인은 박근혜 대통령 탄핵에 대한 찬성과 반대의 견해 차이다. 보수 유권자 역시 탄핵에 대한 찬반 입장으로 나뉘면서 홍준표 후보와 유승민 후보 지지로 분화되었고, 보수 유권자 중 일부는 안철수 후보를 지지했다.

새누리당은 탄핵에 대한 의원 개개인들의 정치적 이해를 변수로 자유한국당과 바른정당으로 분열했지만, 이들 개별 의원들이 추구하는 보수 정당으로서의 정체성에 대한 상이한 입장 역시 하위 변수로 작동했을 가능성이 있다. 개별 의원들의 정당정체성에 대한 차이는 주요 정책이슈에 대한 이들의 상이한 입장이 원인일 수 있다. 같은 맥락에서 홍준표 후보 및 유승민 후보 지지자들 역시 탄핵 찬반 이외에도 여러 정책이슈 및 정치적 태도에서 상이한 입장을 가졌을 가능성이 있다. 말하자면 보수 정당 분열이 보수 성향 유권자 분화 혹은 정당 지지 재배열(*partisan realignment*)로 이어진 직접적인 이유는 탄핵 이슈이지만, 보수 정당 의원들과 보수 성향 유권자들이 가지고 있는 보수 정체성에 대한 이해와 지향의 상이성이 탄핵 이슈를 계기로 증폭된 결과일 수도 있다.

이 연구는 박근혜 대통령에 대한 탄핵 찬반으로 촉발(*triggering*)된 정당 분열 및 유권자 분화가 정당의 이념적 및 정책적 정체성에 대한 유권자 차원의 '내재적' 혹은 '장기적' 태도 및 선호의 차이에 의해 이루어졌다는 가설을 설문 데이터 분석을 통해 탐색·검증한다. 이 연구는 이를 위해 각 정당 후보 지지 유권자의 특성을 사회경제적 지위(*socio-economic status*), 정치적 태도 및 정책선호 등을 중심으로 면밀하게 분석하고 이들 유권자 집단들 사이에 의미 있는 차이가 있는가, 있다면 무엇인가를 밝힌다.

보수 정체성을 지향하는 자유한국당 및 바른정당 지지자 혹은 홍준표 후보 및 유승민 후보 지지자 집단 사이에 의미 있는 사회경제적 지위, 정치적 태도 및 정책선호에서의 차이가 없다면, 탄핵은 이미 지나 간 이슈이고 박근혜 전 대통령에 대한 자유한국당 출당 조치가 이루어 졌으므로, 분열된 보수 정당이 다시 합당의 길로 들어설 가능성이 있지 만, 이들 두 정당 사이의 다양한 방식의 통합에 대해 유권자들의 지지 여부는 쉽게 예단하기 어렵다. 더욱이 각 정당을 지지하는 유권자의 특 성이 다르다면 두 정당의 통합이 유권자의 지지를 확보하기 어려울 가 능성이 크다. 그럼에도 불구하고 바른정당의 김무성 의원 등 9인은 2017년 11월 바른정당을 탈당하고 자유한국당에 입당했다.[2]

다른 한편 바른정당은 국민의당과의 선택적, 정책별 연대를 넘어 정 당 간 통합을 추진하고 있다. 국민의당은 전 당원 투표를 통해 바른정 당과의 통합을 추진 중이며, 향후 전당대회 등을 통해 양당 통합을 완 성한다는 계획이다.[3] 바른정당과 국민의당 사이의 통합 역시 정치적 혹은 정치엘리트 차원에서의 결단으로 이루어질 수 있지만, 그에 대한 유권자 차원의 지지 여부는 두 정당 지지자 집단의 정책선호 및 정치적 태도에서의 유사성 혹은 상이성에 따라 결정될 것이다.

정당의 이합집산은 한국정당정치의 주요 특징이다. 현재 국회에서 의 정당별 의석구조는 야당의 연대로 여당을 견제하기에 충분하지만, 야당들의 정책 및 이념적 지향 차이는 이들 사이의 연대가 쉽지 않은 과 제임을 드러낸다. 야당의 입장에서는 보다 강력한 여당 견제를 위해 안 정적인 야당 연합구조 혹은 정치적 통합을 통한 구조의 변화를 모색할 수 있다. 정책사안별 연대는 거래 비용이 많이 들 뿐 아니라, 정책에 대

---

2 〈한겨레〉. 2017. 11. 9. "김무성 의원 등 9명 바른정당 탈당…'문재인 정부 폭주 막 겠다'".
3 〈한겨레〉. 2017. 12. 31. "국민의당, 바른정당 통합 찬성 74.6%…안철수 재신임".

한 책임성의 확보와 그를 통한 지지의 동원에서도 효과적인 방식은 아니다. 따라서 여당을 제외한 제 정당들 사이의 통합, 즉 자유한국당-바른정당 및 국민의당-바른정당 사이의 정치적 통합은, 가까이는 2018년의 지방선거, 멀리는 지방선거 이후의 국정운영의 주도권 확보를 위한 가장 효과적인 방법으로 인식될 수 있다. 그러나 문제는 정치적 통합의 정당성 여부이며, 이를 결정하는 최종 기준은 지지자들의 지지 지속 혹은 지지 확장 여부다.

이상을 전제하면, 19대 대선 전 이루어진 보수 정당 분열과 그에 따른 유권자 분화(더불어 진보 정당의 분열과 그에 따른 유권자 분화) 원인의 탐색은 19대 대선의 주요한 특징에 대한 분석이며, 더불어 현재 시도되고 있는 정당 통합에 대한 유권자 차원의 반응에 대한 전망이기도 하다.

이 연구는 다음의 순서로 진행한다. 먼저 대선 후 이루어진 설문조사 결과 분석을 통해 지지 후보별 유권자 특성을 살펴보고, 정치이념 및 정책선호(의 일관성)를 주요 변수로 하여 후보별 지지와 지지 후보 선택의 원인을 추론한다. 이를 통해 후보자별 지지자 집단이 어떻게 구성되었는가를 밝힘으로써 후보자별 지지자의 분화를 정밀하게 추적하도록 한다.

2. 19대 대선 후보별 지지 유권자 특성

1) 사회경제적 지위

〈표 2-1〉처럼 유승민 후보 지지 응답자와 홍준표 후보 지지 응답자 사이에는 소득 수준 분포에서 일정한 차이가 존재하며, 두 집단 사이의

이러한 차이는 통계적으로 유의미하다. 홍준표 후보 지지자 중 300만 원 미만 월 소득자는 40.8%인 반면, 유승민 후보 지지자 중 300만 원 미만 월 소득자는 13.6%에 불과하다. 유승민 후보 지지자의 300만 원 미만 월 소득자 비중은 안철수 후보 지지자의 비중 12.9%와 유사하다. 문재인 후보 지지자의 300만 원 미만 월 소득자 비중은 21.7%로 나타났다. 홍준표 후보 지지자 집단 중 400만 원 이상 월 소득자는 38.0%이지만, 유승민 후보 지지자 집단 중 400만 원 이상 월 소득자는 52.5%에 이르고, 300만 원 이상 월 소득자도 전자 집단은 58.5%이지만 후자 집단은 86.4%에 이른다.

〈표 2-2〉는 지지 후보별 유권자의 학력 수준 분포를 보여준다. 유승민 후보 지지자의 학력 수준 분포는 문재인, 안철수 후보 지지자의 학력 수준 분포와 유사하다. 반면 홍준표 후보 지지자의 학력 수준 분포는 다른 모든 후보 지지자의 학력 수준 분포와 상이하다. 특기할 사항은 홍준표 후보 지지자의 학력 수준은 중졸 이하 학력자가 다른 후보 지지자에 비해 많은 한편(27.8%), 대재 이상 학력자에서는 다른 후보 지지자에 비해 적다(23.1%).

〈표 2-3〉은 후보별 지지자 집단의 평균 연령이다. 홍준표 후보 지지자 집단의 평균 연령은 57.5세로 다른 후보 지지자 집단의 평균 연령보다 10세 이상 높고, 이러한 차이는 통계적으로 유의미하다. 문재인-홍준표 후보 지지자의 연령 평균값 차이는 통계적 유의 수준 이내에 있다($t = 10.952$, $p < .000$). 유승민 후보 지지자 집단의 평균 연령은 42.3세로, 심상정 후보 지지자 집단을 제외하면, 문재인, 홍준표 후보 지지자 집단의 평균 연령보다 낮다.

종합하면 유승민 후보 지지자 집단은 홍준표 후보 지지자 집단에 비해 젊은 고소득, 고학력자들이다. 달리 표현하면, 홍준표 후보 지지자

<표 2-1> 지지 후보별 유권자의 소득 분포

(단위: %)

	투표 후보					전체
	문재인	홍준표	안철수	유승민	심상정	
100만 원 미만	4.6	7.7	1.6	1.7	0.0	4.6
100만 원 이상 200만 원 미만	5.8	15.0	3.2	1.7	0.0	7.1
200만 원 이상 300만 원 미만	11.3	20.1	8.1	10.2	13.9	12.9
300만 원 이상 400만 원 미만	20.5	19.2	21.0	33.9	11.1	20.8
400만 원 이상 500만 원 미만	26.6	21.8	25.0	22.0	30.6	25.1
500만 원 이상 600만 원 미만	18.6	9.4	25.0	22.0	22.2	17.7
600만 원 이상	12.6	6.8	16.1	8.5	22.2	11.8
계	100.0	100.0	100.0	100.0	100.0	100.0

<표 2-2> 지지 후보별 유권자의 학력 수준 분포

(단위: %)

	제 19대 대선 투표 후보					전체
	문재인	홍준표	안철수	유승민	심상정	
중졸 이하	12.3	27.8	8.9	6.8	0.0	14.6
고졸 이하	37.9	47.0	35.5	42.4	27.8	39.5
대재 이상	48.5	23.1	54.8	50.8	72.2	44.6
계	100.0	100.0	100.0	100.0	100.0	100.0

<표 2-3> 후보자별 지지자의 평균 연령

	평균 연령	N
문재인	45.5	586
홍준표	57.5	234
안철수	45.7	124
유승민	42.3	59
심상정	38.1	36
전체	47.7	1,044

76

집단은 연령, 소득, 학력에서 유승민 후보 지지자 집단은 물론 문재인, 안철수 후보 지지자 집단과도 상이한 특징을 가지고 있다. 요컨대 기존 보수 유권자 가운데 상대적으로 젊고, 고소득, 고학력인 보수 유권자들이 새누리당 지지를 철회하고 이탈했다고 추론할 수 있다.

2) 정치이념

〈표 2-4〉에 따르면, 유승민 후보 지지자들은 다양한 이념성향을 가진 응답자로 이루어져 있다(진보 33.9%, 중도 28.8%, 보수 37.3%). 안철수 후보 지지 유권자의 이념성향 분포는 유승민 후보 지지자의 이념성향 분포와 유사하다(진보 37.9%, 중도 33.1%, 보수 29%). 반면 홍준표 후보 지지자는 보수 성향 유권자가 68.8%로 다수를 이루고 있고(진보 8.1%, 중도 23.1%), 문재인 후보를 지지한 유권자의 다수는 진보 유권자(60.8%)였으며, 중도 유권자가 28.2%. 보수 유권자가 11.1%를 구성한 것으로 나타났다.

지지 유권자의 이념성향 구성은 안철수 후보와 유승민 후보가 매우 유사하다. 이들 후보는 진보-중도-보수 성향의 유권자의 지지를 고르게 확보하고 있다. 반면 문재인 후보 및 홍준표 후보는 각각 진보 유권자와 보수 유권자가 지지자의 반수 이상을 구성한다. 요컨대 보수 정당인 새누리당에서 갈라져 나온 바른정당과 진보 정당인 더불어민주당에서 갈라져 나온 국민의당은 중도 유권자 및 진보 및 보수 유권자로의 외연 확장을 어느 정도 실현한 듯 보인다.

다른 한편, 이념성향에 따른 후보별 지지 분포는 〈표 2-5〉와 같다. 진보 성향 유권자는 문재인(76.6%), 안철수(10.1%), 유승민·심상정 (4.3%), 홍준표(4.1%)의 순으로 지지했으며, 보수 성향 유권자는 홍준표(56.5%), 문재인(22.8%), 안철수(12.6%), 유승민(7.7%), 심상정(0.4%)의 순으로, 중도 성향 유권자는 문재인(56.1%), 홍준표(18.4%), 안철수(13.9%), 유승민(5.8%), 심상정(5.1%) 순으로 지지했다. 진보 성향 유권자는 압도적 응집력으로 문재인 후보를 지지한 반면, 보수 성향 유권자는 반수 이상 홍준표 후보를 지지했으나, 진보 성향 유권자만큼의 응집력을 보여주지 못했다.

특기할 사항은 중도 및 보수 유권자는 모두 보수 및 진보를 각각 대표하는 후보들, 즉 문재인 후보와 홍준표 후보에게 1, 2위의 지지를 보냈

〈표 2-4〉 후보자별 지지자의 이념성향 분포

(단위: %)

		제19대 대선 투표 후보					전체
		문재인	홍준표	안철수	유승민	심상정	
이념성향	진보	60.8	8.1	37.9	33.9	55.6	44.5
	중도	28.2	23.1	33.1	28.8	41.7	28.2
	보수	11.1	68.8	29.0	37.3	2.8	27.3
전체		100.0	100.0	100.0	100.0	100.0	100.0

〈표 2-5〉 진보-중도-보수 유권자의 후보자별 지지 분포

(단위: %)

	이념성향			설문조사 득표율	실제 득표율
	진보	중도	보수		
문재인	76.6	56.1	22.8	56.1	41.08
홍준표	4.1	18.4	56.5	22.4	24.03
안철수	10.1	13.9	12.6	11.9	21.41
유승민	4.3	5.8	7.7	5.7	6.76
심상정	4.3	5.1	0.4	3.4	6.17
전체	100.0	100.0	100.0	100.0	

주: 설문조사 득표율은 실제득표율과 차이를 보인다. 설문조사 득표율은 당선자인 문재인 후보 지지 응답으로 과잉 대표된 반면, 안철수 후보 지지 응답은 과소 대표되었다.

다는 점이다. 다시 말하면 중도 성향 유권자는 문재인-홍준표 순으로, 보수 성향 유권자는 홍준표-문재인 순으로 지지했다. 보수 정당으로부터 갈라져 나온 유승민 후보는 진보 후보인 문재인 후보에 비해 낮은 득표를 보수 성향 유권자로부터 받았다. 다만 진보 정당에서 갈라져 나온 안철수 후보는 진보 성향 유권자로부터 문재인 후보에 이어 2위 득표를 기록했다.

요컨대 문재인, 홍준표 후보를 제외하고, 유승민 후보는 선거과정을 통해 자신의 정치이념적 정체성을 유권자에게 확인받지 못했으며, 다른 한편으로 안철수, 유승민 후보는 진보-중도-보수 유권자 다수의 긍정적인 평가를 받지 못했다. 두 후보 모두 진보 혹은 보수를 '대표'하는 후보는 아니었던 셈이며, 중도 유권자에게도 효과적으로 다가서지 못했다.

3) 정치적 태도

(1) 정치관심도

〈표 2-6〉은 지지 후보별 정치관심도를 보여준다. 문재인 후보 지지자의 65.%, 안철수 후보 지지자의 62.0%, 유승민 후보 지지자의 64.4%가 정치에 관심이 있다고 응답한 반면, 홍준표 후보 지지자의 50.8%

〈표 2-6〉 지지 후보별 정치관심도

(단위: %)

	문재인	홍준표	안철수	유승민	심상정	전체
관심 있다	65.0	50.8	62.0	64.4	52.8	60.8
관심 없다	34.9	49.2	37.9	35.6	47.2	39.2
계	100.0	100.0	100.0	100.0	100.0	100.0

만이 정치에 관심이 있다고 응답했다.

　이러한 결과가 19대 대선의 특수한 상황, 즉 보수 정당 출신 대통령의 탄핵 결과로 열리는 조기 대선이라는 상황과 맞물려 보수 후보인 홍준표 후보 지지자의 일종의 '위악'적 혹은 '자기 보호'적 응답인지, 혹은 실제로 그러했는지는 판단하기 어렵다. 물론 교육 및 소득 수준이 정치 관심도와 연관되어 있음을 고려한다면 이러한 결과는 타당해 보인다.

(2) 정치효능감

　정치효능감은 한 개인이 자신이 정치적 주체로서의 자격과 능력이 있으며 자신의 의사를 정치에 반영할 수 있고(내적 정치효능감), 자신이

〈표 2-7〉 외적 정치효능감 1

(단위: %)

	대선 투표 후보					전체
	문재인	홍준표	안철수	유승민	심상정	
그렇다	48.0	64.1	56.5	49.2	52.8	53.0
보통이다	27.7	25.6	22.6	28.8	19.4	26.3
그렇지 않다	24.4	10.3	21.0	22.0	27.8	20.7
계	100.0	100.0	100.0	100.0	100.0	100.0

주: (질문) 나 같은 사람들은 정부가 하는 일에 대해 어떤 영향도 주기 어렵다.

〈표 2-8〉 외적 정치효능감 2

(단위: %)

	대선 투표 후보					전체
	문재인	홍준표	안철수	유승민	심상정	
그렇다	49.2	59.0	55.7	59.3	50.0	52.9
보통이다	30.7	24.4	29.8	32.2	25.0	29.0
그렇지 않다	20.1	16.7	14.5	8.5	25.0	18.1
계	100.0	100.0	100.0	100.0	100.0	100.0

주: (질문) 정부는 나 같은 사람들의 의견에 관심이 없다.

의도한 대로 정치체제의 반응을 이끌어낼 수 있다는 믿음(외적 정치효능감)이라고 할 수 있다. 일반적으로 정치효능감은 정치참여와 관련이 있으며, 정치효능감이 높을수록 투표를 포함한 다양한 방식의 정치참여 가능성이 높다. 응답자들의 외적 정치효능감은 전체적으로 높지 않다. 응답자의 53%가 '나 같은 사람들은 정부가 하는 일에 영향을 주기 어렵다', '정부 역시 나 같은 사람들의 의견에 관심이 없다'고 응답했다. 특히, 홍준표 후보 지지자의 외적 정치효능감이 낮게 나타났고 문재인 후보 지지자의 외적 정치효능감이 높게 나타났다.

내적 정치효능감 역시 반수 이상의 응답자가 '본인이 한국이 당면하고 있는 중요한 정치문제를 보통 이하로 이해하고 있으며'(59.6%), '대

〈표 2-9〉 내적 정치효능감 1

(단위: %)

| | 대선 투표 후보 | | | | | 전체 |
	문재인	홍준표	안철수	유승민	심상정	
그렇다	38.7	40.6	49.2	42.4	36.1	40.4
보통이다	43.0	36.3	25.8	39.0	55.6	39.7
그렇지 않다	18.3	23.1	25.0	18.6	8.3	19.9
계	100.0	100.0	100.0	100.0	100.0	100.0

주: (질문) 나는 한국이 당면하고 있는 중요한 정치문제를 잘 이해하고 있다.

〈표 2-10〉 내적 정치효능감 2

(단위: %)

| | 대선 투표 후보 | | | | | 전체 |
	문재인	홍준표	안철수	유승민	심상정	
그렇다	39.9	50.0	44.4	44.1	41.7	43.1
보통이다	47.1	37.6	42.7	40.7	47.2	44.1
그렇지 않다	12.9	12.4	12.9	15.3	11.1	12.8
계	100.0	100.0	100.0	100.0	100.0	100.0

주: (질문) 대부분의 한국사람은 정치나 행정에 대해 나보다 잘 알고 있다.

〈표 2-11〉 내적/외적 정치효능감 평균값 요약

	내적 정치효능감	외적 정치효능감
문재인	2.06	1.74
홍준표	2.05	1.52
안철수	2.11	1.62
유승민	2.13	1.61
심상정	2.07	1.75
진보	2.05	1.72
중도	2.09	1.61
보수	2.05	1.55
전체	2.07	1.66

부분의 한국사람은 정치나 행정에 대해 나보다 잘 알고 있다'고 응답했다(56.9%).

〈표 2-11〉은 내적, 외적 정치효능감 응답결과를 합산 평균한 값으로 1~3의 값을 갖는다. 전체적으로 응답자들의 내적 정치효능감이 외적 정치효능감보다 높은 것으로 나타났으며, 지지 후보별 및 정치이념성향에 따른 차이는 발견되지 않았다.

(3) 경제상황에 대한 인식

〈표 2-12〉에 보이듯이, 유승민 후보 지지자 중 53.9%가 지난 5년간 한국경제가 '나빠졌다'고 평가한 반면, 홍준표 후보 지지자 중 61.6%, 문재인 후보 지지자 중 60.4%, 안철수 후보 지지자 중 58.1%, 심상정 후보 지지자 중 72.3%가 지난 5년간 한국경제가 '나빠졌다'고 평가했다. 타 후보 지지자 집단에 비해 유승민 후보 지지자 집단 중 지난 5년간 한국경제를 긍정적으로 평가한 응답자 비율이 가장 높았다.

지난 5년간 본인의 경제 상태에 대해서는 홍준표 후보 지지자 중 30.8%가 '나빠졌다'고 응답했고, 유승민 후보 지지자 중 22%, 안철수 후보 지지자 중 23.4%, 문재인 후보 지지자 중 23.2%가 '나빠졌다'고 응답했다. 홍준표 후보 지지자 집단이 지난 5년간 국가 경제 및 본인의 경제 상황에 대해 '나빠졌다'고 응답한 비율이 가장 높았다.

국가 경제에 대한 전망에 대해서는 홍준표 후보 지지자 중 28.6%,

〈표 2-12〉 지난 5년간 우리나라 경제 상태 변화

(단위: %)

	문재인	홍준표	안철수	유승민	심상정	전체
매우 좋아졌다	-	-	0.8	-	2.8	0.2
다소 좋아졌다	9.2	5.6	7.3	8.5	2.8	7.9
특별히 좋아지거나 나빠지지 않았다	30.4	32.9	33.9	37.3	22.2	31.4
다소 나빠졌다	46.6	47.9	45.2	33.9	55.6	46.5
매우 나빠졌다	13.8	13.7	12.9	20.3	16.7	14.1
전체	100.0	100.0	100.0	100.0	100.0	100.0

〈표 2-13〉 지난 5년간 본인의 경제 상태 변화

(단위: %)

	문재인	홍준표	안철수	유승민	심상정	전체
매우 좋아졌다	0.2	0.9	-	-	-	0.3
다소 좋아졌다	13.7	7.7	16.1	8.5	5.6	12.1
특별히 좋아지거나 나빠지지 않았다	63.0	60.7	60.5	69.5	72.2	62.9
다소 나빠졌다	19.8	27.4	19.4	22.0	16.7	21.4
매우 나빠졌다	3.4	3.4	4.0	-	5.6	3.4
전체	100.0	100.0	100.0	100.0	100.0	100.0

안철수 후보 지지자 중 21.8%, 유승민 후보 지지자 중 20.3%, 문재인 후보 지지자 중 14.9%, 심상정 후보 지지자 중 13.9%가 '나빠질 것이다'라고 응답하여, 홍준표 후보 지지자들이 가장 높은 비율로 5년 후 한국경제를 부정적으로 평가했다.

<표 2-14> 5년 후 국가 경제 상태 전망

(단위: %)

	문재인	홍준표	안철수	유승민	심상정	전체
매우 좋아질 것이다	0.7	0.4	–	–	2.8	0.6
다소 좋아질 것이다	42.5	25.6	32.3	40.7	38.9	37.1
특별히 좋아지거나 나빠지지 않을 것이다	42.0	45.3	46.0	39.0	44.4	43.2
다소 나빠질 것이다	13.8	26.5	18.5	16.9	11.1	17.4
매우 나빠질 것이다	1.0	2.1	3.2	3.4	2.8	1.7
전체	100.0	100.0	100.0	100.0	100.0	100.0

<표 2-15> 5년 후 본인 가정 형편 전망

(단위: %)

	문재인	홍준표	안철수	유승민	심상정	전체
매우 좋아질 것이다	0.9	0.4	0.8	–	2.8	0.8
다소 좋아질 것이다	45.6	27.4	33.9	37.3	52.8	39.8
특별히 좋아지거나 나빠지지 않을 것이다	47.3	59.4	49.2	52.5	25.0	49.7
다소 나빠질 것이다	5.8	11.5	15.3	10.2	19.4	9.0
매우 나빠질 것이다	0.5	1.3	0.8	–	–	0.7
전체	100.0	100.0	100.0	100.0	100.0	100.0

본인의 가정 경제에 대한 전망을 묻는 질문에 심상정 후보 지지자 중 55.6%, 문재인 후보 지지자 중 46.5%, 유승민 후보 지지자 중 37.3%, 안철수 후보 지지자 중 34.7%, 홍준표 후보 지지자 중 27.8%가 '좋아질 것이다'라고 응답했다. 요컨대, 홍준표 후보 지지자 집단은 다른 후보 지지자 집단에 비해 더 높은 비율로 5년 후 국가 경제에 대해 부정적으로 전망했으며, 본인 가정 형편에 대해서도 가장 적은 응답자가 긍정적으로 전망했다.

국가 및 개인 경제 상태에 대한 회고적, 전망적 평가 모두에서 홍준표 지지자가 가장 높은 비율로 부정적인 평가와 전망을 했으며, 유승민 후보 지지자와 문재인, 안철수 후보 지지자들은 유사한 응답 분포를 보였다.

(4) 정책선호

〈표 2-16〉은 정책이슈에 대한 지지 후보별 및 정치이념에 따른 응답자의 찬성 비율을 보여준다. 많은 정책이슈에서 진보와 보수 성향 유권자의 정책선호 분포에서의 차이가 없다. 여러 정치적 사회적 갈등에도 불구하고, 소위 합의 이슈(valence issue)가 많이 증가한 것으로 보인다.

예컨대 '한미동맹 강화(찬성)', '사드 배치(찬성)', '북한 핵 미사일 대응을 위한 핵무장(찬성)', '개성공단 정상화(반대)', '국정원의 국내 정보 수집 업무기능의 폐지(찬성)', '종교 등 개인 신념에 따른 대체 복무 허용(반대)', '전경련 해체(찬성)', '법인세 인상(찬성)', '고소득자에 대한 추가 세금 부과(찬성)', '2020년 최저임금 1만 원 인상(찬성)', '기본소득 국가 보장(찬성)', '위안부 합의 폐기(찬성)', '공무원 증원(반대)', '자사고 및 특목고 폐지(찬성)', '사형제 폐지(반대)' 등에서, 이념성향

<표 2-16> 정책이슈에 대한 지지 후보자 별 및 진보-중도-보수 성향에 다른 찬성률

(단위: %)

		지지 후보					정치 이념		
		문재인	홍준표	안철수	유승민	심상정	진보	중도	보수
안보 및 북한	한미 동맹관계를 더욱 강화해야 한다	84.3	82.5	82.3	79.6	75.0	79.3	85.8	84.3
	사드 배치를 계속 진행해야 한다	63.7	67.1	69.4	78.0	60.0	55.9	66.0	77.1
	북한의 미사일에 대응하기 위해 핵무장을 해야 한다	66.0	72.6	72.6	64.4	63.9	65.0	72.5	69.0
	개성공단을 정상화시켜야 한다	49.3	34.1	39.6	37.3	36.0	47.4	45.8	36.4
정치적 자유주의	국가보안법을 폐지해야 한다	53.8	38.9	38.7	52.5	52.8	55.6	45.9	33.8
	국가정보원의 국내정보 수집 업무 기능을 폐지해야 한다	66.6	50.4	54.8	69.5	61.1	67.2	58.1	53.6
	종교 등 개인의 신념에 따른 대체복무제를 허용해야 한다	41.5	33.7	37.1	40.0	55.6	40.9	40.8	38.5
	전교조를 합법화해야 한다	53.8	33.8	44.4	35.6	66.7	55.5	43.9	35.4
시장, 복지 및 경제적 형평성	전경련을 해체해야 한다	64.7	54.3	58.1	69.5	58.3	67.2	58.9	54.2
	철도 등 공기업 민영화를 추진해야 한다	52.4	44.4	49.2	55.9	38.9	52.7	48.7	48.0
	비정규직 노동자 문제는 기업에게 자율적으로 맡겨야 한다	45.1	56.8	60.5	47.5	41.6	47.0	52.2	54.6
	노조 추천 이사를 임명하는 노동이사제를 도입해야 한다	59.6	46.6	46.8	52.5	69.4	61.0	55.5	46.4
	법인세를 인상해야 한다	73.2	64.1	63.7	57.6	83.3	72.2	66.6	61.4
	고소득자들이 현재보다 세금을 더 많이 내게 해야 한다	87.3	82.9	90.3	78.0	85.1	85.8	86.4	82.5
	현재의 최저임금(시급 6,470원)을 2020년까지 1만 원까지 올려야 한다	66.4	62.4	56.5	49.2	80.6	66.5	97.7	58.3
	기본소득을 국가가 보장해줘야 한다	72.7	63.2	63.7	61.0	66.7	71.6	73.1	63.0
	업무능력이나 성과 등이 부진한 직원을 해고할 수 있는 일반해고를 도입해야 한다	45.7	49.6	42.7	61.0	55.6	47.5	44.5	50.5
	경제성장보다는 복지에 더욱 힘을 기울여야 한다	55.2	50.4	46.2	56.0	69.5	56.2	56.4	49.9
기타	학교에서 체벌이 허용되어야 한다	51.0	60.6	45.9	45.8	46.8	48.2	47.6	58.9
	지난 2015년 체결한 일본과의 위안부 합의를 폐기해야 한다	73.2	62.8	65.3	72.9	83.3	72.9	68.3	68.3
	공무원을 증원해야 한다	34.6	29.9	21.8	25.4	44.4	36.0	30.3	27.6
	자사고 및 특목고(과학고, 영재고 제외)를 폐지해야 한다	63.1	49.6	53.2	47.5	77.8	64.2	53.5	53.0
	사형제를 폐지해야 한다	40.1	32.5	44.3	28.8	50.0	40.8	41.3	35.5

과 관계없이, 과반이 넘는 찬성 혹은 반대로 다수 의견이 형성된 것으로 나타났다.

다른 한편 보수 성향 유권자와 진보 성향 유권자의 다수 혹은 과반수가 바뀌는 갈등 이슈(conflict issue) 역시 존재한다. 진보 성향 유권자의 반수 이상이 찬성하는 반면 보수 성향 유권자의 반수 이상이 반대하는 이슈는 '국가보안법 폐지', '전교조 합법화', '공기업 민영화', '노동이사제', '경제성장 혹은 복지 우선 정책' 등이다. 반면 진보 성향 유권자의 반수 이상이 반대하고 보수 성향 유권자의 반수 이상이 찬성하는 이슈는 '비정규직 노동자 문제의 기업 자율 해결', '일반해고제', '학교체벌 허용' 등이다.

유승민 후보 지지자 중 52.5%가 '국가보안법 폐지'에 찬성했는데, 이러한 선호 분포는 문재인 후보 지지자의 선호 분포와 유사하다. 문재인 후보 지지자 중 53.8%가 국가보안법 폐지에 찬성했다. 반면 홍준표 후보 지지자의 38.9%, 안철수 후보 지지자의 38.7%만이 국가보안법 폐지에 찬성한다. 국가보안법 폐지에 대해서는 보수 유권자의 66.2%가 반대하는 것으로 나타났다. 국가보안법 이슈에서 유승민 후보 지지자들은 '진보' 입장을 선택했다. 유승민-문재인 후보 지지자의 국가보안법 폐지 찬성 비율은 홍준표-안철수 후보 지지자의 국가보안법 폐지 찬성률과 통계적으로 유의미하게 상이하다.

'국가정보원의 국내정보 수집 업무 기능 폐지'에 대해 유승민 후보 지지자의 69.5%, 문재인 후보 지지자의 66.6%가 찬성하는 반면, 홍준표 후보 지지자의 50.4%, 안철수 후보 지지자의 54.8%가 찬성한다. 유승민-문재인 후보 지지자와 홍준표-안철수 후보 지지자의 찬반 비율이 각각 유사하게 나타났으며, 이들 사이의 찬성률 차이 역시 통계적으로 유의미하다.

‘전경련 해체’에 대해 문재인 후보 지지자의 64.7%, 유승민 후보 지지자의 69.5%가 찬성하지만, 홍준표 후보 지지자는 54.3%, 안철수 후보 지지자는 58.1%가 찬성한다. 전경련 해체에 대해 유승민 후보 지지자의 찬성 비율이 가장 높고, 홍준표 후보 지지자의 찬성 비율이 가장 낮다. 이 정책이슈에서 역시 유승민-문재인 후보 지지자의 찬성률과 홍준표-안철수 후보 지지자의 찬성률 차이는 통계적으로 유의미하다. 전경련 해체에 대해서는 보수 유권자의 54.2%, 진보 유권자의 67.2%가 찬성하는 것으로 나타났는데, 유승민 후보 지지자의 경우 보수 유권자는 물론 진보 유권자의 찬성률보다 더 높은 비율로 전경련 해체에 찬성한다.

‘철도 등 공기업 민영화’에 대해서, 문재인 후보 지지자의 52.4%, 유승민 후보 지지자의 55.9%가 찬성하는데, 홍준표 후보 지지자의 44.4%, 안철수 후보 지지자의 49.2%가 찬성한다. 이 이슈에서도 유승민-문재인-안철수-홍준표 후보 지지자 순으로 공기업 민영화에 찬성하는 것으로 나타났으며, 찬성률 차이가 통계적으로 유의미하다. 공기업 민영화에 대해 진보 유권자의 다수가 찬성하는 반면(52.7%) 보수 유권자의 다수가 반대(52%)하는 것으로 나타났는데, 유승민 후보 지지자의 경우 진보 유권자의 찬성률보다 높은 찬성률을 보였다.

‘비정규직 노동자 문제의 기업 자율해결’에 대해 진보 유권자의 다수가 반대(53%), 보수 유권자의 다수가 찬성한다(54.6%). 문재인 후보 지지자의 45.1%, 유승민 후보 지지자의 47.5%가 찬성하는 반면, 홍준표 후보 지지자의 56.8%, 안철수 후보 지지자의 60.8%가 찬성한다. 이 정책에서 역시 찬반 분포는 문재인-유승민, 홍준표-안철수 후보 지지자 집단에서 유사하게 나타났다. ‘노동이사제’에 대해서는 진보 유권자의 61%가 찬성하는 반면, 보수 유권자의 46.5%가 찬성했다. 문재인(59.6%), 유승민(52.5%), 안철수(46.8%), 홍준표(46.6) 지지자 순으로 찬성 비율이 높았다.

'고소득자에 대한 세금 인상', '최저임금의 2020년 1만 원 실현', '기본소득 국가 보장' 정책에 대해 문재인 후보 지지자의 찬성 비율이 가장 높았고, 홍준표 후보 지지자와 안철수 후보 지지자의 찬성 비율이 유사하게 나타났으며, 유승민 후보 지지자의 찬성률이 가장 낮았다. 법인세 인상, 고소득자 세금 인상, 최저임금 2020년 1만 원, 기본소득 국가 보장 이슈 모두에서 문재인 후보 지지자의 찬성 비율이 가장 높고, 유승민 후보 지지자의 찬성 비율이 가장 낮게 나타났다.

특기 사항으로, 사드 배치에 대해 유승민 후보 지지자의 찬성률은 78.0%로, 안철수 후보 지지자의 찬성률 69.4%, 홍준표 후보 지지자의 찬성률 67.1% 문재인 후보 지지자의 찬성률 63.7%보다 높게 나타났다. '법인세 인상'에 대해 문재인 후보 지지자의 73.2%, 홍준표 후보 지지자의 64.1%, 안철수 후보 지지자의 63.7%, 유승민 후보 지지자의 57.6%가 찬성했다.

유승민 후보 지지자들은 일관된 정치적 자유주의 및 시장 자유주의 중심의 정책선호를 가진 집단으로 보인다. 이러한 유승민 후보 지지 응답자들은 문재인 후보 지지자와 유사한 정도이거나 더 높은 정도로 정치적, 시장적 자유주의 입장을 선택했다. 국가 대 시장의 이슈 영역에서는 문재인 후보 지지자보다 유승민 후보 지지자가 보다 친시장 중심적 정책을 선호하는 것으로 판단된다. 더불어 유승민 후보 지지자들은 국가보안법 폐지, 국정원의 국내정보 수집기능 폐지, 개인 신념에 따른 대체 복무의 허용 등의 이슈에 있어 문재인 후보 지지자와 비슷한 정도의 높은 비율로 자유주의적 입장을 견지한다(그만큼 홍준표 후보 지지 응답자들과 차이를 보인다). 유승민 후보 지지자들은 경제성장보다 복지

<표 2-17> 정책분야에 대한 예산지출 확대 여부에 대한
지지 후보자 별 및 진보-중도-보수 성향에 다른 찬성률

(단위: %)

	지지 후보					정치 이념		
	문재인	홍준표	안철수	유승민	심상정	진보	중도	보수
복지	53.5	47.2	45.2	39.0	51.7	54.6	46.5	46.4
청년고용	57.2	52.6	49.2	47.5	44.3	58.0	51.2	48.7
노인연금	36.9	32.0	30.6	39.0	25.7	32.8	35.5	36.0
실업급여	24.1	25.9	25.2	27.1	25.0	25.2	28.4	23.5
보건/의료	43.6	33.3	36.3	39.0	41.7	45.6	35.6	34.5
교육	36.6	21.2	37.1	32.2	41.7	36.0	32.8	27.2
안전	59.3	50.7	59.7	45.8	71.4	59.4	57.1	49.8
국방	35.9	31.6	40.4	50.8	30.6	35.1	35.4	36.9
기업과 산업	26.0	27.7	24.2	27.1	32.4	27.3	24.6	26.4
경찰 및 치안	46.5	40.4	40.7	39.0	37.2	45.1	40.5	40.1

확대, 비정규직 노동자문제의 기업 자율해결, 공기업 민영화 이슈에서
도 문재인 후보 지지 응답자와 유사한 응답 분포를 보인다(그만큼 홍준
표 후보 지지 응답자들과 차이를 보인다).

〈표 2-17〉은 정책분야별 예산지출 확대에 대한 찬성률이다. 예산지
출 관련 질문은 정책의 여러 측면이 고려되어야 하는 복잡하고 어려운
이슈(hard issue)이고, 많은 응답자가 관련한 정확한 정보를 가진 상태
에서 판단하기 어렵다. 응답결과도 이러한 측면을 보여준다. 즉, 지지
후보자별 응답자의 찬성률에 큰 차이가 발견되지 않는다. 다만 몇몇 정
책 영역에서는 지지 후보자별 응답자의 찬성률의 차이가 있다.

문재인 후보 지지자의 53.5%가 복지 예산지출 확대에 찬성하고, 이
어 홍준표 후보 지지자의 47.2%, 안철수 후보 지지자의 45.2%가 역시
찬성하지만, 유승민 후보 지지자의 39.0%만이 복지 예산지출 확대에
찬성했다. 청년고용 예산지출 확대에는 문재인 후보 지지자의 57.2%,

홍준표 후보 지지자의 52.6%, 안철수 후보 지지자의 49.2%, 유승민 후보 지지자의 47.5%가 찬성했다. 청년고용 예산지출 확대 문제는 후보별 지지자 집단의 찬성률에는 차이가 있지만, 모든 후보 지지자 집단에서 두 번째로 높은 비율로 예산지출 확대에 찬성했다. 복지와 청년고용 분야에서의 예산지출 확대는 문재인 지지자의 찬성률이 가장 높았고, 유승민 후보 지지자의 찬성률이 가장 낮았다.

안전 예산지출 확대에서도 안철수 지지자의 59.7%, 문재인 지지자의 59.3%, 홍준표 후보 지지자의 50.7%, 유승민 후보 지지자의 45.8%가 찬성한다고 응답했다. 반면 국방 예산에 있어서는 유승민 후보 지지자의 50.8%, 안철수 후보 지지자의 40.4%, 문재인 후보 지지자의 35.9%, 홍준표 후보 지지자의 31.6%가 예산 확대에 찬성한다고 응답했다.

문재인 후보 지지자들은 복지와 청년고용, 안전 예산 확대에 가장 높은 비율로 찬성한 반면, 유승민 후보 지지자들은 이들 분야에서 가장 낮은 비율로 찬성했다. 한편 유승민 후보 지지자들은 국방 예산 지출 확대에 가장 높은 비율로 찬성했다.

3. 정책선호의 일관성

본 절에서는 합의 이슈를 제외하고 갈등 이슈, 즉 보수와 진보 성향 유권자 간 과반 찬성이 엇갈리는 정책이슈를 중심으로 후보별 지지자 집단의 정책선호 일관성을 측정한다. 정책선호의 일관성은 정치이념을 구성하는 중요한 요소이다. 정치이념은 좌-우, 보수-진보의 방향성 (direction)을 갖지만 동시에 정치이념의 구조화 혹은 체계화된 정도에 따른 층위(levels)를 갖는다(류재성 2013).4 매우 이념적인 유권자로부터, 이념적이긴 하지만 그 이념적 본질이 집단적 이해 혹은 이익에 근거한 유권자, 주요 이슈를 중심으로 형성된 시류를 따라가는 유권자, 이념적이지만 그 이념의 실체적 내용을 인지하지 못하는 유권자에 이르기까지, 스스로를 진보와 보수로 일체화하며 정치적 '지향'(즉, 방향)을 갖는 유권자들도 각기 다른 '수준'의 정치이념을 가지고 있다.

말하자면, "일련의 정책이슈에서 일관적인 선호를 형성하며 정책이슈에 대한 높은 이념적 응집성을 보이는 '실질적으로' 이념적인 유권자가 있는 한편, 정책이슈에 대한 이해가 없는 상태에서 정책이슈에 대해 상호 대립적인 혹은 일관성이 없는 선호를 보이며 실질적으로는 이념적이지 않은(그러나 스스로를 보수나 진보로 규정하는) 유권자 역시 존재한다. 후자의 자기 평가적, 주관적 '이념적' 유권자들은 일관되고 체계적이며 구조화된 정책선호를 형성하고 있지 못하므로, 여론의 주도적인 흐름이나 주요 정치인 및 정당의 프레이밍 전략에 따라 자신들의 정책선호 및 후보 선택을 빈번히 교체한다"(류재성 2013).

이상의 논의에서처럼 정책선호 일관성은 자기 평가(self-placement)에

---

4 "구조화된 태도로서의 정치이념은 매우 잘 체계화되어 있는 태도로부터 그것의 부재에 이르기 까지 일련의 서열을 이루며 분포한다. 컨버스(Converse 1964)는 정치이념 혹은 신념체계(belief system)를 다섯 층위로 구분한다. 그것들은 순차적으로, ① 이념적 사고방식의 적극적 이용(active use of an ideological mode of thought), ② 이념적 사고방식의 인식 및 이해(recognition and understanding of an ideological mode of thought), ③ 특정 사회집단 및 정치인을 통한 사회집단적 개념(social group concepts via specific social groups and politicians), ④ 특정 사건을 통한 시의적 개념(nature of times concepts via particular events) 및 ⑤ 내용 부재(no issue contents)이다. 이러한 신념체계의 층위(levels of ideological conceptualization) 분류는 양태적 구분이면서 동시에 정치적 세련도(political sophistication) 수준에 따른 질적 구분이기도 하다."

기초한 주관적 정치이념의 정책적 내용의 체계화 혹은 정책선호에서의 이념적 응집성과 일관성을 측정한다. 이 연구는, 앞서 밝혔듯이, 정책 이슈에서의 선호의 차이가 후보 선택에 영향을 미쳤으며, 박근혜 전 대통령 탄핵에 대한 찬반과 더불어 보수 및 진보 정체성을 구성하는 핵심적 갈등 이슈에서의 정책선호의 차이가 보수(및 진보) 유권자의 분열을 가져 왔다는 가설을 검증한다. 이 연구는 보수 및 진보 정체성의 내용적 구성을 정책선호의 일관성, 즉 여러 갈등 이슈에서 어느 정도 일관되게 보수 및 진보의 정책선호를 자기화하고 있는가에 주목하고, 정책선호 일관성이 높은 유권자일수록 스스로의 정치이념적 정체성에 대한 '내용적' 인식 및 이해(*recognition and understanding of an ideological mode of thought*)가 높다고 가정한다.

1) 측정

정책선호 일관성 측정을 위해 진보 및 보수 성향 유권자의 찬반이 반수 이상 및 이하로 나눠지는 8개의 갈등 이슈를 선정하고(〈표 2-18〉 참조), 5 이들 8개 갈등 이슈에서 응답자가 진보 및 보수 입장을 어느 정도 일관성 있게 견지했는가를 측정한다. 즉, 진보 성향 유권자는 국가보안법 폐지 찬성, 복지 우선 경제정책, 공기업 민영화, 학교체벌 반대, 전교조 합법화, 일반해고 반대, 노동이사제 찬성, 비정규직 노동자문제의 기업 자율해결에 대한 반대의 정책선호를 가질 것이고, 보수 성향 유권자는 그와 반대되는 정책선호를 갖는다고 가정한다.

---

5 〈표 2-18〉의 8개 정책이슈에서, 진보와 보수는 반수 이상의 찬성과 반대로 이념적으로 극명하게 대립하고 있다. 예컨대 국가보안법 폐지에 대해 진보의 55.6%가 찬성인 반면, 보수의 66.2%가 반대한다.

<표 2-18> 갈등 이슈에서 정치이념 성향에 따른 찬성률

(단위: %)

찬성 입장	정치이념 성향			정책 찬반	
	진보	중도	보수	진보	보수
국가보안법 폐지	55.6	45.9	33.8	47.0	53.0
경제성장보다는 복지	56.2	56.4	49.9	54.6	45.4
비정규직 노동자 문제의 기업 자율해결	47.0	52.2	54.6	50.5	49.5
철도 등 공기업 민영화	52.7	48.7	48.0	50.3	49.8
학교체벌 허용	48.2	47.6	58.9	49.2	50.8
전교조 합법화	55.5	43.9	35.4	46.8	53.2
일반해고 도입	47.5	44.5	50.5	52.6	47.4
노조 추천 노동이사제 도입	61.0	55.5	46.4	55.5	44.5

정책선호 일관성 측정을 위해 각 설문 항목별로 정책에 대한 진보 및 보수 성향 유권자 다수의 찬성과 반대에 따라 진보 입장은 -1, 보수 입장은 +1로 코딩하고, 이들 8개 설문에 대한 응답을 합산했다. 예컨대 국가보안법 폐지 찬성이 진보의 과반이 넘는 선호이고 국가보안법 폐지 반대가 보수의 과반이 넘는 선호이므로, 스스로 진보인 응답자는 국가보안법 폐지에 찬성하고 스스로 보수인 응답자는 국가보안법 폐지에 반대할 것이다. 이 경우 전자를 -1, 후자를 +1로 코딩한다. 이러한 방식으로 8개 갈등 이슈 모두에서 진보 입장을 가진 응답자는 -8, 8개 갈등 이슈 모두에서 보수 입장을 가진 응답자는 +8로 코딩된다. 같은 방식으로 2개 설문 항목에서 보수 입장을, 나머지 6개 항목에서 진보 입장을 가진 응답자는 (+2)+(-6) = -4로 코딩한다.

2) 분포

〈표 2-19〉와 〈그림 2-1〉은 코딩 및 계산결과이다. 이에 따르면, 진보 및 보수의 정책입장을 동수로 가진 응답자, 즉 0으로 코딩된 응답자는 20.8%이며, 일관된 진보 정책입장을 가진 응답자(-8로 코딩)는 0.8%, 일관된 보수 정책입장을 가진 응답자(+8로 코딩)는 1.8%로 나타났다. 더불어 7개 갈등 이슈에서 진보 입장이지만 1개 갈등 이슈에서는 보수 입장을 가진 응답자, 즉 -6(= -7+1)으로 코딩된 응답자는 6.7%, 6개 갈등 이슈에서 진보 입장이지만 2개 갈등 이슈에서는 보수 입장을 가진 응답자, 즉 -4(= -6+2)로 코딩된 응답자는 14.9%로 나타났다. 6개 이상 갈등 이슈에서 진보 입장을 가진 응답자는 22.4%이다. 다른 한편, 7개 갈등 이슈에서 보수 입장이지만 1개 갈등 이슈에서는 진보 입장을 가진 응답자, 즉 +6으로 코딩된 응답자는 5.4%, 6개 갈등 이슈에서 보수 입장이지만 2개 갈등 이슈에서는 진보 입장을 가진 응답자, 즉 +4로 코딩된 응답자는 11.9%로 나타났다. 6개 이상 갈등 이슈

〈표 2-19〉 정책선호 일관성 분포

		유효 퍼센트	빈도
진보	-8.00	0.8	10
	-6.00	6.7	80
	-4.00	14.9	179
	-2.00	18.6	223
	.00	20.8	250
	2.00	19.0	228
	4.00	11.9	143
	6.00	5.4	65
보수	8.00	1.8	22
전체		100.0	1,199

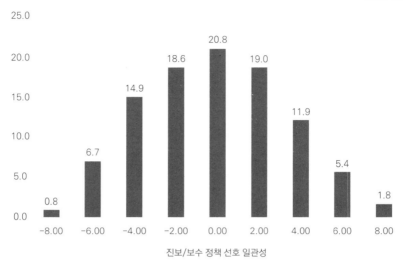

〈그림 2-1〉 정책선호 일관성 분포

(단위: %)

에서 보수 입장을 가진 응답자는 19.1%이다. 요컨대 41.5%(= 22.4%+ 19.1%)의 응답자가 8개 갈등 이슈에서 6개 이상의 '일관된' 보수 혹은 진보의 정책선호를 갖고 있다.

다수의, 즉 5개 이상의 갈등 이슈에서 진보 입장을 가진 응답자(-8~ -2)는 41.0%, 다수의 정책에서 보수 입장을 가진 응답자(+2~+8)는 38.1%로 나타났다. 정책에 대한 입장 즉 정책선호 일관성을 기준으로 하면 진보 성향이 41.0%, 중도 20.8%, 보수 38.1%로 진보-중도-보수가 안정적으로 정립되어 있다고 볼 수 있다.

〈표 2-20〉 및 〈그림 2-2〉는 정치이념성향 및 지지 후보에 따른 정책 선호 일관성 지표의 평균값이다. 스스로 진보 정치이념성향을 가진 응답 자의 정책선호 일관성 평균값은 -.769, 중도 성향 유권자의 정책선호 일 관성 평균은 -.125, 보수 성향 유권자의 정책선호 일관성 평균은 1.001

이다. 이들 평균값은 일차적으로 진보 및 보수 성향 유권자가 각각의 정치이념에 조응하는 정책선호를 갖고 있지만(진보가 음의 값, 보수가 양의 값을 갖고 있다는 의미에서), 정책선호에서의 일관성은 진보 및 보수 모두

〈표 2-20〉 정치이념성향 및 지지 후보에 따른 정책선호 일관성 평균

		평균	N	표준편차
이념 성향	진보	-.769	527	3.319
	중도	-.125	353	3.426
	보수	1.001	319	3.387
	전체	-.107	1,200	3.443
지지 후보	문재인	-.635	586	3.505
	홍준표	1.060	234	3.351
	안철수	.500	124	3.409
	유승민	.034	59	3.118
	심상정	-1.056	36	3.779
	전체	-.096	1,044	3.515

〈그림 2-2〉 정치이념성향 및 지지 후보에 따른 정책선호 일관성 평균

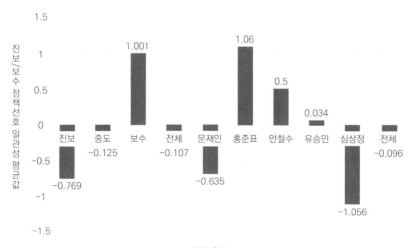

크지 않다. 다수의 응답자가 갈등 이슈에서 진보 및 보수의 입장을 교차해서 갖고 있으며, 스스로를 보수 및 진보로 인식 혹은 규정하지만, 다수의 정책이슈에서 자신의 정치이념과는 다른 혹은 반대의 정책선호를 갖고 있음을 보여준다.

다른 한편, 문재인 후보 지지 응답자의 정책선호 일관성 평균값은 –0.635, 홍준표 1.060, 안철수 0.500, 유승민 –.034이다. 이러한 결과는 지지 후보와 상관없이 응답자 일반의 정책선호는 보수와 진보의 입장이 혼재해 있음을 보여준다. 그럼에도 불구하고, 문재인 후보 지지 응답자의 정책선호는 진보'적'이고, 이어서 유승민, 안철수, 홍준표 후보 지지 응답자 순으로, 중도'적'에서 보수'적' 정책선호를 갖는 것으로 나타났다.

3) 정책선호 일관성과 정치이념

〈표 2-21〉은 정책선호 일관성 측정과 스스로가 규정한 정치이념성향을 교차분석을 통해 구성한 것이다. 결과에 따르면, 보수 및 진보로 스스로를 규정하는 응답자 가운데 반수 이상의 응답자가 8개 갈등 이슈 모두에서 일관된 보수 혹은 진보 입장을 안정적으로 견지하지 못함을 보여준다. 스스로 규정한 진보 응답자 가운데 31.2%, 스스로 규정한 보수 응답자 가운데 27.9%가 다수의 정책에서 스스로의 이념성향에 조응하지 않는 정책선호를 가지고 있는 것으로 나타났다. 스스로 규정한 진보 응답자 가운데 47.3%, 스스로 규정한 보수 응답자 가운데 48.9%는 스스로의 이념성향과 조응하는 정책선호를 가지고 있는 것으로 나타났다. 다른 한편, 자기 이념적 중도이지만 진보적인 정책선호를 가진 응답자는 43.3%, 보수적인 정책선호를 가진 응답자는

<표 2-21> 정치이념에 따른 정책선호 일관성

정책 선호 일관성 \ 정치이념		진보	중도	보수	전체
진보	-8	0.9	1.1	0.3	0.8
	-6	10.0	6.2	1.6	6.7
	-4	17.6	13.6	11.9	14.9
	-2	18.8	22.4	14.1	18.6
	-8 ~ -2	47.3	43.3	27.9	41.0
	0	21.4	17.8	23.2	20.8
	2 ~ 8	31.2	38.8	48.9	38.1
	2	17.2	19.5	21.3	19.0
	4	10.2	12.2	14.4	11.9
	6	3.4	5.7	8.5	5.4
보수	8	0.4	1.4	4.7	1.8
전체		100.0	100.0	100.0	100.0

38.8%이다.

요컨대 자기 규정적 진보-중도-보수 응답자 내에는 정책선호에서 진보와 보수가 혼재해 있으며, 이러한 정책선호에서의 혼재가 투표와 같은 정치적 선택에서의 차이를 만들 가능성이 있다. 달리 말하면 보수 유권자가 진보 후보를, 진보 유권자가 보수 후보에게 투표하는 이유 중 한 부분은 자신의 이념적 정체성을 정책선호의 종합(*sum of policy preferences*)으로 인식하고, 정책선호에 따른 투표선택을 했을 가능성이다. 예를 들면, 진보 유권자 가운데 일관되게 보수적 정책선호를 가진 응답자〔즉, 〈표 2-21〉의 '진보' 행에서 정책일관성 8 및 6에 위치한 3.8%(= 0.4% + 3.4%)의 응답자〕는 진보 후보가 아닌 보수 후보에게 투표할 가능성이 크다는 것이다.

〈표 2-22〉는 지지 후보와 정책선호의 일관성을 교차분석한 결과이다. 문재인 후보 지지자는 진보적 정책선호 경향을 가진 유권자 47.8%,

<표 2-22> 정책선호 일관성에 따른 후보 지지율

(단위: %)

정책 선호	지지후보	제 19대 대선 투표 후보					전체
		문재인	홍준표	안철수	유승민	심상정	
진보	-8	1.2	–	–	–	2.8	0.8
	-6	9.4	1.7	5.6	5.1	16.7	7.2
	-4	17.7	10.3	12.9	11.9	16.7	15.0
	-2	19.5	16.7	14.5	27.1	11.1	18.6
	-8 ~ -2	47.8	28.7	33.0	44.1	47.3	41.6
	0	19.8	22.2	21.0	11.9	19.4	20.0
	2 ~ 8	32.3	49.1	46.0	44.0	33.3	38.4
	2	16.7	20.9	21.0	22.0	19.4	18.5
	4	9.2	15.8	13.7	20.3	8.3	11.9
	6	4.9	6.8	11.3	1.7	5.6	5.9
보수	8	1.5	5.6	–	–	–	2.1
전체		100.0	100.0	100.0	100.0	100.0	100.0

보수적 정책선호 경향을 가진 유권자 32.3% 및 진보와 보수 정책에 대한 선호가 상쇄된(canceled-out) 유권자 19.8%로 구성되었다. 홍준표 후보 지지자는 보수적 정책선호 경향을 가진 유권자 49.1%, 진보적 정책선호 경향을 가진 유권자 28.7% 및 진보와 보수 정책에 대한 선호가 상쇄된 유권자 22.2%로 구성되었다. 문재인-홍준표 후보는 보수 및 진보의 핵심 유권자(즉, 정책선호의 보수 및 진보 일관성을 가지고 있으며 더불어 스스로를 보수 및 진보로 규정한 응답자로서, 문재인 후보의 경우 전체 지지자의 47.8%, 홍준표 후보의 경우 전체 지지자의 49.1%)를 기반으로, 문재인 후보의 경우 중도 19.8% 및 반대(즉, 보수)의 정책선호를 가진 유권자 32.3%, 홍준표 후보의 경우 중도 22.2% 및 반대(즉, 진보)의 정책선호를 가진 유권자 28.7%로 지지자가 구성되었다.

유승민 후보의 경우 진보적 정책선호 응답자 44.1% 및 보수적 정책선호 응답자 44.0%로 지지자가 구성되어 보수-진보 정책선호 응답자의 비율이 같으며, 이러한 비율은 타 후보와 구별되는 특징이다. 심상정 후보는 진보적 정책선호 응답자의 47.1%의 지지를 받아 진보 성향 후보자임을(같은 이유로 문재인 후보는 47.8%의 지지), 안철수 후보는 보수적 정책선호 응답자의 46.0%의 지지를 받아 보수 성향 후보자임을(같은 이유로 홍준표 후보는 49.1%의 지지) 확인할 수 있지만, 유승민 후보의 경우는 보수 혹은 진보로 후보자의 정치이념적 상징이나 상표(*ideological symbol or label*)가 인식되지 않았다. 유승민 후보의 경우 본인은 '개혁 보수'임을 자처했지만, 선거과정에서 그 실체적 내용을 전달하는 데는 실패한 듯 보인다.

지지 후보별 자기 규정 정치이념에 따른 진보-중도-보수 성향 지지자의 구성 분포는 〈표 2-23〉~〈표 2-26〉과 같다. 문재인 후보와 홍준표 후보, 심상정 후보는 자기 진영(즉 각각 진보, 보수, 진보)의 유권자로부터 각각 60.8%, 68.8%, 55.6%의 지지를 기반으로 하고, 반대 진영의 유권자로부터 각각 11.1%, 8.1%, 2.8%의 지지를 받은 것으로 나타났다. 자기 진영으로 분류되는 유권자로부터 압도적 지지를 받았음을 알 수 있다.

안철수 후보와 유승민 후보의 경우 이러한 보수-진보 진영 간 지지의 격차가 상대적으로 작다. 안철수 후보의 경우 진보 37.9%, 보수 29.0%, 유승민 후보의 경우 진보 33.9%, 보수 37.3%의 비율로 지지자가 구성되었다. 안철수 후보의 경우는 자기 이념상으로는 진보 응답자가 보수 응답자보다 많았지만(37.9% > 29.0%), 정책선호상으로는 보수적 입장을 가진 유권자가 진보적 입장을 가진 유권자보다 다수를 구성한 것으로 나타났다(18.5% > 6.5%). 유승민 후보의 경우는 자기 이념상으로는 보수 응답자가 진보 응답자보다 많았지만(37.3% > 33.9%), 정책선호상으로는 보수적 입장을 가진 유권자와 진보적 입장을 가진 유

<표 2-23> 정치이념 및 정책선호에 따른 문재인 지지율

(단위: %)

		정치이념			계
		진보	중도	보수	
정책 선호	진보	28.7	13.0	4.4	47.8
	중도	14.7	3.9	2.9	19.8
	보수	19.1	9.6	3.8	32.5
계		60.8	28.2	11.1	100.0

<표 2-24> 정치이념 및 정책선호에 따른 홍준표 지지율

(단위: %)

		정치이념			계
		진보	중도	보수	
정책 선호	진보	3.8	8.1	16.7	28.6
	중도	1.7	3.4	17.1	22.2
	보수	2.6	11.5	35.0	49.1
계		8.1	23.0	68.8	100.0

권자가 동일 비율을 구성한 것으로 나타났다(44.1%).

문재인 후보는 진보 정치이념 및 진보적 정책선호를 가진 유권자 28.7%를 핵심 기반으로 하고, 보수적 정책성향을 가졌지만 스스로는 진보 이념을 가진 유권자 19.1% 및 중도 성향 정치이념 및 중도 정책선호 유권자 14.7%를 추가적인 지지자로 동원했다.

홍준표 후보는 보수 정치이념 및 보수적 정책선호를 가진 유권자 35.0%를 핵심 기반으로 하고, 중도 및 진보 성향의 정책성향을 가졌지만 스스로는 보수 이념을 가진 유권자 각각 17.1% 및 16.7%를 추가적인 지지자로 동원했다.

안철수 후보는 보수 정치이념 및 보수적 정책선호를 가진 유권자 18.5%를 핵심 기반으로 하며, 진보 정치이념 및 진보적 정책선호를,

<표 2-25> 정치이념 및 정책선호에 따른 안철수 지지율

(단위: %)

		정치이념			계
		진보	중도	보수	
정책선호	진보	14.5	12.1	6.5	33.1
	중도	9.7	7.3	4.0	21.0
	보수	13.7	13.7	18.5	45.9
계		37.9	33.1	29.0	100.0

<표 2-26> 정치이념 및 정책선호에 따른 유승민 지지율

(단위: %)

		정치이념			계
		진보	중도	보수	
정책선호	진보	18.6	10.2	15.3	44.1
	중도	5.1	3.4	3.4	11.9
	보수	10.2	15.3	18.6	44.1
계		33.9	28.9	37.3	100.0

전자와 매우 이질적인 유권자 14.5% 및 진보 및 중도 정치이념 및 보수적 정책성향을 가진 각각 13.7%를 추가적인 지지자로 동원했다.

유승민 후보는 보수 정치이념 및 보수적 정책선호를 가진 유권자 18.6% 및 진보 정치이념 및 진보적 정책선호를 가진 유권자 18.6%를 기반으로, 보수 정치이념 및 진보 정책선호를 가진 15.3% 및 중도 정치이념 및 중도적 정책성향을 가진 15.3%, 그리고 중도, 진보 정치이념을 가졌으나 보수적 정책선호를 가진 10.2% 및 중도 정치이념 및 진보 정책선호를 가진 15.3%를 추가적인 지지자로 동원했다.

문재인 후보는 정책선호와 상관없이 '진보 정치이념'을 가진 유권자가, 홍준표 후보는 정책선호와 상관없이 '보수 정치이념'을 가진 유권자가, 안철수 후보는 정치이념과 관계없이 '보수적 정책선호'를 가진 유권자가 지지의 가장 큰 요소였다. 유승민 후보는 정치이념 및 정책선호 모두에서 '진보와 보수' 모두로부터 고르게 지지자를 구성한 것으로 나타났다.

요컨대 진보 및 보수 두 정당, 즉 더불어민주당과 자유한국당 후보인 문재인 후보와 홍준표 후보는 각각 진보 및 보수 정치이념을 가진 유권자로부터의 지지를 기반으로 했다. 안철수 후보의 경우는 진보적 정치이념보다는 보수적 정책선호를 가진 유권자의 지지를 기반으로 했다. 유승민 후보는, 이들과 달리, 정치이념과 정책선호 모두에서, 진보 및 보수 유권자의 고른 지지를 받은 것으로 나타났다.

결과적으로 새누리당에서 분열된 자유한국당 홍준표 후보와 바른정당 유승민 후보는 보수 정당의 뿌리가 같음에도 불구하고 선거과정에서 유권자 차원의 분화가 이루어졌는데, 이러한 보수 유권자의 분화는 정책선호와 정치이념 모두에서 일관된 보수 성향을 가진 유권자를 한편으로(홍준표 후보 지지), 정책선호와 정치이념 모두에서 진보와 보수 성향을 교차해 가진 유권자를 다른 한편으로(유승민 후보 지지), 분화된 것으로 보인다.

4. 나가며

지난 2017년 4월과 11월에 걸쳐 바른정당의 일부 의원이 탈당하여 자유한국당으로 입당했다. 탈당 의원들은 강력한 보수 정당의 재건을 통해 집권 여당에 대한 강한 견제를 명분으로 한다고 밝혔다. 이들의 탈당과 입당의 정치적 효과나 유권자, 특히 보수 유권자 차원에서의 지지 여부는 판단하기 섣부르다. 그럼에도 불구하고 유승민을 후보로 했던 바른정당은 홍준표를 후보로 했던 자유한국당과는 매우 다른 차원과 성격의 유권자 지지를 기반으로 했으며, 따라서 탈당과 입당에 대한 유권자 차원의 지지를 기대하기 쉽지 않다.

이 연구에서 밝힌바, 유승민 후보 지지 집단은 정치이념 및 정책선호 모두에서 이질적인 유권자로 구성되어 있다. 홍준표 후보 지지자와 유승민 후보 지지자는 정책선호에서 많은 차이를 보였으며, 홍준표 후보 지지자가 유승민 후보 지지자에 비해 보수적 정책선호 경향을 강하게 가지고 있음을 확인했다.

앞서 "일련의 정책이슈에서 일관적인 선호를 형성하며 정책이슈에 대한 높은 이념적 응집성을 보이는 '실질적으로' 이념적인 유권자가 있는 한편, 정책이슈에 대한 이해가 없는 상태에서 정책이슈에 대해 상호 대립적인 혹은 일관성이 없는 선호를 보이며 실질적으로는 이념적이지 않은(그러나 스스로를 보수나 진보로 규정하는) 유권자 역시 존재한다. 후자의 자기 평가적, 주관적 '이념적' 유권자들은 일관되고 체계적이며 구조화된 정책선호를 형성하고 있지 못하므로, 여론의 주도적인 흐름이나 주요 정치인 및 정당의 프레이밍 전략에 따라 자신들의 정책선호 및 후보 선택을 빈번히 교체한다(Nelson, Oxley & Clawson 1997; Nelson & Oxley 1999; Druckman 2001: 2004)"고 주장했었다.

유승민 후보 지지자의 정책선호는 응집적이거나 일관적이지 않다. 여타 다른 네 후보 지지자와 비교했을 때 가장 그렇다. 유승민 후보 지지자들의 정책선호는 여러 갈등 이슈에서 '진보'적 혹은 '자유주의'적이며, 더불어 안보 및 북한 이슈에서는 '보수'적이다. 더불어 유승민 후보 지지자들의 정책선호는 여러 갈등 이슈에서 진보적 입장과 보수적 입장을 갖는 유권자들이 거의 동수로 존재한다. 전체적으로 유승민 지지자들의 정책선호는 시장 및 정치 자유주의와 안보 보수주의의 조합이다. 이러한 정책선호의 배열은 한국정치 지형에서 흔치 않으며 혹은 '새로운 조합'이며, 따라서 이를 통상적인 시각에서 '몰'이념적이거나 낮은 수준의 이념적 정체성을 가지고 있다고 재단하기는 어렵다.

　현재 진행되고 있는 국민의당과 바른정당의 통합 논의와 관련하여, 이들 두 정당에 대한 19대 대선에서의 지지 유권자 특성을 기준으로 판단한다면, 두 지지자 집단 사이의 이질성은 자유한국당-바른정당보다는 국민의당-바른정당 사이가 작다고 할 수 있다. 더불어 안철수 후보 지지자들은 진보 이념으로 스스로를 규정하는 유권자가 다수임에도 불구하고 보수적인 정책선호 경향을 가졌고, 유승민 후보 지지자들은 보수 이념으로 스스로를 규정하는 유권자가 다수임에도 불구하고 진보적인 정책선호 경향을 가졌다는 점을 고려한다면, 양당의 통합에 대한 유권자 차원의 지지 여부는 다양한 정책이슈에서 복합적인 상호작용을 통해 결정될 것으로 보인다.

참고문헌

류재성. 2013. "정치이념의 방향, 강도 및 층위", 〈한국정당학회보〉 12(1), 61~86.

Druckman, J. N. 2001. "On the limits of framing effects: Who can frame?", *Journal of Politics*, 63(4), 1041~1066.

_____. 2004. "Political preference formation: Competition, deliberation, and the (ir)relevance of framing effects", *American Political Science Review*, 98(4), 671~686.

Nelson, T. E., Oxley, Z. M. & Clawson, R. A. 1997. "Toward a psychology of framing effects", *Political Behavior*, 19(3), 221~246.

Nelson, T. E. & Oxley, Z. M. 1999. "Issue framing effects on belief importance and opinion", *The Journal of Politics*, 61(4), 1040~1067.

3장 지지와 반대의 비대칭성
상대적 선호의 결정요인 분석

장승진

1. 들어가며

선거에서 유권자들이 특정한 후보에게 투표하는 이유는 무엇인가? 이 질문은 정치학, 보다 구체적으로는 정치과정과 정치행태를 연구하는 정치학자들에게 있어서 가장 핵심이 되는 질문이라고 할 수 있다. 따라서 따로 요약하기 어려울 정도로 수많은 연구들이 이 질문에 대한 저마다의 답을 제시하고 있으며, 한국의 경우에도 민주화 이후 30여 년이 흐르는 동안 상당한 연구가 축적되어 왔다.

특정한 이슈에 대한 동의 여부를 묻는 국민투표(*referendum*)가 아닌 한 선거는 기본적으로 둘 이상의 후보 혹은 정당이 유권자의 선택을 두고 벌이는 경쟁이다. 그렇다면 유권자의 선택은, 첫 번째로 왜 특정한 후보나 정당을 지지하는가와 두 번째로 왜 다른 후보나 정당을 지지하지 않는가 — 반대하는가 — 라는 두 가지 측면으로 설명할 수 있다. 그러나 지금까지의 선거연구는 이 중 오직 첫 번째 측면에만 초점을 맞추어 왔으며, 두 번째 측면은 그 자체로서 묻고 답해지기보다는 첫 번째 측면의 반대항으로서 간접적으로 추론되었을 뿐이다. 물론 선거가 두 후보 사이의 양자구도로 치러진다면 어느 한 후보를 지지하는 이유와 다른 후보를 반대하는 이유를 분석적으로 구분하는 것이 이론적으로나 경험적으로나 큰 의미를 가지지 않을 수 있다. 그러나 셋 이상의 후보가 실질적으로 경쟁하는 상황에서는 유권자들을 특정한 후보에 대한 지지로 이끄는 요인과 반대로 다른 후보에 대한 반대로 이끄는 요인이 반드시 일치하지 않을 가능성이 존재한다.

예를 들어 각기 A, B, C 정당 소속으로 출마한 a, b, c 세 명의 후보가 경쟁하는 상황에서 C 정당에 대해 강한 반감을 가지고 있는 유권자를 상정해 보자. 이 가상의 유권자는 a의 국정운영 능력이나 도덕성과 같은 개인적 자질을 — b와 비교하여 상대적으로 — 높이 평가하여 그(녀)에게 투표했지만, c의 경우 소속 정당에 대한 강한 반감으로 인해 후보의 개인적 자질과는 무관하게 애당초 지지 후보로서 고려 대상이 되지 못할 수 있다. 이때 유권자의 투표선택 배후에는 b와 비교하여 a를 지지하도록 이끈 후보의 자질에 대한 평가와 c를 반대하도록 만든 정당에 대한 태도라는 서로 다른 두 요인이 동시에 작용했다고 할 수 있다. 물론 현실에서는 유권자가 인식하는 후보의 개인적 자질, 이념적 위치, 소속 정당에 대한 태도 등은 같은 방향으로 함께 움직이는 것이 대부분의 경우라고 예상할 수 있다. 그러나 중요한 점은 다른 요인들에 대한 평가와 인식이 비슷할 경우 특정한 요인에서의 차이가 후보에 대한 지지 및 반대에 동일한 혹은 차별적인 영향을 끼치는가라고 할 수 있다.

이러한 관점에서 지난 5월에 실시된 제19대 대통령선거는 유권자들의 후보 지지 및 반대에 영향을 끼친 요인들을 살펴보는 데 있어서 흥미로운 사례를 제공하고 있다. 제19대 대선의 특징 중의 하나는 다자구도로 선거가 진행되었다는 점이다. 물론 이전 선거에서도 양대 정당의 후보 외에 제 3의 후보가 출마하여 일정한 득표를 올린 경우가 없었던 것은 아니지만, 제 19대 대선에서는 보수 진영과 진보 진영 모두에서 두 명 이상의 후보가 출마하여 완주함으로써 기존의 보수 대 진보 혹은 여당과 범야권 사이의 경쟁이라는 구도가 무너졌다는 점에서 실질적으로 다자 간 경쟁이 이루어졌다고 할 수 있다. 이러한 제 19대 대선의 특징은 한국유권자의 투표선택을 새로운 관점에서 이해할 수 있는 흥미로운 기회를 제공하고 있다. 즉, 기존의 선거와 같이 양자 구도를 중심으로 선거가 진행되는 경우 한 후보에 대한 투표는 다른 후보에 대한 반대를 의미할 수밖에 없지만, 다자구도하에서는 특정 후보에 대한 지지와 다른 후보들 각각에 대한 태도 사이에 여러 가지 형태의 관계가 나타날 수 있다는 것이다.

이 장에서는 2017년 5월 제 19대 대선이 치러진 직후 서울대 사회발전연구소에서 실시한 "정치와 민주주의에 관한 의식조사"를 사용하여 후보에 대한 지지와 반대에 영향을 주는 요인에 대한 분석을 실시한다. 이 자료의 장점은 다른 일반적인 조사와는 달리 어떤 후보에게 투표했는가를 묻는 것에 그치지 않고 투표하지 않은 다른 4명의 후보에 대해서도 얼마나 선호하는지 순위를 매기도록 했다는 점이다. 따라서 단순히 후보를 지지한 이유를 분석하는 것뿐만 아니라 어떠한 요인이 다른 후보에 대한 반대에 영향을 끼치는지, 나아가 보다 일반적으로 5명 후보들 사이에 선호의 순위는 어떠한 기준으로 결정되는지 살펴볼 수 있다. 이러한 분석을 통해 이 글은 그동안 한국유권자의 투표선택에 대한 일차원적인 이해를 넘어서서 유권자들의 후보 지지 및 반대에 대한 보다 풍부하고 복합적인 분석을 시도하고자 한다.

2. 유권자들의 투표선택 결정요인

유권자의 투표선택에는 수많은 요인들이 영향을 끼칠 수 있지만, 여기에서는 이러한 요인들을 크게 네 가지로 크게 나누어 기존 연구들을 간략하게 살펴본다. 우선 첫 번째로 유권자의 이념성향, 보다 구체적으로 유권자가 인식하는 자신과 후보 사이의 이념적 거리가 해당 후보를 지지 혹은 반대하는가에 영향을 끼칠 수 있다. 많은 연구들이 2000년대 이후 실시된 대부분의 선거에서 기존의 지역주의가 약화되면서 이념 및 세대에 기반을 둔 새로운 균열이 대두되었으며, 실제로 유권자의 진보-보수 이념이 어떤 후보나 정당에게 투표하는가에 중요한 영향을 끼쳤다고 주장하고 있다(강원택 2003; 2010; 문우진 2016; 오현주·길정아 2013; 이갑윤·이현우 2008; 이지호 2009; 조성대 2015; Jhee 2006). 물론 유권자들이 이념적으로 가까운 후보에게 투표한다기보다는 오히려 — 이념과는 무관한 이유로 — 특정한 후보를 선택했기 때문에 해당 정당이나 후보를 이념적으로 가깝게 여기게 되는 합리화 혹은 투사(*projection*)의 과정이 작동하며, 따라서 기존의 이념투표의 영향력이 상당히 과장되었다는 주장도 찾아볼 수 있다(이내영·허석재 2010). 그러나 이러한 합리화의 가능성을 인정한다고 하더라도 이념은 여전히 각 후보가 선거에서 승리했을 때 유권자가 기대할 수 있는 정치적 효용을 비교하기 위한 손쉬운 정보의 첩경(*informational shortcuts*)이라는 점에서, 유권자들이 각 후보가 얼마나 이념적으로 가깝다고 인식하는가는 후보 선호의 중요한 기준이 될 것이라고 예상할 수 있다(Downs 1957).

수많은 후보들이 지역구 차원에서 경쟁하는 총선과는 달리 대통령선거의 경우 후보 개인에 대한 평가 또한 상당히 중요한 역할을 할 수 있다. 후보의 경력과 자질(*traits*)은 유권자들이 후보에 대한 평가를 내리고 궁극적으로 선거에서 투표할 후보를 선택하는데 있어서 손쉽게 활용할 수 있는 또 다른 정보의 첩경 중 하나이다(Funk 1999; Kinder 1986; Kinder et al. 1980; Miller, Wattenberg & Malanchuk 1986). 예를 들어 유권자들의 인식 속에는 이상적인 대통령이 갖추어야 할 몇 가지 자질 — 국정운영 능력, 리더십, 도덕성(integrity), 소통 및 공감능력(empathy) 등 — 이 존재하고 있으며(Kinder 1986; Kinder et al. 1980), 유권자들은 이러한 자질에 비추어 각 후보에 대한 다양한 인상과 경험을 효율적으로 조직화하고 평가할 수 있다. 그리고 이와 같이 형성된 후보에 대한 태도는 정당이나 이념과 같은 다른 요인들을 통제한 이후에도 여전히 유권자의 투표선택에 유의미한 영향을 끼치고 있다는 점이 다양한 국가에서 확인되었다(King 2002). 한국의 경우에도 몇몇 연구들이 과거 대통령선거에서 유권자들이 후보에 대해 가지고 있는 이미지와 태도가 지지 후보 결정에 중요한 영향을 끼쳤음을 경험적으로 보여주고 있다(윤종빈 2008; 이재철 2008).

투표선택에 영향을 끼칠 수 있는 세 번째 요인으로는 후보의 소속 정당에 대한 태도를 들 수 있다. 미시간(Michigan) 학파의 고전적인 연구 이래로 유권자들이 정당에 대해 가지고 있는 심리적 애착심 — 정당일체감 — 이 가지는 정치적 중요성은 수많은 연구에 의해 확인되어 왔다. 물론 정당의 잦은 이합집산과 당명 변경으로 인해 한국유권자들의 경우 특정한 정당에 대한 지속적인 소속감을 형성하기 어렵다는 의견도 존재한다. 그러나 구체적인 정당 명칭 및 구성의 변화에도 불구하고 한국의 주요 정당이 기반을 두고 있는 핵심적인 균열은 몇몇 정치지도자의 선거전략으로 환원할 수 없는 역사적·구조적 기원을 가지고 있으며(강원택 2011), 특히 1990년 3당 합당 이래로는 주요 정당의 지지층이나 이념적·정책적 특성이 상당히 안정적으로 유지되어 왔다(강원택 2012). 결과적으로 한국유권자들의 투표선택에도 정당일체감, 즉 특정한 정당을 지지하는가 여부는 실제로 중요한 영향을 끼쳐 왔다(길정아 2013; 박원호 2013).

그런데 최근의 연구에 따르면 정당이 유권자의 정치적 인식과 선택에 끼치는 영향력을 이해하기 위해서는 특정한 정당에 대한 소속감과 더불어 정당에 대한 심리적 태도, 즉 정당태도(partisan attitudes)를 함께 고려할 필요가 있다(Greene 1999: 2002; Roscoe & Christiansen 2010; Rosema 2006; Weisberg & Greene 2003). 심리적 태도란 특정한 대상에 대한 긍정적 혹은 부정적 감정을 의미하며, 정당태도는 감정 온도계를 통해 각 정당에 대한 호감도로 측정될 수 있다. 정당태도는 해당 대상에 대한 인지적·정서적 평가를 포괄한다는 점에서 소위 정당일체감에 대한 수정주의(revisionist) 입장과도 이론적 친화성을 가지며, 외부의 자극과 새로운 정보에 의해 단기적으로 변화할 수 있다는 점에서 한국과 같이 정당 지지가 유동적인 경우에(이내영·정한울 2007) 분석적 유용성이 특히 크다고 할 수 있다. 실제로 최근 일련의 연구들에 의해 한국의 선거에서 정당태도가 가지는—정당일체감과는 구별되는—이론적·경험적 설명력에 대한 증거들이 다수 제시되고 있다(김연숙 2014; 박원호·신화용 2014; 오현주 외 2014; 장승진 2013a: 2013b).

먼저는 후보 지지 및 반대에 영향을 끼치는 마지막 요인으로는 회고적 평가(retrospective evaluations)를 고려할 수 있다. 회고적 투표이론의 핵심은 선거에서 유권자들은 직전 집권세력의 국정운영 성과 및 경제 상황의 변화에 대해 평가하고, 그에 따라 해당 후보나 정당에게 투표를 통해 보상(reward)이나 처벌(punishment)을 내린다는 것이다. 물론 한국은 5년 단임제 대통령제를 채택하고 있기 때문에 현직 대통령이 재선에 도전하는 일은 발생하지 않으며, 이에 따라 대통령선거에서 회고적 평가가 투표선택에 끼치는 영향력은 제한적일 수 있다. 실제로 제 17대 대선에서는 전임 노무현 대통령의 국정운영에 대한 평가에 따른 후보 지지의 차이가 강하게 나타났지만(가상준 2008; 강원택 2008), 뒤이은 제 18대 대선에서는 유권자들의 회고적 투표행태를 찾아보기 어렵다는 연구들이 존재한다(강우진 2013; 이내영·안종기 2013). 그러나 대통령의 임기 중 실시되는 총선과 지방선거에서는 유권자들이 대통령의 국정운영 평가에 기반을 두고 투표하는 경향이 종종 관찰되었다(김진하 2010; 오현주 외 2014; 장승진 2013a: 2016; 황아란 2013). 대선의 경우에도 기존에 회고적 평가가 큰 영향을 끼치지 않았다는 연구들이 가지고 있는 방법론적 문제를 고려한다면 한국유권자들의 회고적 투표가 확인된다는 연구도 찾아볼 수 있다(장승진·길정아 2014). 더구나 제 19대 대선의 경우 전임 대통령의 탄핵이라는 비정상적인 상황에서 예정보다 일찍 선거가 치러졌다는 점에서 박근혜 대통령의 국정운영에 대한 평가가 후보 지지 및 반대에 상당한 영향을 끼쳤을 가능성이 존재한다.

물론 지금까지 논의한 네 요인 외에도 여러 가지 다양한 변수들이 유권자들이 어떤 후보에게 투표하는가에 영향을 끼칠 수 있다. 그러나 이들 네 요인이야말로 선거의 수준이나 맥락과 무관하게 유권자의 투표선택을 설명하기 위해 가장 흔히 동원되는 기본적인 요인들이며, 수많은 연구들이 그 이론적·경험적 중요성을 확인해왔다. 따라서 이어지는 두 절에서는 지금까지 논의한 네 가지 요인들을 중심으로 과연 제 19대 대선에서 유권자들이 특정한 후보를 지지하거나 반대하는 데 어떠한 요인이 중요한 영향을 끼쳤는지 살펴보고, 이를 통해 다자구도하에서 과연 후보 지지의 결정요인과 반대의 결정요인이 동일한지 아니면 일정한 차이점이 존재하는지 실증적으로 검토한다.

3. 제19대 대선 후보들에 대한 유권자들의 선호: 지지와 반대

이 장에서 살펴보고 있는 "정치와 민주주의에 관한 의식조사"의 응답자 중 제19대 대통령선거에서 문재인 후보에게 투표했다고 대답한 응답자의 비율은 56.57%로서 실제 선거에서 문재인 후보가 기록한 득표율인 41.08%보다 상당히 높게 나타났다. 문재인 후보의 지지율이 실제보다 과대평가된 만큼 나머지 네 후보의 지지율 역시 실제 선거에서의 득표율과 일정한 차이를 보였다. 보다 구체적으로 살펴보면 응답자의 22.69%가 홍준표 후보에게 투표했다고 대답했으며, 안철수 후보에게 투표한 응답자 비율은 11.68%로 조사되었다. 이어서 유승민 후보와 심상정 후보의 지지율은 각기 5.55%와 3.51%로 나타났다.[1]

앞에서도 언급했듯이 "정치와 민주주의에 관한 의식조사"의 중요한 장점은 응답자들에게 단순히 누구에게 투표했는지 묻는 것에서 그치지 않고, 5명의 주요 정당 후보들을 선호하는 순서대로 순위를 매기도록 했다는 점이다. 〈표 3-1〉은 응답자들이 각 후보에 대해 1순위부터 5순위까지 부여한 결과를 보여주고 있으며, 1순위 선호 후보는 응답자가 실제로 투표했다고 대답한 후보를 의미한다.[2] 결과를 통해 몇 가지 흥미로운 패턴을 발견할 수 있다. 우선 두 번째로 지지율이 높은 홍준표를 가장 선호하지 않는 5순위로 꼽은 응답자의 비율이 가장 높은 46.54%를 기록하여, 홍준표를 가장 선호하는 후보로 꼽은 사람들보다

---

[1] 실제 득표율은 홍준표 후보는 24.03%, 안철수 후보는 21.41%, 유승민 후보는 6.76%, 그리고 심상정 후보는 6.17%였다.

[2] 12명의 응답자가 자신이 투표했다고 대답한 후보에게 1순위를 부여하지 않았으며, 이들은 분석에서 제외되었다. 마찬가지로 5명의 주요 정당 후보 외에 기타 후보에게 투표했다고 대답한 소수의 응답자들 또한 분석에서 제외되었다.

<表 3-1> 주요 정당 후보들에 대한 선호

(N = 1,027)

	1순위(투표 후보)	2순위	3순위	4순위	5순위
문재인	56.57	18.70	8.37	8.67	7.69
홍준표	22.66	7.21	9.93	13.63	46.54
안철수	11.68	36.90	26.10	22.30	3.02
유승민	5.55	21.23	35.74	34.66	2.82
심상정	3.51	15.97	19.86	20.74	39.92

두 배 이상 높게 나타났다. 이는 일단 홍준표가 박근혜대통령 탄핵 당시 집권당이었던 자유한국당의 후보였다는 점과 함께, 선거운동 과정에서 나타난 후보 개인이 드러낸 여러 가지 논란을 반영하는 것으로 보인다. 두 번째로 11.68%의 지지율에 그친 안철수가 정작 2순위 선호에서는 응답자의 36.9%의 선택을 받아 가장 높은 수치를 기록했다는 점 또한 눈길을 끈다.

그렇다면 응답자들이 실제로 투표한 후보와 투표하지 않은 후보들에게 부여한 순위 사이에는 어떠한 관계가 있는가? 이를 알아보기 위해 <그림 3-1>을 보면 5명의 주요 정당 후보 중 누구에게 투표했는가에 따라 다른 4명의 후보들에 대해 어떻게 순위를 부여했는지 나타나 있다. 물론 모든 순위의 선택이 나름의 의미를 가지고 있지만, 특히 중요한 부분은 자신이 실제로 투표한 후보를 제외한 차선의 후보, 즉 2순위 후보와 함께 5명의 후보 중 누구를 가장 선호하지 않는가를 보여주는 5순위 후보라고 할 수 있다. 실제로 <그림 3-1>은 너무 많은 정보를 포함하고 있기 때문에 오히려 자료가 가지고 있는 특징이 제대로 드러나지 않는 측면이 있다. 이러한 이유에서 <표 3-2>에서는 2순위 후보와 5순위 후보에 국한하여 투표한 후보별로 응답자의 선택을 보여주고 있다.

〈그림 3-1〉 투표 후보별 2~5순위 후보 선호(%)

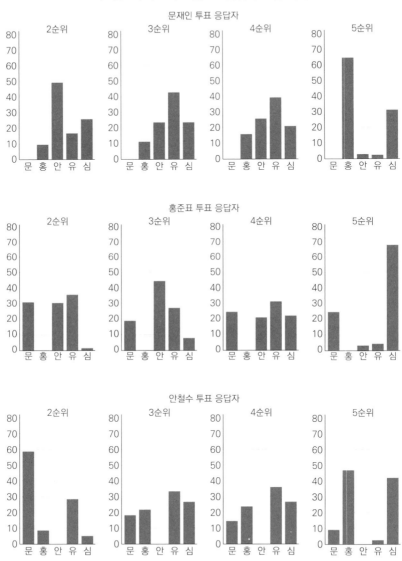

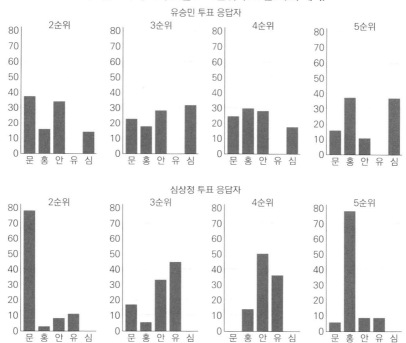

〈그림 3-1〉 투표 후보별 2~5순위 후보 선호(%, 계속)

〈표 3-2〉 투표 후보별 2순위와 5순위 선호 후보 선택

(단위: %)

		투표 후보				
		문재인	홍준표	안철수	유승민	심상정
2순위	문재인	–	31.33	58.33	36.84	77.78
	홍준표	9.29	–	8.33	15.79	2.78
	안철수	49.05	30.90	–	33.33	8.33
	유승민	16.35	36.48	28.33	–	11.11
	심상정	25.30	1.29	5.00	14.04	–
5순위	문재인	–	24.46	9.17	15.79	5.56
	홍준표	64.20	–	46.67	36.84	77.78
	안철수	2.58	3.00	–	10.53	8.33
	유승민	2.24	4.29	2.50	–	8.33
	심상정	30.98	68.24	41.67	36.84	–
N		581	233	120	57	36

〈표 3-2〉에 따르면 유권자들이 5명의 주요 정당 후보들에게 부여한 순위는 일반적으로 인식되는 후보들의 정치적 입장과 구도3와는 일정한 차이를 보이는 것으로 나타났다. 물론 중도 후보인 안철수를 지지하는 응답자들이 양 극단의 심상정과 홍준표를 가장 선호하지 않았다는 점이나, 진보적인 심상정 지지자들이 같은 진보 후보인 문재인을 2순위 선호 후보로 그리고 가장 보수적인 홍준표를 가장 선호하지 않는 후보로 선택했다는 점 등은 쉽게 예상할 수 있는 패턴이라고 할 수 있다. 그러나 문재인에게 투표한 응답자들의 절반 가까운 49.05%는 안철수를 차선의 2순위 후보로 선택하였으며, 진보 후보인 심상정을 2순위 선호 후보로 선택한 비율은 25.30%에 그쳤다. 또한 문재인 지지자들이 가장 선호하지 않는 후보는 홍준표였지만, 심상정을 가장 선호하지 않는 후보로 선택한 비율 역시 두 번째로 높은 30.98%에 달하는 것으로 나타났다는 점도 흥미로운 부분이다.

〈표 3-2〉에서 특히 눈길을 끄는 것은 보수 후보인 홍준표와 유승민을 지지한 응답자들의 선택이다. 우선 보수 후보에게 투표한 응답자들 사이에서도 세 명 중 한 명꼴로 문재인을 2순위 후보로 꼽은 것으로 드러났다. 특히, 홍준표에게 투표한 응답자의 31.33%가 문재인을 2순위 선호 후보로 선택함으로써 가장 높은 비율이 선택한 유승민과 약 5%p 정도의 차이를 보이는 데 그쳤다. 다시 말해서 홍준표를 지지한 유권자 세 명 중 한 명은 같은 보수 후보인 유승민이나 중도적인 안철수보다도 오히려 상대적으로 진보적인 문재인을 보다 선호한다는 것이다. 마찬가지로 유승민 지지자들도 가장 높은 비율이 문재인을 2순위 선호 후보

---

3 동일한 자료에서 응답자들이 평균적으로 인식한 각 후보의 이념적 위치는 진보-보수의 11점 척도 상에서 심상정(2.79), 문재인(3.02), 안철수(4.94), 유승민(5.89), 홍준표(7.97)의 순이었다.

로 선택했으며, 홍준표를 2순위 후보로 선택한 비율은 그 절반에도 미치지 못한 15.79%에 그쳤다. 또한 유승민 지지자 중 홍준표를 선호하지 않는 비율이 문재인을 선호하지 않는 비율보다 2배 이상 높게 나타났다.

결과적으로 〈표 3-2〉를 통해 알 수 있는 것은 각 후보 지지자들이 상대 후보에 대해 가지고 있는 태도가 반드시 일치하지 않을 수 있다는 것이다. 보다 구체적으로는 문재인 지지자들이 홍준표에 대해 가지고 있는 거부감이 홍준표 지지자들이 문재인에 대해 가지고 있는 부정적 태도에 비해 훨씬 큰 것으로 나타났다. 또한 같은 보수 후보임에도 불구하고 홍준표 지지자들이 유승민에 대해 가지고 있는 태도와 유승민 지지자들이 홍준표에 대해 가지고 있는 태도 사이에도 상당한 차이가 존재한다. 마찬가지로 같은 진보 후보임에도 불구하고 문재인 지지자들이 심상정에 대해 가지고 있는 태도와 심상정 지지자들이 문재인에 대해 가지고 있는 태도 사이에도 상당한 차이가 발견되었다.

이러한 현상을 설명할 수 있는 하나의 가능한 설명은 유권자들이 특정한 후보를 지지하는 이유와 다른 후보를 반대하는 이유가 반드시 동일하지 않을 수 있다는 것이다. 이러한 가능성을 엿볼 수 있는 자료가 〈그림 3-2〉에 제시되어 있다. 〈그림 3-2〉는 선거에 참여한 응답자들에게 투표할 후보를 선택할 때 후보의 소속 정당, 정책과 공약, 당선가능성, 국정운영 능력, 도덕성, 그리고 이념성향 등 총 6개의 요인이 각각 얼마나 영향을 주었는지 대답한 결과를 보여준다. 각 요인의 중요도는 0부터 10까지의 척도로 측정되었으며, 값이 커질수록 해당 요인이 후보 선택에서 중요하게 고려되었다는 것을 의미한다. 그리고 그림은 응답자가 가장 선호하는 후보와 가장 선호하지 않는 후보가 누군가에 따른 평균값을 보여준다.

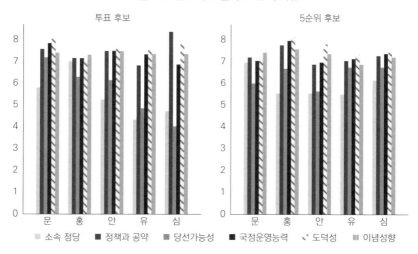

〈그림 3-2〉 선호 후보별 후보 선택 이유

투표 후보　　　　　　　　　　　　5순위 후보

■ 소속 정당　　■ 정책과 공약　　■ 당선가능성　　■ 국정운영능력　　＼ 도덕성　　■ 이념성향

　〈그림 3-2〉에 따르면 응답자들의 대답을 지지 후보와 반대 후보에 따라 구분해 보았을 때 일정한 차이를 발견할 수 있다. 우선 투표한 후보별로 나누어 보면, 홍준표에게 투표한 사람들을 제외한 대부분의 유권자들이 국정운영 능력이나 도덕성과 같은 후보 개인의 자질에 소속 정당에 비해 상대적으로 높은 점수를 부여했다는 점을 확인할 수 있다. 반면에 홍준표 지지자들의 경우에는 후보의 자질에 부여한 중요도와 소속 정당에 부여한 중요도 사이에 큰 차이가 없었다는 점에서 다른 후보 지지자들과 구별된다. 4 다시 말해서 대부분의 유권자들이 후보 개인의 자질을 중요하게 고려하는 가운데 홍준표에게 투표한 유권자들은 상대적으로 후보의 소속 정당의 영향을 크게 받았다는 것이다. 또 한

---

4 통계적으로도 홍준표 지지자들의 경우 소속 정당에 부여한 중요도와 국정운영 능력에 부여한 중요도 사이에 ($p = 0.355$) 그리고 소속 정당에 부여한 중요도와 도덕성에 부여한 중요도 사이에 ($p = 0.789$) 유의미한 차이가 나타나지 않았다.

가지 눈에 띄는 것은 다른 후보들에 비해 심상정에게 투표한 유권자들은 정책과 공약에 상대적으로 높은 중요도를 부여했다는 점이다. 심상정 지지자들이 정책과 공약에 부여한 중요도는 다른 후보의 지지자들이 동일한 요인에 부여한 중요도에 비교해서나 혹은 심상정 지지자들이 다른 요인들에 부여한 중요도에 비교해서나 상당히 높은 점수를 기록하였다.

이와 비교하여 지지 후보가 아닌 가장 선호하지 않는 후보에 따라 유권자들을 나누어 살펴보면 후보 선택 기준의 상대적 중요성에서 일정한 차이를 발견할 수 있다. 예를 들어 문재인을 가장 선호하지 않는 후보로 꼽은 유권자의 경우 다른 유권자들에 비해 소속 정당을 상대적으로 중요한 후보 선택 기준으로 삼았다. 반면에 실제 선거에서 2위를 기록한 홍준표를 가장 선호하지 않는 후보로 꼽은 유권자들 사이에서는 국정운영 능력을 비롯한 후보 개인의 자질을 중요한 후보 선택 기준으로 삼는 경향이 눈에 띄게 높았다. 결국 〈그림 3-2〉는 동일한 후보를 가장 선호하는 후보로 꼽은 유권자와 가장 선호하지 않는 후보로 꼽은 유권자들 사이에는 후보 선택에서 어떠한 요인이 가장 중요하게 고려하는가에 있어서 일정한 차이가 존재한다는 것을 보여주고 있으며, 이는 다시 한국유권자들이 지지 후보와 반대 후보를 결정하는 데 있어서 비대칭성이 존재할 가능성을 암시한다. 따라서 다음 절에서는 이러한 비대칭성을 설명하기 위해서 유권자들이 지지 후보와 반대 후보를 결정하는 요인들에 대한 보다 체계적인 통계분석을 시도한다.

4. 후보의 지지 및 반대 결정요인: 공통점과 차이점

과연 유권자들이 특정한 후보를 지지하는 이유와 싫어하는 이유가 동일한가 아니면 비대칭적인가? 이러한 질문에 대한 대답은 한 후보에 대한 지지를 다른 후보에 대한 반대와 구별할 수 없는 양자대결 구도에서는 대답하기 어려울 것이다. 그러나 제19대 대선의 경우 5개 주요 정당의 후보들이 경쟁했다는 점에서, 그리고 이 장에서 사용하고 있는 자료가 단순히 어떤 후보에게 투표했는지 묻는 것에서 그치지 않고 주요 후보들을 선호하는 순위를 조사했다는 점에서 이 질문을 실증적으로 분석하는 것이 가능하다.

후보에 대한 지지와 반대를 결정하는 요인들을 살펴보기 위해 첫 번째로 고려한 것은 후보자 수준의 변수로서 응답자가 인식하는 각 후보와의 이념적 차이를 포함하였다. 응답자들은 매우 진보를 의미하는 0부터 매우 보수를 의미하는 10까지의 11점 척도에서 각 후보들이 어디에 위치하는지 그리고 자기 자신은 어디에 위치하는지 대답했으며, 이를 통해 각 후보와 응답자의 이념위치 사이의 거리를 계산하였다. 이어서 응답자들이 각 후보들을 얼마나 좋아하거나 싫어하는지 보여주는 후보 호감도를 포함하였으며, 보다 구체적으로 이 변수는 매우 부정적인 느낌을 가지고 있는 0부터 매우 긍정적인 느낌을 가지고 있는 10까지의 척도를 사용하여 측정되었다. [5]

소속 정당에 대한 태도가 후보에 대한 지지 혹은 반대에 줄 수 있는 영향을 살펴보기 위해 두 가지 변수를 분석에 포함하였다. 먼저 응답자

---

[5] 원래의 변수는 100까지의 101점 척도였으나 이념 변수와의 비교를 위해 11점 척도로 재코딩되었다.

가 5개 주요 정당 중 어느 정당을 지지하는가를 보여주는 가변인을 포함하였다. 그리고 응답자가 지지하는 정당과 함께 정당태도를 측정하기 위해 각 정당에 대해 얼마나 좋아하거나 싫어하는지 보여주는 정당호감도를 포함하였다. 물론 정서적 측면이 강조되는 정당호감도가 해당 정당에 대한 종합적인 평가로서의 정당태도와 얼마나 일치하는가에 대해서는 논란의 여지가 있지만, 그럼에도 불구하고 현재 일반적으로 사용되는 설문자료에서 정당태도를 측정하기 위해 활용할 수 있는 가장 근접한 측정치라고 할 수 있다(Greene 2002, 176).

후보 및 정당에 대한 태도는 종속변수, 즉 유권자에게 주어진 선택지에 따라 값이 달라지는(alternative-specific) 변수라면, 유권자의 특성을 보여주는 일련의 변수들 또한 분석에 포함하였다. 먼저 제 19대 대선이 예정보다 이른 시점에 실시되었다는 점에서 이를 촉발시킨 박근혜 대통령 탄핵 및 촛불집회에 대해 응답자가 가지고 있는 생각이 대선 후보에 대한 선호에 영향을 줄 수 있다. 이러한 점에서 응답자가 탄핵과 파면이 부당하고 불공정하다고 생각하는지 아니면 정당하고 공정하다고 생각하는지 보여주는 변수6와 함께 촛불집회에 참여한 경험이 있는지 여부를 분석에 포함하였다. 이어서 전임 정권에 대한 유권자의 회고적 평가를 보여주는 두 변수로서 박근혜 대통령의 국정운영에 대한 평가와 함께 지난 5년간 한국의 경제상황이 개선되었는지 악화되었는지에 대한 회고적 평가 또한 포함하였다. 마지막으로 응답자의 인구통계학적 특성으로서 연령대, 교육 수준, 성별, 그리고 거주지 등을 통제하였다.

---

6 탄핵과 파면이 매우 부당하고 불공정하다고 생각하면 0점, 매우 정당하고 공정하다고 생각하면 10점을 부여하는 11점 척도로 측정되었다.

먼저 〈표 3-3〉에서는 유권자들이 실제 투표한 후보를 종속변수로 사용한 다항로짓분석(*multinomial logit*)의 결과를 보여주고 있다.[7] 결과에 따르면 제19대 대선에서 유권자들이 가장 선호하는, 즉 실제 투표한 후보를 결정하는 데 있어서 중요한 영향을 끼치는 요인은 후보 호감도와 정당호감도, 그리고 후보의 소속 정당을 지지하는가 여부로 나타났다. 다시 말해서 해당 후보에 대해 높은 호감도를 느낄수록, 후보의 소속 정당에 대해 긍정적인 정당태도를 가지고 있을수록, 그리고 후보의 소속 정당을 지지하는 유권자일수록 해당 후보에게 투표할 확률이 유의미하게 증가했다. 반면에 유권자가 인식하는 후보와의 이념적 거리는 투표 후보 선택에 유의미한 영향을 끼치지 않았다. 즉, 유권자가 후보와 이념적으로 다소 상이한 입장을 가지고 있다고 생각한다고 하더라도 해당 후보에게 투표할 확률이 유의미한 정도로 감소하지는 않는다는 것이다. 마찬가지로 회고적 평가의 영향력 또한 제한적이었다. 박근혜 대통령하에서의 국정운영 및 경제 상황 변화에 대해 부정적으로 평가하는 사람이라고 해도 홍준표에 비해 문재인에게 투표할 확률은 별다르게 증가하지 않았다. 오히려 흥미로운 부분은 박근혜 대통령의 국정운영에 대해 긍정적인 평가를 내리는 유권자들 사이에서 홍준표에 비해 유승민에게 투표할 확률이 유의미하게 하락했다는 점이다. 아마도 이는 집권 여당 소속이었으나 박근혜 대통령의 탄핵에 찬성하

---

7 일반적으로 유권자의 특성 — 즉, 종속변수의 범주에 따라 값이 달라지지 않는 — 을 독립변수로 사용하는 통계모형을 다항로짓분석이라고 부르고, 선택지에 따라 값이 달라지는 변수를 사용하는 통계모형을 조건부로짓분석(*conditional logit*)이라고 부른다. 그리고 이 글의 모형과 같이 두 가지 유형의 독립변수를 모두 사용하는 분석 모형을 혼합로짓분석(*mixed logit*)이라고 부르곤 한다. 그러나 이 세 가지 모형은 기본적으로 동일한 수학적 논리에 기반하고 있다는 점에서 큰 차이가 없으며, 여기에서는 가장 일반적으로 사용되는 용어인 다항로짓분석으로 통일하고자 한다.

고 탈당한 유승민에 대한 보수적 유권자들의 부정적인 태도를 반영하는 것으로 추측된다.

그렇다면 유권자들이 실제로 투표한 후보 외에 다른 후보들에 대해 가지고 있는 태도는 어떠한 요인에 의해 설명할 수 있는가? 이 질문에 대한 대답은 먼저 응답자들이 선택한 2순위부터 5순위 후보까지 매긴

〈표 3-3〉 투표 후보 결정 요인

(N = 1,027)

	회귀계수(클러스터-로버스트 표준오차[1])			
	문재인(vs. 홍준표)	안철수(vs. 홍준표)	유승민(vs. 홍준표)	심상정(vs. 홍준표)
후보 이념 거리	−0.096(0.056)			
후보 호감도	1.087*(0.122)			
정당 호감도	0.186*(0.089)			
정당 지지	1.976*(0.299)			
탄핵 공정성 인식	−0.027(0.137)	−0.015(0.123)	−0.22*(0.100)	−0.135(0.099)
촛불집회 참가	0.051(0.316)	0.279(0.604)	−0.956(0.524)	−0.398(0.654)
박근혜 국정운영 평가	−0.002(0.121)	−0.088(0.167)	−0.22*(0.104)	−0.104(0.128)
회고적 경제인식	0.308(0.387)	0.284(0.355)	0.508(0.304)	−0.084(0.659)
20대	−0.202(0.467)	−1.48*(0.438)	−0.502(0.653)	−0.664(0.869)
30대	0.048(0.587)	−0.953(0.674)	−0.215(0.791)	−0.072(0.686)
50대	−0.192(0.602)	−0.939(0.731)	−0.732(0.509)	−1.232(1.166)
60세 이상	−0.473(0.664)	−1.05*(0.485)	−1.41*(0.433)	−1.971(1.024)
고졸 미만	−0.908(0.716)	−0.553(0.395)	−0.628(0.741)	−14.9*(1.096)
대학 재학 이상	−0.081(0.274)	0.353(0.387)	−0.276(0.304)	0.447(0.528)
여성	−0.236(0.379)	−0.335(0.350)	−0.230(0.364)	−0.77*(0.381)
경기/인천	−0.76*(0.148)	−0.55*(0.094)	−0.66*(0.219)	−1.52*(0.300)
대전/충청	−1.53*(0.486)	0.048(0.894)	−1.777(1.059)	−1.13*(0.563)
광주/전라	8.184(1.114)	8.265*(1.122)	8.286*(1.162)	8.654*(1.197)
대구/경북	−1.08*(0.278)	−0.458(0.352)	−0.732(0.713)	−1.61*(0.584)
부산/울산/경남	−0.210(0.211)	0.649(0.418)	−0.094(0.229)	−15.4*(1.181)
강원/제주	−0.80*(0.185)	−2.15*(0.638)	−0.90*(0.322)	−1.216(0.897)
상수	−0.389(1.321)	0.301(1.443)	0.932(1.271)	1.801(1.532)

*p < 0.05.
주: 1) 17개 광역자치단체 수준에서 군집화된 표준오차(cluster robust standard errors)를 보고하였다.

순위를 통해 살펴볼 수 있다. 〈표 3-4〉는 응답자가 투표했다고 대답한 지지 후보를 제외한 다른 4명의 후보에 대한 선호의 순위를 종속변수로 사용한 순위로짓분석(*rank-ordered logit*)의 결과를 보여주고 있다. 8 특히, 〈표 3-4〉의 두 번째 모형은 응답자가 실제로 투표한 후보, 즉 가장 선호하는 후보에 따라 각 독립변수들이 4명의 다른 후보들의 선호 순위에 끼치는 영향이 어떻게 달라지는지 보여주고 있다.

〈표 3-4〉 2~5순위 선호 후보의 순위 결정 요인

(N = 1,027)

	회귀계수(클러스터-로버스트 표준오차[1])	
후보 이념 거리	−0.216*(0.033)	−0.230*(0.038)
후보 호감도	0.429*(0.033)	0.407*(0.053)
정당 호감도	0.124*(0.038)	0.077(0.062)
정당 지지	−0.359(0.410)	−0.433(0.412)
홍준표 투표 × 후보 이념 거리		−0.053(0.060)
안철수 투표 × 후보 이념 거리		0.161*(0.052)
유승민 투표 × 후보 이념 거리		0.071(0.064)
심상정 투표 × 후보 이념 거리		0.041(0.113)
유승민 투표 × 후보 호감도		0.159(0.097)
홍준표 투표 × 후보 호감도		0.040(0.088)
안철수 투표 × 후보 호감도		0.020(0.099)
심상정 투표 × 후보 호감도		0.240*(0.097)
홍준표 투표 × 정당 호감도		0.141†(0.082)
안철수 투표 × 정당 호감도		0.138†(0.085)
유승민 투표 × 정당 호감도		−0.065(0.109)
심상정 투표 × 정당 호감도		0.230(0.207)

*$p < 0.05$, $^{\dagger}p < 0.1$.
주: 1) 17개 광역자치단체 수준에서 군집화된 표준오차(cluster robust standard errors)를 보고하였다.

---

8 순위로짓분석은 여러 선택지들 사이의 선호의 서열(*ranking*)을 종속변수로 사용한다는 점에서 일반적으로 사용되는 순서형로짓(*ordered logit*)과는 다른 모형이다. 단 순위로짓분석은 응답자의 특성과 같이 선택지 수준에서 값이 변화하지 않는 독립변수를 사용할 수 없다는 한계를 가진다.

먼저 〈표 3-4〉의 첫 번째 모형은 일반적으로 유권자의 투표선택에 영향을 끼친다고 알려진 요인들이 실제 지지 후보의 선택에 대해서뿐만 아니라 투표하지 않은 다른 후보들에 대한 선호에도 영향을 끼치고 있다는 사실을 보여준다. 즉, 특정 후보와 이념적으로 가깝다고 인식하거나, 후보에 대해 호감을 가지고 있거나, 혹은 후보의 소속 정당에 대해 호감을 가지고 있을수록 해당 후보를 보다 높은 순위로 선호하는 후보로 꼽는다는 것이다. 모형의 특성으로 인해 분석에 포함시킬 수 없었던 회고적 평가를 제외한 투표선택의 나머지 세 결정요인 모두 실제로는 투표하지 않은 후보들에 대한 선호에도 유사한 영향을 끼치고 있었다. 다만 〈표 3-4〉의 두 번째 모형에서도 드러나듯이 이러한 요인들이 후보의 선호 순위에 끼치는 영향력은 각 후보의 지지자들 사이에 일정한 차이가 있었다. 예를 들어 다른 후보의 지지자들 사이에서는 후보와의 이념적 거리가 선호 순위에 유의미한 영향을 끼치는 가운데 안철수 지지자들의 경우에는 후보와의 이념적 거리가 선호 순위에 유의미한 영향을 끼치지 않은 것으로 나타났다($p = 0.095$). 또한 정당호감도는 홍준표와 안철수 지지자들 사이에서만 유의미한 영향을 끼쳤을 뿐(각기 $p = 0.005$와 $p < 0.001$) 다른 후보의 지지자들의 경우에는 후보의 소속 정당에 대한 호감도가 높다고 해서 특별히 해당 후보를 더 선호하지는 않는 것으로 나타났다. 반면에 후보 개인에 대한 호감도만이 지지 후보를 막론하고 모든 유권자들 사이에서 후보 간 선호 순위에 유의미한 영향을 끼쳤다.

〈표 3-4〉의 분석이 2순위부터 5순위 선호까지의 순위 자체를 종속변수로 사용한 분석이었다면 〈표 3-5〉는 5순위 선호 후보, 즉 어떤 후보를 가장 선호하지 않는가에 초점을 맞추어 〈표 3-3〉과 동일한 통계모형을 사용하여 분석하고 있다. 〈표 3-3〉에서 지지 후보를 분석한 결과

와 비교했을 때 가장 눈에 띄는 차이점은 지지 후보를 선택할 때에는 유의미한 영향을 끼치지 않았던 후보와의 이념적 거리가 반대 후보를 결정할 때에는 통계적으로 유의미한 영향을 끼치고 있다는 점이다. 즉, 유권자가 후보와 이념적으로 상이한 입장을 가지고 있다고 인식할수록 해당 후보를 가장 선호하지 않는 후보로 선택할 확률이 유의미하게 증

〈표 3-5〉 반대 후보 결정 요인

(N = 1,027)

	회귀계수(클러스터-로버스트 표준오차[1])			
	문재인(vs. 홍준표)	안철수(vs. 홍준표)	유승민(vs. 홍준표)	심상정(vs. 홍준표)
후보 이념 거리	0.173*(0.037)			
후보 호감도	-0.563*(0.068)			
정당 호감도	-0.055(0.051)			
정당 지지	-1.773(0.665)			
탄핵 공정성 인식	-0.097(0.102)	-0.21*(0.070)	-0.138(0.125)	-0.030(0.050)
촛불집회 참가	-0.410(0.961)	0.475(0.384)	0.424(0.707)	-0.373(0.291)
박근혜 국정운영 평가	0.315*(0.086)	0.181(0.132)	0.194(0.110)	0.241*(0.048)
회고적 경제인식	0.196(0.237)	0.045(0.282)	0.501*(0.252)	0.295*(0.119)
20대	-0.756(0.689)	-0.069(0.852)	0.696(0.820)	0.075(0.269)
30대	0.494(0.657)	0.192(0.735)	-0.466(0.757)	-0.222(0.348)
50대	0.685(0.700)	-0.058(0.707)	1.062(0.556)	0.240(0.273)
60세 이상	1.665*(0.796)	0.316(0.804)	1.594*(0.509)	0.578(0.271)
고졸 미만	-0.820(0.419)	-0.196(0.648)	-0.547(0.527)	-0.459(0.547)
대학 재학 이상	0.325(0.406)	0.375(0.514)	0.393(0.531)	-0.234(0.196)
여성	0.044(0.177)	-0.666(0.367)	0.026(0.337)	-0.173(0.152)
경기/인천	0.137(0.232)	-1.23*(0.086)	0.437(0.093)	-0.47*(0.125)
대전/충청	0.261(0.739)	0.991(0.577)	-0.582(0.691)	0.508*(0.147)
광주/전라	-11.1*(0.786)	0.598(0.405)	0.182(1.074)	0.586(1.101)
대구/경북	0.802*(0.135)	0.030(0.726)	0.895(0.477)	0.370(0.262)
부산/울산/경남	0.659(0.604)	0.031(0.484)	-0.105(0.897)	1.481*(0.224)
강원/제주	-0.732(0.484)	-0.050(1.471)	1.374*(0.473)	-0.803(0.750)
Constant	-1.767(1.458)	-0.573(0.887)	-3.80*(1.037)	-0.654(0.460)

*p < 0.05.
주: 1) 17개 광역자치단체 수준에서 군집화된 표준오차(cluster robust standard errors)를 보고하였다.

가한다는 것이다. 반면에 반대 후보를 결정하는 데 있어서는 앞서 지지 후보를 선택하는 데 중요한 영향을 끼쳤던 정당호감도가 유의미한 영향을 끼치지 않았다. 또 한 가지 차이점은 박근혜 대통령의 국정운영 평가의 영향력이 일부 확인되었다는 점이다. 박근혜 대통령의 국정운영에 대해 긍정적인 평가를 내리는 유권자일수록 일반적으로 진보 후보로 분류되는 문재인이나 심상정을 가장 선호하지 않는 후보로 꼽을 확률이 유의미하게 증가하였다.

〈표 3-3〉부터 〈표 3-5〉까지의 결과를 비교해보면 한국유권자들이 대선 후보에 대해 가지고 있는 태도에서 흥미로운 모습이 나타났다. 먼저 지지 후보나 반대 후보 선택에 가장 일관된 영향을 끼치는 요인은 후보 개인에 대한 호감도로 나타났다. 물론 대통령선거가 궁극적으로 후보에 대한 선택이라는 점에서 후보에 대해 유권자가 가지고 있는 평가, 그리고 그 평가의 종합으로서 후보 호감도가 중요한 영향을 끼치는 것이 당연하다고 할 수 있을 것이다. 이와 함께 후보의 소속 정당을 지지하는가 여부 또한 해당 후보에 대한 지지 및 반대에 공통적으로 중요한 영향을 끼치는 것으로 나타났다. 그러나 — 최소한 제 19대 대선에서는 — 전임 대통령에 대한 회고적 평가는 유권자들의 후보 지지 및 반대에 모두 제한적인 영향만을 끼쳤다고 할 수 있다.

반면에 유권자가 인식하는 후보와의 이념적 거리는 반대 후보 결정에만 유의미한 영향을 끼칠 뿐 정작 어떤 후보에게 투표할 것인가의 결정에는 유의미한 영향을 끼치지 않았다. 다시 말해서 특정 후보와 이념적으로 거리가 멀다고 인식하는 것이 해당 후보를 지지하지 않을 이유는 될 수 있지만, 후보와 이념적으로 가깝다는 인식이 해당 후보에 대한 지지를 이끌어내는 충분조건을 제공하지 않는다는 것을 의미한다. 이러한 발견은 한국유권자의 이념투표와 관련하여 흥미로운 시사점을 제공한다. 2000년대 이래 한국의 선거에서 유권자의 이념성향이 가지는 정치적 중요성에 대해서는 대부분 동의하는 가운데에도, 정작 이념투표의 경험적 영향력에 대해서는 여전히 유보적인 측면이 존재한다(이내영·허석재 2010; 장승진 2013a; 2013b). 이 장의 분석은 이러한 상반된 결과가 유권자의 투표선택을 설명하는 데 있어서 서로 다른 두 측면을 반영하고 있을 가능성을 보여준다. 즉, 이념투표의 영향력은 유권자가 지지할 후보를 선택하는가 아니면 선호하지 않는 후보를 선택지에서 제외하는가에 따라서 다르게 나타날 수 있다는 것이다.

또 다른 한편으로 이 장의 분석은 한국유권자의 투표선택에서 정당호감도가 가지는 이론적·경험적 중요성을 다시 한 번 증명하고 있다. 비록 대통령선거가 궁극적으로 후보 개인에 대한 투표임에도 불구하고 후보에 대한 호감도와는 별개로 후보의 소속 정당에 대해 어떠한 태도를 가지고 있는가가 유권자의 지지를 이끌어내기 위해 매우 중요한 역할을 한다는 것이다. 특히, 정당호감도의 영향력은 유권자의 선택을 설명하기 위해 흔히 동원되는 정당일체감, 즉 정당 지지 여부를 통제한 이후에도 여전히 차별적으로 나타났다. 정당호감도, 즉 정당태도는 해당 정당의 활동과 실적에 대한 인지적·정서적 측면을 포괄하는 종합적인 평가라고 할 수 있으며, 따라서 단기간 내에 크게 변화하기는 어렵다고 할 수 있다. 결과적으로 유권자의 지지를 이끌어내는 데 정당호감도가 가지는 영향력은 한국의 대통령선거에서 유권자의 선택이 특정한 후보 개인에 대한 선호나 ― 탄핵에 대한 태도나 박근혜 대통령에 대한 회고적 평가의 영향력이 제한적이었던 것에서도 드러나듯이 ― 선거 전후의 특수한 사건에 의해 표변하지 않는 안정적인 정당정치적 기반을 획득했을 가능성을 보여준다.

5. 나가며

2016년 총선과 2017년 대선을 거치면서 한국의 정치 지형은 양당제적 구조에서 다당제적 구조로 변화해 왔다. 물론 이후 — 특히 2018년 지방선거를 앞두고 — 다시 양대 거대 정당 중심으로 정치 지형이 재편될 가능성이 농후하기는 하지만, 그럼에도 불구하고 제19대 대선은 짧게나마 다당제적 구조하에서 한국유권자들의 투표선택이 어떻게 이루어지는가를 엿볼 수 있는 기회를 제공하였다. 그리고 이 장의 분석을 통해서 기존에 양자구도를 중심으로 진행되던 선거에서는 드러나지 않았던 한국유권자의 투표선택의 새로운 모습을 찾아볼 수 있었다. 무엇보다도 이 장의 핵심적인 발견은 지지 후보의 선택과 반대 후보의 선택에 영향을 끼치는 요인이 반드시 대칭적이지는 않다는 점이다. 유권자가 인식하는 후보와의 이념적 거리가 멀수록 해당 후보를 반대하는 경향이 있기는 하지만, 그렇다고 해서 이념적으로 가깝게 인식한다고 해서 반드시 해당 후보에게 투표하는 것은 아니다. 마찬가지로 소속 정당에 대해 부정적인 태도가 소속 후보에 대한 반대로 곧바로 이어지지는 않을 수 있지만, 그럼에도 불구하고 유권자의 실질적인 지지를 이끌어내기 위해서는 후보 개인에 대한 호감과는 별개로 소속 정당에 대한 긍정적 태도가 수반될 필요가 있다. 그리고 이러한 투표선택의 새로운 모습은 정당 및 후보의 효율적인 선거운동 전략과 관련하여 중요한 함의를 제공할 수 있다.

물론 제19대 대선 자체가 워낙 특수한 정치적 맥락에서 실시되었기 때문에 과연 이번 선거에 대한 분석이 얼마나 일반화될 수 있을지 의문이 제기될 수 있다. 그러나 — 대통령 탄핵으로 인한 조기 대선과 같은 상황 자체는 다시 발생하기 어렵다고 하더라도 — 한국정당정치의 역사에서 다당제적 경쟁 구도는 예외적이라기보다는 오히려 일반적인 현상이었다고 할 수 있다. 따라서 이 장의 결론이 이전이나 앞으로의 선거에서 마찬가지로 적용될 수 있을지는 후속 연구를 통해 지속적으로 확인되어야 할 것이다.

참고문헌

가상준. 2008. "노무현 대통령에 대한 평가가 2007년 대통령선거에 미친 영향력 분석", 〈현대정치연구〉 1(1), 33~57.
강우진. 2013. "제 18대 대선과 경제투표: 경제성장에 대한 정책선호의 일치의 영향력을 중심으로", 〈한국정치학회보〉 47(5), 213~233.
강원택. 2003. 《한국의 선거정치: 이념, 지역, 세대와 미디어》. 서울: 푸른길.
_____. 2008. "2007년 대통령선거와 이슈: 회고적 평가 혹은 전망적 기대?", 〈의정연구〉 14(1), 31~58.
_____. 2010. 《한국 선거정치의 변화와 지속: 이념, 이슈, 캠페인과 투표참여》. 파주: 나남.
_____. 2011. "한국에서 정치균열구조의 역사적 기원: 립셋-록칸 모델의 적용", 〈한국과 국제정치〉 27(3), 99~129.
_____. 2012. "3당 합당과 한국 정당정치", 〈한국정당학회보〉 11(1), 171~193.
길정아. 2013. "제 19대 국회의원선거와 정당일체감: 유권자의 투표선택을 중심으로", 〈한국정치연구〉 22(1), 81~108.
김연숙. 2014. "긍정과 부정의 정치심리학: 정당에 대한 부정적 감정과 정치행태", 〈한국정치학회보〉 48(2), 5~27.
김진하. 2010. "지방선거의 역사적 의미와 6·2 지방선거 분석: 서울시장선거 사례 분석", 〈한국정당학회보〉 9(2), 5~32.
문우진. 2016. "한국 선거경쟁에 있어서 이념갈등의 지속과 변화: 15대 대선 이후 통합자료 분석", 〈한국정당학회보〉 15(3), 37~60.

박원호. 2013. "정당일체감의 재구성", 박찬욱·강원택 편. 《2012년 대통령선거 분석》. 파주: 나남.

박원호·신화용. 2014. "정당 선호의 감정적 기반: 세월호 사건과 지방선거를 중심으로", 〈한국정치학회보〉 48(5), 119~142.

오현주·길정아. 2013. "유권자의 이념과 투표선택: 보수의 결집과 진보의 분열." 박찬욱·강원택 편. 《2012년 대통령선거 분석》. 파주: 나남.

오현주·송진미·길정아·강원택. 2014. "정당호감도와 회고적 평가: 2014년 지방선거를 중심으로", 〈한국정당학회보〉 13(3), 69~97.

윤종빈. 2008. "17대 대선과 후보자 요인", 〈현대정치연구〉 1(1), 59~83.

이갑윤·이현우. 2008. "이념투표의 영향력 분석: 이념의 구성, 측정 그리고 의미", 〈현대정치연구〉 1(1), 137~166.

이내영·안종기. 2013. "제18대 대통령선거와 회고적 투표: 왜 제18대 대통령선거에서 집권정부에 대한 회고적 평가가 중요한 영향을 미치지 못했나?", 〈한국정당학회보〉 12(2), 5~36.

이내영·정한울. 2007. "이슈와 한국 정당지지의 변동", 〈한국정치학회보〉 41(1), 31~55.

이내영·허석재. 2010. "합리적 유권자인가, 합리화하는 유권자인가?: 17대 대선에서 나타난 유권자의 이념과 후보 선택", 〈한국정치학회보〉 44(2), 45~67.

이재철. 2008. "17대 대통령선거에서의 경제투표: 유권자의 경제인식과 투표결정", 〈현대정치연구〉 1(1), 111~136.

이지호. 2009. "정당위치와 유권자 정향: 2007년 대선과 2008년 총선을 중심으로", 〈현대정치연구〉 2(1), 123~148.

장승진. 2013a. "제19대 총선의 투표선택: 정권심판론, 이념투표, 정서적 태도", 〈한국정치학회보〉 46(5), 99~120.

_____. 2013b. "민주통합당은 좌클릭 때문에 패배하였는가? 제18대 대선에서의 이념투표", 〈의정연구〉 19(2), 73~98.

_____. 2016. "제20대 총선의 투표선택: 회고적 투표와 세 가지 심판론", 〈한국정치학회보〉 50(4), 151~169.

장승진·길정아. 2014. "제18대 대선의 투표선택에 대한 방법론적 재검토: 한국 유권자는 정말로 전망적 투표를 했는가?", 〈한국과 국제정치〉 30(3), 1~28.

조성대. 2015. 《이념의 정치와 한국의 선거: 공간이론으로 본 한국의 대통령선거》. 서울: 오름.

황아란. 2013. "2000년대 지방선거의 변화와 지속성: 현직효과와 중앙정치의 영향", 〈한국정치학회보〉 47(5), 277~295.

Downs, A. 1957. *An Economic Theory of Democracy*. New York: Harper & Row.

Funk, C. L. 1999. "Bringing the candidate into models of candidate evaluation", *Journal of Politics*, 61(3), 700~720.

Greene, S. 1999. "Understanding party identification: A social identity approach", *Political Psychology*, 20(2), 393~403.

_____. 2002. "The social-psychological measurement of partisanship", *Political Behavior*, 24(3), 171~197.

Jhee, B-K. 2006. "Ideology and voter choice in Korea: An empirical test of the viability of three ideological voting models", *Korean Political Science Review*, 40(4), 61~83.

Kinder, D. R. 1986. "Presidential character revisited." In Lau, R. R. & Sears, D. O. (eds.). *Political Cognition*. Hillsdale, NJ: Lawrence Erlbaum.

Kinder, D. R., Peters, M. D., Abelson, R. P. & Fiske, S. T. 1980. "Presidential prototypes", *Political Behavior*, 2(4), 315~337.

King, A. ed. 2002. *Leaders' Personalities and the Outcomes of Democratic Elections*. New York: Oxford University Press.

Miller, A. H., Wattenberg, M. P. & Malanchuk, O. 1986. "Schematic assessments of presidential candidates", *American Political Science Review*, 80(2), 521~540.

Roscoe, D. D. & Christiansen, N. D. 2010. "Exploring the attitudinal structure of partisanship", *Journal of Applied Social Psychology*, 40(9), 2232~2266.

Rosema, M. 2006. "Partisanship, candidate evaluations, and prospective voting", *Electoral Studies*, 25(3), 467~488.

Weisberg, H. F. & Greene, S. 2003. "The political psychology of party identification", In MacKuen, M. B. & Rabinowitz, G. (eds.). *Electoral Democracy*. Ann Arbor: University of Michigan Press.

2부
유권자의 변화

4장 유권자의 포퓰리즘 성향

하상응

1. 들어가며

대의민주주의 국가에서 최근 지속적으로 관찰되고 있는 포퓰리즘 (*populism*) 은 현재 정치학계에서 가장 많은 논쟁을 낳는 주제들 중 하나이다. 원래 포퓰리즘을 다루는 경험연구들은 극우 정당의 등장과 확산을 설명하기 위해 서유럽과 북유럽에서 축적되었으나(Mudde 2013), 2016년 미국 도널드 트럼프(Donald Trump) 대통령의 당선 전후로 유럽이 아닌 지역에서도 많은 연구들이 진행되고 있음을 확인할 수 있다 (Bonikowski & Gidron 2016; Oliver & Rahn 2016). 이러한 추세는 20세기 중반과 후반을 풍미했던 남미 국가들에서의 포퓰리즘연구(Seligson 2007; Hawkins 2009) 와 맞물려, 통시적인 국가 간 비교연구로까지 이어지고 있다(Kaltwasser et al. 2017).

대의민주주의를 채택하고 있는 한국에서도 포퓰리즘은 유권자들에게 익숙한 개념이다. 현실정치에서 포퓰리즘은 보통 유권자들의 환심을 사기 위한 "대중 영합주의"로 이해되고, 이는 보다 대승적인 국가 차원의 이익 증진에 저해된다는 이유를 들어 부정적인 현상으로 기술된다. 예를 들어 2011년 오세훈 서울시장은 무상급식제도를 포퓰리즘으로 규정하고 이를 시정하려다 실패하였고, 2017년 대통령선거를 앞두고 열린 후보 토론에서는 심상정 후보가 감세정책을 제안하는 홍준표 후보를 포퓰리스트로 몰았다. 가장 최근에는 보수 언론과 정당들이 문재인 정권의 최저임금, 비정규직, 건강보험 등과 관련된 경제정책 전반을 모두 그리스식 "좌파 복지 포퓰리즘"으로 정의내리고 있기도 하다. 이런 식으로 굵직한 선거가 있을 때마다 혹은 중요한 정책이 입안되고 토의되는 과정에서 서로 경쟁하는 정치인들과 정당들은 상대방의 입장을 기술하면서 포퓰리즘이라는 낙인을 찍는 일이 일상화되었다.

그러나 포퓰리즘이라는 개념이 한국정치에서 사용되는 빈도에 비해서, 그것을 체계적으로 이해하려는 노력은 미흡한 부분이 있다. 우선 정치평론가들과 언론인들의 관행대로 포퓰리즘을 대중 영합주의로 환원시켜 이해하게 되면, 포퓰리즘에 담긴 다양한 뉘앙스를 제대로 파악하지 못할 뿐만 아니라, 다른 대의민주주의 국가에서 팽배한 포퓰리즘과 한국의 포퓰리즘 간의 유사성과 차이점을 파악하는 데에도 어려움이 따른다. 또한 더 나아가 이러한 관행은 민주주의 국가에서 다수 국민의 뜻을 따라 정책을 펴는 행위가 항상 도덕적으로 바람직하지 않은 것처럼 여기게 하는 부작용을 낳는다.

다른 한편으로 한국에서의 포퓰리즘연구는 정치사상사의 관점에서 민주주의와 포퓰리즘 간의 개념 차이(백영민 2016; 서병훈 2008) 혹은 포퓰리즘을 등에 업은 세력이 정치권에 등장하는 거시적 구조변화(김영섭 2010; 조기숙 2016)를 설명하는 면에 치중하고 있다. 이에 포퓰리즘 친화적인 유권자와 그렇지 않은 유권자 간의 개인 차이를 파악하는 미시적인 연구(Akkerman et al. 2014; Bakker et al. 2015; Bowler et al.

2017; Spruyt et al. 2016)는 한국에서 상대적으로 등한시되어 온 상황이다. 포퓰리즘은 권위주의가 아니라 민주주의 정치체제에서 발현되는 현상이기 때문에, 정치엘리트 차원에서의 포퓰리즘이 유권자로부터 지지를 얻지 못하면 생명력을 상실한다. 따라서 어떤 상황에서 포퓰리즘이 팽배해지는가를 파악하기 위해서는 포퓰리즘에 의해 동원되기 쉬운 성향을 띤 유권자들의 특징을 살펴보는 것이 구조적인 변화를 검토하는 것만큼 중요하다.

이에 이 장에서는 2017년 대통령선거 이후 구축된 설문자료를 분석하여 한국유권자의 포퓰리즘 성향을 파악하고, 그것이 정당과 정치인을 보는 시각 및 투표행태에 어떤 영향을 미쳤는지를 파악하고자 한다.

2. 유권자의 포퓰리즘 성향: 이론적 논의

보통 포퓰리즘은 강한 카리스마를 가진 신예 정치인이 타성에 젖은 기성 정치인을 대신하여, 정치과정에서 소외되었다고 스스로 생각하는 유권자들을 적극적으로 동원하는 정치운동 혹은 이념을 일컫는다. 하지만 정치학에서 사용되는 많은 추상적인 개념들과 마찬가지로 포퓰리즘이라는 개념 역시 정의내리기 매우 어려운 것들 중의 하나이기 때문에(Kaltwasser et al. 2017), 정치학자들 간에 합의가 존재하는 단순하고 명쾌한 개념 정의는 불가능하다. 기존 연구들에서 논의되는 포퓰리즘의 최대공약수를 찾아보면 다음의 세 가지 요인으로 요약될 수 있다.

(1) 유권자의 포퓰리즘 성향: 대의민주주의(*representative democracy*) 제도하에서 자신의 목소리가 정치과정에 잘 반영되지 못한다고 생각하는

유권자들이 "일반 국민"(*people*)과 "기성 정치인"을 대립 구도로 놓고 전자를 "진실", 후자를 "거짓"으로 규정하는 태도(Barr 2009).

(2) 포퓰리즘의 구조적 토대: 유권자들이 자신이 속한 집단을 내집단(*in-group*)으로 규정하는 동시에 그 범주에 속하지 않는 명확한 외집단(*out-group*)을 파악할 수 있는 사회인구학적 구조(Mudde & Kaltwasser 2013).

(3) 포퓰리즘 활성화의 조건: 포퓰리즘의 구조적 토대가 갖추어진 상황에서 포퓰리즘 친화적인 유권자들을 정치적으로 동원할 수 있는 신예 정치인의 등장(Van der Brug & Mughan 2007).

우선 포퓰리즘은 "일반 국민"과 "기성 정치엘리트" 간의 이분법을 상정한다. 순수한 일반 국민의 의지를 구현하는 것이 올바른 정치인데, 실제로는 대의민주주의하에서 그 뜻을 위임받은 기성 정치인들이 그것을 왜곡하고 있다는 생각이 유권자 개인 수준에서 확인할 수 있는 포퓰리즘 성향의 핵심이다. 전문 정치인보다는 자신과 같은 일반인이 국민의 "일반 의지"(*general will*)를 잘 반영할 것이라 생각하는 것이다. 이러한 맥락에서 포퓰리즘은 모든 분야의 전문가의 의견을 신뢰하지 않는 반지성주의(*anti-intellectualism*)와 맞닿아 있기도 하다(Shogan 2007). 이렇듯 포퓰리즘을 지지하는 유권자들은 기성 정치인 및 기존 정치질서에 대한 불만을 가지고 있다. 하지만 정치불신 혹은 정치혐오 때문에 정치참여를 기피하는 유권자들과 달리 포퓰리즘 성향이 높은 유권자들은 적극적으로 정치과정에 참여하는 경향이 있다. 이에 포퓰리즘과 직접민주주의(*direct democracy*) 혹은 참여민주주의(*participatory democracy*) 간의 밀접한 연관성이 확인된다(Donovan & Karp 2006).

상기한 유권자 차원의 포퓰리즘 성향은 특정 사회인구학적 구조와 결합되어 포퓰리즘 운동으로 발현될 수 있다. 그 사회구조적인 요인은 바로 피아(彼我; us vs. them)를 구분할 수 있는 사회정체성(social identity)이다. 포퓰리즘 성향이 높은 유권자들은 일반 국민 대(對) 기성 정치인이라는 이분법을 활용할 때, 일반 국민이 하나의 단일하고도 균질적인(uniform and homogeneous) 집단이라고 상정한다. 그리고 스스로를 "침묵하는 다수"(silent majority)로 부르곤 한다. 하지만 실제로 포퓰리즘을 지지하는 사람들이 생각하는 "일반 국민"은 전체 국민들이 아닌, 일부 혹은 소수의 국민들인 경우가 많다. 포퓰리즘 친화적인 유권자들은 자신들이 속한 "일반 국민"의 범주에 속하지 않는, 사회 내의 타자(others)를 배제할 준비가 되어 있다. 외집단을 명확하게 규정하면 할수록, 포퓰리즘 성향이 높은 사람들 내부의 결속력이 강해질 뿐만 아니라, 타락한 기성 정치의 책임을 외집단으로 돌리면서 희생양을 삼을 수있기 때문이다. 미국과 서유럽의 포퓰리즘 맥락에서 확인할 수 있는 대표적인 외집단의 예로는 종교, 언어, 인종, 문화 등으로 구분되는 이민자 집단을 들 수 있다. 2016년 미국 대통령선거 공화당 후보였던 도널드 트럼프는 선거운동 기간 중에 유럽의 극우 정치인과 비슷한 방식으로 이민자 혹은 이슬람교도들을 명확하게 외집단으로 규정짓고, "순수한 국민"이 아닌 그들을 미국에서 쫓아냄으로써 강한 미국을 만들 수 있다고 주장하였다.

개인 차원의 포퓰리즘 성향이 내집단과 외집단 구분이 명확한 사회구조를 만났더라도, 혜성처럼 나타나 포퓰리즘 친화적인 유권자들을 동원할 수 있는 정치 신인이 없으면 포퓰리즘이 활성화되기 어렵다. 포퓰리즘을 이끌 이상적인 정치 신인은 기성 정치권에서 경험을 쌓지 않은 사람이자, 외집단을 배제하면서 "침묵하는 다수"인 내집단의 목소리를 대변해 줄 수 있는 사람이다. 포퓰리즘은 기본적으로 배타성(exclu-siveness)을 띠고 있는 이념이기 때문에, 새로운 지도자의 카리스마에 의존하여 나아가는 과정을 살펴보면 포퓰리즘과 권위주의 성향 (authoritarianism)과의 깊은 연관성을 확인할 수 있다(Aichholzer & Zandonella 2016). 이러한 정치 신인의 지도력은 시간이 지남에 따라 정치경험을 축적하는 과정에서 줄어들기 마련이다. 이는 포퓰리즘 운동이 단시간에 정치력을 확보하지 못하고 운동을 이끌 새로운 정치인들이 지속적으로 공급되지 못하면 쇠퇴할 수도 있음을 의미한다.

요약하자면 포퓰리즘은 ① 소위 순수하고 진실된 "일반 국민"의 의견이 부패한 기성 정치인들에 의해 정치과정에서 배제되고 있다는 유권자 수준에서의 믿음이, ② 일반 국민이라는 내집단과 경쟁하는 명확하게 정의되는 외집단이 존재하는 상황에서, ③ 일반 국민의 목소리를 대변하는 신예 정치인이 등장하여 유권자들을 동원하는 이념 혹은 운동이라 하겠다. 상기한 바와 같이, 이 장의 관심사는 포퓰리즘의 세 가지 요인 중에서 첫 번째 것인 유권자 수준의 포퓰리즘 성향이 여론과 투표 행태와 맺는 상관관계이다.

3. 자료와 변수의 조작

분석을 위한 자료로는 2017년 5월 대통령선거 직후 여름 동안 1,200명을 대상으로 대면 면접(face-to-face interview)을 하여 구축한 서울대 사회발전연구소 설문을 활용하였다. 이 설문은 2017년 4월 기준 주민등록인구통계를 이용한 할당표본(quota sample)에 기반하고 있고, 별도의 가중치는 부과하지 않았다. 확률표집(probabilistic sampling)에 의거하는 대신, 할당표본을 활용한 자료이기 때문에 2017년 한국유권자들을 정확하게 대표한다고 보기에는 무리가 있다.

독립변수인 포퓰리즘 성향은 아래의 9개 진술에 대한 동의 정도를 파악하여 측정하였다. 유권자들의 포퓰리즘 성향을 어떻게 측정할 것인가에 대한 학자들 간의 합의가 있지는 않기 때문에 이 측정방식이 어느 정도 포퓰리즘이라는 개념을 잘 반영하는지, 그리고 다른 포퓰리즘 성향 측정방식보다 우월한지는 파악하기 어렵다. 이 측정도구는 기존 연구(Akkerman et al. 2014; Spruyt et al. 2016)의 설문 설계에 바탕을 두고 약간 수정한 도구이다. 모든 진술에 대해 응답자는 5점 척도를 사용해 동의 정도(높은 값이 동의, 낮은 값이 반대)를 보고하였다. 각 진술별 응답의 평균값(M)과 표준편차(SD)가 병기되어있다.

1. 정치인들은 나라 걱정을 하기보다 자신의 이익을 위해 행동한다($M = 3.99$, $SD = 0.76$).
2. 정치인이 좋은 말을 하는 것은 단지 표를 얻기 위한 것이다($M = 3.96$, $SD = 0.82$).
3. 정치인들이 하는 말을 믿는 것은 바보 같은 일이다($M = 3.76$, $SD = 0.84$).
4. 정치인들은 말만 많고 실제 행동을 취하지 않는다($M = 3.89$, $SD = 0.84$).
5. 정치인들은 국민을 자주 배신한다($M = 3.94$, $SD = 0.79$).
6. 정치인들은 자신의 소신보다는 국민의 뜻에 따라 정책을 만들어야 한다($M = 4.05$, $SD = 0.86$).
7. 우리나라의 운명을 좌지우지할 중요한 정책은 정치인이 아니라 국민이 만들어야 한다($M = 3.90$, $SD = 0.87$).
8. 정치에서 "타협"이란 사실 "원칙 없음"을 의미한다($M = 3.49$, $SD = 0.87$).

9. 정치인들과 국민 간의 정치적 견해 차이는 국민들 간 정치적 견해 차이보다 크다($M = 3.63$, $SD = 0.77$).

　이 아홉 가지 진술들에는 특정 정당이나 이념을 지지 혹은 반대하는 내용을 담고 있지 않다. 설문자료가 대통령선거 이후 구축된 것이기 때문에 이 문항에서 언급되는 "정치인"은 집권 정당인 더불어민주당과 문재인 대통령을 기준으로 파악될 가능성이 높긴 하나, 박근혜 대통령의 탄핵 여파가 아직 남아있는 시점이었기도 하기에 이 문항들에 잠재된 이념편향을 확인하기는 어렵다. 이 문항들은 포퓰리즘의 핵심 내용인 기성 정치인에 대한 반감과 국민중심주의(*people-centrism*)를 중심으로 구성되었다. 첫 다섯 문항들은 기성 정치인들의 행태에 대한 판단을 하게 함으로써, 어느 정도 기존 정치질서에 대한 반감을 갖고 있는지를 파악한다. 그 다음 네 문항들은 기성 정치인과 일반 국민을 대치시켜, 순수한 일반 국민들의 의지를 직접적으로 정치과정에 반영하는 것에 대한 의견을 묻고 있다. 요인분석(*factor analysis*)을 해 보면 첫 다섯 문항에 대한 응답과 나머지 네 문항에 대한 응답이 서로 다른 요인을 구성함을 확인할 수 있다. 하지만 전체 문항 간의 내적 타당도가 높은 편(Cronbach's $\alpha = 0.84$)이기 때문에, 분석의 편의를 위해서 여덟 문항에 대한 응답의 평균값($M = 3.84$, $SD = 0.55$)을 구해 포퓰리즘 척도로 삼았다.

　주된 종속변수로는 ① 5개 주요 정당에 대한 감정 온도(101점 척도), ② 5명의 대통령 후보에 대한 감정 온도(101점 척도), ③ 박근혜, 이명박, 노무현 정권에 대한 평가(11점 척도), 그리고 ④ 2017년 대통령선거 참여(이항변수) 및 후보 선택(5점 척도)을 사용하였다. 종속변수의 기술통계량은 〈표 4-1〉에 정리되어 있다.

　통제변수로는 나이(20대 17.7%, 30대 17.7%, 40대 20.7%, 50대 19.8%

〈표 4-1〉 자료 분석에 사용된 종속 변수들의 기술통계량

정당에 대한 호감도(반감: 0~호감: 100)		
	평균값	표준편차
더불어민주당	59.3	21.1
자유한국당	37.6	25.5
국민의당	43.3	18.0
바른정당	42.1	17.5
정의당	38.5	18.8

대통령 후보에 대한 호감도(반감: 0~호감: 100)		
	평균값	표준편차
문재인	67.7	22.1
홍준표	38.0	25.8
안철수	46.9	19.3
유승민	46.9	18.0
심상정	42.0	20.2

정권 평가(못했음: 0~잘했음: 10)		
	평균값	표준편차
박근혜 정권	2.38	2.19
이명박 정권	3.18	2.18
노무현 정권	5.14	1.90

투표 행태(투표 참여 및 투표 선택)		
	%	응답자 수
참여	87.0	1,044
선택: 문재인	56.4	586
선택: 홍준표	22.5	234
선택: 안철수	11.9	124
선택: 유승민	5.7	59
선택: 심상정	3.5	36

60대 이상 24.3%), 성별(남성 49.5%, 여성 50.5%)과 같은 인구학적 요인들, 소득 수준 및 교육 수준(중졸 이하 13.9%, 고졸 이하 40.7%, 대학 재학 이상 45.5%)과 같은 사회경제적 요인들, 그리고 정치이념, 정치 관심도 및 정치효능감(political efficacy)과 같은 심리적 요인들을 고려하였다. 사회경제적 요인 중 소득 수준은 7개의 가계 소득 구간(1 = 월 100만 원 미만, 7 = 월 600만 원 이상)을 응답자에게 제시하여 답을 얻었다($M = 4.54$, $SD = 1.59$). 심리적 요인인 정치이념은 진보-보수를 나타내는 11점 척도의 일차원 선상에 응답자 자신의 위치를 정하게 하는 방법으로 측정되었다(높은 값이 보수; $M = 4.72$, $SD = 1.76$). 정치관심도는 5점 척도로 되어있는 하나의 문항을 물어서 측정하였다($M = 2.70$, $SD = 0.90$). 정치효능감은 5점 척도로 구성된 네 개의 문항에 대한 답변의 평균을 구해서 측정하였다($M = 2.73$, $SD = 0.57$).[1]

자료 분석 시 17개 광역시도 차원의 고정효과(*fixed effects*)를 보고하는 동시에, 광역시도를 고려하여 보정한 표준 오차(*cluster-robust stand-ard error*)를 고려하여 결과를 해석하도록 하였다. 고정효과를 보고하는 이유는, 모형에 포함되지 않은 변수 중에서 종속변수에 영향을 줄만한 요인들을 지역별로 통제하기 위해서이고, 표준 오차를 광역시도별로 보정하는 이유는 표본 추출 시 지역별 할당을 하였기 때문에 같은 지역 응답자 간의 관계와 서로 다른 지역 응답자 간의 관계가 다른 문제[즉, 표본에 포함된 응답자들 간의 독립성(*independence*)이 보장되지 않는 문제]를 교정하기 위해서이다.

4. 분석결과

분석결과는 다음의 네 항목으로 정리하였다. ① 포퓰리즘 성향의 사회인구학적 결정요인 및 포퓰리즘 성향과 대통령 업무수행 능력 평가 간의 상관관계, ② 포퓰리즘 성향과 대통령 후보에 대한 호감도 간의 상관관계, ③ 포퓰리즘 성향과 정당에 대한 호감도 간의 상관관계, 그리고 ④ 포퓰리즘 성향과 투표행태 간의 상관관계.

〈표 4-2〉의 모형 (1)을 보면 유권자의 포퓰리즘 성향과 사회인구학적 요인들 간의 상관관계 중에 특별히 눈에 띄는 것은 없음을 알 수 있다. 20대

---

1 정치효능감 변수 측정을 위해 사용한 진술들은 다음과 같다. ① 나 같은 사람들은 정부가 하는 일에 대해 어떤 영향도 주기 어렵다. ② 정부는 나 같은 사람들의 의견에 관심이 없다. ③ 나는 한국이 당면하고 있는 중요한 정치문제를 잘 이해하고 있다. ④ 대부분의 한국사람은 정치나 행정에 대해 나보다 잘 알고 있다. 첫 두 진술은 외적 효능감(*external efficacy*), 다음 두 진술은 내적 효능감(*internal efficacy*)을 측정하는 도구인데, 여기서는 그 두 개념을 정치효능감이라는 하나의 범주로 묶어서 자료 분석을 하였다.

<표 4-2> 포퓰리즘 성향의 결정 요인 및 대통령 업무 수행 능력 평가에 미치는 영향

	종속변수: 포퓰리즘 성향	종속변수: 대통령 업무 수행능력 평가		
	(1)	(2) 박근혜 정권	(3) 이명박 정권	(4) 노무현 정권
포퓰리즘 성향		-0.87**	-0.76**	-0.34*
		(0.15)	(0.18)	(0.15)
30대	-0.04	0.06	-0.04	0.29
	(0.03)	(0.14)	(0.10)	(0.27)
40대	0.07	0.39*	0.28**	-0.21
	(0.03)	(0.16)	(0.10)	(0.17)
50대	0.10**	0.68**	0.64**	0.15
	(0.03)	(0.26)	(0.19)	(0.15)
60대 이상	0.08	0.92**	0.99**	0.20
	(0.05)	(0.21)	(0.19)	(0.22)
성별(여성)	-0.04	-0.06	-0.07	0.03
	(0.04)	(0.07)	(0.08)	(0.09)
정치관심도	0.04	-0.13*	-0.07	0.03
	(0.03)	(0.06)	(0.06)	(0.07)
정치효능감	-0.28**	-0.06	0.05	0.20
	(0.05)	(0.15)	(0.17)	(0.13)
정치이념(보수)	-0.01	0.24**	0.15**	-0.19**
	(0.01)	(0.04)	(0.03)	(0.04)
소득수준	0.02	-0.05	0.06	0.07
	(0.02)	(0.03)	(0.05)	(0.05)
교육수준	0.05	0.22	0.18	0.02
	(0.03)	(0.17)	(0.14)	(0.10)
응답자 수	1,183	1,183	1,183	1,183
조정된 R^2	0.14	0.10	0.08	0.06

*p < 0.05, **p < 0.01(양측검정).

주: OLS[모형 (1)] 및 순서형 로지스틱[모형 (2)~(4)] 회귀 분석 결과. 절편[모형 (1)] 및 10개의 절단점 [모형 (2)~(4)]은 보고하지 않음. 17개 광역시도 차원의 고정 효과(fixed effect)가 고려되었으나 보고하지 않음. 광역시도 클러스터가 반영된 표준 오차(cluster-robust standard error)가 괄호 안에 보고되었음. 연령 변수의 기준 범주(reference category)는 20대임.

에 비해 50대가 포퓰리즘 성향이 높고($b = 0.10$, $p < 0.01$), 정치효능감이 높을수록 포퓰리즘 성향이 낮아지는($b = -0.28$, $p < 0.01$) 것을 제외하고는 통계적으로 유의미한 결과가 보이지 않는다. 앞의 결과는 포퓰리즘이 반드시 젊은 유권자들의 정치에 대한 환멸이라는 통설을 반영하는 것은 아님을 보여주고, 뒤의 결과는 특히 정치효능감 중에서 내적 효능감으로 표현할 수 있는, 유권자와 선출직 정치인 간의 원활한 의사소통이 단절된 것이 포퓰리즘 성향에 영향을 미침을 확인해 준다. 여기서 특히 주목해야 할 것은 진보-보수 정치이념과 포퓰리즘 성향 간의 상관관계가 유의미하지 않다는 점이다. 이는 포퓰리즘이 진보 세력과 보수 세력에게서 다 나타날 수 있는 현상임을 시사한다.

이러한 결과는 모형 (2) 부터 모형 (4) 에서 보여주는 결과에 의해 뒷받침된다. 포퓰리즘 성향이 높은 사람들은 지난 세 개 정권의 업무 수행능력을 모두 부정적으로 평가한다(박근혜 $b = -0.87$, $p < 0.01$; 이명박 $b = -0.76$, $p < 0.01$; 노무현 $b = -0.34$, $p < 0.05$). 이 결과는 포퓰리즘 성향이 높은 사람들이 반드시 보수 편향 혹은 진보 편향이지는 않음을 재확인해 줄 뿐만 아니라, 기성 정치에 대한 불신으로 대변되는 포퓰리즘 성향의 핵심 내용을 상기시켜 주고 있다.

〈표 4-3〉은 유권자의 포퓰리즘 성향과 대통령 후보에 대한 호감도 간의 상관관계를 보여준다. 포퓰리즘 성향이 높은 사람들은 문재인($b = -4.38$, $p < 0.05$), 안철수($b = -3.86$, $p < 0.05$), 그리고 유승민($b = -1.85$, $p < 0.05$) 후보에 대해 반감을 가지는 것으로 보인다. 반면 홍준표와 심상정 후보의 경우, 포퓰리즘 성향과 호감도 간의 관계가 통계적으로 유의미하지 않게 나타난다.[2] 문재인 후보는 오랫동안 대중에게 노

---

2 필자가 출판한 다른 연구(하상응 2018)에서는 유권자의 포퓰리즘 성향이 높을수록

출되었을 뿐만 아니라 2017년 대통령선거 당시 기성 정치권의 한 축을 대표하는 인물이었기 때문에 포퓰리즘 성향이 높은 유권자의 반감을 사는 것은 쉽게 설명될 수 있다. 반면 한때 한국정치의 포퓰리즘 바람을 불러일으키는 신인 정치인으로 평가되었던 안철수 후보가 포퓰리즘 성향이 높은 사람들의 호감을 얻지 못한다는 사실은 2017년 현재 정치인 안철수가 가졌던 신선한 이미지는 사라지고 대신 유권자들이 그를 기성 정치권의 한 구성원으로서 이해하고 있음을 시사한다.

한편 포퓰리즘 성향이 높은 사람들이 유승민 후보에 반감을 갖고 있다는 것은 선뜻 납득하기 어렵다. 유승민 후보는 최순실-박근혜 게이트 이후 분열된 새누리당의 '합리적 보수' 세력을 대변하는 신생 정당인 바른정당 소속이었다. 박근혜로 대표되어 왔던 보수 세력 및 새누리당의 보수 분파인 자유한국당과는 다른, 신선한 모습을 보여주기 위해 노력했음에도 불구하고 포퓰리즘 성향이 높은 사람들에게 유승민 후보와 기성 정치 간의 차이가 보이지 않았다는 것은 선거전략 차원에서 검토해 볼 만한 문제이다.

반면 대통령선거 운동기간 내내 2016년 미국선거 당시 도널드 트럼프 후보와 버니 샌더스(Bernie Sanders) 후보를 각각 연상시킬 만한 발언을 자주 던진 홍준표 후보와 심상정 후보에게선 포퓰리즘 성향이 높은 사람들의 호오도가 통계적으로 유의미하게 밝혀지지 않았다는 사실

홍준표 후보에 대한 호감도가 통계적으로 유의미하게 낮아짐을 확인할 수 있었다. 반면 안철수 후보와 유승민 후보에게선 포퓰리즘 성향과 호감도 간의 유의미한 상관관계가 확인되지 않았다. 이러한 발견은 선거 전, 온라인 패널을 활용한 설문조사자료에 바탕을 하고 있기에, 이 장에서 보이는 결과와의 차이가 설문 시점(선거 전, 선거 후)의 차이에서 비롯된 것인지 아니면 설문 방식(온라인, 대면면접)의 차이에서 비롯된 것인지 알 수는 없다.

<표 4-3> 포퓰리즘 성향과 대통령 후보에 대한 호감도

	(1) 문재인	(2) 홍준표	(3) 안철수	(4) 유승민	(5) 심상정
포퓰리즘 성향	−4.38*	−3.04	−3.86*	−1.85*	0.11
	(1.89)	(1.56)	(1.39)	(0.78)	(0.90)
30대	1.52	2.85	−0.13	1.78	−1.74
	(1.12)	(1.67)	(1.56)	(1.91)	(1.33)
40대	−1.63	3.38	−0.43	−1.16	−5.01*
	(1.16)	(1.77)	(1.41)	(1.43)	(1.89)
50대	−4.60*	8.28**	1.57	−0.53	−5.62*
	(2.01)	(2.10)	(1.88)	(1.42)	(2.17)
60대 이상	−3.77	13.30**	1.03	−1.26	−7.56**
	(2.50)	(2.51)	(2.85)	(1.95)	(2.43)
성별(여성)	1.05	−2.09	0.09	1.53	3.22**
	(0.56)	(1.61)	(1.09)	(0.96)	(1.09)
정치관심도	0.39	−1.19	0.18	0.52	0.68
	(1.19)	(1.07)	(0.49)	(1.03)	(0.76)
정치효능감	−0.34	−0.70	−3.89*	−1.29	−1.25
	(1.44)	(1.37)	(1.69)	(1.27)	(1.66)
정치이념(보수)	−5.20**	5.28**	0.13	0.37	−2.34**
	(0.53)	(0.78)	(0.43)	(0.42)	(0.37)
소득수준	−0.61	−0.74*	−0.51	0.46	−0.22
	(0.61)	(0.33)	(0.59)	(0.72)	(0.82)
교육수준	−0.83	1.37	1.38	0.46	0.56
	(1.49)	(1.06)	(1.60)	(1.32)	(1.41)
상수	114.09**	20.88**	66.66**	54.62**	52.26**
	(12.75)	(6.73)	(11.27)	(7.28)	(5.94)
응답자 수	1,183	1,183	1,183	1,183	1,183
조정된 R^2	0.34	0.46	0.11	0.09	0.22

*$p < 0.05$, **$p < 0.01$(양측검정).

주: OLS 회귀 분석 결과. 17개 광역시도 차원의 고정 효과(fixed effect)가 고려되었으나 보고하지 않음. 광역시도 클러스터가 반영된 표준 오차(cluster-robust standard error)가 괄호 안에 보고되었음. 연령 변수의 기준 범주(reference category)는 20대임.

<표 4-4> 포퓰리즘 성향과 정당에 대한 호감도

	(1) 더불어민주당	(2) 자유한국당	(3) 국민의당	(4) 바른정당	(5) 정의당
포퓰리즘 성향	-2.64*	-2.61	-3.54*	-2.92**	-0.70
	(0.96)	(1.96)	(1.35)	(0.88)	(0.99)
30대	1.96	0.70	-2.05	-0.43	-2.16
	(1.52)	(1.55)	(1.48)	(1.97)	(1.37)
40대	-0.79	-0.21	-0.79	-1.01	-3.79*
	(1.42)	(1.48)	(1.03)	(1.58)	(1.61)
50대	-2.48	6.17**	2.87	0.36	-2.49
	(1.72)	(2.09)	(1.54)	(2.15)	(2.09)
60대 이상	-3.18	9.55**	1.26	0.83	-4.80*
	(2.53)	(2.32)	(2.23)	(2.04)	(2.08)
성별(여성)	0.65	-1.89	0.32	0.54	1.10
	(0.79)	(1.60)	(1.49)	(1.19)	(0.85)
정치관심도	0.85	-0.63	-0.18	-0.30	0.99
	(1.29)	(1.07)	(0.51)	(0.68)	(0.74)
정치효능감	0.63	-0.55	-2.01	-0.05	0.39
	(1.17)	(1.45)	(1.73)	(1.01)	(1.01)
정치이념(보수)	-4.83**	5.40**	0.42	0.91	-2.24**
	(0.51)	(0.71)	(0.32)	(0.58)	(0.40)
소득수준	-1.20*	-0.62	-0.51	0.81	-0.04
	(0.54)	(0.40)	(0.60)	(0.75)	(0.79)
교육수준	-1.02	0.41	1.55	0.88	0.07
	(1.48)	(0.98)	(1.15)	(1.37)	(1.04)
상수	97.95**	22.36**	57.08**	51.42**	49.08**
	(8.62)	(7.41)	(9.51)	(7.66)	(7.82)
응답자 수	1,183	1,183	1,183	1,183	1,183
조정된 R^2	0.29	0.47	0.12	0.12	0.19

*$p < 0.05$, **$p < 0.01$(양측검정).

주: OLS 회귀 분석 결과. 17개 광역시도 차원의 고정 효과(fixed effect)가 고려되었으나 보고하지 않음. 광역시도 클러스터가 반영된 표준 오차(cluster-robust standard error)가 괄호 안에 보고되었음. 연령 변수의 기준 범주(reference category)는 20대임.

〈표 4-5〉 포퓰리즘 성향과 투표행태

	(1) 투표 참여	(2) 투표 선택(기준 범주 = 문재인)			
		홍준표	안철수	유승민	심상정
포퓰리즘 성향	0.39**	0.24	0.03	0.32	0.73**
	(0.10)	(0.22)	(0.12)	(0.23)	(0.23)
30대	0.38	−0.04	−0.14	−0.03	−0.14
	(0.30)	(0.42)	(0.44)	(0.50)	(0.60)
40대	0.25	−0.08	0.71*	−0.11	−0.09
	(0.31)	(0.55)	(0.28)	(0.62)	(0.51)
50대	0.62	0.73	0.34	−0.63	−0.57
	(0.43)	(0.43)	(0.38)	(0.55)	(0.65)
60대 이상	2.08**	1.43**	0.25	−1.01	−1.92
	(0.40)	(0.47)	(0.37)	(0.78)	(1.19)
성별(여성)	0.47*	0.11	−0.13	0.36	0.03
	(0.20)	(0.15)	(0.24)	(0.20)	(0.35)
정치관심도	0.94**	0.08	0.12	0.32*	−0.12
	(0.12)	(0.18)	(0.17)	(0.14)	(0.33)
정치효능감	0.51**	−0.55**	−0.56**	−0.20	−0.11
	(0.13)	(0.19)	(0.15)	(0.34)	(0.40)
정치이념(보수)	−0.04	1.19**	0.35**	0.59**	0.03
	(0.06)	(0.13)	(0.08)	(0.13)	(0.22)
소득수준	0.20*	0.02	0.17*	0.02	0.08
	(0.10)	(0.10)	(0.09)	(0.10)	(0.14)
교육수준	0.09	0.17	0.20	0.02	0.66
	(0.36)	(0.12)	(0.17)	(0.28)	(0.36)
상수	−4.34**	−8.39**	−20.00**	−6.23**	−23.31**
	(1.18)	(1.69)	(1.48)	(1.93)	(2.91)
응답자 수	1,150	1,025			
조정된 R^2	0.162	0.277			

*$p < 0.05$, **$p < 0.01$(양측검정).

주: 로짓[모형 (1)] 및 다항로짓[모형 (2)] 회귀 분석 결과. 17개 광역시도 차원의 고정 효과(fixed effect)가 고려되었으나 보고하지 않음. 광역시도 클러스터가 반영된 표준 오차(cluster-robust standard error)가 괄호 안에 보고되었음. 연령 변수의 기준 범주(reference category)는 20대임.

은 우연이 아닐 것이다. 자유한국당 홍준표 후보는 "종북세력"이 국정 혼란에 가장 큰 책임이 있다는 주장을 펴면서 사형제(*death penalty*), 동성애(*homosexuality*) 등과 같은 현안에 극우 성향을 보여 세력 규합을 꾀했다. 그럼에도 불구하고 〈표 4-3〉에서 포퓰리즘 성향 변수에 딸린 회귀계수의 방향을 보면, 포퓰리즘 성향이 높은 사람들은 홍준표 후보에 대해 반감을 느끼는 것으로 나타난다. 반면 정의당 심상정 후보의 경우 상대적으로 기성 정치인으로 분류되기에는 신선한 이미지를 갖고 있었고, "적폐 세력"을 몰아내겠다는 목표를 제시하면서 정치과정에서 소외된 노동자, 여성, 성소수자의 권익 보호에 앞장서겠다는 공약들을 제시함으로써 포퓰리즘의 내용에 충실했던 것으로 보인다. 통계적으로 유의미하지는 않지만, 포퓰리즘 성향이 높은 유권자들은 심상정 후보에 대해서는 호감을 보이는 것으로 나타난다.

〈표 4-3〉에서 확인한 포퓰리즘 성향과 대통령 후보에 대한 호감도 간의 관계는 〈표 4-4〉에서 재확인되고 있다. 포퓰리즘 성향이 높은 사람들은 더불어민주당(b = -2.64, $p < 0.05$), 국민의당(b = -3.54, $p < 0.05$), 그리고 바른정당(b = -2.92, $p < 0.01$)에 대해 반감을 가지고 있다. 반면 자유한국당과 정의당에 대한 호감도와 포퓰리즘 성향 간의 상관관계는 통계적으로 유의미하지 않음을 알 수 있다.[3] 이러한 결과는 〈표 4-3〉의 결과를 해석하는 방식 그대로 해석할 수 있다. 대통령선거 당선자가 소속된 더불어민주당은 포퓰리즘 성향이 높은 사람에게 기성 정치를 대변하는 세력으로 보였을 가능성이 높고, 안철수 세력과 호남

---

3 필자의 다른 연구(하상응 2018) 결과에 따르면 정의당을 제외한 네 개 정당에 대한 반감과 포퓰리즘 성향 간의 유의미한 상관관계가 확인되었다. 이러한 결과 차이 역시 설문 시점의 차이에서 비롯된 것인지 설문 방식의 차이에서 비롯된 것인지 파악할 방법은 없다.

에 기반을 둔 구 정치세력이 연합하여 만든 국민의당 역시 정치판을 재구성하는 신진 세력으로 보이지 못했던 것이다. 바른정당 역시 그 창당취지와는 다르게 포퓰리즘 성향이 높은 사람들의 지지를 끌어내는 데에는 실패하였다.

그렇다면 포퓰리즘 성향이 높은 사람들은 어떠한 투표행태를 보이는가? 〈표 4-5〉의 모형 (1) 을 보면, 포퓰리즘 성향이 높은 사람들은 그렇지 않은 사람들에 비해 2017년 대통령선거 참여에 적극적이었음을 알수 있다. 이는 포퓰리즘이 정치에 대한 불신과 혐오를 포함하는 개념이긴 하지만 동시에 직접 민주주의 혹은 참여 민주주의적인 요소를 담고있는 개념이라는 기존 연구의 주장을 확인하는 결과이다. 즉, 포퓰리즘성향이 높은 사람은 자신의 기성 정치에 대한 불만을 정치를 외면함으로써 표현하지 않고, 대신 자신이 원하는 정치질서를 구축하기 위해 적극적으로 정치과정에 참여하는 성향을 띤다는 말이다.

이 결과는 〈표 4-2〉에서 나타난 정치효능감과 포퓰리즘 성향 간의 상관관계를 고려해 보면 더욱 흥미롭다. 〈표 4-2〉에서는 정치효능감이 높아질수록 포퓰리즘 성향이 낮아짐을 확인하였다. 그런데 기존 정치참여연구에 따르면 정치효능감이 높아질수록 정치과정에 더 적극적으로참여한다고 한다(Verba et al. 1995). 〈표 4-5〉를 보면 정치효능감을 통제한 상황에서 포퓰리즘 성향이 높아지면 투표할 확률이 높아짐을 확인할 수 있다. 즉, 다른 조건이 다 일정한 경우 포퓰리즘 성향이 높은 유권자들의 정치효능감이 상대적으로 낮은데, 그럼에도 불구하고 그들은선거에 더 적극적으로 참여했다는 이야기가 된다.

한편 〈표 4-5〉의 모형 (2) 는 포퓰리즘 성향과 투표선택 간에도 의미있는 상관관계가 있음을 보여준다. 당선인인 문재인 후보를 기준으로 했을때, 포퓰리즘 성향이 높은 사람들은 상대적으로 심상정 후보에게 투표할 확률이 더 높았음($b = 0.73$, $p < 0.01$)을 알 수 있다. 이는 〈표 4-3〉과 〈표 4-4〉에서 본 결과의 연장선상에서 이해할 수 있다. 포퓰리즘 성향이 높은 사람들은 정치인 문재인과 더불어민주당에 대해 반감을 보인 반면, 심상정과 정의당에 대해서는 호불호를 명확하게 구분하지 않았다. 이러한 맥락에서 포퓰리즘 성향이 높은 사람들이 문재인 후보와 심상정 후보 간에 선택을 해야 되는 상황에 놓인다면 후자를 선택할 것은 자명하다.

5. 나가며

이 장에서는 2017년 5월에 열린 19대 대통령선거 맥락에서 한국유권자들의 포퓰리즘 성향이 후보자와 정당을 보는 태도 그리고 투표행태와 어떠한 관계를 맺고 있는지 경험적으로 확인하였다. 결과들을 요약하면 다음과 같다. 우선 포퓰리즘 성향은 20대와 비교해 봤을 때 50대에게서 두드러지게 나타났고, 정치효능감이 낮은 사람들에게서 높게 나타났다. 하지만 포퓰리즘 성향은 정치이념과 아무런 상관관계를 맺고 있지 않았고, 포퓰리즘 성향이 높은 사람들은 박근혜, 이명박, 노무현 정권에 대한 평가가 모두 부정적인 것으로 나타났기 때문에, 포퓰리즘을 좌-우 이념틀로 환원시키는 것은 불가능함을 알 수 있다.

포퓰리즘 성향이 높은 유권자들은 수권 정당인 더불어민주당을 비롯해 국민의당과 바른정당에 대해 낮은 호감도를 보였고, 이 정당을 대표하는 후보들은 문재인, 안철수, 유승민 후보에 대해서도 낮은 호감도를 보였다. 반면 선거운동 기간 동안 포퓰리즘에 기반을 둔 담론을 눈에 띄게 유포한 홍준표와 심상정, 자유한국당과 정의당에 대해서는 통계적으로 유의미한 반감을 보이지는 않았다. 포퓰리즘 성향이 높은 유권자들은 그렇지 않은 유권자에 비해 대통령선거에 더 적극적으로 참여했고, 당선인인 문재인 후보보다는 심상정 후보를 찍을 확률이 높았음을 알 수 있다.

이러한 결과는 한국에서도 조건만 만족되면 언제든지 포퓰리즘 정당이 정치 전면에 나설 가능성이 있음을 시사하고 있다. 하지만 한국의 사회구조와 정치체제를 살펴보면 서구에서 최근 확인되는 포퓰리즘의 득세 현상이 나타나기란 매우 어려울 것이라 예측할 수 있다. 우선 포퓰리즘을 구성하는 세 가지 요인들 중에 첫 번째인 유권자의 포퓰리즘 성향은 상수(常數)로 놓을 수 있는 요인이다. 대의민주주의하에서의 정책결정과정에 대한 불만과 기성 정치인에 대한 혐오감을 품고 있는 유권자 집단은 언제나 있기 마련이기 때문이다. 아마도 이 부분에서는 한국과 서구 대의민주주의 국가 간에 차이가 없을 것이다.

그러나 한국 선거제도와 정치구조는 포퓰리즘의 세 번째 요인인 정치 신인의 등장을 방해하는 경향을 보인다. 각 정당에 존재하는 공천제도는 일반 국민이 아니라 기성 정치인의 손으로 정치 신인을 선발하는 제도에 다름 아니다. 또한 지나치게 짧게 책정되어 있는 선거운동 기간 역시 신예 정치인의 바람을 확산시키기에는 부족하다. 소수 정당과 정치 신인의 정계 진입을 원활하게 해주는 제도 개혁이 있기 전에는 2011년 서울시장선거를 둘러싸고 벌어졌던 "안철수 신드롬"과 같은 현상을 다시 목도하기는 어려울 것이다.

한국에서 포퓰리즘의 득세를 방해하는 가장 중요한 요인은 바로 포퓰리즘의 두 번째 요인인 내집단-외집단 구분이 가능한 사회구조이다. 한국에서는 진보 진영과 보수 진영을 다 아우르는 내집단-외집단 구분이 불가능하다. 2017년 대통령선거 때 진보 진영에게 있어서 외집단은 "적폐 세력"이겠지만, 보수 진영의 외집단은 "종북 좌파"였다. 그런데 서유럽과 미국의 경우와 달리 한국에서의 외집단은 명확히 규정하기에 모호한 면이 많다. 서구 포퓰리즘연구에 등장하는 대표적인 외집단인 이민자는 외모, 종교, 관습, 언어 등의 차이를 통해 내집단과의 구분이 용이한 높은 집단 가시성(group salience)을 갖고 있다. 하지만 "적폐 세력"과 "종북 좌파"는 겉으로 보아 쉽게 구분할 수 있는 집단이 아니다. 명확하게 구분되는 외집단이 없으면 "일반 국민" 혹은 "침묵하는 다수"로 대변되는 내집단의 구분 역시 어려워지고, 이는 곧 포퓰리즘이라는 이념을 통해 유권자를 동원할 수 있는 힘이 약할 수밖에 없음을 의미한다.

참고문헌

김영섭. 2010. 《정치체제로서의 포퓰리즘》. 서울: 이담.

서병훈. 2008. 《포퓰리즘: 현대 민주주의의 위기와 선택》. 서울: 책세상.

조기숙. 2016. 《포퓰리즘의 정치학: 안철수와 로스페로의 부상과 추락》. 고양: 인간사랑.

백영민. 2016. "커뮤니케이션 관점으로 본 포퓰리즘의 등장과 대의 민주주의 위기", 〈커뮤니케이션 이론〉 12(4), 5~57.

하상응. 2018. "한국유권자의 포퓰리즘 성향이 정치행태에 미치는 영향", 〈의정연구〉 24(1), 135~170.

Aichholzer, J. & Zandonella, M. 2016. "Psychological bases of support for radical right parties", *Personality and Individual Differences*, 96, 185~190.

Akkerman, A., Mudde, C. & Zaslove, A. 2014. "How populist are the people?: Measuring populist attitudes in voters", *Comparative Political Studies*, 47, 1324~1353.

Bakker, B. N., Rooduijn, M. & Schumacher, G. 2016. "The psychological roots of populist voting: Evidence from the United States, the Netherlands and Germany", *European Journal of Political Research*, 55, 302~320.

Barr, R. R. 2009. "Populists, outsiders and anti-establishment politics", *Party Politics*, 15, 29~48.

Bonikowski, B. & Gidron, N. 2016. "The populist style in American politics: Presidential campaign discourse, 1952-1996", *Social Forces*, 94, 1593~1621.

Bowler, S., Denemark, D., Donovan, T. & McDonnell, D. 2017. "Right-wing populist party supporters: Dissatisfied but not direct democrats", *European Journal of Political Research*, 56, 70~91.

Donovan, T. & Karp, J. A. 2006. "Popular support for direct democracy", *Party Politics*, 12, 671~688.

Hawkins, K. A. 2009. "Is Chávez populist?: Measuring populist discourse in comparative perspective", *Comparative Political Studies*, 42, 1040~1067.

Kaltwasser, C. R., Taggart, P. A., Espejo, P. O. & Ostiguy, P. 2017. *The Oxford Handbook of Populism*. New York: Oxford University Press.

Mudde, C. 2013. "Three decades of populist radical right parties in Western Europe: So what?", *European Journal of Political Research*, 52, 1~19.

Mudde, C. & Kaltwasser, C. R. 2013. "Exclusionary vs. inclusionary populism: Comparing contemporary Europe and Latin America", *Government and Opposition*, 48, 147~174.

Oliver, J. E. & Rahn, W. M. 2016. "Rise of the Trumpenvolk: Populism in the 2016 election", *The Annals of the American Academy of Political and Social Science*, 667, 189~206.

Seligson, M. A. 2007. "The rise of populism and the left in Latin America", *Journal of Democracy*, 18, 81~95.

Shogan, C. J. 2007. "Anti-intellecturalism in the modern presidency: A republican populism", *Perspectives on Politics*, 5, 295~303.

Spruyt, B., Keppens, G. & Van Droogenbroeck, F. 2016. "Who supports populism and what attracts people to it?", *Political Research Quarterly*, 69, 335~346.

Van der Brug, W. & Mughan, A. 2007. "Charisma, leader effects, and support for right-wing populist parties", *Party Politics*, 13, 29~51.

Verba, S., Schlozman, K. & Brady, H. 1995. *Voice and Equality: Civic Voluntarism in American Politics*. Cambridge, MA: Harvard University Press.

5장 　당선가능성에 대한 인식과 투표선택[*]

강신구

1. 들어가며

이 장에서 우리는 2017년 5월에 실시된 제19대 대통령선거에서 각 후보의 당선가능성에 대한 유권자의 인식 혹은 평가가 유권자의 투표 선택에 미친 영향을 분석하고자 한다. 이 글의 목적에 대한 이와 같은 짧은 소개를 통해서 많은 독자들은 이미 짐작하겠지만, 이 글은 결국 전략적 투표(strategic voting)에 대한 글이다. '자신이 가장 선호하는 후 보의 당선가능성이 희박할 때, 자신의 표가 사표(waste vote)가 되는 것을 막는 한편, 자신이 싫어하는 후보의 당선을 막기 위하여 자신이 가 장 선호하는 후보는 아닐지라도 보다 당선가능성이 높은 차선, 혹은 차 악의 후보에게 표를 던지는 것'을 전략적 투표에 대한 일반적인 정의라 할 때, 유권자가 가지는 후보의 당선가능성에 대한 주관적 평가는 투표

＊ 이 장의 글은 〈미래정치연구〉 8권 1호, 5~34쪽에 수록된 "전략적 동기와 투표선 택: 2017년 제19대 대통령선거를 중심으로"(강신구 2018)을 수정, 보완한 것이다.

가 전략적인 것이 되기 위한 1차적인 조건의 하나이다. 그러나 이후의 선행연구에 대한 검토를 통해서 다시 밝히겠지만, 전략적 투표행태에 대해 그 동안 국내외에서 많은 연구가 행해졌지만, 그러한 연구들 속에서 유권자가 주관적으로 평가하는 후보의 당선가능성은 일부의 예외를 제외하고는(e. g. Blais et al. 2001) 제대로 다루어지지 않아 왔다.

즉, 많은 연구들은 선거 이후 밝혀진 결과를 선거 이전 유권자가 갖고 있던 후보에 대한 당선가능성으로 추정하거나, 아니면 아예 제3의 정당(후보), 혹은 군소 정당(후보)에 대해 가장 높은 선호를 가지고 있던 유권자의 투표행태를 분석함으로써 당선가능성에 대한 고려를 우회하는 연구전략을 택해 왔다. 이용가능한 정보가 부족한 상태에서 어쩔 수 없이 선택된 연구방법이지만, 어느 경우이거나 유권자가 주관적으로 평가하는 후보의 당선가능성을 온전히 대체하기는 힘든 것임을 부정하기는 어렵다. 그래서 우리는 이 연구를 위한 설문조사("정치와 민주주의에 관한 의식조사")를 기획하면서 설문대상자에게 '투표 전에 갖고 있던 각 후보의 당선가능성'에 대해 밝혀 줄 것을 요구하는 문항을 포함하였고, 이를 이용하여 이번 19대 대선에서 나타난 유권자의 '전략적' 투표행태를 분석하고자 한다.[1]

비록 전략적 투표가 선거연구자들 사이에 높은 관심을 받는 주제이긴 하지만, 이에 대한 연구는 쉽지 않다. 그리고 모든 선거에 대해서 전략적 투표에 대한 연구가 가능한 것 또한 아니다. 그 이유는 다음과 같다. 주지하다시피, 전략적 투표에 대한 관심은 '소선거구 상대적 최다

---

[1] 이후의 본문에서 자료에 대한 소개 및 연구의 한계를 지적하는 과정에서 다시 밝히겠지만, 조사는 선거 후에 실시된 '사후 조사'의 형태로 이루어졌다. 그러하기에 이미 결과가 공개된 상황에서 투표 전의 당선가능성 평가를 회고하여 묻고 있다는 점에서 자료의 문제가 있을 수 있음을 인정한다.

수제는 양당제를 형성하는 경향을 갖는다(Duverger 1954, 217)[2]는 뒤베르제의 법칙(Duverger's Law)으로부터 비롯된다. 뒤베르제는 소선거구 상대적 최다수제는 득표를 의석으로 전환하는 과정에서, 다른 어떤 선거제도보다 강력하게 유력 정당과 군소 약체 정당을 차별하고, 후자에게 불이익을 안겨주는 기계적 효과(the mechanical effect)를 보이는 선거제도라고 했다. 그러하기에 선거제도의 기계적 효과를 인식하는 유권자에게 자신의 표가 사표가 되는 것을 막고자 하는 심리적 효과(the psychological effect)가 유발되고 유권자는 두 개의 유력 정당 중의 하나에게 투표하게 한다고 했다. 즉, 기계적 효과와 심리적 효과의 결합으로써 소선거구 상대적 최다수제와 양당제의 선택적 친화성을 설명한 것이다(Duverger 1954).

그러나 선거의 과정에서 전략적 선택 및 행위는 유권자 수준에서만 발생하는 것은 아니다. 후보, 정당, 잠재적 기부자 등 엘리트 수준에서도 전략적 선택은 발생할 수 있고, 또 발생해 왔다. 큰 규모의 선거구(electoral constituency)에서 치러지는 현대의 선거에서 개개인의 유권자가 여러 후보의 당선가능성을 가늠하고, 이에 따라 비슷한 입장의 다른 유권자들과 행동을 조율한다는 것은 거의 불가능에 가까운 일이다(개

---

2 보다 정확히, 뒤베르제 본인은 이를 "유권자가 한 표를 행사하는 단순다수제는 양당제에 우호적이다"(the simple majority single-ballot system favors the two-party system)라고 표현하였다(Duverger 1954, 217). '유권자가 한 표를 행사하는 것'(single-ballot)을 군이 강조한 것은 뒤베르제가 또한 유권자가 두 표를 행사하는 선거제도(dual-ballot system), 즉 당시 프랑스의 결선투표제(majority runoff system)와 같은 선거제도가 정당체제에 미치는 영향을 탐구하였기 때문이다. 콕스는 "결선투표제와 비례대표제는 다당제에 우호적이다(the simple-majority with second ballot and proportional representation favors multipartyism)"라는 뒤베르제의 명제를 뒤베르제의 가설(Duverger's Hypothesis)이라고 불렀다(Duverger 1954, 239; Cox 1997, 14에서 재인용).

인의 한 표가 선거의 결과를 바꾸게 될 확률은 거의 0에 가깝다는 것을 상기하자). 따라서 정치적 경쟁의 결과에 보다 큰 것이 걸려있는 엘리트일수록 전략적 행동의 유인은 강하게 작용할 수밖에 없다. 돈과 인력과 같은 자원이 당선가능성이 보다 높은 후보에게 몰리고, 이러한 경쟁에서 도태된 후보는 사퇴의 과정을 밟게 된다. 콕스는 엘리트 수준에서 발견되는 이러한 전략적 조율(strategic coordination)의 과정을 '전략적 입후보'(strategic entry)로 표현했다(Cox 1997, 특히 Part 2).

결국 선거제도의 기계적 효과, 유권자 수준의 전략적 투표, 그리고 엘리트 수준의 전략적 입후보. 이렇게 크게 세 차원의 요소들이 뒤베르제의 법칙이 가리키는 현상을 설명한다고 할 수 있다. 뒤베르제의 법칙, 나아가서는 선거제도의 정치적 효과에 대한 경험적 연구가 갖는 일반적 어려움의 하나는 이러한 세 요소가 안정적으로 상호작용을 할 때는, 즉 일종의 균형(equilibrium) 상태에 있을 때에는 각각의 영향을 독립적으로 검증하는 것이 거의 불가능하다는 것이다. 예를 들어, 유권자 수준의 전략적 투표가 성공적으로 이루어진다면, 득표를 의석으로 전환하는 과정에서 발생하는 왜곡 현상, 즉 불비례성(disproportionality)으로 측정되는 선거제도의 기계적 효과는 그만큼 약화된 형태로 나타나게 된다.[3] 반대로 득표와 의석의 배분에 심각한 왜곡이 발견된다는 것은 그 만큼 군소 정당 혹은 후보에 대한 지지가 표로서 확인되었다는 것으로서 이미 엘리트 수준 혹은 유권자 수준에서의 전략적 조율이 실패했다는 것을 의미한다.

역대의 한국선거, 특히 한국의 대통령선거에서 유권자 수준에서의

---

[3] 2014년의 미국 하원 선거에서 공화당과 민주당은 각각 51.2%와 45.5%의 득표로 247석(56.8%)과 188석(43.2%)의 의석을 얻었다. 비록 득표와 의석의 비율에서 약간의 왜곡이 발견되지만, 기대만큼 큰 왜곡은 아니다.

전략적 투표의 여부를 검증하는 데 어려움을 제공하였던 것은 이른바 후보 단일화라고 표현되는 엘리트 수준의 전략적 입후보이다. 엘리트 수준의 전략적 조율이 순조로이 이루어져서 오직 두 명의 유력한 후보만 남게 되는 경우에 유권자 수준의 전략적 투표는 무의미해질 수밖에 없다. 가깝게는 지난 2012년 12월 19일에 실시된 제 18대 대통령선거에서 제 3정당인 통합진보당의 이정희 후보가 선거를 불과 사흘 앞둔 12월 16일 '정권교체를 목적으로' 사퇴하지 않았던가. 이런 상황에서 유권자들은 오직 남아있는 후보들 중에서 자신이 보다 선호하는 후보에게 순수투표(sincere voting)를 할 수밖에 없는 것이다.

그러나 이번 19대 대선의 구도는 달랐다. 이번 선거에서는 더불어민주당의 문재인, 자유한국당의 홍준표, 국민의당의 안철수, 바른정당의 유승민, 정의당의 심상정, 그 외에도 무려 10명의 후보가 입후보하고 마지막까지 13명의 후보가 남아4 유권자의 선택을 요구하였다. 엘리트 수준에서의 전략적 조율이 실패함에 따라, 비로소 유권자 수준에서의 전략적 투표가 실제로 발생할 수 있는 최소한의 조건이 만족된 것이다.

19대 대선의 이와 같은 특성을 인지하는 한편, 기존의 전략투표에 대한 연구에서 유권자가 가지는 후보의 당선가능성에 대한 주관적인 인식이 제대로 다루어지지 않았다는 점에 주목하여, 우리는 이 연구를 기획하는 단계에서 유권자가 인식하는 후보의 당선가능성과 관련한 변수를 구성할 수 있는 설문을 선거 후에 실시한 대중설문조사에 포함하였으며, 이를 바탕으로 이번 19대 대선에서 유권자 수준에서 발생한 전략적 투표의 여부를 검증하였다.

---

4 기호 11번의 통일한국당 남재준 후보는 4월 29일, 13번 한반도미래연합의 김정선 후보는 4월 21일 각각 사퇴하였다.

이를 통해서 우리는 유권자 자신이 가장 선호하는 후보의 당선가능성이 유권자가 평가하는 당선가능성이 가장 높은 후보의 당선가능성과 보이는 격차가 커질수록 — 유권자가 가장 선호하는 후보의 당선가능성이 희박할수록 — 그리고 유권자가 평가하는 1, 2위 후보의 당선가능성 격차가 작아질수록 — 1, 2위 후보의 경쟁이 치열하다고 유권자가 인식할수록 — 자신이 가장 선호하는 후보가 당선가능성 1, 2위가 아닌 유권자는 자신이 가장 선호하는 후보가 아닌 다른 후보에게 투표하게 될 가능성이 커진다는 것을 보일 수 있었다.

이어지는 글의 구성은 다음과 같다. 아래에서는 먼저 전략투표에 대한 기존의 연구를 특히 방법론적인 측면에 주목하여 검토하는 한편, 이러한 검토를 바탕으로 이 연구에서 검증하고자 하는 전략투표의 양상을 작업가설의 형태로 제시할 것이다. 다음으로는 연구에서 활용하는 데이터셋에 대한 소개로부터 시작하여 제시된 가설에 대한 경험적 검증의 결과를 제시할 것이다. 마지막으로는 연구의 결과가 갖는 함의와 함께 한계를 지적하고 새로운 연구를 위한 제언을 하는 것으로 글을 맺고자 한다.

2. 전략투표에 대한 기존의 경험적 연구 및 연구가설

전략투표에 대한 관심을 학계에 불러일으킨 것은 뒤베르제의 법칙이었음은 앞에서 이미 밝힌 바 있다(Duverger 1954). 뒤베르제의 주장 이후 이에 대해 수많은 검증의 노력이 있어 왔지만(Rae 1971; Taagepera & Shugart 1989; Lijphart 1994; Cox 1997 등), [5] 그 검증의 노력들은 대체적으로 결과로서의 현상, 즉 선거제도와 정당체제의 연관성, 혹은 그것을 가능하게 하는 선거제도의 기계적 효과 — 흔히 거대 정당에 대한 편향성(*large party bias*) 혹은 불비례성(*disproportionality*)이라고 불리는 — 에 집중되어 왔다. 이는 달리 말하면 뒤베르제의 법칙이 가리키는 현상, 즉 소선거구 상대적 최다수제와 양당제의 통계적 연관성을 가능하게 하는 요소 중의 하나인 전략투표에 대한 검증 혹은 관심은 더디게 시작되었다는 것을 의미한다. 전략투표에 대한 연구가 이와 같이 더디게 이루어진 이유에 대해서, 알바레즈와 나글러(Alvarez & Nagler)는 선거행태(*behavior*)에 대한 연구를 주도하고 있던 영미권의 선거에서 유효한(*viable*) 제3의 후보가 경쟁하는 경우가 드물었던 때문으로 평가한다. 이론적으로 전략투표는 흥미로운 가설임에는 분명하지만, 당시의 선거환경에서 이러한 이론을 경험적으로 검증할 대상은 희소했던 것이다.[6]

그러나 이러한 상황은 1960년대 후반, 미국의 정당개혁 이후 대통령 후보의 지명이 예비선거에 의해 이루어지게 됨에 따라, 그리고 1970년대 이후 영국에서 자유당(Liberal Party)의 부활, 웨일스와 스코틀랜드 지방의 분리주의 정당(*nationalist parties*)의 발흥 등에 의해서 선거구 내 경쟁구도가 복잡해짐에 따라 바뀌게 된다. 즉, 한 명의 대통령 후보나 의원을 뽑는 선거에서 3인 이상의 복수의 후보가 경쟁하는 양상이 등장하게 됨에 따라 전략투표에 대한 관심과 경험적 검증의 필요성이 증가하게 된 것이다. 이러한 선거경쟁구도의 변화에 따라 전략투표에 대한

---

5 뒤베르제의 법칙에 대한 경험적 검증의 노력은 너무나 방대하게 이루어져 왔기에, 여기에 다 소개하기는 힘들다. 이에 대한 소개 및 뒤베르제의 법칙 및 가설과 관련한 논쟁에 대해서는 타게페라와 슈가트(Taagepera & Shugart 1989), 콕스(Cox 1997) 등 참조.
6 합리적 선택 이론의 입장에서 전략투표를 이론적으로 설명하려는 시도를 McKelvey & Ordeshook(1972), Palfrey(1984), Cox(1984) 등에서 찾아 볼 수 있다.

연구는 보다 활발하게 이루어지게 된다. 7

전략투표에 대한 관심의 확대는 전략투표가 일어나기에 가장 우호적인 조건을 제공하는 영미의 소선거구 상대적 최다수제를 넘어서 다른 나라, 다른 선거제도에서의 전략투표의 존재를 확인하는 노력으로 이어진다. 전략투표는 득표를 의석으로 전환하는 과정에서 발생하는 왜곡 현상이 존재하는 선거제도에서 단지 정도의 차이는 있을지언정 언제든 있을 수 있는 현상이기 때문이다. 8 특히, 정당에 대한 투표와 후보에 대한 투표를 병행하는 2표 병립제의 선거제도(예를 들어, 독일)는 비례대표의 비율을 정하는 정당에 대한 투표가 전략투표를 측정하는 (measuring) 요소 중의 하나인 유권자의 정당에 대한 순수한 선호를 보여줄 수 있는 지표의 하나로 해석될 수 있기에, 전략투표에 대한 연구가 활발히 진행되는 선거제도의 하나이다(Moser & Scheiner 2005; Schoen 1999; Karp et al. 2002; Kohno 1997 등).

전략투표에 대한 기존의 많은 연구들은 전략투표의 여부와 크기에 초점을 맞추었다. 즉, '실제로 전략투표가 행해졌는가?', '행해졌다면

---

7 이에 대한 자세한 소개는 알바레즈와 나글러(Alvarez & Nagler 2000), 특히 58~59 쪽의 각주 4, 5, 6번 참조. 일부만 여기에 옮기면 Abramson et al. (1992), Bartels (1988), Cain(1978), Galbraith & Rae(1989) 등이 있다. 이들 문헌에서 전략투표는 strategic voting 외에 tactical voting, sophisticated voting 등의 다양한 이름으로 불리고 있다.

8 사르토리는 모든 선거제도에 큰 정당과 군소 정당을 차별하는 기계적인 왜곡 현상이 정도의 차이를 달리하면서 발생한다는 점을 지적한다. 그리고 이러한 기계적 효과의 강도에 따라, 유권자 수준의 전략적 투표와 엘리트 중심의 연합형성의 동기가 강하게 작용하여 정당의 수를 축소시키는 경향이 있는 강한(strong) 선거제도와 반대로 기계적 효과의 강도가 미약하여 전략적 투표와 연합형성의 동기가 약하게 작용하는 약한(weak) 선거제도의 연속선상에 모든 선거제도를 위치시킬 수 있다고 주장한다(Sartori 1968).

그 규모는 어느 정도인가?' 라는 물음에 대한 답을 시도한 것이다. 정의를 내리는 연구자에 따라 조금씩 달라지지만, 전략투표는 앞에서 제시한 바와 같이 '자신이 가장 선호하는 후보의 당선가능성이 희박할 때, 자신의 표가 사표가 되는 것을 막는 한편, 자신이 싫어하는 후보의 당선을 막기 위하여 자신이 가장 선호하는 후보는 아닐지라도, 보다 당선가능성이 높은 차선, 혹은 차악의 후보에게 표를 던지는 것'이라고 정의할 수 있다.9 따라서 어떤 특정한 투표행위가 전략적 고려에 의한 것인지를 측정하고, 이에 따라 그 규모를 알기 위해서는 ① 유권자의 후보'들'에 대한 선호의 순서, ② 유권자가 인식하는 후보'들'의 당선가능성, 그리고 ③ 유권자의 투표선택에 대한 정보가 필수적이다(Bartels 1988; Abramson et al. 1992; Blais et al. 2001).

알바레즈와 나글러에 의하면, 전략투표에 대한 기존의 경험적 연구의 접근법은 크게 세 가지로 분류될 수 있다. 그들이 분류한 첫 번째 접근법은 집합자료를 활용하는 것이다. 예를 들면, 국회의원 총선거와 같이 여러 개의 선거구에서 경쟁이 이루어지는 선거에서 제3당 후보의 득표율을 승자의 득표율 마진(margin) — 2등과의 격차가 얼마나 되는지 — 과 선거구 단위로 비교하는 것이다. 카인(Cain 1978)은 이러한 비교를 통해서 승자의 마진이 적은 선거구일수록, 제3당 후보의 득표율 또한 낮아진다는 것을 보여주었다. 이에 대해서 그는 1, 2위 후보의 격차가 작아질수록, 즉 경쟁이 치열할수록 제3당 지지자의 '전략적' 투표가 결과에 미치는 영향이 커지기에 제3당 후보의 지지자들이 전략적으로 자신의 최선호 후보에 대한 투표를 포기(desert)하는 것으로 설명하

---

9 이는 콕스(Cox 1997, 71)가 묘사하고 있는 전략적 투표의 발생 상황을 정의(definition)의 형태로 변형한 것이다.

였다. 비슷한 입장에서 스패포드(Spafford 1972)는 비교적 짧은 시간 간격을 두고 실시된 영국의 1964년과 1966년 선거에서 자유당 후보가 경쟁했던 104개의 선거구를 대상으로 1964년의 선거에서 승리한 정당의 득표율이 낮은 선거구일수록 1966년의 선거에서 자유당 후보의 득표율 또한 낮았다는 것을 보여주었다. 이 역시 선거구의 경쟁이 치열할수록 제 3 정당인 자유당 후보의 지지자들이 순수하게 자유당 후보에게 투표하지 않음을 의미하는 것이기에 전략적 투표의 증거로서 해석될 수 있는 것으로 스패포드는 주장하였다.

비슷한 접근법으로 한상익(2013)은 한국의 국회의원선거에서 2표 병립제가 처음 실시된 제 17대 총선을 대상으로 전략투표의 규모를 추정하였다. 그는 정당과의 지역연계가 뚜렷하지 않은 서울, 경기, 인천, 강원, 제주의 120개 '경쟁 선거구'를 대상으로 군소 정당인 민노당, 새천년민주당, 자민련 세 정당의 정당득표율과 후보득표율이 통계적으로 유의미한 차이를 보이는 것과 함께, 이 차이가 당시 두 유력 정당이었던 열린우리당과 한나라당의 정당득표율과 후보득표율 차이와 음의 관계로써 연결된다는 것을 보여주었다. 군소 정당의 지지자들이 정당투표에서는 순수하게, 후보투표에서는 전략적으로 주요한 후보에게 투표하는 경향이 있음을 밝힌 것이다.

이러한 집합자료에 대한 분석은 비록 그 결과 자체는 매우 흥미롭고 설득력 있지만 태생적으로 생태학적 추론(ecological inference)의 오류, 즉 미시적인 차원에서의 전략투표의 행위를 집합자료에 의해 추론하는 과정에서 발생하는 문제로부터 자유롭기 어렵다는 한계를 갖는다(Alvarez & Nagler 2000, 61). 즉, 비록 개연성은 인정할 수 있지만 여전히 개별적인 유권자가, 그것도 군소 정당에 대하여 선호를 가지고 있는 유권자가 주관적으로 인식하는 후보의 당선가능성에 대한 고려에 근거하여 유력한 정당 혹은 후보에게 투표를 행사했는지는 확인하기 힘든 것이다.

두 번째의 접근법은 응답자에게 직접 투표의 동기를 물어보는 방법이다. 응답자에게 특정한 후보에게 투표한 이유를 물어보면서 그 이유를 직접 기술하거나, 혹은 '원래 다른 후보를 선호했지만, 그 후보가 승리할 가능성이 없기에 그를 선택하지 않았다'(Alvarez & Nagler 2000: 61)는 항목을 선택지로 주면서 과연 얼마나 많은 응답자가 이를 선택하는지를 봄으로써 전략적 투표의 여부와 규모를 추정하는 것이다(Niemi et al. 1992). 이와 같은 접근법은 응답자의 투표동기가 전략적인 고려에 의한 것인지를 직접 확인할 수 있다는 장점을 가지고 있지만, 문제는 응답자의 진술을 신뢰하기가 힘들다는 것이다.

대중설문조사, 특히 선거 후 실시되는 조사에서 응답자는 이미 결과를 통해서 밝혀진 승자에게 투표했다고 응답하는 경향이 존재하고 있음은 익히 잘 알려진 대중설문조사의 문제 중의 하나이다(Wright 1990: 1992 등). 알바레즈와 나글러는 1987년 영국 하원선거에서 발생한 전략투표를 이러한 방법으로 추정한 결과, 선거 직후 수집된 자료에 의해 추정된 전략투표의 규모에 비해 선거 약 6개월 이후에 수집된 자료에 의한 전략투표의 추정규모는 2배 넘게 큰 정도로 나타나고 있음을 보여주었다(Alvarez & Nagler 2000, 62~63, 특히 Figure 1). 이러한 자료에 의한 전략투표의 추정이 진정한 의미에서의 전략적 고려에 의한 것인지, 아니면 승자에 대한 투표를 과장하는 '허위 보고'(misreport)로부터 비롯된 것인지를 판별하는 것이 힘들다는 것을 단적으로 보여주는 사례이다.

알바레즈와 나글러에 의해 분류된 세 번째의 접근법은 유권자에게 후보에 대한 선호의 순서와 투표선택을 직접 설문조사의 방법으로 물어보는 것이다(Cain 1978; Abramson et al. 2004; 1995; Blais et al. 2001; Alvarez & Nagler 2000 등). 직접 측정 방식이라 할 수 있는 이와 같은 접근법은, 앞서의 두 접근법과 비교하여, 전략투표에 대한 이론적 모형에 가장 근접한 경험적 모형을 구성할 수 있다는 장점이 있다. 그러나 이러한 접근법에서조차 유권자가 스스로 평가하는 후보의 당선가능성은 일부의 예외(Blais et al. 2001)를 제외하고는 고려되지 않고 있거나, 다른 변수에 의해서 대체되는 모습을 보여주고 있다. 예를 들어 이러한 접근법의 분류를 제시하고 앞서의 두 방법이 가지는 문제를 비판한 알바레즈와 나글러조차 1987년 영국 하원선거의 전략적 투표를 대상으로 하는 그들의 연구에서 후보의 당선가능성에 대한 유권자의 평가 혹은 인식은 1983년 선거에서 개별 선거구별 정당의 득표율로 대체하고 있는 것이다. 이는 같은 선거구에 거주하는 모든 유권자는 후보들의 당선가능성에 대하여 똑같은 추정치를 공유한다고 가정한다는 것을 의미한다 (Alvarez & Nagler 2000, 69, 특히 각주 34번).10

블레아스와 그의 동료들의 연구(Blais et al. 2001)는 유권자가 평가하는 주관적인 당선가능성이 전략 투표에 미친 영향을 직접적이고 독립적인 방법으로 분석한 거의 유일한 예외적 연구이다. 그들은 1997년

---

10 대신에, 알바레즈와 나글러는 그들의 방법이 이전의 연구방법과 차별되는 지점으로 이전의 연구들이 0부터 100 사이의 자연수 값으로 표현되는 후보에 대한 감정온도계라는 단 하나의 변수에 의하여 후보에 대한 선호의 순서를 추정하고, 최선호 후보를 찾아낸 것과 비교하여, 그들은 성별, 연령, 교육 수준 등과 같은 사회경제적 변인과 국방, 실업, 세금, 국유화, 복지 등과 같은 다양한 정책적 입장을 고려한 변인을 포함한 다변인 모형으로 '당선가능성을 고려하지 않은 상태'에서의 투표선택으로 순수투표를 추정하려 하였다는 점을 제시하고 있다. 즉, 그들의 연구에서 순수투표는 위의 변인들을 포함한 상태에서 다항 프로빗(multinomial probit) 모형으로 추정한 응답자의 투표에 대한 예측이며, 전략투표는 위의 변인들에 더하여 1983년의 투표결과를 이용하여 구성된 당선가능성 변수를 포함한 확대된 다항 프로빗 모형에 의하여 투표를 예측하였을 때, 그 결과가 이전의 모형에 의한 예측과 차이를 보이는 투표이다(Alvarez & Nagler 2000).

의 캐나다 총선거의 캠페인 기간 중에 실시된 설문조사에 '0(전혀 승리의 가능성 없음)부터 100(확실히 승리할 것임)까지의 수를 이용해서 ○○○ 정당의 당선가능성(*chances of winning*)을 평가해주세요'라는 문항을 포함하고, 그 응답의 결과를 독립변수로 활용하는 분석을 수행하였다. 그러나 그들의 연구에서 종속변수는 당시의 선거에서 경쟁한 5개의 정당 각각에 대한 투표의 여부를 묻는 이항변수(*dummy variables*)였다. 즉, 그들은 결국 5개의 독립적인 로짓모형을 연속적으로 사용함으로써 전략투표의 여부를 추정하였던 것이다. 하나의 선거구에서 한 명의 후보에게 투표를 하면 다른 후보에게는 투표를 할 수 없음을 감안할 때, 그들의 연구는 독립적이지 않은 사례들을 독립적으로 가정하고 전략투표의 여부를 판단하려 했다는 비판으로부터 자유롭기 힘들다. 또한 그들의 연구에서 당선가능성 1위와 2위 후보의 당선가능성 격차는 분석의 대상에서 제외되었다.

이상에서 알바레즈와 나글러에 의한 분류에 근거하여 전략투표에 대한 기존의 경험적 연구들을 주로 해외 문헌을 중심으로 살펴보았다. 이를 통해서 전략투표의 주요한 구성요소의 하나인 유권자가 주관적으로 평가하는 후보의 당선가능성은 기존의 전략투표에 대한 경험적 연구에서 분석의 내용 안에 적절히 포함되지는 않아 왔음을 알 수 있다. 이러한 사정은 국내에서 이루어진 전략투표의 연구에서도 크게 다르지 않다. 국내에서 이루어진 전략투표에 대한 시론적 연구의 하나로 안순철의 연구(1996)를 꼽을 수 있다(지병근 2008). 이 연구에서 그는 1992년 12월의 대선을 앞둔 10월에 실시된 여론조사와 1995년 6월의 전국동시지방선거를 앞두고 3월에 서울을 대상으로 실시된 여론조사를 복합적·보완적으로 사용하여 전략투표의 여부와 규모를 추정하고 있는데, 당시로서는 매우 세련된 기법을 사용하는 그의 연구에서 역시 유권자의 후보에

대한 당선가능성은 적절히 고려되고 있지 않다.[11]

김재한과 경제희의 연구(1998; 경제희·김재한 1999), 그리고 최정욱의 연구(Choi 2003)는 김대중, 이회창, 이인제 후보의 3자 대결구도 속에서 치러진 1997년 제15대 대선에서의 전략투표를 분석하였으나, 이들의 연구에서 전략투표는 이인제 후보를 가장 좋아했지만 다른 두 후보에 대해 투표한 경우로 정의되었다. 이들은 이러한 전략투표가 어떤 사회적·경제적·정치적 속성을 가진 응답자에게 행해졌는가를 분석의 대상으로 삼았는데, 정작 후보의 당선가능성에 대한 평가 혹은 인식이 이들의 전략투표에 미친 영향은 이들이 제3후보였던 이인제 후보를 가장 선호하는 것으로 대답했다는 것 외에는 직접적으로 고려의 대상이 되고 있지 않다. 즉, 이들이 가장 선호하는 후보가 아닌 다른 후보에게 투표한 것은 맞으나, 이러한 선택이 당선가능성에 대한 고려에 의한 것인지, 아니면 다른 정치적인 요인, 예를 들면 후보의 이념에 의한 것인지는 여전히 적절히 통제되고 있지 않는 것이다. 비슷한 입장에서 지병근은 1992년, 1997년, 2002년에 걸친 세 번의 대통령선거 이후 실시된 설문조사를 이용해서 유력한 두 정당의 후보를 제외한 제3의 군소

---

11 1992년의 여론조사자료는 집합자료에 의한 분석으로 활용되었다. 즉, 김영삼, 김대중, 정주영, 박찬종, 이종찬을 대상으로 한 5자 경쟁구도에서의 지지율과 김영삼, 김대중, 정주영을 대상으로 한 3자 경쟁구도의 지지율 격차를 비교함으로써 (후보의 당선가능성에 대한 응답자의 인식을 확인할 수 없다는 의미에서) 잠재적 전략투표 행위자의 규모를 확인한 것이다. 1995년의 자료에 나와 있는 "1992년의 대선에서 누구에게 투표하셨습니까?"라는 물음에 대한 응답을 기초로 다시 1992년의 대선에서 있었던 전략투표를 미시적인 차원에서 분석하고 있으나, 이 분석에서 안순철은 유권자의 후보에 대한 선호의 순위(ordinal preference ranking)를 감정 온도계가 아닌 구체적인 정책쟁점에 대한 입장으로부터 추정된 유틀리디안 거리(Euclidean distance)를 통해서 추정하였지만, 후보에 대한 당선가능성은 다만 정황증거로서만 제시하고 있다(안순철 1996, 179).

정당 후보의 지지자들을 대상으로 이들이 가장 선호하는 (군소) 후보를 지지하지 않고, 주요한 정당의 후보를 지지한 요인을 연령, 교육 수준, 가계 수입, 국정운영에 대한 평가, 이념 등에서 구하고 있다. 즉, 지병근 역시 후보의 당선가능성에 대한 인식은 분석에 포함하지 않고 있는 것이다.

전략투표에 대한 기존의 경험적 연구 대부분은 당선가능성을 고려하지 않은 상태에서의 유권자의 선택, 즉 순수투표의 대상을 주로 감정온도계 지수(*feeling thermometer index*)에 의해서 추정하였으며, 전략투표는 순수투표가 아닌 투표행위로 정의되어 이러한 투표행위에 영향을 미친 사회경제적 변수, 정치적 변수가 주된 분석의 대상이 되어 왔다. 그러나 당선가능성을 고려하지 않은 상태에서, 이와 같이 호감도 지수에 의한 순수투표 대상의 추정은 일반적인 투표연구의 용례가 아님을 유의할 필요가 있다.

즉, 유권자의 투표선택(*voting choice*)에 대한 경험적 모형에서 ─ 그것이 다항모형인가, 이항모형인가에 관계없이 ─ 후보에 대한 호감도는 다른 사회경제적·정치적 변인들과 함께, 유권자의 후보에 대한 효용함수(*utility function*)의 구조적인 부분을 규정하는 다변인(*multivariate*) 모형의 한 요소에 불과한 것이다. 결국 제3후보 지지자로 분석의 표본을 제한하더라도 유권자가 평가하는 당선가능성에 대한 변인을 생략하고 다른 변인들이 제3후보를 여전히 지지하는지 아닌지에 미친 영향을 분석하는 것은, 후보에 대한 호감도를 이들 다른 변인들과 함께 포함하여 후보에 대한 선택을 다변인 모형으로 분석하는 것과 내용적으로 큰 차이가 없는 것이다. 즉, 전략투표에 대한 엄밀한 의미의 경험적 검증으로 보기에는 부족한 것이다.

이상에서 살펴본 바와 같이 전략투표에 대한 국내외의 기존의 경험적 연구에서 전략투표의 필수적인 구성요소라고 할 수 있는 유권자가 후보에 대해 갖는 당선가능성에 대한 평가는 적절히 고려되지 않아 왔다.[12] 이러한 기존 연구의 한계를 지적하면서, 우리는 이 연구에서 다른 변인들의 영향을 통제한 상태에서 유권자가 후보에 대해서 갖는 당선가능성에 대한 평가 혹은 인식이 자신이 가장 선호하는 후보에 대한 투표에 독립적으로 미치는 영향을 분석하고자 한다. 재차 강조하지만, 후보에 대한 당선가능성을 보여주는 변수가 포함되지 않은 상태에서의 경험분석은 아무리 그것이 제3후보 혹은 군소 약체 후보에 대한 지지자에 제한된 표본을 대상으로 하는 분석이라고 하더라도, 그 후보를 선택하지 않은 동기가 전략적인 판단에 의한 것인지를 확인하기 어렵다. 그러하기에 우리는 당선가능성을 표현하는 변수를 다변인 모형의 변수로 포함함으로써, 당선가능성에 대한 전략적 고려가 다른 변수들과 구별되어 독

---

12 유권자가 정당에 대한 투표와 후보에 대한 투표를 병행하는 2표 병립제의 선거제도에서 전략투표의 여부 및 규모를 추정하는 연구가 최근 활발하게 진행되고 있다. 정당에 대한 투표를 개별 선거구 후보의 당선가능성을 고려하지 않은 순수한 투표로 해석할 수 있다고 여기기 때문이다. 국내에서도 2표 병립제가 처음으로 실시된 2004년의 제17대 국회의원 총선거 이후로 전략투표에 대한 연구가 활발하게 진행되어 왔다(안순철·가상준 2006; 박찬욱 2004; 강원택 2004; 조진만·최준영 2006; 한상익 2013 등). 이 중에는 앞서 소개한 한상익(2013)의 경우처럼, 선거구 단위의 차이를 비교하는 집합자료를 분석하는 경우도 있고(박찬욱 2004), 선거 전·후로 수집되는 설문조사에 근거하여 미시적으로 분석하는 경우도 있다(조진만·최준영 2006). 그러나 이러한 2표 병립제에서의 전략투표연구는 정당투표에서의 선택이 반드시 후보자에 대한 투표의 선호를 보여주는 것은 아닐 수 있다는 비판으로부터 자유롭기 어렵다는 한계가 있다. 또한 이런 문제를 접어두고라도, 유권자의 후보자 당선가능성 인식 자체는 분석의 대상에서 제외되었기에, 엄밀한 의미의 전략투표에 대한 검증이라고 하기는 어렵다. 이처럼 기존의 국내 연구에서 후보에 대한 당선가능성을 다른 변인들과 함께 포함하는 다변인분석을 통하여, 당선가능성에 대한 고려가 다른 변인들과 독립적으로 작용하여 투표선택에 미치는 영향을 분석한 연구는 찾아보기 힘들다.

174

립적으로 투표선택에 미치는 영향을 분석하고자 하는 것이다.

보다 구체적으로, 이 연구의 경험적 분석에서 종속변수는 0부터 100 사이의 수로 표현되는 감정 온도계에 따라 응답자가 가장 높은 값을 부여한 후보(편의상 앞으로는 '최선호 후보'라 한다)를 구하고, 응답자가 이 최선호 후보를 실제 투표의 순간에 선택했으면 1의 값을 갖고, 기권했으면 0의 값을, 최선호 후보가 아닌 다른 후보에게 표를 던졌으면 2의 값을 갖는 범주형 변수(categorical variable)로서 구성된다. 종속변수의 유형과 특성에 따라 선택된 다항로짓모형을 통하여 다음과 같은 작업가설을 검증하고자 한다.

작업가설 1: 다른 변인들의 영향을 통제한 상태에서, 유권자는 최선호 후보와 자신이 스스로 평가하는 당선가능성 1위 후보와의 당선가능성 격차가 커질수록, 자신의 최선호 후보에게 투표하지 않을 확률 — 기권하거나 (최선호 후보가 아닌) 다른 후보에게 투표할 확률 — 이 커질 것이다.

작업가설 2: 다른 변인들의 영향을 통제한 상태에서, 자신의 최선호 후보가 당선가능성 1, 2위 후보가 아니라고 판단하는 유권자는 스스로 평가하는 1, 2위 후보의 당선가능성 격차가 작아질수록, 자신의 최선호 후보가 아닌 후보에게 투표할 확률이 커질 것이다.

위와 같은 작업가설은 ① 자신이 가장 선호하는 후보의 당선가능성이 희박하고(작업가설 1), ② 1, 2위 후보의 경쟁이 치열해서 자신의 전략적 선택이 가져올 수 있는 한계효용의 변화가 큰 경우에(작업가설 2) 전략투표가 발생할 것이라는 기존의 이론적 설명과 예측을 표현한다.

감정 온도계 지수에 의한 최선호 후보가 당선가능성을 고려하지 않은 상태에서의 투표선택, 즉 순수투표의 대상은 아닐 수 있다는 점에서

(Alvarez & Nagler 2000; Blais et al. 2001), 이러한 연구설계는 엄밀한 이론적 의미의 전략투표를 '직접' 추정하는 것은 아닐 수 있다. 그러나 그럼에도 불구하고, 이러한 연구설계는 이제까지 전략투표에 대한 경험적 연구에서 적절히 검증되지 못한, 유권자의 후보에 대한 주관적 당선가능성 인식이 호감도 지수에 의한 최선호 후보에 대한 투표선택에 미치는 영향을 다른 변인들의 영향을 통제한 상태에서 독립적으로 추정할 수 있게 함으로써 전략적 동기에 의한 투표선택의 변화를 보여줄 수 있을 것으로 기대한다.

3. 전략적 동기에 의한 투표선택과
   그에 따른 변화에 대한 경험적 검증

이제부터 우리는 위의 작업가설에 대한 경험적 검증의 결과를 소개하고자 한다. 경험적 검증을 위한 자료는 서울대 사회발전연구소에 의해 기획되어 여론조사 전문기관인 칸타퍼블릭에 의해 2017년 5월의 제 19대 대선 이후 8월 말 9월 초 사이의 기간에 수집된 "정치와 민주주의에 관한 의식조사" 자료이다. 자료는 성별·연령별·지역별 비율에 의하여 층화 무작위 추출기법(*stratified random sampling*)의 방식에 의하여 할당·표집된 1,200명의 응답자에 대한 면접조사의 방식으로 수집되었다.

본격적인 분석에 앞서, 표집된 표본의 대표성과 신뢰도를 확인하는 작업이 필요할 것이다. 〈표 5-1〉은 "귀하께서는 지난 5월 9일의 제 19대 대통령선거에서 투표하셨습니까?"라는 문항과 투표했다고 답한 응답자에 한해서 "귀하는 어떤 후보자에게 투표하셨습니까?"라는 두 개의 문항

<표 5-1> 2017년 제 19대 대선의 투표선택: 표본과 실제의 비교

투표선택	표본			실제	
	명	(%)	득표율(%)*	투표율(%)	득표율(%)*
기권	156	13.00		22.80	
문재인	586	48.83	56.13		41.08
홍준표	234	19.50	22.41		24.03
안철수	124	10.33	11.88		21.41
유승민	59	4.92	5.65		6.76
심상정	36	3.00	3.45		6.17
기타	5	0.42	0.48		0.48
투표율 계		87.00		77.20	
계	1,200	100.00	100.00	100.00	99.93 †

* 총 투표자 중에서 각 후보가 얻은 득표의 비율.
† 무효처리된 표를 제외한 값.
출처: "정치와 민주주의에 관한 의식조사", 중앙선거관리위원회 선거통계시스템(http://info.nec.go.kr, 검색일: 2017년 12월 18일).

에 대한 응답의 분포 및 비율을 중앙선거관리위원회 선거통계시스템에서 확인한 공식적인 투표율과 각 후보의 득표율과 비교하여 보여준다.

〈표 5-1〉을 통해서 우리는 표본의 투표율(87%)이 실제의 투표율(77.2%)보다 월등히 높고, 특히 선거에서 최종 승리한 문재인 후보의 표본득표율(투표했다고 답한 응답자 대비 56.1%)이 실제의 득표율인 41.08%보다 매우 높게 나타나고 있는 것을 확인할 수 있다. 이와 같은 투표율에 대한 과대대표, 승자에 대한 편향성은 앞에서도 잠시 언급한 바 있듯이, 선거 이후에 실시되는 설문조사에서 일반적으로 발견되는 문제 중의 하나이다. 따라서 앞으로의 결과해석에도 각별한 주의가 필요하다.

이 연구의 종속변수는 2017년 대선에서의 투표선택이며, 이 변수는 호감도 지수에 의해 표현되는 최선호 후보에 대한 투표에 대해 1의 값을, 기권한 경우에 0의 값을, 그리고 최선호 후보가 아닌 다른 후보에게

<표 5-2> 각 후보를 최선호 후보로 지목한 응답자 집단의 투표선택

투표선택		최선호 후보					
		문재인	홍준표	안철수	유승민	심상정	계
기권	명	80	12	17	7	8	124
	(%)*	(11.76)	(6.00)	(17.89)	(13.46)	(25.81)	(11.72)
문재인	명	545	5	1	2	5	558
	(%)	(80.15)	(2.50)	(1.05)	(3.85)	(16.13)	(52.74)
홍준표	명	16	181	2	3	0	202
	(%)	(2.35)	(90.50)	(2.11)	(5.77)	(0.00)	(19.09)
안철수	명	18	2	74	2	0	96
	(%)	(2.65)	(1.00)	(77.89)	(3.85)	(0.00)	(9.07)
유승민	명	8	0	1	37	2	48
	(%)	(1.18)	(0.00)	(1.05)	(71.15)	(6.45)	(4.54)
심상정	명	10	0	0	1	14	25
	(%)	(1.47)	(0.00)	(0.00)	(1.92)	(45.16)	(2.36)
기타	명	3	0	0	0	2	5
	(%)	(0.44)	(0.00)	(0.00)	(0.00)	(6.45)	(0.47)
계	명	680	200	95	52	31	1,058
	(%)	(100.00)	(100.00)	(100.00)	(100.00)	(100.00)	(100.00)
최선호 이외 투표	명	55	7	4	8	9	83
	(%)	(8.09)	(3.50)	(4.21)	(15.39)	(29.03)	(7.84)

* 세로열의 항목에 대한 백분율 값.
출처: "정치와 민주주의에 관한 의식조사".

투표한 경우에 대해 2의 값을 갖는 범주형 변수로 구성되었다. 이러한 변수를 구성하기 위해서는 우선 이번 대선에서 유의미한 경쟁을 펼쳤던 5명의 후보 각각을 최선호 후보로 지목한 응답자의 비율과, 각각의 응답자 집단이 어떤 투표선택을 했는지를 알아야 할 것이다. 〈표 5-2〉는 이러한 정보를 보여준다.

표의 밑에서 두 번째 행을 통해서, 문재인, 홍준표, 안철수, 유승민, 심상정 후보를 최선호 후보로 지목한 응답자가 각각 680명, 200명, 95명, 52명, 31명임을 알 수 있다. 이상의 1,058명의 응답자 외에 142명의 응답자는 복수의 후보를 최선호 후보로 지목하여 분석에서 제외하였다.[13] 표를 통해서 우리는 또한 이러한 호감도가 투표선택에 중요한 영향을 미치는 요인임을 알 수 있다. 한 명의 후보를 최선호 후보로 지목한 응답자의 80.4%(1,058명 중 851명, 음영으로 표시된 셀의 합)가 자신의 최선호 후보를 투표의 현장에서 선택한 것이다. 그러나 우리는 또한 11.7%에 해당하는 124명의 응답자가 기권을, 7.8%에 해당하는 83명의 응답자가 자신의 최선호 후보가 아닌 다른 후보에게 표를 던졌다는 것을 표에서 아울러 확인할 수 있다. 이 연구의 분석의 초점은 후보의 당선가능성에 대한 인식이 바로 이와 같은 이탈표에 어떤 체계적인 영향을 미쳤는가이다.

응답자가 후보의 당선가능성을 어떻게 평가 혹은 인식하고 있는가를 확인하기 위해서, 우리는 조사에 "투표 전 귀하는 다음 후보의 당선가능성을 어떻게 생각하셨나요? 0부터 100 사이의 숫자로 말씀해 주십시오. 여기서 '0'은 당선가능성이 '전혀 없음', '100'은 당선가능성이 '가장 높음'을 의미합니다"라는 문항을 포함시켰다. 〈표 5-3〉은 이에 대한 응답에 기초하여 각 후보에 대해 유권자가 인식하는 당선가능성의 평균값과 함께 각 후보를 당선가능성 1위로 지목한 응답자의 비율을 보여주고 있다.

선거 이후에 실시된 사후 조사에서 선거 전에 가졌던 당선가능성에 대한 인식을 묻고 있다는 점에서 문제를 갖고 있지만, 〈표 5-3〉은 그럼에도 불구하고 한편으로 '이상한' 당선가능성 인식을 갖는 응답자 또한

---

13 조사는 5명의 후보 각각에 대하여 얼마나 좋아하고 싫어하는지를 0(대단히 부정적인 느낌)부터 100(대단히 호의적인 느낌)까지의 수로 표현할 것을 요구하는 문항을 포함하고 있다. 최선호 후보는 이렇게 응답자에 의해서 부여된 감정 온도계를 바탕으로 응답자가 가장 높은 호감도 지수를 표현한 후보로 측정하였다.

	각 후보의 당선가능성에 대한 인식			각 후보를 당선가능성 1위로 지목한 응답자	
	명	평균	(표준오차)	명	%
문재인	1,200	78.92	(0.53)	955	79.58
홍준표	1,200	42.91	(0.74)	117	9.75
안철수	1,200	46.40	(0.64)	88	7.33
유승민	1,200	29.07	(0.64)	6	0.50
심상정	1,200	21.77	(0.56)	1	0.08
계				1,167*	97.24*

* 전체 1,200명의 응답자 중 복수의 후보를 당선가능성 1위로 지목한 33명 응답자를 제외한 값.
출처: "정치와 민주주의에 관한 의식조사".

있다는 것을 보여준다. 유승민, 심상정 후보의 당선가능성이 1위라고 인식하고 있었다는 7명의 응답자는 별개로 하더라도, 각각 17.05%, 19.67%의 최종적 득표율 격차[14]를 보인 홍준표, 안철수 후보의 당선가능성을 1위로 지목한 응답자가 또한 117명, 88명에 이르는 것을 알 수 있다. 이와 같은 응답자의 존재는 이들이 어떤 사회경제적·정치적 속성을 갖고 있는 사람들인지 궁금하게 한다.

〈표 5-4〉는 문재인, 홍준표, 안철수를 각각 당선가능성 1위로 지목한 응답자 집단의 속성을 평균값으로 보여준다. 표를 통해서 홍준표 후보를 당선가능성 1위로 지목한 응답자 집단은 다른 집단과 비교하여, 상대적으로 여성의 비율이 높으며, 연령대가 높고, 교육 수준은 낮으며,[15] 부산/울산/경남과 대구/경북 지역의 거주민 비율이 높은 것을 알 수 있다. 이들은 또한 대통령의 탄핵과 파면에 대해서 상대적으로 부당하고 불공정했다고 평가하는 사람들,[16] 태극기 집회에 참여한 경험이

---

[14] 41.08%의 득표율을 보인 문재인 후보와의 득표율 격차를 의미한다.
[15] 교육 수준은 중졸이하(1), 고졸이하(2), 대학 재학 이상(3)의 3점 척도로 측정되었다.
[16] 조사는 "귀하는 박근혜 대통령의 탄핵과 파면이 부당하고 불공정하다고 생각하십니

상대적으로 많은 사람들, 그리고 본인의 이념성향을 상대적으로 보수로 인식하고 있는 사람들로 구성되어 있다. 이와 비교하여 안철수 후보를 당선가능성 1위로 지목한 집단은 상대적으로 여성의 비율이 높으며, 부산/울산/경남 거주민의 비율이 낮으며, 촛불집회에의 참여 경험이

〈표 5-4〉 각 후보를 당선가능성 1위로 지목한 응답자 집단의 사회경제적 · 정치적 속성

	전체	문재인	홍준표	안철수
n	1,200	955	117	88
여성	0.51	0.48	0.60	0.57
	(0.01)*	(0.02)	(0.05)	(0.05)
연령	46.84	45.60	57.89	44.95
	(0.43)	(0.47)	(1.17)	(1.44)
교육수준	2.32	2.37	1.88	2.38
	(0.02)	(0.02)	(0.07)	(0.08)
부산/울산/경남	0.16	0.14	0.38	0.03
	(0.01)	(0.01)	(0.04)	(0.02)
대구/경북	0.10	0.09	0.20	0.06
	(0.01)	(0.01)	(0.04)	(0.02)
광주/전북/전남	0.10	0.13	0.00	0.00
	(0.01)	(0.01)	NA	NA
탄핵의 정당성에 대한 인식	7.10	7.41	5.48	6.59
	(0.07)	(0.07)	(0.20)	(0.20)
촛불집회 참여경험	0.14	0.15	0.11	0.08
	(0.01)	(0.01)	(0.03)	(0.03)
태극기집회 참여경험	0.04	0.03	0.15	0.03
	(0.01)	(0.01)	(0.03)	(0.02)
본인이념성향	4.72	4.49	6.18	5.05
	(0.05)	(0.06)	(0.13)	(0.14)

* 괄호 안은 표준오차; NA = Not Applicable.
출처: "정치와 민주주의에 관한 의식조사".

까? 아니면 정당하고 공정하다고 생각하십니까? 매우 부당하고 불공정하다면 0점, 매우 정당하고 공정하다면 10점을 준다면 귀하는 몇 점을 주시겠습니까?"라는 문항을 포함하고 있다.

투표선택		당선가능성 1위 후보					
		문재인	홍준표	안철수	유승민	심상정	계
기권	명	112	6	31	1	0	150
	(%)*	(11.73)	(5.13)	(35.23)	(16.67)	(0.00)	(12.85)
문재인	명	576	1	4	0	0	581
	(%)	(60.31)	(0.85)	(4.55)	(0.00)	(0.00)	(49.79)
홍준표	명	110	102	8	0	0	220
	(%)	(11.52)	(87.18)	(9.09)	(0.00)	(0.00)	(18.85)
안철수	명	74	3	43	0	0	120
	(%)	(7.75)	(2.56)	(48.86)	(0.00)	(0.00)	(10.28)
유승민	명	45	3	2	5	0	55
	(%)	(4.71)	(2.56)	(2.27)	(83.33)	(0.00)	(4.71)
심상정	명	34	1	0	0	1	36
	(%)	(3.56)	(0.85)	(0.00)	(0.00)	(100.00)	(3.08)
기타	명	4	1	0	0	0	5
	(%)	(0.42)	(0.85)	(0.00)	(0.00)	(0.00)	(0.43)
계	명	955	117	88	6	1	1,167
	(%)	(100.00)	(100.00)	(100.00)	(100.00)	(100.00)	(100.00)

* 세로열의 항목에 대한 백분율 값.
출처: "정치와 민주주의에 관한 의식조사".

상대적으로 적은 사람들로 구성되어 있다. 안철수 후보를 당선가능성 1위로 지목한 집단은 일단 논외로 하고, 홍준표 후보를 당선가능성 1위로 지목한 사람들의 특성은 이번 19대 대선의 과정에서 홍준표 후보를 지지했던 사람들의 특성으로 지목되는 속성과 어느 정도 근접한 면모를 보인다. 그래서 각 후보를 당선가능성 1위로 지목한 응답자 집단의 투표선택을 교차비교하여 살펴보았다. 〈표 5-5〉는 그 결과를 보여준다.

〈표 5-5〉를 통해서 우리는 객관적으로 당선가능성 1위를 쉽게 예상할 수 있었던 문재인 후보를 지목한 응답자를 제외하고 다른 후보를 당선가능성 1위로 지목한 응답자 집단은 굉장히 높은 비율로 해당 후보를 실제의 선거에서 선택했음을 알 수 있다.[17] 응답자가 평가하는 후보의 당

선거가능성과 투표선택, 그리고 앞에서 확인한 바 있는 응답자 집단의 속성 등이 보이는 이와 같은 관계는, 일부의 응답자들은 냉정하고 객관적인 입장에서 당선가능성을 평가하는 것이 아니라 자신이 선호하는 — 호감도의 의미에서가 아니라 — 후보의 당선에 대한 희망의 정도를 답하려 했다는 의심을 하게 한다. 당선가능성에 대한 이와 같은 분포는 최소한 모든 유권자가 합리적이고 냉철하게 판단하고 행동하는 것은 아니라는 추정을 가능케 한다. 비록 당선가능성에 대한 이와 같은 모습은 연구자의 입장에서 상당히 곤혹스러운 것이기는 하지만, 이와 같은 이례적인 응답은 상대적으로 소수이다. 또한 이어지는 다변인분석은 자신의 최선호 후보의 당선가능성이 가장 높다고 생각하는 응답자보다는 그렇지 않다고 생각하는 응답자에게 초점이 맞추어져 있기 때문에, 전략적 동기에 의한 투표선택의 변화를 추정하는 결과의 신뢰도에는 큰 영향을 미치지 못하리라고 생각한다.

계속 강조하고 있지만, 우리의 연구관심은 호감도 지수에 의한 최선호 후보에 대한 선택이 다른 변인들의 영향을 통제한 상태에서, 후보에 대한 당선가능성 인식에 의해 어떻게 변화하는가를 살펴보는 다변인분석에 있다. 작업가설 1, 2에 따라 다변인분석의 가장 중요한 독립변수는 '당선가능성 차이: 1위와 최선호 후보', '당선가능성 차이: 1위와 2위', 이렇게 두 개로 구성되어 있다. 변수명이 직관적으로 가리키는 바와 같이 이 두 개의 변수는 각각 응답자가 답한 5명의 후보에 대한 당선가능성 인식을 바탕으로 최선호 후보와 가장 높은 당선가능성, 그리고 후자와 그 다음으로 높은 당선가능성을 부여한 후보의 당선가능성 차

---

17 안철수 후보를 당선가능성 1위로 지목한 집단은 상대적으로 높은 기권율로 예외적인 모습을 보이고 있기는 하지만, 투표자 중에서 안철수 후보에게 투표한 사람들의 비율은 75.4%(57명 중 43명)로 역시 높은 값을 보여주고 있다.

이로 구성되었다.

　다변인분석에 함께 포함되는 통제변인으로 한국의 투표선택에 대한 문헌에서 그 영향력을 일반적으로 인정받는 성별, 연령, 18 교육 수준, 가계소득19 등의 사회경제적 변수들이 우선적으로 포함되었다. 지역투표의 영향을 고려하여 부산/울산/경남의 거주민과 대구/경북의 거주민을 의미하는 두 개의 변수가 이항변수의 형태로 함께 포함되었다. 20 그리고 정치적인 속성을 표현하는 변수로 정치관심도, 21 당파성 강도, 22 최선호 후보와 응답자 사이의 이념거리23 변수가 함께 포함되었다.

　종속변수가 '기권'(0), '최선호 후보에 대한 투표'(1), '최선호 후보가 아닌 후보에 대한 투표'(2), 이렇게 세 개의 값을 갖는 다항변수로 구성되었기에, 다항로짓모형을 이용한 분석이 수행되었으며, 기준범주(baseline category)는 최선호 후보에 대한 투표로 설정되었다. 이에 따라 각각의 변수마다 구해지는 두 개의 추정회귀계수는 각각 기권과 최

18 '19세 이상 29세 이하'(1), '30대'(2), '40대'(3), '50대'(4), '60대 이상'(5)으로 구분되는 5점 척도의 변수로 구성되었다.
19 100만 원 미만에 대해 1의 값, 이후 100만 원 단위로 구분하여 600만 원 이상이 7의 값을 갖는 7점 척도로 구성되었다.
20 광주/전북/전남의 변수가 함께 포함되어 분석되었으나, 이 변수의 영향이 미미하여 최종 모형에서는 제외하였다.
21 '매우 관심이 있다'(5)부터 '전혀 관심이 없다'(1)까지 5개의 값을 갖는 서열척도로 구성되었다.
22 "귀하께서는 평소 지지하는 정당이 있으십니까", "(지지 정당이 없다면) 지지 정당이 없으시더라도, 다음 정당 중 조금이라도 더 선호하는 정당이 있습니까"라는 연속된 두 개의 물음에 대하여 처음의 물음에 긍정적인 답을 한 경우에 2, 두 번째 물음에 정당을 지목한 경우에 1, 그렇지 않은 경우에 0의 값을 부여하였다.
23 5명의 후보 각각, 그리고 본인의 이념성향에 대하여 0(매우 진보)부터 10(매우 보수) 사이에 하나의 정수값을 선택한 것을 이용하여 본인과 최선호 후보의 거리(절대값)으로 구성하였다.

선호 후보에 대한 투표, 그리고 최선호 후보 이외의 후보에 대한 투표와 최선호 후보에 대한 투표에 미치는 변수의 상대적 효용을 의미한다. 즉, 추정된 회귀계수 값이 양(+)이면 변수값이 커질수록 기권, 혹은 최선호 후보 이외의 후보에게 투표할 확률(odds)이 최선호 후보에게 투표할 확률에 비교하여 상대적으로 커지게 된다는 것을 의미하며, 그 값이 음(-)이면, 최선호 후보에게 투표할 확률이 상대적으로 커지게 된다는 것을 뜻한다. 작업가설 1, 2에 따라 우리는 '당선가능성 차이: 1위와 최선호 후보'에 대해서는 양의 값을, '당선가능성 차이: 1위와 2위'에 대해서는 음의 값을 회귀계수의 추정값으로 예상하였다. 〈표 5-6〉은 그 결과이다.

표에서 보는 바와 같이 분석은 전체 응답자를 대상으로 하는 것과 최선호 후보의 당선가능성이 후보들 중 가장 높지는 않다고 답한 응답자를 대상으로 하는 것, 두 개의 표본으로 나뉘어 이루어졌다. 분석의 주된 독립변수와 관련하여 분석결과는 응답자가 최선호 후보와 1위 후보의 당선가능성 격차가 커진다고 인식할수록 (전체 응답자를 대상으로 한 경우에는) 기권과 최선호 후보 이외의 후보에게 투표할 확률이 커지고, (최선호 후보의 당선가능성을 2위 이하로 인식하는 응답자를 대상으로 한 경우에는) 최선호 후보 이외의 후보에게 투표할 확률이 통계적으로 유의미한 정도로 커지게 된다는 것을 보여준다. 연구결과는 또한 당선가능성 1위와 2위 후보의 당선가능성 격차가 작아질수록 두 개의 대상 집단 모두에서 최선호 후보가 아닌 후보에 대해서 투표할 확률이 커진다는 것을 보여주었다(추정된 회귀계수의 값이 음인 것에 유의하자).

이러한 결과는 역방향으로 해석하면 오히려 이해가 쉬울 수 있다. 특히, 최선호 후보의 당선가능성을 2위 이하로 인식하는 응답자 집단을 대상으로 하는 두 번째 모형의 결과를 역방향으로 해석하면, 이는 당선가능성 1, 2위의 격차가 커질수록 최선호 후보에 대한 투표의 확률이 커진다는 것을 의미한다. 이 집단은 최선호 후보의 당선가능성을 2위로 판단하는 응답자와 3위 이하로 판단하는 집단을 모두 포함한다. 더욱 주목할 점은 모형이 당선가능성 1위와 자신의 최선호 후보의 당선가능성 격차를 보여주는 변수를 함께 포함하고 있으며, 두 개의 변수는 비슷한 크기의 서로 다른 부호를 가지고 추정되고 있다는 점이다 (0.029, -0.038).

최선호 후보의 당선가능성을 2위로 판단하는 응답자 집단은 두 개의 변수값이 서로 상쇄함(*cancelled out*)에 따라[24] 최선호 후보에 대한 투표에 거의 영향을 미치지 못한다. 자신의 최선호 후보의 당선가능성이 2위라고 판단하는 응답자는 당선가능성 격차에 따라 자신의 투표를 전략적으로 행사할 유인이 존재하지 않는다는 이해와 일치하는 결과이다. 따라서 주된 변화는 최선호 후보의 당선가능성을 3위 이하로 판단하는 응답자 집단으로부터 비롯된 것으로 이해할 수 있다. 표의 결과는 이 집단이 최선호 후보의 당선가능성이 1위로부터 멀어질수록, 즉 최선호 후보의 당선가능성이 희박하다고 인식할수록 최선호 후보가 아닌 후보에게 투표할 확률이 커지지만, 1, 2위 후보의 당선가능성 격차가 벌어져서 전략적으로 투표할 유인이 약해지게 되면 오히려 최선호 후보에게 투표하려는 경향이 강해지게 된다는 것을 보여준다.

이와 같은 후보의 당선가능성에 대한 응답자의 인식이 다른 사회경제적·정치적 속성을 표현하는 변수의 영향을 통제한 상태에서 통계적인 유의성을 확보하고 있다는 것이 특히 중요하다. 통제변수들에 대한

---

[24] 이 집단에게 당선가능성 1위와 최선호 후보의 차이는 당선가능성 1위와 2위의 차이와 서로 같은 값임에 유의하자.

〈표 5-6〉 당선가능성에 대한 인식과 투표선택: 다항로짓모형

	모형 (1) 전체 응답자		모형 (2) 최선호 후보의 당선가능성을 2위 이하로 인식하는 응답자 집단	
	기권 / 최선호 투표	최선호 이외 투표 / 최선호 투표	기권 / 최선호 투표	최선호 이외 투표 / 최선호 투표
당선가능성 차이: 1위와 최선호 후보	0.015**	0.026***	0.003	0.029**
	(0.005)	(0.006)	(0.014)	(0.010)
당선가능성 차이: 1위와 2위	−0.002	−0.029***	0.006	−0.038**
	(0.004)	(0.007)	(0.017)	(0.015)
여성	−0.531*	0.124	−0.633	0.419
	(0.217)	(0.254)	(0.429)	(0.447)
연령	−0.281**	−0.094	−0.578***	−0.062
	(0.093)	(0.108)	(0.178)	(0.179)
교육수준	−0.107	0.270	−0.268	0.393
	(0.206)	(0.242)	(0.402)	(0.405)
가계소득	−0.117	−0.116	−0.284	−0.208
	(0.084)	(0.095)	(0.193)	(0.171)
부산/울산/경남	−0.245	−0.819	−0.235	−0.733
	(0.280)	(0.426)	(0.557)	(0.687)
대구/경북	−1.186**	−1.092*	−1.049	−1.207
	(0.427)	(0.484)	(0.590)	(0.649)
정치관심도	−0.809***	−0.033	−1.117***	−0.034
	(0.145)	(0.151)	(0.287)	(0.234)
당파성 강도	−0.755***	−0.172	−0.327	0.342
	(0.145)	(0.161)	(0.290)	(0.280)
이념거리	0.122	0.282***	−0.044	0.247
	(0.085)	(0.086)	(0.160)	(0.142)
상수	2.489***	−1.705	5.343***	−2.252
	(0.767)	(0.919)	(1.615)	(1.586)
n	1,041		241	
log-likelihood	−559.258		−163.923	

*p < 0.05, **p < 0.01, ***p < 0.001.

주: 괄호 안은 표준오차. 종속변수는 투표선택으로서 기권(0), 최선호 후보에 대한 투표(1), 최선호 이외의 후보에 대한 투표(2)의 세 개 값을 가지며, 기준범주(baseline category)는 최선호 후보에 대한 투표(1)로서 설정되었다.

출처: "정치와 민주주의에 관한 의식조사".

회귀계수의 추정결과를 살펴보면, (전체 응답자를 대상으로 하는 모형에 한정해서) 여성인 경우, 연령이 높을수록, 대구/경북 지역에 거주하는 사람일수록, 정치관심도가 높을수록, 당파성이 강할수록 기권보다는 애초에 호감도가 높았던 후보를 선택할 확률이 높다는 것을 보여준다. 또한 통제변수는 대구/경북 지역의 주민들은 다른 변인들의 영향을 통제한 이후에도 여전히 최선호 후보에게 투표할 확률이 다른 지역의 주민들보다 높으며, 응답자가 판단하는 본인과 최선호 후보의 이념적 거리가 멀어질수록, 최선호 후보가 아닌 다른 후보에 대해 투표할 확률이 높아진다는 것을 보여주고 있다. 이러한 다른 변수들의 영향을 통제한 상태에서 후보의 당선가능성에 대한 응답자의 인식이 통계적인 유의성을 확보하고 있다는 것은 후보의 당선가능성에 대한 유권자의 전략적 고려가 투표선택에 독립적인 영향을 미친다는 것을 의미한다.

이와 같은 다항로짓모형에 의한 추정은 회귀계수의 크기를 직관적으로 가늠하기 쉽지 않다. 〈그림 5-1〉은 〈표 5-6〉의 모형 (2) 의 결과, 즉 최선호 후보의 당선가능성을 2위 이하로 인식하는 응답자 집단을 대상으로 추정된 회귀분석의 결과를 활용하여, 1위 후보의 당선가능성을 70%, 최선호 후보의 당선가능성을 0%로 생각하는 유권자가 2위 후보의 당선가능성을 0%부터 70%까지 달라지는 것으로 판단할 때, 기권, 최선호 후보에 대한 투표, 최선호 후보 이외의 후보에게 투표하는 확률이 어떻게 변화하는지를 시뮬레이션(simulation)의 기법으로 추정한 결과를 보여주고 있다.[25] 그림에서 실선은 기권, 짧은 점선은 최선호 후보에게 투표할 확률, 긴 점선은 최선호 후보 이외의 후보에게 투표할

---

25 모형에 포함된 다른 변인들은 남성, 수도권 거주자를 가정한 것 이외에는 모두 모형 (2) 의 표본 평균값을 사용하였다.

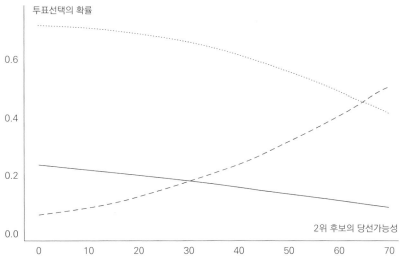

〈그림 5-1〉 시뮬레이션: 2위 후보의 당선가능성
인식 변화에 따른 투표선택의 확률 변화

투표선택의 확률

2위 후보의 당선가능성

주: 그림은 1위 후보의 당선가능성을 70, 최선호 후보의 당선가능성을 0으로 가정하고 있다. 그림에서 실선은 기권, 짧은 점선은 최선호 후보에게 투표할 확률, 긴 점선은 최선호 후보 이외의 후보에게 투표할 확률이 2위 후보의 당선가능성이 0에서 70까지 변함에 따라 각각 어떻게 변화하는지를 보여주고 있다.

확률이다. 2위 후보의 당선가능성에 대한 인식이 0에서 70까지 변화함에 따라 기권의 확률은 23.0%에서 8.8%로 점진적으로 감소하고 있으며, 최선호 후보에게 투표할 확률은 70.9%에서 41.1%로 감소하고 있다. 이에 비해서 최선호 후보가 아닌 후보에게 투표할 확률은 6.1%에서 50.1%로 급격하게 상승하는 것으로 모형은 예측하고 있다. 그러한 차선의 선택 대상이 기존의 1위 후보인지, 아니면 2위 후보인지 모형은 보여주지 않는다. 모형은 다만 두 후보의 격차가 5% 이내의 박빙의 승부로 바뀌었을 때, 전략적 선택은 활발하게 이루어지는 것으로 예측하고 있다.[26]

4. 나가며

이 장에서는 2017년 5월에 실시된 제 19대 대통령선거에서 각 후보의 당선가능성에 대한 유권자의 인식 혹은 평가가 유권자의 투표선택에 미친 영향을 분석하였다. 전략투표에 대한 높은 관심에도 불구하고, 전략투표의 필수적인 구성요소인 후보의 당선가능성에 대한 인식은 그동안 이루어진 수많은 경험적 검증의 노력 속에서 적절히 다루어지지 않았다. 그래서 이 글은 대선 이후 실시된 설문조사에 유권자가 인식하는 후보의 당선가능성을 직접 측정할 수 있는 문항을 포함하여 분석에 활용하였다. 분석의 결과는 유권자의 최선호 후보의 당선가능성이, 유권자가 평가하는 당선가능성이 가장 높은 후보의 당선가능성과 보이는 격차가 커질수록(유권자가 가장 선호하는 후보의 당선가능성이 희박할수록), 그리고 유권자가 평가하는 1, 2위 후보의 당선가능성 격차가 작아질수록(1, 2위 후보의 경쟁이 치열하다고 유권자가 인식할수록) 자신이 가장 선호하는 후보의 당선가능성이 낮다고 생각하는 유권자는 최선호 후보가 아닌 다른 후보에게 투표하게 될 가능성이 커진다는 것을 보여주었다.

유권자가 평가하는 호감도가 가장 높은 후보가 당선가능성을 고려하지 않은 상태에서의 투표 대상, 즉 순수투표의 대상은 아닐 수 있다. 그러므로 자신의 최선호 후보가 아닌 후보에게 투표하는 것이 엄밀한 의

---

26 2위 후보의 당선가능성을 65%에서 66%로 변화시키는 중간지점에서 최선호 후보에 대한 투표확률을 보여주는 짧은 점선과 최선호 후보가 아닌 후보에 대한 투표확률을 보여주는 긴 점선이 교차하고 있다. 이러한 격차는 1위 후보의 당선가능성을 70%, 최선호 후보의 당선가능성을 0으로 인식하는 것을 가정했을 때의 상황에 한정된 것임을 다시 강조한다.

미에서의 전략투표는 아닐 수 있다. 그러나 그동안 유권자의 투표선택에 유의미한 영향을 미치는 것으로 알려진 사회경제적·정치적 속성을 나타내는 변수들을 포함한 다변인분석의 틀 속에서 유권자의 당선가능성 인식이 투표선택에 유의미한 체계적 영향을 미쳤다는 것을 밝힌 것은, 다른 변인들의 영향을 통제한 상태에서 전략적 동기에 의한 투표선택의 변화를 보여주었다는 점에서 중요한 의미를 가진다.

그러나 이 연구는 이러한 한계와 함께 새로운 후속 연구의 필요성을 아울러 제기한다. 우선 연구에 활용된 자료가 선거 이후 실시된 설문조사에 의해 수집되었다는 점에서 분석에 활용된 후보의 당선가능성 인식이 선거 전에 유권자가 가지고 있던 당선가능성에 대한 평가를 온전히 측정하고 있는가라는 의심으로부터 자유롭기 힘들다. 유권자의 당선가능성 인식을 직접적으로 포함하는 전략투표의 연구를 위해서는 패널 데이터(panel data)의 확보가 무엇보다 중요하다. 다음으로, 사후 조사임에도 불구하고 이 연구에 활용된 자료는 유권자가 인식하는 후보의 당선가능성에는 상당한 변이(variation)가 존재하며, 그중에는 매우 이례적인 인식을 갖는 응답자도 있음을 보여주었다. 얼마나 많은 유권자가 합리적으로 인식하고 행동하는가, 유권자가 합리적이지 않다면 그 이유는 무엇인가 등은 정치행태연구의 매우 중요한 가정들과 직결되는 문제이기 때문에 정치심리학적 연구가 필요해 보인다.

끝으로 이 연구가 하나의 선거, 그것도 매우 이례적인 선거를 다루고 있음을 강조하고 싶다. 2017년 5월의 제19대 대선은 역대 한국대선의 과정에서 있었던 후보단일화의 시도가 배제된 속에서, 여러 명의 후보가 경쟁을 벌이는 형태로 전개되었다. 그런 의미에서 전략적 동기에 의한 투표선택의 변화를 검증할 수 있는 최소한의 조건을 갖추었지만, 또 다른 한편으로는 조기 대선의 실시 결정 이후부터 투표 당일까지 시종 일관 한 명의 후보가 앞서 나가고 다른 후보가 상당한 격차를 보인 채 따라가는 구도로 경쟁이 이루어졌다. 즉, 전략투표를 위한 유인은 상대적으로 약했던 것으로 추정할 수 있다. 그럼에도 불구하고 유의미한 발견을 할 수 있었다는 점은 의미심장하지만 다른 선거환경에서 어떠한 결과가 나올지는 쉽게 예단하기 어렵고 지속적인 검증의 노력이 필요해 보인다. 이 연구의 방법과 한계는 이어지는 전략투표에 대한 경험적 연구에 유용한 시사점을 제공해 줄 수 있을 것이다.

참고문헌

강원택. 2004. "제17대 총선에서 민주노동당 지지에 대한 분석", 〈한국정치연구〉 13(3), 143~165.

경제희·김재한. 1999. "제15대 대통령선거에서의 전략투표자", 〈한국과 국제정치〉 30, 65~95.

김재한·경제희. 1998. "선거방식과 전략적 투표", 이남영 편, 《한국의 선거 II》. 서울: 푸른길.

박찬욱. 2004. "제17대 총선에서 2표병립제와 유권자의 분할투표: 선거제도의 미시적 효과 분석", 〈한국정치연구〉 13(2), 39~85.

안순철. 1996. "한국 유권자의 전략투표 행태", 〈한국정치학회보〉 30(2), 165~186.

안순철·가상준. 2006. "17대 국회의원 선거의 민주노동당 투표자에 대한 분석", 〈한국정당학회보〉 5(2), 37~57.

조진만·최준영. 2006. "1인 2표 병립제의 도입과 유권자의 투표행태: 일관투표와 분할투표의 결정요인 분석", 〈한국정치학회보〉 40(1), 71~90.

지병근. 2008. "한국에서의 전략적 투표: 대통령선거와 국회의원 선거에서 나타난 약소 정당 지지자들의 투표행태", 〈한국정치연구〉 48(2). 151~171.

Abramson, P. R., Aldrich, J. H., Paolino, P. & Rohde, D. 1992. "Sophisti-
    cated voting in the 1988 presidential primaries", *American Political Science
    Review*, 86(1), 55~69.

Alvarez, M. & Nagler, J. 2000. "A new approach for modeling strategic voting
    in multiparty systems", *British Journal of Political Science*, 30, 55~75.

Alvarez, M., Boemke, F. J. & Nagler, J. 2006. "Strategic voting in British
    elections", *Electoral Studies*, 25, 1~29.

Bartels, L. M. 1988. "Expectations and preferences in presidential nominating
    campaigns", *American Political Science Review*, 79, 804~815.

Blais, A., Nadeau, R., Gidengil, E. & Nevitte, N. 2001. "Measuring strategic
    voting in multiparty plurality elections", *Electoral Studies*, 20, 343~52.

Cain, B. E. 1978. "Strategic voting in Britain", *American Journal of Political
    Science*, 22, 639~655.

Choi, J. 2003. "Strategic voting and the effective number of presidential
    candidates: The case of South Korea", *Korean Political Science Review*,
    37(4), 191~208.

Cox, G. W. 1984. "Strategic electoral choice in multi-member districts: Approval
    voting in practice?", *American Journal of Political Science*, 28, 722~38.

_____. 1997. *Making Votes Count: Strategic Coordination in the World's Electoral
    Systems*. New York: Cambridge University Press.

Duverger, M. 1954. *Political Parties: Their Organization and Activity in the
    Modern State*. New York: John Wiley & Sons, Inc.

Galbraith, J. W. & Rae, N. C. 1989. "A test of the importance of tactical
    voting: Great Britain, 1987", *British Journal of Political Science*, 19, 126~
    36.

Karp, J. A., Vowles, J., Banducci, S. A. & Donovan, T. 2002. "Strategic
    voting, party activity, and candidate effect: Testing explanations for split
    voting in New Zealand's new mixed system", *Electoral Studies*, 21, 1~22.

Kohno, M. 1997. "Voter turnout and strategic ticket-splitting under Japan's new
    electoral rules", *Asian Survey*, 37(5), 429~440.

Lijphart, A. 1994. *Electoral Systems and Party Systems: A Study of Twenty-seven
    Democracies, 1945-1990*. New York: Oxford University Press.

McKelvey, R. D. & Ordeshook, P. C. 1972. "A general theory of the calculus of voting." In Herdon, J. F. & Bemd, J. L. (eds.). *Mathematical Applications in Political Science VI.* Charlottsville: The University of Virginia Press.

Moser, R. G. & Scheiner, E. 2005. "Strategic ticket splitting and the personal vote in mixed-member electoral system", *Legislative Studies Quarterly*, 30(2), 259~76.

Niemi, R. G., Whitten, G. & Franklin, M. N. 1992. "Constituency characteristics, individual characteristics, and tactical voting in the 1987 British general election", *British Journal of Political Science*, 22, 229~54.

Palfrey, T. 1984. "Spatial equilibrium with entry", *Review of Economic Studies*, 51, 139~56.

Rae, D. 1971. *The Political Consequences of Electoral Laws, Revised Edition.* New Haven: Yale University Press.

Schoen, H. 1999. "Split-ticket voting in German federal elections, 1953-90: An example of sophisticated balloting?", *Electoral Studies*, 18, 473~96.

Spafford, D. 1972. "Electoral systems and voters' behavior: Comment and a further test", *Comparative Politics*, 5, 129~134.

Taagepera, R. & Shugart, M. S. 1989. *Seats and Votes: The Effects and Determinants of Electoral Systems.* New Haven, Conn.: Yale University Press.

Wright, G. C. 1990. "Misreports of vote choice in the 1988 NES senate election study", *Legislative Studies Quarterly*, 15, 543~563.

_____. 1992. "Reported versus actual vote: There is a difference and it matters", *Legislative Studies Quarterly*, 17, 131~42.

6장 정당에 대한 부정적 감정과 후보자 선택[*]

김연숙

1. 들어가며

선거과정에서 특정한 정치인이나 정당에 대해 느끼는 좋고 싫음은 누구나 가질 수 있는 가장 원초적인 감정이다. 특히, 대통령선거 과정에서 특정 후보자에 대한 호불호(好不好)의 감정은 우리가 상상하는 것보다 아주 단순한 감정인식에서 출발한다고 볼 수 있다(Lazarus 1991; Marcus et al. 1993). 어떠한 대상을 좋아하거나 싫어하게 되는 원인은 매우 다양할 수 있다. 왜 좋아하게 되었는지, 싫어하게 되었는지의 원인규명은 사회과학의 영역이기보다 인문학의 영역일지 모른다. 그러나 무엇보다 중요한 것은 일단 생겨난 정치적 감정(political affect)이 어떠한 색깔이건 그것에 의해 정치적 태도가 형성되거나 투표참여의 정치적 행동에 중요한 영향을 줄 것이라는 점이다(Fazio et al. 1986; Eagly

---

* 이 장의 글은 〈한국정치학회보〉 52권 4호, 5~32쪽에 수록된 "부정적 정당 감정과 후보자 선택: 2017년 대통령선거 결과분석"(김연숙 2018)을 수정, 보완한 것이다.

& Chaiken 1993; Lodge & Taber 2013).

심리학의 원리들은 정치적 영역에도 예외 없이 적용된다. 특정 후보를 좋아하는 유권자는 후보자의 소속 정당이나 그(녀)가 표방하는 정책과 관련하여 긍정의 선호감정을 나타내기 마련이다. 반면, 평소 싫어하는 후보자가 있다면 그(녀)와 관계된 대부분의 요인, 정당이나 관련 정책에 대해서도 비판적인 태도를 취하기 쉽고 투표선택을 위한 고려에서 배제될 것이다. 현실적으로 유권자들은 각자가 중요하다고 생각하는 투표선택의 기준(cue, shortcut)이 있고, 이것에 따라 선택의 우선순위를 정하고, 자신의 생각이나 입장에 가장 부합한다고 느끼는 후보자에게 투표를 하게 된다.[1] 예를 들면 후보자의 소속 정당에 대한 심리적 유대감인 당파심(partisanship), 출신지역이 같은 후보에 대한 긍정 선호 등이 인지적 과정(cognitive process)을 통한 투표선택을 보여주는 좋은 예이다.

후보자 선택을 위한 인지과정에서 정치적 선호의 감정이 긍정 또는 (그리고) 부정의 어떠한 형태로든 선행하여 존재한다면 최종 선택을 위한 고민의 과정은 생각보다 쉬울 수 있다. 즉, 대상에 대한 싫고 좋은 '감정'이 주요한 선행요인으로 작동하는 경우 대상에 대해 추가적인 정보를 찾아보는 행동이 자연스레 유발될 수 있다. 이 과정에서 이전에 존재하는 초기의 정치적 감정과 유사한 정보가 감지되면 그 감정은 '강

---

1 이 글에서는 자신에게 주어진 투표권을 행사할 때, 후보자나 정당에 대한 선호 (political preference)가 존재하며 이것에 따라 선거상황을 인지하고 판단하는 '합리적 유권자'라 가정한다. 다만, 전통적인 합리적 선택 이론과 달리 유권자의 정치적 선호는 정치적 대상에 대한 감정(political affect)에서 출발하고, 이것에 따라 주관적 인식(perception)에 의해 정보를 수집하고 판단하는 제한된 합리성(bounded rationality)을 전제한다.

화'(reinforcement) 된다. 만약 후보자나 정당에 대한 감정과 상이한 정보가 인지되는 경우 심리적으로 갈등하게 되고 최종적인 투표결정이 변화될 수도 있다(Brader 2011; Weber 2013).

대개 유권자들의 투표선택은 후보자에 대한 회고적 평가, 당파심에 따른 일관된 정당 지지, 이념적 스펙트럼, 또는 그들의 사회경제적 지위에 부합하고 자신의 이익을 극대화할 수 있는 후보자에게 투표하는 합리적 선택(rational choice)의 논리로 해석되어 왔다(Downs 1957). 합리적 선택의 시각에서 유권자의 투표선택은 후보자에 대한 긍정적 선호(preference)가 긍정적 태도로 이어져 특정한 후보자를 최종 선택한다는 긍정의 논리에 주로 의존한다.[2] 그러나 긍정적 선호의 측면만을 고려했을 때, 유권자들이 왜 투표를 하게 되는지(또는 하지 않는지), 더 나아가 아무런 이득도 없는 투표를 왜 지속적으로 하고 있는지 이해하기는 더욱 어려워진다. 특히, 유권자 대부분이 좋아하지 않는 비호감의 후보자가 어떻게 의외의 득표를 하게 되는지를 설명하기는 더욱 어렵다. 마찬가지로 선거 전 여론조사를 통해 비교적 선호도가 높고 좋은 평가를 받았던 후보자가 실제 선거전에서 왜 낙선하게 되는지 그 원인

---

2 우리는 주로 개인 수준(micro-level)에서 유권자는 좋아하는 후보자를 선택하고, 집합적 수준(macro-level)에서 긍정 선호투표(positive voting)의 결과로 특정 후보가 선거에서 승리하는 과정을 주요한 논리로 설명해왔다. 그러나 현실적으로 유권자 개인의 입장에서 특정한 후보를 좋아하지 않아도 투표선택은 가능하다. 선거과정에서 긍정투표뿐 아니라 상대 후보에 대한 부정감정, 상충감정(ambivalent partisanship) 등 매우 다양한 정치적 감정이 존재할 수 있다. 이것은 양당구도에서 치러지는 유력한 두 후보 간의 경쟁뿐 아니라 세 후보 이상이 경쟁하는 다당제 정당구도에서 이러한 구도를 어떻게 인식하는가에 따라 투표선택이 달라질 수 있음을 의미한다. 즉, 투표선택은 후보자나 정당에 대한 감정을 기초로 주어진 선거구도에서 특정 후보에게 투표하는 행위가 자신에게 얼마나 유리할지 고민한 후 심리적 효용(expected utility)을 극대화하는 과정으로 설명될 수 있다(Downs 1957; Abramowitz 1989).

에 대해서는 만족할 만한 설명을 이끌어내기는 매우 어렵다. 이처럼 다양한 투표참여의 원인과 동기를 보다 심층적으로 규명하기 위해 긍정 선호투표의 논리뿐 아니라 반대투표(*negative voting*)의 동기가 되는 '정치적 감정'에 대한 연구가 필요함을 알 수 있다.

이러한 의미에서 2017년 5월 치러진 한국의 조기대선은 부정적 정치 감정이 유권자들의 인식 속에서 얼마나 중요한 역할을 하였으며 최종 후보자 선택의 투표효과를 얼마나 나타내는지 분석하기에 적합한 사례라 할 수 있다. 제19대 대선은 주요 정당의 후보자뿐 아니라 군소 정당 후보들의 선거전도 매우 치열했기 때문에 다양한 조합의 긍정, 부정 정당선호가 합산되어 후보자 선택에 영향을 주었을 것이라 쉽게 짐작해 볼 수 있다. 특히, 한국정치 역사상 초유의 대통령 탄핵 정국 여파로 박근혜 대통령과 집권 여당에 대한 부정적 감정과 비판의 목소리가 높았기 때문에 이에 대한 평가로서 투표선택이 이루어졌을 것이라 가정해 볼 수 있다. 또한 제19대 대통령선거는 한국정치사에서 보기 힘든 다당 구도의 선거였다. 현직 대통령이 탄핵되고 기존 여당에 대한 비판적 여론이 극에 달한 정치상황하에서 차기 정권획득의 가능성이 매우 높았던 더불어민주당(이하 민주당)의 문재인 후보, 탄핵의 과정에서 남겨진 자유한국당의 홍준표 후보, 2016년 총선에서 유력한 제3당으로 부상한 국민의당 안철수 후보, 기존 여당에서 탄핵의 분열 속에 탄생한 바른정당의 유승민 후보, 그리고 진보의 기치를 앞세운 정의당의 심상정 후보의 5당 구도는 매우 다양한 긍정, 부정의 정당선호를 보여주는 좋은 사례라 할 수 있다(김연숙 2017).

유권자들은 주요 5개 정당의 후보자 평가와 투표선택이라는 어려운 숙제를 놓고 매우 복잡한 심리적 계산을 하였을 것이고, 이 과정은 5개 정당의 후보자들을 나름대로 평가하고 선호를 매기는 다양한 조합의

퍼즐이었을 가능성이 높다. 만약 주요 정당인 민주당과 자유한국당에 대한 명확한 선호감정을 가지고 있는 유권자라면 선택은 비교적 쉬운 과정일 수 있다. 그러나 5당 구도 하에서 어느 한 정당에 강한 선호의 감정을 가지고 있지 않은 경우, 최종 투표선택을 결정하는 과정은 누가 덜 싫은지 여부로서 최종적 선택을 만들어가는 — 비호감순으로 최종 결정을 압축해가는 — 심리적 전략투표(*psychological strategy*)로 설명될 수 있을 것이다.

제 19대 대통령선거 과정에서 상당수 유권자들이 비호감의 후보자로 지목했던 홍준표 후보가 약 24%의 득표라는 의외의 선전을 거두었다. 그리고 합리적 보수를 자처하며 보수 정당의 후보로서 평가가 나쁘지 않았던 유승민 후보는 약 6%의 득표에 그쳤다. 또한 선거 초기에 유권자들의 지지와 선호가 높았던 안철수 후보의 경우 20%를 겨우 상회하는 득표율을 보여주었다. 이것은 투표일에 가까워질수록 부정적 평가가 증가하였고 이 과정에서 안철수 후보와 국민의당에 대한 긍정적 그리고 부정적 감정이 공존하는 양면적(*ambivalent*) 심리상태가 지지의 철회 또는 대안적 이탈투표 현상으로 이어진 것인지 등 다양한 추측을 가능케 한다. 당선자인 문재인 후보 역시 긍정의 지지뿐 아니라 타 정당에 대한 부정적 감정으로 인한 반대투표의 수혜자였을 가능성도 배제할 수 없다.[3] 이러한 문제제기에서 출발하여, 제 19대 대통령선거 과

---

3 국회의원 선거와 달리 대통령선거에서 정당구도의 효과는 상대적으로 약할 수 있다. 2016년 총선의 경우 5대 정당구도는 특히 비례정당 후보 선택에 영향이 있었고, 제 3당인 국민의당에 전략투표하는 현상으로 나타났다(김연숙 2017). 반면, 2017년 대선의 경우 정당구도의 효과보다 후보자 간의 경쟁구도가 투표선택에 영향을 주었을 것이라 판단해 볼 수 있다. 정치적 감정이 외부상황 인지요인과 상호작용한다고 볼 때, 대선의 경우 후보자의 당선가능성과 본선경쟁력이 중요한 영향력을 가졌으리라 추론해 볼 수 있다.

정에서 나타난 정당에 대한 부정적 감정과 후보자 선택의 관계를 정치심리학적 시각을 통해 분석해 보기로 한다.

2. 선행연구

1) 정치적 감정4의 효과(*the affect effect*): 반대투표의 심리적 동기

정치심리학적 시각에서 투표선택의 원인을 분석하는 대부분의 연구들은 한 개인의 행동이 인간의 내면적 감정, 느낌, 선호 등의 총합인 정치적 태도로 설명될 수 있다고 본다(Fazio et al. 1986; Eagly & Chaiken 1993; Marcus 2000). 이러한 태도는 정치적 대상에 대한 감정적, 인지적, 평가적 반응의 결과물이며 이 과정에서 독립적이지만 합산적인 효과를 발휘한다고 가정한다.

〈그림 6-1〉에서 보는 바와 같이, 정치적 행동은 가장 기초적인 감정적 인지(*hot cognition*)에서 촉발(*priming*)된 인지과정을 통해 이루어지며, 동기화된 사고과정 속에서 정치적 대상을 평가하고 나름의 합리적 선택을 하게 되는 준거 기준점이 된다(Marcus et al. 1993; Lodge & Taber 2013). 정치적 대상에 대한 감정이 생겨난 이후, 그것에 대한 인식과 태도가 형성되며 이것이 행동의 원인으로 작동한다고 보는 입장은 소위 '인지적 합리성'(*cognitive rationality*)을 전제하는 정치심리학적 시

---

4 이 연구의 주요개념인 '감정'(*affect*)은 사실상 정치적 대상에 대한 좋고 싫은 '느낌'(*feeling*)이라 할 수 있다. 그러나 단순히 생리적인 차원의 '느낌'이나 심리적인 '감정'(*emotion*)과 다른 포괄적인 의미로 사용된다. '정서'라는 용어도 심리학에서 자주 사용되나 이 연구에서는 '감정'으로 통일하여 사용하기로 한다.

〈그림 6-1〉 정치적 대상에 대한 감정과 인지과정의 흐름

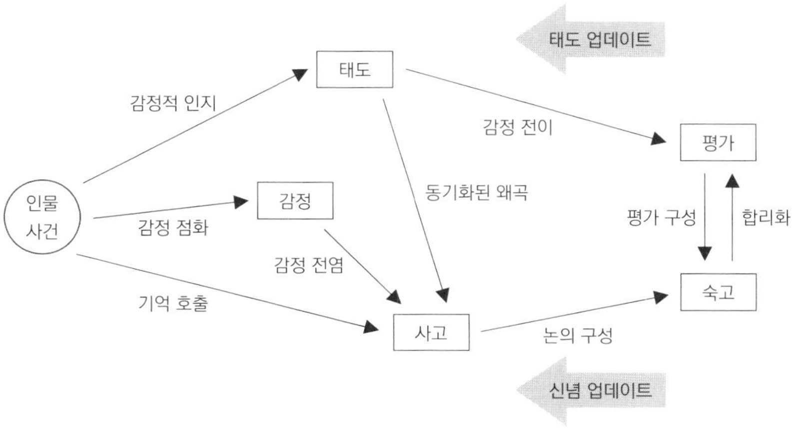

출처: Lodge & Taber(2013) 논문 중 재구성.

각의 출발점이다. 인지과정의 합리성을 주장하는 학자들은 투표와 같은 정치적 행동의 인지적 과정이 후보자(정당)에 대한 호불호의 감정과 감정에 의해 촉발(affect priming)된 것이며, 이러한 정치심리적 인식(perception)이 태도나 행동을 결정(adaptation)하고 합리화(rationalizing)한다는 가정을 기존 정치심리학 이론과 경험분석을 통해 검증해 왔다(Lazarus 1991; Marcus 2000; Lodge & Taber 2013).

정치적 감정은 공적 영역에서 정치·사회적 판단에 영향을 주고 행동결정에 중요한 역할을 한다. 정치적 감정의 존재는 정치적 행동의 촉발요인으로 필수적인 요소일 뿐 아니라 투표참여의 특성을 결정하는 중요한 심리적 요인이다(Brader 2006; Valentino et al. 2011; Weber 2013). 특히, 부정적 감정을 통한 설명논리의 장점은 긍정적 감정만으로 설명되지 않는 행동적 특성을 이해하는 반증(falsification)의 논리로서 강점을 가진다. 특정한 후보자나 정당을 좋아하는 단순한 감정이 해

당 후보자에 대한 지지(support) 와 투표선택(choice) 으로 이어진다는 논리는 너무 당연한 이치이지만, 어찌 보면 현실과 동떨어진 너무나 작위적인 상황일 수 있다. 왜냐하면 후보자나 정당에 대해 싫어하는 반감은 우리의 정치현실에서 마주치는 매우 자연스럽고 흔한 상황으로, 누구나 한번쯤은 투표선택의 과정에서 겪어 본 일반적 현상이기 때문이다. 소위 긍정적 정당 지지가 긍정적 지지투표로 이어진다는 정당일체감(party identification) 의 투표논리는 긍정과 부정의 두 차원을 포함한 개념으로 확장(Cacioppo et al. 1997; Caruana et al. 2015) 될 때 보다 현실성 있는 보편적인 이론으로 우리에게 다가올 수 있다. 예를 들어 특정한 후보나 정당에 대해 부정적 정당인식을 강하게 가진 유권자들이 반감(negative affect) 으로 인해 그 후보를 지지하지 않으려는 의도에서 제3의 후보에게 투표하였다면, 제3후보에 대한 이러한 투표선택은 긍정의 감정만으로 설명될 수 없을 것이다. 또한 싫어하는 (혹은 좋아하는) 정당이나 후보자가 여럿일 때, 개인 수준에서 최종 투표선택은 '덜 싫어하는 차선'이거나 덜 좋아하는 선호의 상대성의 원리에 따라 결정된다고 볼 수 있다.

긍정투표의 논리는 표면적인 투표선택의 결과(행동적 특성) 만을 놓고 상이한 심리적 특성을 가진 집단을 동질적인 (지지) 집단으로 범주화하는 일반화의 오류를 낳는다. 즉, 서로 다른 이유에서 나타날 수 있는 '문재인 투표'의 행동적 특성을 긍정적 지지투표로 규정하는 지나친 단순화(oversimplification) 의 문제라고 할 수 있다. 특히, 정당에 대한 반감과 정당일체감의 정도가 강하지 않은 정치환경에서 부정적 감정의 효과는 투표선택의 다양한 원인을 규명해주는 중요한 단서가 될 수 있다. 또한 부정적 정당감정의 정치참여의 효과는 긍정의 감정과 매우 다르게 작동하는 특성에서 차별화된다. 즉, 긍정의 감정은 매우 직접적인 행동유발

효과를 가지지만, 부정의 감정은 상황의 조건에 따라 다르게 활성화되는 특성을 가지기 때문이다(Valentino et al. 2011; Marcus & Mackuen 1993). 부정적 정치감정은 선거상황을 어떻게 인지하는가에 따라 유동적인 투표(*swing vote*)를 유발할 수 있으며, 비일관적이지만 약한 당파심을 가진 무당파(*leaning independents*) 유권자들의 투표행태의 원인을 추적해 볼 수 있는 중요한 심리적 단서가 된다(Abramowitz 2016; 황아란 2012; 김연숙 2014).

이미 무언가를 가지고 있는 사람(*gain domain*)이 그것을 빼앗기지 않으려는(*risk aversion*) 심리는 투표선택의 논리에도 적용될 수 있다. 아무것도 가지지 않은(선호가 없는) 사람이 무언가를 취하는 것보다 이미 가진 것에 대해 그것을 잃을 수 있다는 위험을 감지할 때 더욱 민감해진다는 정치심리학적 해석도 가능하다(Quattrone & Tversky 1988).

예를 들어 미국 대통령선거에서 국가의 정치·경제 상황이 비교적 좋아 긍정적인 평가를 받는 현직 대통령은 쉽게 재선되는 경향이 있다. 반대로 국가의 상황이 좋지 않아 현직 후보가 부정적인 평가를 받는 경우 도전하는 후보는 상대적으로 쉽게 득표할 수 있게 된다. 즉, 유권자입장에서 자신이 안정적으로 가진 무언가에 대해 위험 받지 않을 상황이라 인식하면 위험을 불사(*risk taking*)하는 행동을 할 이유가 없다. 그러나 자신의 경제적 이득 또는 심리적 만족감에 저해되는 손실이 감지될 때 그것을 막기 위한 행동(*loss aversion*)이 유발될 수 있으며 적극적반대투표의 행태가 나타날 수 있다. 반대투표의 심리적 기제는 싫어하는(부정평가) 후보가 당선되는 것을 피하고자 하는 방어기제, 그리고 좋아하는(긍정평가) 후보가 낙선하는 위험을 막기 위한 위험 회피의 심리적 동기에서 출발한다고 볼 수 있다. 이러한 심리적 동기는 유권자들의 준거점(*reference point*)이 실제 객관적인 평가와 다를 수 있고, 이에 따라 초기의 감정이 왜곡(motivated bias)되거나(Lodge & Taber 2013), 외부 선거상황을 어떻게 인식하는가에 따라 인지적 상호작용을 통해 투표행동이 결정될 수 있다(Abramowitz 1989).

지난 제19대 대통령선거 당시 5개 정당의 후보자들이 활발하게 선거 운동을 전개하였다. 이러한 경쟁구도하에서 유권자들의 감정인식(emotional perception)은 상대적인 감정의 스펙트럼 상에 위치한다고 볼 수 있다. 즉, 유권자들은 각 정당의 후보자에 대한 상대적 감정인지(누가 더 나은가 또는 누가 덜 싫은가의 기준)에 따라 배치된다고 가정해 볼 수 있다. 다시 말하면 정당에 대한 감정이 준거 기준점(reference point)으로 가장 중요한 출발점이 되고, 이것에 따라 선거상황을 인지하고 최종 투표를 결정하는 감정기반 투표선택(emotional voting)의 전체 과정을 그려볼 수 있다. 즉, 부정적 감정과 그 싫어하는 후보의 당선가능성이 높다고 인식될 때, 비교적 자신이 선호하는 정당의 후보자 또는 상대적으로 중립적 선호를 가진 후보자에게 더욱 적극적으로 반대투표할 수 있는 심리적 동기가 활성화된다고 가정해 볼 수 있다. 5

2) 심리적 전략투표: 정당감정과 당선가능성

이번에는 좋아하는 정당의 후보자가 있지만 선거상황이 좋지 않아 후보의 당선가능성(electability)이 낮다고 판단할 때, 타 정당의 유사성향

---

5 부정적 감정은 주로 분노(anger), 두려움(fear), 냉소, 회피 등으로 구분하여 볼 수 있다. 행동적 특성을 나타내는 부정감정은 주로 분노이다. 두려움이나 냉소적인 감정과 태도는 행동적 특성을 약화시키는 효과가 있어 기권의 원인이 된다(Marcus et al. 1993). 19대 대선과정에서 나타난 부정적 정당감정은 집권여당과 박근혜 정부에 대한 분노에 가까운 특성을 가진다고 볼 때, 보다 적극적인 반대투표의 경향이 후보자 선택에 상당한 영향을 주었을 것이라 가정해 볼 수 있다.

후보에게 표를 던지는 '위험 회피'투표를 가정해 보자(Kahneman & Tversky 1979; Abramowitz 1989). 아브라모비치(1989)는 미국 대통령 예비선거에서 유권자들의 투표선택을 결정하는 3가지 모델을 제시하였다. 이중 '유권자 기대효용 모델'(expected utility model)은 후보자에 대한 선호와 평가가 '당선가능성'이나 '본선 진출 가능성'(viability)을 매개하여 투표선택에 이르게 된다는 가정을 경험적 분석결과로 보여주었다. 후보자에 대한 선호와 평가가 단순하게 투표선택에 영향(simple candidate choice)을 주거나, 본선에 진출할 가능성(viability)만이 중요한 것이 아니라 '당선가능성'을 고려하여 '후보자 선호'에 기초하되, 자신의 선택에 대한 기대효용을 극대화하는 투표선택을 하게 된다는 연구결과이다.

앞서 반대투표(negative voting)의 심리가 행동경제학에서 전제하는 '손실 회피'(loss aversion)의 개념으로도 설명될 수 있다(Kahneman & Tversky 1979)는 점을 논의하였다. 카네만과 쯔벌스키는 전망 이론(prospect theory)에서 심리적 차원에서 부정적으로 인식되는 손실(loss)이 예상될 때, 이득(gain)에 대한 기대보다 상대적으로 더 큰 감정적 반응을 일으키며 이것이 '손실에 대한 회피'의 행동을 유발한다는 점을 강조하였다. 특히, '기대효용'(expected utility)에 대한 계산은 정당에 대한 감정과 외부 선거상황에 대한 인지요인을 통해 투표선택에 이르게 되는 가장 핵심적인 심리적 동기라 할 수 있다. 예를 들어 후보자의 당선가능성은 후보자에 대한 감정 선호가 외부 선거상황을 인지하고 투표선택의 기대효용을 계산할 수 있도록 하여 위험 회피와 손실 회피의 인지적 전략수행을 가능하게 해 주는 중요한 매개 변수라 할 수 있다(Kahneman & Tversky 1979; Abramowitz 1989).

긍정적 정당선호, 소위 정당일체감을 가진 유권자들에게 긍정적 선호란 투표에 참여하는 선택행위를 유발할 수 있는 중요한 심리적 동기가 된다. 반면, 특정한 정당에 부정적 감정을 가진 유권자들이 비선호의 후보자에게 유리한 선거상황이라 판단하는 경우, 싫은 후보의 당선을 피하려는 심리적 방어기제(loss aversion)가 작동하게 된다. 즉, 싫은 후보자가 당선되는 것은 좋아하는 후보가 낙선하는 것보다 훨씬 큰 심리적 부담이라는 것이다(Quattrone & Tversky 1988). 위험 회피의 영역은 좋아하는 후보가 당선되었을 때 얻을 수 있는 심리적 만족의 영역(gain domain)과 관련된다. 다시 말해, 좋아하는 정당의 후보자가 있음에도 선거에서 승리할 가능성이 낮다고 판단되면 그들이 가진 소중한 한 표를 선호 정당의 후보에게 선뜻 던지기 어려울 수 있다. 특히, 개인적 호감도가 높을지라도 소속 정당이 주요 정당이 아니거나 무소속 후보인 경우, 후보자에 대한 긍정적 심리효과는 감소하고 당선가능성에 대한 우려 때문에 전략투표를 하게 된다고 가정해 볼 수 있다.

인간의 합리적 선택이 인지적 심리과정의 전반에 흐르는 중요한 전제라고 본다면, 손실 회피, 위험 회피를 위한 전략투표는 사실상 '심리적 기준점'(reference point)이 어느 지점인지에 따라 이루어진다. 심리적 기준점은 대상에 대한 손실과 이득을 계산할 수 있는 감정적 기준이 되며, 이러한 감정의 준거 기준점에서 행동의 결과가 이득이 될지 손실이 될지 결정하기 때문이다. 이러한 전제가 전통적인 합리적 투표선택 이론에서 전제하는 '이익'의 개념과 다른 점이다. 중립적이고 객관적인 기준에서 경제투표, 이슈투표, 회고적 투표 등이 이루어질 수 있다고 가정하지만 현실에서의 합리적 투표선택이란 표면적인 투표결과의 산출에 대한 경제적 해석을 넘어선다. 그것은 상대적일 수밖에 없고 각자의 심리적 기준에 근거한 '감정 합리성'(affective rationality)에 근거하여 이루어질 것이라 추론할 수 있다.

206

따라서 특정한 후보를 선택하는 투표선택의 과정은 후보자와 관련된 기본적 정보인 소속 정당에 대한 감정이 가장 중요하게 작동하여 촉발 (*affect priming*) 되며, 그것이 심리적 기준점이 되어 주변 정보들을 모으고 판단하는 합리화(*rationalizing*)의 과정을 거친다고 할 수 있다. 요약하자면 유권자의 정치적 감정과 투표선택의 과정은 다음의 네 단계로 진행된다고 가정해 본다. ① 유권자는 정치적 대상(정당 또는 후보자)에 대해 감정적 선호가 있다. ② 감정 선호(부정 또는/그리고 긍정) 기준점이 무엇인지에 따라 외부 환경적 선거상황을 판단한다. 즉, 긍정 또는 부정의 감정이 선행하여 존재하는 후보자의 선거경쟁력(당선가능성 등)을 고려한다. ③ 정치적 대상에 대한 감정과 외부 선거상황을 종합적으로 판단하여 심리적 최적점(*break-even point*)을 찾는다. ④ 최종적인 투표선택을 한다.

　이 과정에서 특정한 정당(후보자)에 강한 부정적 감정을 가진 경우, 그 후보자가 선거에서 당선될 가능성이 높다고 인식할 때, 반대투표의 효과가 극대화된다고 할 수 있다. 좋아하는 후보의 당선가능성이 불확실한 상황에서는 매우 유동적인 행동적 특성을 나타내며 기존의 선호가 존재함에도 정작 좋아하는 후보에게 투표하지 않고 차선의 후보라고 생각되는 제3의 인물에 투표하는 대안투표(*alternative voting*)가 이루어질 수 있다고 본다.

3. 연구틀과 주요 변수 그리고 가설

1) 정당감정의 측정

이 연구를 위해 사용된 자료는 2017년 제 19대 대통령선거 후 서울대 사회발전연구소에서 전 국민을 대상으로 면접조사한 "정치와 민주주의에 관한 의식조사"이다. 이 조사는 전문 면접원에 의한 1:1 면접조사 방식으로 수행되었으며, 표본은 전국 만 19세 이상 성인 1,200명을 대상으로 하였다. 2017년 4월말 기준 행정자치부 주민등록 인구통계를 기준으로 전국 1,200명을 16개 광역시도, 성별, 연령별로 할당하여 표본을 구성하였다. 조사 시기는 2017년 8월 22일부터 9월 3일까지로 약 2주에 걸쳐 조사되었다.

정당에 대한 감정(*partisan affect*)은 대개 소속 정당의 후보자에 대한 감정과 정(*positive*)의 상관관계를 가진다. 이번 조사의 경우 후보자와 정당에 대한 감정을 묻는 질문항이 포함되어 있어 후보자 평가와 정당 평가가 대부분 같은 방향의 상관성을 가지고 있음을 확인할 수 있었다. 이 연구에서는 주로 주요 5개 정당에 대한 '정치적 감정'을 100점 척도의 감정 온도계로 측정한 변수를 활용한다. 주요 대선 후보와 정당에 대한 기초 분석 결과, 문재인, 홍준표, 안철수, 유승민, 심상정 등 주요 5개 정당의 후보 호감도보다 주요 정당인 민주당, 자유한국당, 국민의당, 바른정당, 정의당 등 5개 정당의 호감도가 상대적으로 낮게 나타났다.[6]

---

[6] 주요 5인의 후보자와 소속 정당에 대한 선호점수의 대응표본 t검증(*paired t-test*)의 결과, 홍준표 후보와 자유한국당에 대한 선호 감정만이 서로 유사한 평균값과 분포로 나타난다. 나머지 네 후보와 소속 정당에 대한 대응표본 t검증결과는 공통적으로 후보자에 대한 선호가 정당에 비해 약간 높은 것을 알 수 있었다. 이것은 대통령선

현직 대통령이 대통령선거에 후보자로서 존재하지 않으며, 정당 점수가 후보자의 점수보다 낮아 정당감정의 효과가 후보자에 대한 감정에 완벽히 투영되었다고 볼 수는 없지만, 주요 후보자 점수와 각 해당 정당의 점수가 같은 패턴을 나타내므로 '정당감정'을 후보자 선택에 대한 중요 독립변수로 사용하기로 한다. 실제 조사에서 후보자와 정당에 대한 감정을 묻는 질문항은 하나의 세트로 구성되어 있다. 구체적인 질문지 구성은 다음과 같다.

C8. "귀하께서는 우리나라의 주요 정치인 및 정당에 대해 얼마나 좋아하거나 싫어하는지 점수 평가 예를 참조하여 0에서 100까지의 숫자로 말씀해 주십시오"

정치인 및 정당	점수	점수 평가 예
1) 문재인	( )점	
2) 홍준표	( )점	100점: 대단히 호의적인 느낌
3) 안철수	( )점	85점: 상당히 호의적인 느낌
4) 유승민	( )점	70점: 어느 정도 호의적인 느낌
5) 심상정	( )점	60점: 약간 호의적인 느낌
6) 더불어민주당	( )점	50점: 호의적이지도 부정적이지도 않음
7) 자유한국당	( )점	40점: 약간 부정적인 느낌
8) 국민의당	( )점	30점: 어느 정도 부정적인 느낌
9) 바른정당	( )점	15점: 상당히 부정적인 느낌
10) 정의당	( )점	0점: 대단히 부정적인 느낌

위의 질문에 대한 조사결과는 점수 평가의 예에서 보는 바와 같이 일정한 숫자에 답변이 집중되는 경향을 보인다. 점수 평가의 예가 응답에

거의 경우 후보자효과가 보다 강하게 나타나는 증거로 볼 수 있다. 그러나 일반적으로 선거과정에서 정당요인이 투표선택을 용이하게 하는 요약정보(shortcut)로 활용될 수 있다고 보아 정당에 대한 감정을 기초적인 심리요인으로 전제하기로 한다.

영향을 주었음을 알 수 있다. 그러나 전체적인 감정 점수를 파악하는
데 큰 무리는 없어 보인다. 분석의 편의상 0~49점으로 답변한 경우는
' - 1'로 코딩하여 '부정' 집단, 50점으로 답변한 경우는 '0'으로 코딩하여
'중립', 51~100점으로 답변한 경우는 '1'로 코딩하여 '긍정' 집단으로 구
분하였다.

2) 당선가능성 인식

당선가능성은 유권자들의 투표선택 과정에서 감정적 요인과 더불어
외부 환경적 요인의 효과를 분석하기 위해 사용하였다. 투표선택을 위
한 호불호의 감정이 존재한다고 전제하고, 주요 정당의 다섯 후보를 중
심으로 당선가능성을 0에서 100까지의 점수로 질문하였다. 선거 당시
의 상황에 대해 어떻게 인식하고 있는지, 실제로 각 후보자들의 당선가
능성이 최종 투표선택에 어떠한 영향을 주었는지 분석하기 위해 사용
하였다. 구체적인 질문항은 다음과 같다.

> B1. 투표 전 귀하는 다음 후보의 당선가능성을 어떻게 생각하셨나요? 0
> 부터 100 사이의 숫자로 말씀해 주십시오. 여기서 "0"은 당선가능성
> 이 "전혀 없음", "100"은 당선가능성이 "가장 높음"을 의미합니다.
>
> ① 문재인 (＿＿) ② 홍준표 (＿＿) ③ 안철수 (＿＿)
> ④ 유승민 (＿＿) ⑤ 심상정 (＿＿)

정당에 대한 감정의 측정법과 마찬가지로, 분석의 편의상 각 후보자
에 대한 당선가능성을 0~49점으로 답변한 경우 ' - 1'로 코딩하여 '가능
성-저(low)' 집단으로, 50점으로 답변한 경우 '0'으로 코딩하여 '중

$(mid)'$, 51~100점으로 답변한 경우 '1'로 코딩하여 '가능성-고$(high)'$ 집단으로 구분하였다.

3) 후보자 선택을 위한 심리전략과 연구가설

이상과 같이 주요 변수들을 설정하고 정당감정에 따른 후보자 선택의 과정을 4가지 유형으로 나누어 가설로 설정하고 경험적 분석을 수행하기로 한다. 우선 이 연구의 가장 중요한 가정은 이번 선거에서 투표선택이 각 정당에 대한 긍정 감정뿐 아니라 상대 정당에 대한 부정적 정당감정에 따라 결정되었을 것이라는 점이다. 특히, 정당감정은 유권자들이 선거상황을 어떻게 인지하는가에 따라 인지적 과정을 통해 투표선택에 이르는 합리화의 심리 전략의 핵심이라 보고 가능한 유형을 설정해 보았다. 각 유형별 상정한 가설은 다음과 같다. (1) 좋아하는 정당의 후보가 당선가능성이 높다고 인식할 때, 인지적 강화효과가 나타나며 그 후보를 선택한다. (2) 싫어하는 정당 후보자가 당선가능성이 높다고 인식하면, 손실 회피 심리 전략에 따라 덜 싫어하는 후보에 반대투표한다. (3) 좋아하는 정당 후보자의 당선가능성이 낮다고 인식될 때, 위험 회피의 전략에 따라 제3후보를 대안으로 선택하여 투표한다. (4) 싫어하는

〈표 6-1〉 정당감정, 상황인지 그리고 투표전략 유형

구분	준거점	상황인지	행동결정	인지과정
	정당 감정	당선가능성 인식	투표선택	합리화 전략
1	좋아하는 정당(+)	높음(+)	좋아하는 후보 선택	인지 강화
2	싫어하는 정당(−)	높음(+)	반대 투표	손실 회피
3	좋아하는 정당(+)	낮음(−)	대안 투표	위험 회피
4	싫어하는 정당(−)	낮음(−)	싫어하는 후보 비선택	무시

정당 후보가 당선가능성이 낮다고 인식하면 그 후보자는 선택받지 못한다. 이러한 심리 전략을 가정하고 유형 ⑴ ~ ⑶의 가설을 중심으로 분석하고 그 결과를 논의해 본다.

4. 분석결과와 논의

1) 부정적 정당감정의 효과

우리는 앞서 정당에 대한 유권자들의 부정적 감정이, 정당일체감에 의한 긍정적 정당 지지가 최종 투표로 이어진다는 공식에 가려 오랫동안 그 효과가 드러나지 못했음을 논의하였다. 그러나 특정한 후보에 대한 명백한 지지를 표명하기 어려운 경쟁적인 선거과정에서 부정적인 정당감정은 최종 후보자를 결정하는 데 매우 중요한 심리적 요인으로 작동할 가능성이 매우 높다는 점(Abramowitz 2016; 황아란 2012: 2008)을 지적하였다. 또한 선거의 구도가 매우 복잡한 다당 구도하의 여러 후보자들 중에서 정책, 공약이 유사하거나 후보자효과(*candidate effect*)가 부각되지 못하는 경우, 정치적 대상에 대한 기초적 감정(*affective cue*)을 토대로 부적절하다고 생각되는 후보를 걸러내는 차선의 선택방식이 인지적으로 매우 유용하고 비교적 쉬운 선택의 전략이라는 점을 설명하였다.

특히, 제19대 한국의 대선과정에서 다섯 후보가 활발한 선거캠페인 활동을 보여주었기 때문에 유권자 입장에서 상대 정당의 후보에 대한 부정적 감정, 그리고 (지지후보가 있다면) 자신이 지지하는 후보에 대한 긍정의 감정이 복합적으로 공존하는 가운데 최종 결정을 위해 심사숙고의

<표 6-2> 주요 5개 정당에 대한 정당감정의 분포(100점 기준)

구분	더불어민주당		자유한국당		국민의당		바른정당		정의당	
	빈도	퍼센트	빈도	퍼센트	빈도	퍼센트	빈도	퍼센트	빈도	퍼센트
부정(-)	267	22.3	715	59.6	602	50.2	631	52.6	724	60.3
중립(0)	239	19.9	197	16.4	332	27.7	323	26.9	279	23.3
긍정(+)	694	57.8	288	24.0	266	22.2	246	20.5	197	16.4
합계	1,200	100.0	1,200	100.0	1,200	100.0	1,200	100.0	1,200	100.0
평균	59.32		37.59		43.31		42.05		38.49	
표준편차	21.13		25.55		17.96		17.46		18.78	

과정이 필요했으리라 가정해 보았다.[7] 이러한 점들을 검토하기 위해, 5개 정당에 대한 부정적 정당감정의 분포를 살펴보기로 한다. <표 6-2>는 19대 대선 조사 결과, 주요 5개 정당에 대한 감정을 감정 온도로 질문한 결과의 평균치이다.

우선 민주당의 경우 정당감정 전체 평균은 약 59점이다. 나머지 네 정당에 대한 감정은 자유한국당 약 38점, 국민의당 43점, 바른정당 42점, 정의당 38점이다. 모두 50점 이하의 부정적인 평균값이다. 개별적 분포를 부정(0~49점), 중립(50점), 긍정(51~100점)으로 구분하여 보아도 중립적인 50점의 점수에 답변한 응답자가 상당수임을 알 수 있다. 중도적 답변에 응답이 집중되는 여론조사의 관례적인 문제점을 감안하더라도[8] 정당에 대한 부정적인 감정을 가지는 유권자들이 대부분임을

---

7 선거 전 문재인 후보에 대한 지지율이 매우 높았지만, 앞서 설명한 '합리적 유권자' 이론에 근거하여 본다면 개인 유권자 입장에서 문재인 후보를 포함한 홍준표, 안철수, 유승민, 심상정 등 다섯 후보들에 대한 정당감정과 당선가능성을 동시에 고려해야 하는 기대효용의 계산은 결코 쉽지 않았을 것이라 추론해 볼 수 있다.

8 설문조사에서 중도나 중간지점에 대한 답변이 집중되는 현상은 일반적이다. 심리학적으로 자신의 답변이 결정되지 않았거나, 어느 한쪽으로 치우친 의견이 밝히기 어려울 때 답변이 쉬운 중간의 선호를 주로 나타내기 때문이다(Tourangeau 2000).

<表 6-3> 문재인 투표선택과 5당 감정(ANOVA)

문재인 투표		더불어민주당	자유한국당	국민의당	바른정당	정의당
0	평균	-.07	-.07	-.17	-.23	-.53
	N	614	614	614	614	614
	표준편차	.848	.894	.842	.822	.717
1(문재인 투표)	평균	.80	-.66	-.40	-.42	-.34
	N	586	586	586	586	586
	표준편차	.492	.661	.743	.749	.789
F값 (유의확률)		465.19 (.000)	170.89 (.000)	25.78 (.000)	17.48 (.000)	19.37 (.000)

* 정당감정 점수값: -1 = 부정, 0 = 중립, 1 = 긍정.

알 수 있다.

정당에 대한 감정점수를 구체적으로 살펴보면, 지지 정당을 기준으로 한 기존의 정당일체감 이론에서 가정하는 긍정적 선호와 투표의 논리에 부합하지 않는 정당감정의 스펙트럼을 볼 수 있다. 19대 대선 당시 탄핵 정국의 영향으로 당선가능성이 매우 높은 문재인 후보가 속한 민주당에 긍정적인 감정을 가진 집단이 50%를 상회하고, 나머지 네 정당에 대한 감정은 대부분 부정적이다. 정당감정의 편차가 가장 큰 정당은 자유한국당(25.55), 그 다음으로 민주당(21.13)이다. 이 점은 주요 양대 정당의 후보인 문재인 후보와 홍준표 후보에 대한 부정적 정당감정이 투표결정에 주요한 요인으로 작동할 수 있음을 시사한다고 할 수 있다. 즉, 문재인 후보의 민주당에 대한 긍정적 감정이 타 정당에 대한 부정적 감정을 일으킬 수 있고, 이것이 문재인 후보에게 표를 집결시키는 역할을 하였을 것이라는 추론이 가능하다. 구체적으로 부정적 감정이 후보자 선택에 어떠한 영향을 주었는지 감정 집단(부정, 중립, 긍정)별로 후보자 선택의 결과를 비교해 보자.

<표 6-3>을 보면, 문재인 후보 투표에 영향을 주는 정당요인은 민주

<표 6-4> 홍준표 투표선택과 5당 감정(ANOVA)

홍준표 투표		더불어민주당	자유한국당	국민의당	바른정당	정의당
0	평균	.54	-.61	-.27	-.34	-.36
	N	966	966	966	966	966
	표준편차	.731	.683	.812	.795	.791
1(홍준표 투표)	평균	-.39	.69	-.32	-.26	-.76
	N	234	234	234	234	234
	표준편차	.752	.593	.766	.784	.495
F값 (유의확률)		298.12 (.000)	719.51 (.000)	.591 (.442)	1.67 (.196)	52.08 (.000)

* 정당감정 점수값: -1 = 부정, 0 = 중립, 1 = 긍정.

당에 대한 긍정적 감정과 나머지 네 정당에 대한 부정감정으로 양분되는 모습이다. 문재인 후보에게 투표하였다고 답변한 586명의 응답자들은 문재인 후보에 투표하지 않은 응답자들과 정당에 대한 선호감정에서 확연히 대조된다. 문재인 투표자의 민주당에 대한 선호는 예상대로 매우 긍정적(0.80)이다. 주목할 점은 문재인 투표자들의 나머지 네 정당에 대한 선호도이다. 문재인 투표자 중 자유한국당에 대한 감정이 가장 부정적(-0.66)이며, 그 다음으로 바른정당(-0.42), 국민의당(-0.40), 그리고 정의당(-0.34) 순이다. 타 정당 모두에 부정적 감정을 가진 경우 민주당을 좋아하고 문재인 후보에게 투표하고 있음을 알 수 있다.

홍준표 후보를 최종 선택하였다고 답변한 234명의 응답자들은 민주당, 자유한국당, 정의당에 대한 감정점수에서만 통계적으로 유의한 차이를 보인다. 홍준표 후보를 선택한 집단의 자유한국당에 대한 감정점수 평균값은 0.69로 문재인 투표자의 민주당 선호도보다는 낮다고 할 수 있다. 그러나 홍준표 투표자의 정의당에 대한 감정은 상대적으로 매우 부정적이다(-0.76). 홍준표 투표자이면서 민주당에 대한 부정점수(-0.39)는 문재인 투표자의 자유한국당 부정점수(-0.66)보다 상대적으

<표 6-5> 안철수 투표선택과 5당 감정(ANOVA)

안철수 투표		더불어민주당	자유한국당	국민의당	바른정당	정의당
0	평균	.39	-.34	-.36	-.33	-.43
	N	1,076	1,076	1,076	1,076	1,076
	표준편차	.817	.855	.764	.789	.766
1(안철수 투표)	평균	.10	-.52	.45	-.24	-.54
	N	124	124	124	124	124
	표준편차	.821	.704	.769	.820	.680
F값 (유의확률)		13.92 (.000)	5.54 (.019)	126.70 (.000)	1.37 (.242)	2.46 (.117)

* 정당감정 점수값: -1 = 부정, 0 = 중립, 1 = 긍정.

로 그리 나쁘지는 않아 보인다. 이념적으로 매우 진보적이라 할 수 있는 정의당에 대한 부정적 감정이 자유한국당의 홍준표 후보에게 투표하는 동기로 작용한 것을 알 수 있다.

〈표 6-5〉에서 안철수 투표자의 정당감정을 보면, 자신의 정당이라 할 수 있는 국민의당에 대한 선호감정이 타 정당에 비해 상대적으로 높지 않음을 알 수 있다(0.45). 안철수 후보에게 투표한 유권자들은 국민의당뿐 아니라 타 정당인 민주당과 자유한국당에 대한 정당인식에 의해 영향을 받았다고 추론해 볼 수 있다. 특히, 안철수 투표자의 민주당 선호감정은 0.10으로 비교적 긍정적인 편이다. 자유한국당에 대한 선호는 -0.52로 부정적임을 알 수 있다. 반면, 바른정당과 정의당에 대한 감정은 안철수 후보 선택에 유의한 영향력이 있다고 볼 수는 없다. 이러한 점들을 종합해 볼 때 민주당에 대한 긍정감정이 상대적으로 약하고, 자유한국당에 대해 부정적인 감정을 가진 유권자들이 안철수 후보를 선택했다는 추론이 가능하다. 즉, 자신의 정당인 국민의당에 대한 긍정의 감정, 자유한국당에 대한 부정적 감정, 그리고 민주당에 대한 양면적 감정으로 인한 복합적 효과라고 할 수 있다. 이것은 기존 정당구도에 대한 평가에서 기

성 정당인 민주당과 자유한국당에 대한 상대적 비선호, 또는 부정적 감정이 안철수 후보를 선택하게 된 중요 요인이었음을 시사한다.

　이번에는 주요 정당의 후보가 아님에도 선거전에서 주목을 받았던 유승민 후보와 심상정 후보를 선택한 집단을 살펴보자. 유승민 후보에게 투표하였다고 답변한 응답자는 57명이다. 유승민 투표자의 바른정당에 대한 감정점수(0.59)는 안철수 투표자의 국민의당 감정점수(0.45)보다는 약간 높다. 하지만 문재인 투표자 집단의 민주당 선호점

〈표 6-6〉 유승민 투표선택과 5당 감정(ANOVA)

유승민 투표		더불어민주당	자유한국당	국민의당	바른정당	정의당
0	평균	.38	−.35	−.27	−.35	−.44
	N	1,141	1,141	1,141	1,141	1,141
	표준편차	.811	.849	.806	.778	.758
1(유승민 투표)	평균	−.19	−.53	−.39	.20	−.44
	N	59	59	59	59	59
	표준편차	.840	.679	.743	.886	.772
F값 (유의확률)		27.64 (.000)	2.51 (.113)	1.16 (.282)	21.74 (.000)	.000 (.987)

* 정당감정 점수값: -1 = 부정, 0 = 중립, 1 = 긍정.

〈표 6-7〉 심상정 투표선택과 5당 감정(ANOVA)

심상정 투표		민주당	자유한국당	국민의당	바른정당	정의당
0	평균	.36	−.34	−.28	−.32	−.46
	N	1,164	1,164	1,164	1,164	1,164
	표준편차	.820	.848	.807	.795	.745
1(심상정 투표)	평균	.17	−.78	−.42	−.31	.28
	N	36	36	36	36	36
	표준편차	.845	.485	.692	.710	.849
F값 (유의확률)		1.97 (.161)	9.37 (.002)	1.074 (.300)	.014 (.907)	34.09 (.000)

* 정당감정 점수값: -1 = 부정, 0 = 중립, 1 = 긍정.

수(0. 80), 홍준표 투표 집단의 자유한국당 선호점수(0. 69)에는 미치지 못한다. 다만, 이념적으로 거리가 먼 민주당에 대한 부정감정(-0. 19)이 유승민 후보의 주요한 득표 유인이라 볼 수도 있다. 부정감정의 효과는 민주당에 대한 감정 영역에서만 활성화된다. 즉, 민주당을 싫어할수록 유승민 후보에게 투표할 가능성이 높아지지만, 자유한국당, 국민의당, 정의당에 대한 감정은 유승민 후보 선택에 유의미한 영향력을 발휘하지 못하고 있다.

군소 정당의 후보 중 심상정 투표선택과 각 정당감정을 비교해 보자. 심상정 후보를 선택했다고 답변한 응답자는 36명으로 매우 작은 사례집단이다. 그럼에도 불구하고, 심상정 후보 선택에 영향을 주는 정당감정효과는 자유한국당에 대한 부정감정(-0. 78)에서 극명하게 나타난다. 자유한국당을 싫어할수록 심상정 후보에 대한 투표가능성이 높아지지만 정의당에 대한 감정점수(0. 28)는 타 정당에 비해 그리 호의적이지는 않다. 자신의 정당에 대한 긍정적 선호와 타 정당에 대한 부정적 선호가 일정한 수준 이상으로 격차가 벌어질 때 표가 집결될 수 있음을 추측해 볼 수 있다.

이와 같이 후보자별로 5대 정당에 감정평균의 비교를 통해 자신의 정당에 대한 긍정적 감정뿐 아니라 상대 정당에 대한 부정적 정당감정이 얼마나 강하게 작동하는가에 따라 득표의 가능성이 달라질 수 있음을 보았다. 특히, 1 + 4 정당구도에서 경쟁관계에 있는 상대방 후보에 강한 부정 감정이 득표에 유리한 반대투표의 효과가 있음을 알 수 있다. 이 과정에서 '긍정의 득표'와 '부정의 득표'가 다른 색깔이지만 동일한 투표선택의 행동결과로 합산되었을 것이라 볼 수 있다.

이러한 면에서 안철수 후보의 국민의당은 긍정감정과 경쟁 정당에 대한 부정의 감정이 충분히 양극화되지 못하여 유권자들의 지지를 얻지 못한 것으로 해석할 수 있다. 오히려 경쟁 정당인 민주당에 대한 긍정의 감정이 약한 경우에 안철수 후보 선택에 영향을 주고 있음을 알 수 있다. 이 점은 부정적 감정의 제한적 효과를 시사한다. 즉, 긍정의 감정과 함께 작동하는 부정적 감정이 유권자들의 적극적 행동을 유발하는 동기가 된다는 점이다. 또한 군소 정당의 후보인 유승민 후보와 심상정 후보의 선택 집단의 특성을 보면, 상대당에 대한 부정적 정당인식이 득표에 얼마나 도움이 되는지를 잘 보여준다. 자신의 정당에 대한 긍정의 감정은 사실상 상수(constant)의 역할에 가깝다. 후보자가 속한 정당에 대한 긍정의 감정이 일정 수준 이상으로 작동하는 동시에, 경쟁하는 상대 정당 후보자에 대한 부정의 감정이 복합적으로 작동하여 심리적 지렛대 역할을 할 수 있을 때 전체적인 득표에 도움이 됨을 알 수 있다. 경쟁적 선거구도에서 최대한의 득표를 끌어내기 위해서는 자신의 정당에 대한 강한 선호의 감정이 필요하며 이것이 부정적 감정과 상호작용하여 싫어하는 후보자가 선거에서 승리하는 상황을 피하고자 하는 심리적인 동기화가 필요하다는 것이다. 때로는 이것이 초기감정에서 유발된 동기화된 왜곡(motivated bias)일 수 있다. 그럼에도 불구하고 현실정치의 득표는 부정적 감정의 정당인식(negative partisan affect)이 최종 선택에 확신을 주는 중요한 인지적 요인으로 기능할 때 득표에 성공할 수 있다는 해석도 가능하다. 이점이 바로 대중적으로 상당한 인기를 얻었으나 기성 정당에 대한 비판만으로는 최종 선택받지 못하는 '제3당(제3후보)'의 몰락 원인일 수 있다. 마찬가지 이유로 유권자 대부분이 싫어하는 비호감 정당(후보)임에도 실제 선거에서 상당한 득표를 하는 현상 또한 이와 같은 정당선호의 상대적 효과로 설명할 수 있다.

결국 긍정적 정당감정만으로 유권자들은 특정한 후보자에게 표를 던지지는 않을 것이라는 점을 알 수 있다. 또한 경쟁하는 상대 정당에 대한 약한 긍정감정도 상대적으로 선호하는 후보에 대한 득표 가능성을 떨어뜨리거나 최종 후보자를 변경하는 동기가 될 수 있다. 또는 복수의 후보를 선호하거나 긍정 또는 부정의 감정이 양면적으로 존재하는 경우, 부정감정의 왜곡효과는 감소하지만 투표선택을 저해하는 동기로 작용할 수도 있을 것이다. 그렇다면 어떠한 상황에서 긍정과 부정의 정당감정이 최종 후보자 선택에 영향을 주는지 살펴보도록 한다.

2) 부정적 정당감정과 당선가능성 그리고 투표선택

제19대 대선과정에서 특정한 정당의 후보에 부정적 감정을 가진 상당수의 유권자들은 어떻게 투표선택을 하게 되었을까? 좋아하는 정당이 없다고 밝힌 상당수의 유권자들은 사실상 특정 정당에 대해 부정적 정당감정을 가진 경우이거나, 자신이 선호(지지)하는 정당에 대한 긍정적 감정에 비해 부정적 정당감정의 강도가 상대적으로 강한 경우이다. 이들은 일반적으로 지지 정당이 있는지에 대한 질문에 대해 '지지 정당 없음'으로 답변하는 '무당파' 집단으로 구분되기도 한다. 그러나 무당파를 포함한 유동적 유권자들의 특성에 대한 최근의 연구들은 무당파적 속성이 중립의 특성을 나타내는 것이 아니며 부정적이거나 서로 상충되는 정치적 감정이나 태도를 동시에 가지고 있기 때문일 것이라는 점을 밝히고 있다(류재성 2012; 김연숙 2014).

그렇다면 부정적 정당감정은 '드러나지 않은 어둠의 당파성'(partisan-ship)으로 존재하다가(Caruana et al. 2015), 어떠한 조건하에서 활성화되어 특정한 후보자에게 투표하는 동기로 작동하게 되는 것일까? 긍정과 부정의 정당인식의 측면은 어떠한 경우 강하게 활성화되어 후보자 선택에 영향을 주는가? 앞선 논의를 통해 싫어하는 정당의 후보자가 당

선가능성이 높다고 인지될 때 적극적인 반대투표의 심리적 동기화가
이루어질 수 있다고 가정하였다. 반대로 좋아하는 정당의 후보자가 당
선가능성이 낮다고 인식할 때 차선의 선택을 고려하여 자신의 한 표가
버려지는 '위험을 회피'하려 대안이 될 수 있는 후보에게 투표(alter-
native voting) 할 것이라 가정하였다.

　선거상황에 대한 인지, 즉 당선가능성은 정치적 대상에 대해 생겨난
초기의 감정이 어떠한 상황에서 행동적 특성으로 강화되는지 설명하는
합리적 유권자의 심리적 제한성(affective rationality)을 보여주는 변수라
고 할 수 있다(김연숙 2014). 즉, 부정적 감정의 심리요인이 외부상황에
대한 인식을 이끌어내며, 자신의 심리적 상태를 최적화하기 위한 적응
(adaptation)의 과정으로서 정치적 태도가 변화되거나 행동의 측면이 활
성화되는 과정을 설명한다(Lazarus 1991; Marcus & Mackuen 1993).
당선가능성에 대한 고려는 자신의 한 표에 대한 '심리적 기대효용'을 계
산하는 과정이며, 자신이 좋아하는 후보의 당선가능성이 낮을 때 차선
의 선택을 하거나(위험 회피), 싫어하는 후보의 당선가능성이 높을 때
덜 싫은 후보에게 반대투표(손실 회피)의 정치적 행동을 설명할 수 있다
고 본다(Abramowitz 1989; Kahnaman & Tversky 1979). 이러한 가정들
을 경험적으로 확인하기 위해 대선 후보자들에게 대한 감정과 당선가
능성에 따른 투표선택 분석결과를 살펴보도록 하자.

　선거 전 당선가능성이 높다고 알려진 문재인 후보의 경우를 보자.
〈표 6-8〉은 민주당 긍정집단과 부정집단으로 나누어 문재인 후보의
당선가능성 인식에 따라 투표결과가 어떻게 달라지는지 비교한 것이
다. 다음의 세 집단에서 통계적으로 유의한 결과가 나타난다. 우선 민
주당에 대해 부정적 감정을 가진 경우, 문재인 후보의 당선가능성이 높
다고 인식하는 집단이다. 문재인 후보의 당선가능성이 낮다고 판단한

응답자에 비해 문재인 후보에 투표할 가능성이 높다(0 → 0. 18). 다음으로 민주당에 부정적 감정을 가지며 문재인 후보의 당선가능성을 낮게 인식하는 집단은 손실 회피의 인지전략에 따라 자유한국당의 홍준표 후보에게 투표할 가능성(0. 36 → 0. 70)이 현저히 높아진다. 민주당에 대한 긍정적 감정을 가지며 문재인 후보의 당선가능성을 높게 본다면, 문재인 후보에 대한 투표가능성(0. 75)은 예상대로 매우 높아진다.

〈표 6-9〉의 자유한국당에 대한 감정과 후보자 선택을 보자. 다음의

<표 6-8> 더불어민주당 정당감정과
당선가능성에 따른 투표선택(평균: 0~1점)

구분(1 = 투표)		더불어민주당-부정집단(0~49점)				더불어민주당-긍정집단(51~100점)			
후보자 선택	문재인 당선가능성	N	평균	표준편차	t값 (유의확률)	N	평균	표준편차	t값 (유의확률)
문재인 투표	저	37	0	0	-4.62 (.000)	7	.14	.378	-3.74 (.000)
	고	110	.18	.372		522	.75	.431	
홍준표 투표	저	37	.70	.463	3.81 (.000)	7	.29	.488	1.32 (.235)
	고	110	.36	.483		522	.04	.201	
안철수 투표	저	37	.14	.347	-.02 (.985)	7	.29	.488	1.28 (.248)
	고	110	.14	.345		522	.05	.218	

<표 6-9> 자유한국당 정당감정과
당선가능성에 따른 투표선택(평균: 0~1점)

구분(1 = 투표)		자유한국당-부정집단(0~49점)				자유한국당-긍정집단(51~100점)			
후보자 선택	홍준표 당선가능성	N	평균	표준편차	t값 (유의확률)	N	평균	표준편차	t값 (유의확률)
문재인 투표	저	499	.66	.473	2.37 (.018)	52	.48	.505	5.23 (.000)
	고	29	.45	.506		85	.08	.277	
홍준표 투표	저	499	.01	.100	-1.96 (.060)	52	.29	.457	-7.49 (.000)
	고	29	.14	.351		85	.85	.362	
안철수 투표	저	499	.10	.306	.608 (.543)	52	.08	.269	1.67 (.065)
	고	29	.07	.258		85	.01	.108	

세 집단을 주목하여 논의해 보자. 먼저 자유한국당에 긍정적 감정을 가지고 있지만, 홍준표 후보의 당선가능성을 낮게 인식하고 있는 집단의 경우, 문재인 후보에게 투표할 가능성이 높아진다(0.08 → 0.48). 자유한국당 긍정집단 중 홍준표 후보 당선가능성이 높다고 인식하는 집단의 경우 홍준표 투표가능성은 대폭 높아진다(0.29 → 0.85). 자유한국당에 대한 부정적 감정을 가지면서 홍준표 후보의 당선가능성을 낮다고 인식하는 경우 문재인 후보에게 투표할 가능성은 비교적 높다(0.66).

이러한 점들을 종합해 볼 때, 양대 정당인 민주당과 자유한국당에 대한 긍정감정, 그리고 소속 후보의 당선가능성을 낙관할 때 그 정당 후보에 대한 투표가능성은 높게 나타난다는 것을 알 수 있다. 비록 정당에 대한 감정이 긍정적일지라도 당선가능성을 낮다고 인식할 때, 위험 회피의 심리적 계산에 의해 당선가능성이 비교적 높은 타 후보에게 표를 던지는 대안투표의 모습이 나타난다고 판단된다.

〈표 6-10〉은 국민의당에 대해 긍정적 감정을 가진 유권자들이 안철수 후보의 낮은 당선가능성으로 인해 타 후보에 대안투표를 한 결과를 잘 보여준다. 국민의당에 긍정적 감정을 가지고 있음에도, 문재인 후보를 선택하는 위험 회피의 현상이라 할 수 있다(0.21 → 0.46). 뿐만 아니라 국민의당에 대한 긍정감정을 가진 집단에서 안철수 후보의 당선가능성을 높게 보는 경우 득표 가능성이 높아지는 긍정감정의 인지강화효과는 주요 양대 정당의 경우(민주당 0.14 → 0.75, 자유한국당 0.29 → 0.85) 보다 미미한 편이다(0.22 → 0.40). 즉, 유권자들은 투표선택 과정에서 심리적 최적점을 찾아 후보자들에 대한 자신의 상대적 선호를 비교하여 비교적 가깝다고 느끼는 후보에게 투표할 가능성이 높으며, 이때 선거 외부상황(당선가능성)을 고려하는 심리적 전략(위험 회피)을 의식적 또는

<표 6-10> 국민의당 정당감정과
당선가능성에 따른 투표선택(평균: 0~1점)

구분(1 = 투표)		국민의당-부정집단(0~49점)				국민의당-긍정집단(51~100점)			
후보자 선택	안철수 당선가능성	N	평균	표준편차	t값 (유의확률)	N	평균	표준편차	t값 (유의확률)
문재인 투표	저	371	.54	.499	.93 (.351)	46	.46	.504	2.81 (.008)
	고	25	.44	.507		68	.21	.407	
홍준표 투표	저	371	.18	.383	.23 (.821)	46	.17	.383	.17 (.866)
	고	25	.16	.374		68	.16	.371	
안철수 투표	저	371	.02	.154	−1.43 (.164)	46	.22	.417	−2.10 (.039)
	고	25	.12	.332		68	.40	.493	

주: 당선가능성은 원점수 100점을 저(0~49점), 고(51~100점)로 양분하여 사용함.

무의식적으로 수행한다는 점을 잘 보여준다. 이점은 특히 유동적인 유권자들의 투표선택을 설명하는 '합리화하는 유권자'(rationalizing voter)의 특성이라 할 수 있다.

〈그림 6-2〉는 정당에 대한 감정을 부정, 중립, 긍정으로 구분하고 각 후보자들의 당선가능성에 따라 투표 여부(0~1점)를 범위(range)로 표현한 그래프이다. 〈그림 6-2〉를 보면, 주요 정당인 민주당에 대한 정당감정이 부정적이지만 당선가능성이 높다고 인식하는 경우 문재인 투표가능성이 높아짐을 알 수 있다. 자유한국당에 대한 부정적 감정이 있음에도 홍준표 후보의 당선가능성이 높다고 인식하면 마찬가지로 투표가능성이 (문재인 투표와 비슷한 수준으로) 높아지고 있음을 확인할 수 있다. 두 정당에 대한 감정이 긍정적인 경우 해당 후보자의 당선가능성을 높게 인식할수록 투표가능성이 대폭 높아지는 '인지강화'효과를 잘 보여준다. 특히, 부정적 정당감정을 가진 집단의 경우 당선가능성이 매우 높게 인식하는 조건에서 투표할 가능성이 높아진다. 반면 긍정감정을 가진 집단의 경우 당선가능성이 높지 않음에도 해당 정당의 후보자에

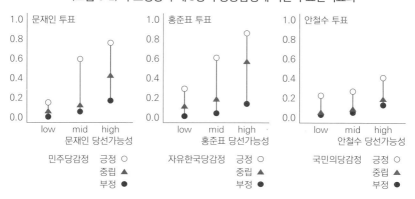

〈그림 6-2〉 주요정당과 제 3당의 정당감정에 따른 투표선택효과

투표할 가능성이 부정집단보다 상대적으로 높음을 알 수 있다.

　〈그림 6-2〉에서 제 3당인 국민의당 감정과 당선가능성 그리고 안철수 후보 선택을 주목해 보자. 우선 긍정적 정당감정을 가지고 있으며, 안철수 후보의 당선가능성을 높게 보는 경우에도 투표할 평균값은 약 0.4에 그치고 있다. 주요 양대 정당의 두 후보에 대한 투표값인 0.8에 비해 매우 낮은 수치이다. 반면 정당감정이 부정적인 집단의 경우 각 후보에 대한 투표값의 평균은 약 0.2에 이른다. 긍정집단의 경우는 소속 정당 후보에 대한 투표가능성이 높을 뿐 아니라, 당선가능성에 대한 기대가 높아질 때 투표의 가능성도 대폭 상승함을 알 수 있다. 부정감정의 효과는 상대적으로 강하며 당선가능성 인식이 중→고 단계로 높아지면 투표값이 상승했다. 그러나 부정적 감정이 당선 가능성 인식과 상호작용하여 투표점수를 높일 수 있는 정도는 주요 정당의 두 후보와 비교하여 매우 미미하다. 국민의당에 대한 중립적 감정도 사실상 부정의 감정집단과 매우 유사하다고 볼 수 있다. 당선가능성에 대한 상호작용효과도 주요 정당의 후보자에 비해 매우 약하다.

이러한 결과들을 종합해 볼 때, 정당에 대한 감정과 당선가능성의 심리적 조절효과는 다음의 세 가지 유형으로 구분될 수 있으며 경험적 분석을 통해 검증된 내용을 요약하면 다음과 같다. 첫째, 정당에 대한 부정적 인식과 당선가능성 인지에 따라 싫어하는 정당의 후보가 당선되는 것을 피하려는 손실 회피의 심리적 작동에 의한 반대투표 현상이다. 둘째, 좋아하는 후보의 낮은 당선가능성 때문에 타 후보로 지지를 변경하는 위험 회피의 대안투표 현상이다. 셋째, 긍정적 정당감정을 가지며 그 소속 후보의 당선가능성을 낙관할 때 인지강화의 당파적 투표효과(partisan voting)가 확인된다. 앞의 두 가지 유형은 감정적 준거점(reference point)과 상이한 선거상황이 감지될 때 위험 또는 손실을 회피하고자 하는 인지적 합리화의 전략을 통해 나타나는 투표행태라 할 수 있다. 즉, 좋아하는 정당 소속 후보자의 당선가능성이 낮거나, 싫어하는 후보의 당선가능성이 높다고 인식할 때 표는 이동할 수 있다. 주요 양대 정당의 후보자인 경우 상호 간 반대투표의 이득도 상당할 것이라 판단된다. 하지만 제3당의 후보는 강한 긍정의 강화효과만이 확실한 득표로 이어질 수 있는 반면 부정 또는 긍정적 정당감정에서 유발되는 위험 회피 또는 손실 회피의 심리적 전략에서 작동하는 전략투표효과는 기대하기 어렵다는 점을 알 수 있다.

3) 부정적 정당감정과 후보자선택 종합 모형

다음은 대선에 출마한 주요 후보자에 대한 투표선택 여부를 '정당감정'과 '당선가능성', '당파심 유무', '이념'(ideology)의 변수들을 투입하여 종합적으로 분석하고자 시도한 로짓회귀분석 결과이다. '정당감정'은 긍정, 부정감정 모두 0~100점으로, 당선가능성도 0~100점으로 측정하였다. '당파심' 변수는 전통적인 '정당일체감'이 투표선택에 미치는 영향을 '정당감정'과 비교하고 어떠한 차이가 있는지 논의하기 위해 분석에 포함하였다. '이념' 변수는 유권자 자신이 주관적으로 인식하고 있는 자신의 이념적 위치가 후보자 선택에 얼마나 의미 있는 기준으로 작동하는지, 그리고 '정당감정' 변수와 비교하고자 0점(진보)~10점(보수)으로 측정하여 모형에 포함하였다.

〈표 6-11〉에서 보는 바와 같이, 문재인 후보에 대한 투표는 민주당에 대한 긍정감정이 강한 경우 투표가능성이 가장 높다. 또한 문재인 후보가 당선될 가능성이 높다고 인식할수록, 그리고 상대 정당의 후보인 안철수, 홍준표 후보의 당선가능성이 낮다고 인식할수록 문재인 투표가능성은 상대적으로 높아진다. 그리고 국민의당에 대한 긍정의 감정이 약해질수록 문재인 투표로 이어진다. 민주당 부정감정이 약할수록 문재인 후보에게 투표하는 경향도 보인다. 문재인 투표자들은 당파심이 강하고 진보적인 특징도 나타낸다. 특히, 당파심의 투표효과는 민주당에 대한 긍정적 정당감정이 소위 전통적인 정당일체감과 유사한 특성을 보인다고 볼 수 있다. 민주당과 심리적 차원에서 경쟁하는 정당은 국민의당이라고 할 수 있다. 유권자 입장에서 더불어 민주당과 국민의당에 모두 긍정적 선호를 가진 경우 상대적 긍정선호도를 고려하여 문재인 후보에게 투표하는 경향을 보이기 때문이다. 그러나 민주당 정당에 대한 감정이 상대적으로 견고하고 유동적이지 않을 가능성을 보여준다. 즉, 민주당에 대한 긍정적 정당감정이 정당일체감의 신념구조로 이루어져 있어 신생 정당인 국민의당의 긍정감정보다 안정적으로 기능할 가능성이 있음을 시사한다. 문재인 후보의 주요 당선요인은 민주당에 대한 긍정적 감정과 문재인 후보의 당선가능성에 대한 인지강화임도 재확인하였다. 또한 국민의당 안철수 후보에 대한 대안투표의 형태

로 좋아하는 후보가 낙선하는 것을 막기 위한 위험 회피의 전략투표의 특성도 확인된다.

〈표 6-12〉를 보면 홍준표 후보에 대한 선택이 상대 정당인 민주당에 대한 긍정의 감정이 약한 경우, 그리고 자유한국당에 대한 좋아하는 감정과 덜 싫어하는 부정의 결과임을 알 수 있다. 즉, 민주당에 대한 긍정성이 약해지면 홍준표 후보에 대한 투표확률이 높아진다. 그러나 상대 정당에 대한 긍정 또는 부정의 감정보다 자유한국당에 대한 감정의 직접적인 투표효과가 두드러지게 나타난다. 긍정적인 정당감정은 후보자에 대한 투표가능성을 현저히 높여준다. 부정적 감정이 약해지며 덜 싫어하는 후보로서 선택되는 차선의 대안적 선택효과는 미미한 편이다. 한편 홍준표 후보의 경우 세 후보 중 선거상황에 대한 인지적 강화의 효

〈표 6-11〉 정당감정과 문재인 선택모형

문재인투표 = 1	B	S.E	유의확률	Exp(B)
학력(저 → 고)	-.041	.141	.770	.959
연령(저 → 고)	.148	.070	.034	1.159
성별(1 = 여)	.160	.159	.313	1.173
당파심(1 = 있음)	.625	.179	.000	1.868
이념(진보 → 보수)	-.255	.057	.000	.775
더불어민주당 긍정감정	1.697	.198	.000	5.458
더불어민주당 부정감정	-1.176	.285	.000	.309
자유한국당 긍정감정	-.270	.264	.307	.764
자유한국당 부정감정	.248	.217	.253	1.281
국민의당 긍정감정	-.818	.229	.000	.441
국민의당 부정감정	.183	.196	.352	1.201
문재인 당선가능성	1.182	.161	.000	3.262
홍준표 당선가능성	-.544	.143	.000	.581
안철수 당선가능성	-.310	.140	.026	.733
상수항	-1.425	.636	.025	.240
-2로그우도 = 1,025.633, 모형적합도 χ^2 = 613.737(.000), N = 1,183				

주: 정당감정, 당선가능성 = 100점 기준.

과가 가장 강하게 나타난다고 볼 수 있다. 보수적인 성향을 가질수록 홍준표 후보에게 투표하지만 당파심은 문재인 투표자보다 강하다고 볼 수는 없다. 당파심이 투표선택에 중요한 요인으로 작동하지 않는다는 점은 자유한국당에 대한 긍정감정이 전통적인 정당일체감의 개념과 다른 의미를 내포한다는 점을 암시한다. 보수적 유권자들의 지지투표가 확인되지만 긍정적 정당감정과 후보자 선택이 당파심으로 연결되는 효과는 약하다고 볼 수 있다. 이로써 전통적인 당파심이 부정적이거나 중도, 양면적일 때 정당의 효과가 투표로 이어지기 어려울 수 있음을 추론해 볼 수 있다.

〈표 6-13〉의 안철수 후보의 선택 모형은 기성 정당인 민주당과 자유한국당에 대한 약한 긍정의 감정에 의해 설명된다. 국민의당에 대한 긍

〈표 6-12〉 정당감정과 홍준표 선택모형

홍준표 투표 = 1	B	S.E	유의확률	Exp(B)
학력(저 → 고)	-.192	.231	.407	.826
연령(저 → 고)	.216	.127	.090	1.241
성별(1 = 여)	.138	.261	.598	1.148
당파심(1 = 있음)	.495	.287	.085	1.640
이념(진보 → 보수)	.405	.097	.000	1.499
더불어민주당 긍정감정	-1.472	.335	.000	.230
더불어민주당 부정감정	.251	.340	.460	1.286
자유한국당 긍정감정	1.254	.329	.000	3.503
자유한국당 부정감정	-1.559	.376	.000	.210
국민의당 긍정감정	-.575	.359	.109	.563
국민의당 부정감정	.226	.320	.480	1.254
문재인 당선가능성	-.727	.217	.001	.484
홍준표 당선가능성	1.756	.223	.000	5.788
안철수 당선가능성	-.558	.231	.016	.572
상수항	-3.122	1.083	.004	.044
-2로그우도 = 434.384, 모형적합도 χ^2 = 128,189(.000), N = 1,183				

정, 그리고 부정적 감정이 약한 경우뿐 아니라, 주요 정당인 민주당과 자유한국당에 대한 긍정적 평가가 약해질 때 안철수 후보에 대한 투표 가능성이 높아진다. 안철수 후보의 당선가능성이 높다고 인식하고 주요 정당 후보의 당선가능성이 낮다고 인식하는 경우 안철수 후보에 대한 투표가능성이 높아진다. 주요 양대 정당에 대한 부정적 감정과 두 후보에 대한 부정적 인식이 안철수 후보 선택에 주된 요인인 것으로 볼 수 있다. 이념성향이나 당파심 유무는 안철수 후보의 선택과 통계적 관련성이 없다. 기성 정당에 대한 반감에 의해 안철수 후보를 최종 선택 하였지만, 그것이 국민의당에 대한 정당일체감이나 이념적 지지라고 보기는 어렵다. 또한 중도성향의 유권자들이 주로 안철수 후보를 지지 하였다고 유추, 해석해 본다면, 기성 정당에 대한 긍정과 부정의 상충

〈표 6-13〉 정당감정과 안철수 선택모형

안철수 투표 = 1	B	S.E	유의확률	Exp(B)
학력(저 → 고)	.455	.210	.031	1.576
연령(저 → 고)	.174	.104	.094	1.190
성별(1 = 여)	−.188	.234	.422	.829
당파심(1 = 있음)	−.153	.273	.575	.858
이념(진보 → 보수)	−.023	.083	.785	.978
더불어민주당 긍정감정	−1.404	.305	.000	.246
더불어민주당 부정감정	−.169	.332	.611	.845
자유한국당 긍정감정	−1.305	.391	.001	.271
자유한국당 부정감정	.233	.292	.425	1.262
국민의당 긍정감정	1.658	.292	.000	5.247
국민의당 부정감정	−.927	.335	.006	.396
문재인 당선가능성	−.619	.200	.002	.539
홍준표 당선가능성	−.736	.210	.000	.479
안철수 당선가능성	1.119	.193	.000	3.063
상수항	−2.804	.934	.003	.061

−2로그우도 = 539.830, 모형적합도 χ^2 = 249.765(.000), N = 1,183

적 특성이 후보자효과(*candidate effect*)로서 안철수 투표를 동기화하였다고 볼 수 있다. 이는 제3후보의 등장과 몰락을 설명할 때 진보-보수의 이념이 중요하게 작동하지 않을 수 있음을 시사한다.

요컨대 주요 정당의 후보자인 문재인 후보와 홍준표 후보의 득표는 긍정적 정당감정과 당선가능성에 대한 낙관적 인식에 따른 인지강화의 효과, 그리고 경쟁 정당에 대한 부정적 감정인식과 당선가능성에 대한 상황인지의 상호작용에 의한 것으로 해석해 볼 수 있다. 제3당인 국민의당 안철수 후보의 경우는 기존 정당에 대한 부정적 감정이 중요한 심리적 동기로 작용하여 반대투표하거나 대안투표의 형태로 지지가 표면화되었다고 볼 수 있다. 이처럼 부정적 정당감정의 효과는 부정적 감정의 직접적 효과로서 반대투표, 당선가능성을 고려한 제3후보에 대한 대안투표 등의 심리적 전략투표에 의해 표면화됨을 알 수 있다.

5. 나가며

이 연구는 특정한 정치인 또는 정당에 대해 느끼는 좋고 싫은 기초적인 감정이 투표선택에 중요한 영향을 주었을 것이라는 가정에서 출발하였다. 특히, 2017년 5월의 대선은 현직 대통령의 탄핵으로 인한 매우 특수한 정치상황에서 치러진 선거였기 때문에, 이 과정에서 집권당에 대한 부정적 감정과 태도가 투표선택에 상당한 영향을 주었을 것이라 쉽게 추측할 수 있었다. 이러한 정치적 상황에서 5개 주요 정당 후보들의 경쟁은 유권자들 입장에서 누구에게 한 표를 던질 것인지를 결정하는 매우 어려운 선택의 과정이었을 것이다. 정치적 대상에 대해 '좋아하지 않는' 또는 '싫어하는' 감정을 가진 유권자들의 선택은 '덜 싫은' 차선의 후보를 고르고 평가하는 힘든 과정이었을 수 있기 때문이다.

　이러한 정치상황에서 부정적 정치감정의 투표선택의 효과는 앞서 분석한 바와 같이 매우 두드러진 현상으로 나타났다. 투표선택을 위한 유권자들의 심리전략은 정당에 대한 기초 감정과 후보자의 당선가능성을 고려하여 심리적 '위험을 회피'하거나 '손실을 회피'하려는 인지적 작동에 의해 이루어짐을 알 수 있었다. 가설 ⑴의 인지강화 투표는 주로 기성 정당의 문재인, 홍준표 후보의 투표선택결과로 입증되었다. 가설 ⑵의 '반대투표'는 기성 정당 후보자에 대한 반감에 의한 경쟁후보의 득표로서 입증되었으며, 가설 ⑶의 '대안투표'는 당선가능성이 낮은 제3후보 대신 차선의 기성 정당 후보가 이득을 얻는 문재인 득표로서 반증되었다고 볼 수 있다. 이와 같은 분석결과는 부정적 선호를 가진 후보(정당)에 대한 반대투표는 자신의 심리적 불편함을 피하려는(loss aversion) 합리적 선택으로써 유권자들의 복잡한 심리적 계산이 어떻게 투표선택으로 이어지는지 설명하는 적절한 사례라 할 수 있다. 또한 좋아하는 정당의 후보가 선거전에서 경쟁력이 없다고 느껴질 때, 자신의 한 표가 버려지는 위험을 회피하고자 하는 대안적 투표행태의 전형적인 모습으로 해석할 수 있다.

　또한 부정적 정당감정이 가지는 중요한 의미는 주요 정당의 후보와 제3당 후보의 비교에서 잘 드러난다. 주요 정당 후보자의 경우 부정적 정당감정의 효과는 자신의 정당에 대한 긍정감정과 상대 정당에 대한 부정감정 그리고 선거상황에서 상승작용을 일으키는 당선가능성에 대한 인지적 상호과정을 통해 활성화되며 득표에 유리하게 작용한다. 반면 제3당 후보의 경우 후보자 개인의 장점과 역량에 의존하여 정당감정이 일시적으로 촉발되어 선거상황이 유리할지라도 경쟁 정당에서 파생되는 부수효과 없이는 의미 있는 득표를 얻어내기 어렵게 된다. 긍정적 정당감정이 유권자들의 인지과정에 자리 잡고 당선가능성에 대한 상황적 고려가 지렛대 역할을 할 때 새로운 제3당의 부상과 신인 정치인의 등장이 가능할 수 있을 것이다. 이러한 의미에서 부정적 정당감정의 효과는 주요 정당뿐 아니라 제3정당의 정치인에게 매우 중요한 득표요인임을 알 수 있다. 특정 정당을 싫어하고 정당을 혐오하는 한국정치의 현실이 반드시 바람직한 현상이라 말할 수는 없으나, 기성 정치의 높은 장벽을 넘어 새롭고 신선한 정당과 정치인이 선거에 승리할 수 있는 필수요인이라는 점은 부정하기 어렵다. 이러한 의미에서 부정적 정당감정의 연구는 중요한 의미를 가지며 보다 체계적으로 연구될 때, 한국정치의 변화와 발전을 전망할 수 있다고 본다.

정치적 감정에 대한 연구는 표면적으로 드러나는 투표선택이 긍정적 지지의 결과만은 아니라는 점을 잘 보여준다. 단순한 수리적 합산의 결과 누군가가 선거에서 당선되는 것보다 유권자들이 어떠한 심리적 동기에서 외부 선거상황을 인식하고 그 결과 투표에 임하게 되는지를 논의하는 것이 보다 중요한 의미를 가질 수 있다. 집합적 선거승리 이면에 다양한 유권자들의 선호가 존재할 수 있는데, 이것은 일정한 조건적 변화에 반응하여 시시각각 변화하며 정치구도 변화의 출발점이 되기 때문이다. 정치적 감정을 면밀히 관찰하고 투표선택의 원인으로 설명하는 것은 기존 연구의 폭을 확장하는 의미에서도 큰 장점을 가진다. 특히, 앞서 설명한 바와 같이 당파심(정당일체감)의 개념을 통해 투표선택을 설명하려는 시도는 현상의 반쪽만을 조명하는 한계를 지니고 있었다. 부정적 감정을 포함한 정치적 감정의 연구는 긍정 감정의 측면인 정당일체감과 부정적 당파심, 상충적 당파심이 혼재되어 있는 정치현실을 보다 적실성 있게 설명할 수 있다는 강점을 가진다. 또한 유권자 대부분이 자신을 '중도'라 인식하는 '정치현실의 왜곡'을 바로잡을 수 있는 체계적이고 세밀한 연구틀을 제공한다.

　마지막으로 아쉽게도 이 연구는 2017년 대통령선거 이후 실시된 조사자료(*cross-sectional data*)만으로 가설을 검증하였기 때문에 정당감정에 의한 후보자 선택과정을 일반화하여 주장할 수 없는 한계를 가지고 있다는 점을 밝히고 싶다. 특히, 유권자 심리분석을 위해 실험설계의 방법과 병행하거나 다른 시기의 선거, 다른 국가의 자료를 통해 보다 견실한 결과물을 가지고 논의하는 과정이 향후 필요하리라 생각된다. 이 부분은 정당감정과 투표선택의 과정을 지속적으로 연구하기 위해 반드시 필수적인 과정이라 하겠다. 한국정치 현상의 사례를 통해 정치인과 정당에 대한 감정이 투표선택에 있어 가장 기초적이며 근본적인 동기요인으로 작동한다는 점을 규명하기 위해서는 보다 지속적인 정치심리학 연구와 방법론적 고민도 추가적으로 요구된다. 향후 정치적 감정이 어떠한 경로로 형성되어 선거과정에서 작동하고 변화(*adaptation*)되어 투표선택으로 이어지는지 이에 대한 후속 연구를 고대해 본다.

참고문헌

김연숙. 2014. "긍정과 부정의 정치심리학", 〈한국정치학회보〉 48(2), 5~27.

_____. 2017. "상충적 정당태도와 투표선택 그리고 정당구도의 변화", 한국선거 학회 편.《한국의 선거 Ⅶ》. 서울: 오름.

류재성. 2012. "중도 및 무당파 유권자 특성: 무태도(non-attitudes) 인가 부정적 태도(negativity) 인가?", 〈대한정치학회보〉 20(1), 101~127.

황아란. 2008. "제 17대 대통령선거의 투표선택과 정당태도의 복합지표 모형", 〈현대정치연구〉 1(1), 85~110.

_____. 2012. "제 19대 국회의원선거와 투표행태: 긍정적, 부정적 정당태도와 회 고적, 전망적 평가를 중심으로", 〈한국과 국제정치〉 28(4), 133~159.

Abramowitz, A. I. 1989. "Viability, electability, and candidate choice in a presidential primary election: A test of competing models", *The Journal of Politics*, 51(4), 977~992.

Abramowitz, A. I. & Webster, S. 2016. "The rise of negative partisanship and the nationalization of US elections in the 21st century", *Electoral Studies*, 41, 12~22.

Brader, T. 2006. *Campaigning for Hearts and Minds: How Emotional Appeals in Political Ads Work*. Chicago, Ill: University of Chicago Press.

_____. 2011. "The political relevance of emotions: 'Reassessing' revisited", *Political Psychology*, 32(2). 337~346.

Cacioppo, J. T., Gardner, W. L. & Berntson, G. G. 1997. "Beyond bipolar conceptualizations and measures: The case of attitudes and evaluative space", *Personality and Social Psychology Review*, 1(1), 3~25.

Caruana, N. J., McGregor, R. M. & Stephenson, L. B. 2015. "The power of the dark side: Negative partisanship and political behaviour in Canada", *Canadian Journal of Political Science*, 48(4), 771~789.

Downs, A. 1957. "An economic theory of political action in a democracy", *Journal of Political Economy*, 65(2), 135~150.

Eagly, A. H. & Chaiken, S. 1993. *The Psychology of Attitudes*. Belmont, CA: Thomson/Wadsworth.

Fazio, R. H. & Williams, C. J. 1986. "Attitude accessibility as a moderator of the attitude-perception and attitude-behavior relations: An investigation of the 1984 presidential election", *Journal of Personality and Social Psychology*, 51(3), 505.

Kahneman, D. & Tversky, A. 1979. "Prospect theory: An analysis of decision under risk", *Econometrica: Journal of the Econometric Society*, 47(2), 263~291.

Lazarus. 1991. *Emotion and Adaptation*. New York: Oxford University Press.

Lodge, M. & Taber, C. S. 2013. *The Rationalizing Voter*. Cambridge: Cambridge University Press.

Marcus, G. E., 2000. "Emotions in politics", *Annual Review of Political Science*, 3(1), 221~250.

Marcus, G. E. & MacKuen, M. B. 1993. "Anxiety, enthusiasm, and the vote: The emotional underpinnings of learning and involvement during presidential campaigns", *American Political Science Review*, 87(3). 672~685.

Neuman, W. R. ed. 2007. *The Affect Effect: Dynamics of Emotion in Political Thinking and Behavior*. Chicago: University of Chicago Press.

Quattrone, G. A., & Tversky, A. 1988. "Contrasting rational and psychological analyses of political choice", *American Political Science Review*, 82(3), 719~736.

Tourangeau, R., Rips, L. J. & Rasinski, K. 2000. *The Psychology of Survey Response*. Cambridge: Cambridge University Press.

Valentino, N. A., Brader, T., Groenendyk, E. W., Gregorowicz, K. & Hutchings, V. L. 2011. "Election night's alright for fighting: The role of emotions in political participation", *The Journal of Politics*, 73(1), 156~170.

Weber, C. 2013. "Emotions, campaigns, and political participation", *Political Research Quarterly*, 66(2), 414~428.

7장 한국선거에서 동원효과의 지속과 쇠락

김석호 · 김용민

1. 한국의 선거에서 동원은 중요한가?

동원은 후보자, 정당, 운동원, 단체 등이 유권자를 투표에 참여하도록 이끄는 과정이며, 이들의 노력으로 인해 유권자가 투표에 참여하면 '동원되었다'라고 한다(Rosenstone & Hansen 1993, 35~36). 한국에서 치러지는 선거에서 유권자의 투표참여나 지지 후보 선택에 동원 (*mobilization*)이 가지는 영향력을 부정할 사람은 없을 것이다(김영태 2012; 김석호 · 박바름 2012; 김석호 · 한수진 2015). 한국유권자들이 전반적으로 동질적이고 촘촘한 연결망을 보유하고 이에 의존하고 신뢰를 보내는 경향을 고려하면, 주변의 중요하고 유의미한 사람의 부탁이나 요청이 이들의 최종 선택에 미치는 영향력은 상당할 것이다(Chang 1991; McDonough, Shin & Moises 1998; Park & Shin 2005; Kim 2011). 하지만 한국의 선거연구 역사에서 동원은 유권자의 정치행동과 태도를 설명하는 핵심요인이라기보다는 부차적인 또는 배경적인 것으로 다루어져왔다(김석호 · 박바름 2012). 이는 동원이 투표참여와 지지 후보 선택에 영향을 미치는 요인이기는 하지만 학술적으로 충분히 다루기 어려운 어떤 이유가 존재했다는 의미이기도 하다. 우선 유권자의 태도와 행위를 설명하는 사회과학자들 사이에서는 자원, 감정, 지식, 기회 등을 매개로 이루어지는 사회연결망을 통한 동원이 정치태도와 행위를 결정하는데 최종적이고 직접적이지 않다는 이유로 외면한다(김석호·박바름 2012). 이는 한국과 미국에서 공통적으로 발견되는 현상인데, 한국의 투표행태연구 전통이 미국에서 산출된 연구결과로부터 영감을 얻어 이를 계승, 발전, 재구성하면서 자리를 잡아 왔음을 상기하면 자연스러운 결과로 보인다.

그러나 한국사회는 근대화, 산업화, 도시화의 심화과정에서 변화가 관찰되기도 하지만, 여전히 다른 서구 사회와 비교해 혈연, 학연, 지연에 바탕을 둔 사회적 관계의 영향력이 강하다. 따라서 정치행태를 사회연결망과 동원을 유력한 요인으로 다루는 연구가 활성화되지 못한 것에 대해서는 추가적인 설명이 필요해 보인다. 동원이 다른 요인들—정당정체성, 현직자 성과 평가, 후보자 특성 등—에 비해 한국의 정치행태연구에서 덜 중요하게 다루어지는 이유는 무엇일까? 이에 대한 확정적인 연구나 논리적 설명이 부재하기 때문에 어떤 설명도 추측이 되겠지만 몇 가지를 가설 수준에서 제시해 보면 다음과 같다.

첫째, 동원과정에 대한 자료의 수집이 까다롭고 어렵기 때문이며, 그렇게 수집된 자료도 한계가 분명하다. 한계를 안고 있는 자료를 분석한 결과를 동원의 효과로 강하게 주장하기 어려웠기 때문일 것이다. 선거국면에서 동원은 가족, 친구, 이웃, 정치활동가, 정당인, 후보자 등의 요청과 부탁의 형태로 이루어진다. 따라서 동원이 발생하는 맥락은 가족 구성원들 간 밥상머리 대화일 수도 정당행사 또는 학술회의와 같은 공식적인 자리일 수도 있다. 즉, 동원이 발생하는 맥락은 연구자의 상상을 뛰어넘을 정도로 다양하고 시기와 장소에 따라 변화무쌍하다(Panagopoulos 2014). 사실 동원연구를 제대로 하려면 동원의 원천, 경로, 강도, 횟수, 내용, 방식, 지속성, 지향성 등 서베이를 통해 확인해야 하는 사항들이 너무 많다. 동원 경험과 과정을 단순화시켜 자료를 수집해도, 그 자료는 전체 그림의 아주 일부분만을 담고 있을 뿐이다. 이 때문에 동원과정에 대한 완전한 관찰은 애초부터 불가능하다. 아울러 동원은 동원하는 측의 대상자 물색과 선정, 그리고 설득의 과정을 거친다(Knoke 1990a; 1990b; Brady 1999; Nickerson 2008). 따라서 동원에 대한 제대로 된 파악을 위해서는 이 과정에 대한 자료수집도 필요하지만 이는 난도가 더 높은 작업이다. 이러한 이유로 기존 정치행태조사는 동원과정에 대해서는 대개 관찰할 부분과 관찰하지 않을 부분을 미리 정하고 단순화된 형태의 동원 관련 문항을 소수 포함한다. 한국의 선거연구에서 동원 문항이 본격적으로 포함되기 시작한 시기는 서울대 한국정치연구소의 2012년 대선 조사부터였으며, 그 내용도 동원 경험과 경로를 확인하는 데 그쳤다(박찬욱 외 2013).

둘째, 한국정치의 특수한 역사와 경험이 동원연구의 활성화를 더디게 했을 가능성이 있다. 이는 한국인의 정치행태연구에서 동원의 효과가 잘 수용되지 않는 이유가 된다. 한국에서 선거과정과 정치행태에 대한 자료수집을 통한 경험연구가 본격적으로 시작된 시기는 1980년대 말부터 1990년대 초반일 정도로 늦다(한국선거학회 2011). 박정희 군부세력의 쿠데타로 세워진 군사 정권과 이를 이어받은 전두환 정부의 독재는 학자들이 자유롭게 국민의 정치활동에 대한 자료수집과 분석하는 것을 꺼리게 만들었을 것이다. 그리고 독재자는 언제나 선거에서의 승리를 통한 정권의 연장을 시도했고 여기에서 자주 사용된 방법이 반상회나 자유총연맹과 같은 관변 조직을 활용한 동원이었기 때문에 이를 공개적으로 드러낼 위험이 있는 연구를 쉽사리 시도할 수 없었을 것이다. 사실 연구자들은 여전히 한국의 선거에서 이루어지는 동원과 정부와 여당의 조직선거를 동일시한다(강원택 외 2014). 결과적으로 1970년대와 80년대 한국에서 동원연구는 자금력과 조직력을 갖춘 정부와 여당의 조직선거연구에 다름 아니며, 이는 곧 권력이 자행하는 불법성의 폭로로 귀결될 수 있었기 때문에 연구자들은 의식적으로 또는 무의식적으로 자체 검열기제를 작동시켰을 것이다. 이 시기 한국인의 정치참여에 대한 유일한 경험연구인 김종림 교수의 *Political Participation in Korea*에서도 일반 시민의 정치활동은 자발적이고 의식적인 참여가 아니라 수동적인 권력에 대한 복종의 결과로 묘사된다(Kim 1980). 공무원과 공동체 유지들에 의해 동원된 국민들의 정치참여는 독재를 강화하는 방향으로 작동했다. 그러므로 동원에 대한 자료를 수집하고 이를 설명하는 것은 순수하게 학술적인 목적 이상의 해석과 오해를 야기하는 정치적 위험을 감수해야 했을 것이다.

셋째, 한국처럼 연결망이 동질적이고 촘촘하며, 상호 신뢰 수준이 높고 비슷한 정치적 정향을 가진 사람들로 이루어진 사회에서는 동원이 실제 선거결과에 유의미한 영향을 미치고 있다고 하더라도 그 영향력은 연결망 내 다른 특성들이나 그 특성들로 인해 형성된 태도들의 효과에 가려 그 중요성을 인정받지 못할 수 있다(Delhey et at. 2011: 2012: 2014; Fukuyama 2001; van Hoorn 2014; Kim 2016). 쉽게 말해, 연결망에 속한 구성원들 간 강한 상호작용(예를 들어, 동원)의 결과로 나타난 태도와 인식 ─ 특정 정치인이나 정당에 대한 지지, 정치인이나 정당에 대한 평가 공유, 정치적 지향의 동형화 등 ─ 이 직접적인 정치행태의 결정요인으로 더 쉽게 수용되었을 것이다. 결과적으로 사회연결망을 통한 동원은 정치행태 설명에서 보다 쉽게 눈에 보이는 요인들을 촉진하거나 제어하는 배경요인 또는 맥락요인으로 취급되었다. 동원이 사적 관계와 공적 관계가 혼재된 경로를 통해서 공식적, 비공식적 맥락에서 동시에 이루어지는 한국사회와 같은 곳에서는 동원이 투표참여나 지지 후보 선택에 미치는 영향은 다른 제 3의 요인에 의해 더 많은 간섭을 받게 된다(Kim 1980; 김석호·박바름 2012; 김석호·한수진 2015). 따라서 동원이 정치행태에 미치는 영향의 중요성은 다른 정치심리적 요인이나 사회인구학적 및 사회경제적 특성에 비해 과소평가되어 왔다.

물론 여기서 제시한 동원에 대한 무관심과 미미한 지식 축적을 설명하는 이유가 사실과 다를 수도 있고, 설사 사실에 부합하더라도 이 외에 다른 이유가 더 중요할 수도 있다. 다만 여기서 주장하고 싶은 바는 위에서 제시한 구조적이고 맥락적인 여러 사정으로 인해 한국의 선거에서 동원연구가 지지부진했다는 것이다. 그리고 서구적 맥락에서 정립된 합리적이고 전략적인 정치활동가 입장의 동원 개념이 과거 한국 학계의 환경과 정치적 상황에서 유용하지 않았다는 점도 지적하고 싶다. 1950년대 말 사라졌다가 개인의 연결망과 자발적 결사체 활동의 중요성을 강조하는 사회자본 논의의 인기를 등에 업고 1990년대 다시 등장한 서구 사회, 특히 미국의 동원(mobilization) 개념은 매우 합리적이고 계산적인 정당과 정치인, 그리고 선거캠프의 조직적 노력을 전제한다(Niemi & Weisberg 1993; Rosenstone & Hansen 1993). 따라서 사적 연고를 통한 지지 요청과 정부 지원 단체나 공무원에 의해 조직적으로 이루어지는 한국의 동원과는 거리가 멀다. 이러한 두 사회 간 차이가 결과적으로 한국에서의 미국적 관점의 동원연구를 어렵게 하는 요인이었을 수도 있다. 그럼에도 불구하고 2014년 지방선거, 2016년 국회의원선거, 2017년 대통령선거 연구에서 나타난 유권자들의 투표참여를 설명하면서 동원을 다시 호명하는 이유는 있다. 1987년 이후 민주화가 진행되고 민주주의가 제도적으로 자리 잡으면서 시민사회와 권력 간 관계의 양적 및 질적 변화가 발생했으며, 이로 인해 일반 시민을 정치 참여로 이끄는 동원이 권력의 통제와 조직의 관여에 의해서가 아니라 선거과정에서 나타나는 자연스러운 정당과 유권자 간, 정치활동가들과 유권자 간, 그리고 유권자들 간 상호작용의 결과로 해석될 여지가 충분해졌기 때문이다(Huckfeldt 2001; McClurg 2006a). 그리고 오프라인과 온라인에서 활발하게 이루어지는 동원이 한국유권자의 최종 선택에 의미 있는 영향을 미치고 있기 때문이다(김석호·박바름 2012; 김석호·박바름·하헌주 2013; 김석호·한수진 2015).

2. 모든 선거에서 동원은 중요한가?

한국에서 치러지는 선거에서 유권자의 투표참여나 지지 후보 선택을 동원과 연결해서 설명하는 것이 중요해진 시기는 상술한 것처럼 1987년 민주화항쟁을 통해 군부독재정권이 퇴장하고 민주적 절차가 제도적으로 자리를 잡아가면서부터이다. 특히, 동원연구가 더욱 중요해진 계기는 1992년 지방선거의 실시라 할 수 있는데 지방자치제도의 실시로 광역자치단체장, 기초자치단체장, 광역의원, 기초의원을 동시에 선출하면서 출마자의 수가 대폭 증가하고 이들이 지지를 호소해야 하는 지역적 층위가 다양해져 유권자들이 정치인과 정치뉴스를 접하는 기회가 많아졌기 때문이다. 게다가 1987년 대통령선거에서 과거 집권 세력이 청산되지 않고 1992년 3당 합당을 통해 이념지향형 보수와 시장지향형 보수가 동거하는 상황이 지속되면서 조직동원 방식에 익숙해져 있는 과거 여당 정치인들이 여전히 조직선거 또는 동원을 통한 정치생명 연장을 시도했기 때문이다. 이러한 두 가지 이유 — 지방자치제 실시로 인한 다양한 층위의 선거실시와 과거 조직 선거방식의 건재 — 때문에 동원이 유권자의 투표참여와 지지 후 선택에 미치는 영향력은 더 중요 해졌다. 한편, 동원에 부여할 수 있는 의미도 다양해졌는데 대표적인 것이 동원을 정상적인 제도정치의 한 과정으로 바라보게 된 것이다. 이 제 한국에서 동원은 정치적으로 무색무취한 유권자들이 권력의 요구에 복종하고 수동적으로 협력한 결과가 아니라 한정된 자원과 조직을 가 진 측이 효과를 극대화할 수 있는 사람에게 정치정보와 기회를 노출시 키고 이 노출에 그들이 적극적으로 호응하는 결과로 개념화가 가능해 졌다(김석호 · 박바름 2012; Rosenstone & Hansen 1993; McClurg 2004). 가까운 관계에 있는 사람들 간 지지 요청이나 정치적 설득도 정치인과 정당의 전략적 선택과 요청에 일차적으로 반응하고 설득된 유권자가 다른 사람을 동원하는 행위의 결과, 즉 간접동원으로 개념화된다. 이 같은 해석이 가능하게 된 것은 민주주의의 공고화 과정에서 정치적 견 해를 밝히고 자유롭게 활동하는 시민의 정치가 활성화되었기 때문이 다. 즉, 대상화된 수동적인 국민이 아니라 세상을 바꿀 수 있는 능동적 인 시민이 한국사회에 등장했기 때문이다(김석호 2018).

한국의 정치에서도 동원이 후보자의 효율성을 지향한 합리적 계산에 바탕을 두고 유권자의 긍정적 반응을 끌어내려는 과정으로 개념화한다 고 해서 정당일체감이나 현직자 수행 성과 평가처럼 모든 유형의 선거 에서 적용되는 전통적인 설명요인으로 취급하는 것에는 신중할 필요가 있다(김석호 · 한수진 2015). 사실 동원이 투표에 참여하는 것과 지지하 는 후보를 선택하는 과정에 미치는 영향은 선거마다 다르다(김석호 · 한 수진 2015; Cann & Cole 2011; Fauvelle-Aymar & Francois 2015). 그렇 다면 선거유형 및 층위별로 동원에 투입되는 노력과 동원의 총량 및 강도가 달라지는 이유는 무엇일까? 이에 대한 이론적 논쟁이 진행된 적도 없고 이론적 체계가 구축된 적도 없지만, 기존 연구들을 검토하면 대략 세 가지 정도의 조건이 선거에서 동원이 가지는 영향력을 결정하는 것으로 정리된다.

첫째, 동원의 양과 강도가 선거 내부의 경쟁 구도, 선거구 특성, 유권자 성향에서의 차이가 아닌 자원과 조직을 독점하고 있는 정치권과 정당의 관심 이슈와 일정에 의해 좌우된다는 입장이다(Rosenstone & Hansen 1993). 이 경우 선거마다 투입되는 정당의 자원과 노력은 중앙 정당들 간 경쟁 또는 갈등을 유발하는 이슈와 국회 및 정당 내부의 정치일정에 따라 달라진다. 동원은 정당 차원의 제도적 노력의 산물이지 개인적 수준의 변수가 아니다. 그리고 정치제도가 정당을 중심으로 견고하게 만들어져 있어 정당정치가 공고화될수록 동원은 증가한다(Engstrom 2012). 각급 선거현장에서도 후보자들이 나름대로 당선을 위해 돈과 인력을 투입해 유권자를 설득하겠지만 그 규모나 파급효과에서 중앙정치가 가진 위상을 따라가지는 못한다. 따라서 여기에서 동원의 양과 강도는 후보자나 유권자가 통제할 수 없는 거시적 정치구도의 함수이다. 가령, 국회의원선거보다 대통령선거에서 동원의 양과 강도가 증가하는 것은 선거가 박빙이어서가 아니라 중앙 정당에게 가장 중요한 선거가 대통령선거이기 때문에 자금과 조직력을 총 동원하는 것일 뿐이고 그 결과 동원이 활발해지는 것이다.

둘째, 선거를 둘러싼 거시적 정치구도와 정당의 어젠다 세팅이 중요하다는 주장과 달리 특정 선거에서의 경쟁 수준이 동원의 양과 강도를 결정한다는 입장도 존재한다. 경쟁 구도, 즉 얼마나 박빙인가가 동원을 증가 또는 감소하게 만든다. 예를 들어 대통령선거처럼 박빙이 일반적인 선거에서는 정당의 캠페인 또는 동원 노력이 증가하는 반면, 경쟁이 치열하지 않은 소규모 선거에서는 동원을 위한 자금과 조직력이 투입되지 않는다. 선거가 박빙인 상황에서 한 표의 효용이 극대화되기 때문에 정당은 추가적인 캠페인을 통해 선거결과를 바꾸려고 한다. 이러한 입장은 보통 엘리트 가설로 알려져 있는데 선거가 매우 박빙이면 정치엘리트는 전략적으로 추가적인 캠페인효과가 결과를 바꿀 만큼 동원에 자원을 투입한다(Cann & Cole 2011). 유권자들도 선거에 관심을 더 가지고 간접동원에 해당하는 가족과 친구 설득 등과 같은 비공식적 동원에 더 나서게 된다. 선거가 박빙이면 동원이 증가하고 투표율도 높아진다. 이 가설을 한국의 대통령선거, 국회의원선거, 지방선거에 적용해 보면 대통령선거가 일반적으로 박빙이면서 치열한 경우가 많았기 때문에 동원이 가장 활발할 것이며, 동원에의 노출이 투표참여와 지지 후보 선택에 미치는 영향도 가장 분명하게 나타날 것으로 예상해 볼 수 있다.

셋째, 서로 다른 유형과 층위의 선거가 동시에 치러지는 경우에 유권자는 보다 많은 정치참여의 기회와 정보에 노출된다. 즉, 동원이 유권자에게 가장 많이 도달하는 조건은 여러 선거가 동시에 치러지는 경우이다(김석호 · 한수진 2015; Fauvelle-Aymar & Francois 2015). 한국에서 대통령선거, 국회의원선거, 지방선거가 같은 해에 치러진 적은 있지만 같은 기간 동안 다른 유형의 선거가 동시에 치러진 적은 없다. 하지만 이 입장은 한국의 지방선거에서 동원의 양과 강도가 결정되는 메커니즘 이해에 도움을 줄 수 있다. 즉, 지방선거에서는 광역단체장, 광역의원, 지방자치단체장, 지방의원, 그리고 교육감선거 등 최소 5개의 선거가 동시에 치러진다. 대통령선거나 국회의원선거와 달리 지방선거에서는 유권자들이 최소한 5명의 후보를 선택해야 한다. 동원이 공식적 및 비공식적 관계 모두로부터 기원하는 점을 고려하면 선거의 지역적 범위가 가장 좁은 지방의원선거부터 광역단체장선거에 이르기까지 다양한 층위가 존재하는 지방선거에서 후보자나 관계자가 유권자와 연결될 확률과 박빙 경합이 벌어지는 선거가 하나라도 존재할 확률이 가장 높다. 따라서 유권자가 동원에 노출될 가능성은 지방선거가 대통령선거나 국회의원선거에 비해 높다는 결론이 가능해진다. 한편, 한 번에 두 개 이상의 선거를 치를 때 투표참여가 높아지는 현상은 자주 발견되지만 그 메커니즘에 대해서는 알려진 것이 많지 않다. 다만 유권자가 투표해야 하는 선거의 수가 많아지면 정보를 수용하고 분석해 판단할 능력에는 한계가 있어 가족과 같은 친밀한 관계에 있는 사람의 판단에 의존하게 되고 이들에 의한 동원이 매우 효과적이라는 결과는 존재한다(Schmitt-Beck & Christian Mackenrodt 2010). 정리하면, 한국의 유권자는 지방선거에서 비공식적 관계에 기원한 동원의 대상이 될 가능성이 크고 공적인 관계로부터의 동원도 비공식적 관계를 통해 매개될 개연성이 높다. 그리고 동원과정에 가깝고 신뢰할 만한 사람들이 개입하므로 동원의 효과 또한 가장 강력할 것으로 예측 가능하다.

지금까지 제시한 동원의 양과 강도가 선거에 따라 달라지는 이유를 설명하는 세 가지 이론적 관점들 중 첫 번째 관점은 나머지 두 관점과 동원에 대한 가정이 확연히 다르다. 전자는 동원을 중앙정치 중심적이고 조직적이며 제도적이며 구조적인 산물로 보지만, 후자는 동원을 공식적이고 비공식적 관계가 혼재된 상태에서 도달하는 후보자에 대한 정보와 설득 요청의 결과로 본다. 그럼에도 두 가지 견해가 양립가능한 이유는 동원을 이해하고 측정하는 분석단위가 서로 다르기 때문이다. 즉, 전자는 거시적으로 투입되는 동원을 위한 자원의 총량에 관심이 있는 반면, 후자는 선거과정에서 유권자에게 도달하는 동원의 양과 강도, 원천, 그리고 효과에 초점을 둔다. 이 견해들을 이 장의 분석대상인 2014년 지방선거, 2016년 국회의원선거, 2017년 대통령선거에 적용해 보면 어떤 결과를 예상할 수 있을까?

　이 장의 목적이 세 가지 다른 유형의 선거에서 유권자들에게 노출된 동원의 수준을 살펴보고 동원의 정치행태에 대한 효과를 파악하려는 것이기 때문에 후자의 견해(두 번째와 세 번째 관점)를 바탕으로 추론하는 것이 타당할 것이다. 2014년 지방선거는 박근혜 정권이 출범한 후 치러진 첫 번째 선거였으며 국정 동력을 잃지 않으려는 정권 차원의 노력이 치열하게 전개된 시기였다. 따라서 여당의 공식적 조직을 통한 선거와 정권 차원의 지원을 바탕으로 동원에 투입되는 자원이 상당했을 것이다. 게다가 야당은 야당대로 정치적 기반을 지키고 차기 총선과 대선에서의 승리를 도모하기 위해 지방선거를 지지기반을 다지는 계기로 삼고자 했다. 따라서 야당의 자원도 총동원되는 상황이었다고 판단된다. 지방선거의 특성상 5가지 선거가 동시에 치러졌기 때문에 유권자를 설득하기 위한 다양한 층위의 선거에 출마한 수많은 후보자들의 동원 노력이 극에 달했을 것으로 보인다. 반면 2016년 국회의원선거는 대통령선거가 2년 남은 상황에서 정국 주도권을 잡기 위해 여야 모두 전력을 다했으나 집권 여당의 압승(300석 중 190석 이상 예상)을 예상한 여론조사결과가 속속 발표되면서 지역구별로 차이가 있기는 하지만 이전 국회의원선거와 비교해 경쟁적 분위기가 좀처럼 만들어지지 않았다.

　야당은 설상가상으로 안철수 의원 세력이 탈당해 국민의당을 창당해 조직도 분열되었으며 200석 이상 의석 확보를 자신하는 여당에 맞설 수 있는 존재감이 없었다. 선거과정에서 언론과 유권자의 가장 많은 관심을 끈 사안은 새누리당 내부의 계파 갈등과 공천 파동, 그리고 진박 감별사들의 득세였지 여야 간 경쟁과 대결이 아니었다. 이미 승부는 정해져 있다고 판단했기 때문에 상대적으로 조용하고 싱거운 총선이었다. 2017년 대선의 경우에도 2016년 총선에서 야당의 예상을 뒤엎는 승리,

촛불집회, 대통령 탄핵 등을 거치며 문재인 후보의 압승이 자명한 상황이었기 때문에 조직적인 동원 경쟁이 나타나지는 않았다. 그러나 대통령선거가 가진 위상과 유력 후보자들(문재인, 홍준표, 안철수, 유승민, 심상정)의 출마와 활약으로 인해 유권자의 관심을 끌어내는 데 성공했고 그 결과 투표율도 높았다. 유력 정당의 다섯 후보자들이 온오프라인 대중매체와 SNS를 통해 캠페인을 전개하고 전국 순회 유세를 돌며 유권자들의 마음을 사로잡을 감성적 설득을 확산시키는 과정에서 유권자들은 정치정보와 참여의 기회에 쉽게 노출되었을 것으로 추측된다. 시민의 힘으로 무능하고 부패한 대통령을 끌어내린 직후였기 때문에 선거에 대한 관심도 상당했을 것이며, 비공식적 관계에 기원한 동원도 적지 않았을 것이다. 이전 대통령선거와 비교해 박빙의 경쟁 구도는 만들어지지 않았지만, 공식적 및 비공식적, 특히 비공식적 차원에서의 동원이 다양한 경로를 통해 유권자에게 도달했을 것이다.

유권자에게 노출되었을 동원의 총량과 강도를 세 번의 선거를 놓고 비교한다면 위에서 설명한 것처럼 2014년 지방선거, 2017년 대통령선거, 2016년 국회의원선거의 순으로 순위를 매길 수 있을 것이다. 동원 경로로 예측해보면 지방선거에서는 공식적 관계와 비공식적 관계로부터 기원한 경우가 많고 대통령선거에서는 공식적 관계로부터 기원한 동원이 많을 것이다. 그리고 동원이 투표참여에 미치는 영향을 예상해본다면 지방선거에서 동원의 영향력이 가장 강할 것이다.

3. 분석자료

이 연구에서는 2014년 지방선거, 2016년 총선, 2017년 대선을 살펴보기 위해 세 가지 자료를 사용했다. 세 자료는 수집한 기관이 다르고 표본 추출 방식, 문항에도 약간의 차이가 있다. 하지만 세 자료 모두 한국의 선거별 특성을 알아볼 수 있는 대표성, 신뢰성이 높은 자료라는 점은 분명하다. 특히, 이 연구에서 관심을 가지고 있는 투표동원에 대한 문항이 포함되어 있다는 점에서 분석에 적합하다. 이 연구에서는 해당 자료들을 통해 선거별 동원 현황과 투표참여에 미치는 영향을 알아보았다.

먼저 2014년 지방선거의 경우 서울대 한국정치연구소가 선거 이후 한국리서치를 통해 조사한 "지방선거에 대한 국민의식 조사"를 사용했다. 2014년 자료는 19세부터 85세까지의 성인 남녀 1,210명을 대상으로 설문이 진행되었다. 한 사람이 여러 후보와 정당에 투표하는 선거 특성상, 광역 및 기초 수준의 후보·정당 선택, 유권자의 정치성향과 의식 등 다양한 질문을 포괄하고 있다.

다음으로 2016년 총선은 성균관대 동아시아학술원 서베이리서치센터가 2003년부터 조사하고 있는 한국종합사회조사(KGSS) 2016년도 자료를 사용했다. KGSS 자료는 한국정치와 선거만을 대상으로 하는 조사는 아니며, 선거주기와 상관없이 2003년부터 2014년까지 매년, 2016년부터는 격년으로 조사가 진행되고 있다. 한국시민의 다양한 정치, 경제, 사회적 특성과 사회 문제에 대한 의견을 확인할 수 있다. 다단계에 거친 지역확률 표본추출을 이용하여 응답 대상자를 추출하기에 대표성이 높게 보장되며, 조사가 장기간 반복되어 신뢰도와 활용도가 높다. 2016년의 경우 총선 이후 6월부터 11월까지 자료가 수집되어 선거에 관한 문항을 포함하고 있다. 18세부터 99세까지의 성인 남녀 1052명을 대상으로 면접원에 의한 조사가 진행되었다.

마지막으로 2017년 대선의 경우 서울대 사회발전연구소가 칸타 퍼블릭을 통해 조사한 "정치와 민주주의에 관한 의식조사"를 사용했다. 2017년 박근혜 전 대통령 탄핵으로 5월에 조기 대선이 실시되었고, 사회발전연구소에서는 선거 직후의 편향을 축소하기 위해 세 달 후인 8월에 조사를 실시하였다. 대선의 일반적 특성은 전국 단위 선거이자 가장 중요한 선거라는 점인데, 이에 더해 탄핵 정국과 관련된 다양한 질문도 포함하여 특수성도 함께 알아보았다. 19세부터 88세까지의 성인 남녀 1,200명을 대상으로 설문이 진행되었다. 지역별, 성별, 연령별 할당표를 구성하여 추출된 표본이며, 면접원이 조사를 진행했다.

4. 분석결과

1) 선거별 동원

〈그림 7-1〉은 세 번의 선거에서 한 번이라도 동원을 경험한 비율을 나타낸다. 한 번이라도 동원에 노출된 사람들의 비율은 2014년 지방선거에서는 49.83%, 2016년 총선에서는 37.74%, 2017년 대선에서는 43.42% 등이다. 위에서 예측한 것처럼 2014년 지방선거에서 동원 경험 비율이 가장 높고 2016년 국회의원선거에서 가장 낮다. 이 결과를 두고 한국에서도 여러 선거가 동시에 치러지는 지방선거에서 동원이 가장 활발하게 일어난다고 해석할 수도 있겠으나, 2017년 대통령선거가 공식적인 선거운동 시작부터 문재인 후보의 압도적 우세가 유지된

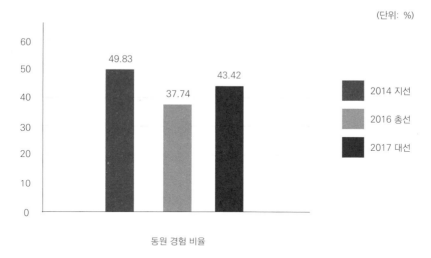

〈그림 7-1〉 선거별 동원 경험 비율

(단위: %)

- 2014 지선
- 2016 총선
- 2017 대선

동원 경험 비율

가운데 끝나 전국적 수준의 동원이 없었기 때문에 지방선거에서의 동원이 상대적으로 더 활발한 것처럼 보인다고 주장할 수도 있을 것이다.

선거별 동원 특성은 동원의 경로, 누구에게 동원을 받았는가를 통해서도 잘 드러난다(〈표 7-1〉). 먼저 2014년 지방선거에서는 후보자 혹은 선거운동원으로부터 요청을 받은 비율이 31.32%로 가장 높았다.[1] 그 다음으로 가족 및 친척으로부터는 28.02%, 이웃 혹은 친구로부터는 27.93%가 경험했다. 활동 중인 모임(동창회, 친목 단체 등), 직장, 소속 단체(시민운동, 종교, 노조 등)의 동료나 임원으로부터 동원을 경험한 비율은 각각 9.17%, 8.26%, 7.11%로 모두 10% 미만이었다. 공

---

[1] 이 연구에서 사용한 자료들에서, 한 응답자가 2개 이상 경로에서 동원을 받는 것이 가능하다. 〈표 7-1〉은 각 선거별로 전체 응답자의 몇 %가 해당 경로에서 동원받았는지를 보여준다.

〈표 7-1〉 동원 경로별 경험 비율

(단위: %)

2014 지선 (N = 1,210)		2016 총선 (N = 1,052)		2017 대선 (N = 1,200)	
1) 가족, 친척	28.02	1) 가족, 친척	10.55	1) 가족, 친척	24.75
2) 이웃, 친구	27.93	2) 직장동료	5.23	2) 직장동료	11.00
3) 직장동료, 상사	8.26	3) 이웃	8.46	3) 이웃	11.08
4) 소속단체 임원, 동료	7.11	4) 친구	9.79	4) 친구	19.42
5) 활동모임 임원, 동료	9.17	5) 종교단체	2.47	5) 종교단체	2.33
6) 공무원	3.72	6) 동호회, 결사체	4.47	6) 동호회, 결사체	2.17
7) 선거운동원	31.32	7) 선거운동원	26.24	7) 선거운동원	17.58
		8) 기타	1.24	8) 기타	0

무원으로부터 동원을 경험한 비율이 3.72%로 가장 낮았다. 지방선거의 동원 경로 분석결과에서 두드러지는 것은 가족 및 친척과 이웃 혹은 친구로부터 받은 동원이 선거운동원으로부터 받은 동원 수준으로 높다는 것이다. 이는 지방선거에서 사적인 관계를 통한 동원이 활발할 것이라는 예측을 확인해주는 결과이다.

2016년 국회의원선거의 경우에도 선거운동원으로부터 투표동원을 경험한 비율이 26.24%로 가장 높았다. 한편 가족 및 친척, 친구, 이웃, 직장 동료 등으로부터 동원을 경험한 비율은 각각 10.55%, 9.79%, 8.46%, 5.23%로 비율이 가장 높은 선거운동원과 비교해 격차가 컸다. 동호회 및 결사체, 종교단체 구성원 등으로부터 동원을 경험한 비율은 각각 4.47%, 2.47%로 모두 5% 미만이었다. 극히 낮은 비율이지만 기타 경로를 통한 동원 경험도 1.24% 존재했다. 2016년 국회의원선거에서는 전반적으로 동원이 저조한데다 모든 선거에서 가장 유력한 동원 경로인 선거운동원을 제외하고는 모두 그 수준이 낮았다.

마지막으로 2017년 대통령선거의 경우 선거운동원이 아니라 가족 및 친척으로부터 동원을 경험한 비율이 24.75%로 가장 높다. 그 다음이 친구로 19.42%이며 선거운동원이 17.58%로 세 번째를 차지했다. 이웃과 직장 동료는 11.08%, 11%로 거의 비슷하게 뒤를 이었다. 종교 단체와 동호회 및 결사체 구성원은 2.33%, 2.17%로 총선과 비슷하게 낮은 비율을 차지했다. 일반적인 대통령선거와 다르게 2016년 선거는 후보자 간 경쟁이 치열하지 않았으며 누구라도 결과를 쉽게 예측할 수 있었다. 정당의 조직적인 동원은 약했던 탓에 선거운동원에 의한 동원이 가족이나 친척 및 친구로부터 기원한 동원보다도 덜 활발했다. 이 결과를 한국의 대통령선거에서 비공식적 관계를 통한 동원이 가장 높은 수준이라는 해석을 해서는 안 될 것이다.

그렇다면 응답자들은 어떤 선거에서 더 많은 경로로부터 동원을 받았을까? 각 자료별 동원 경로 문항의 구성이 서로 다르고 동원 경로의 총 개수가 동원의 절대적인 양을 의미하진 않지만, 선거별 동원의 대략적인 추세를 살펴볼 수는 있을 것이다(〈그림 7-2〉). 먼저 2014년 지방선거에서 경험한 동원 경로의 수가 평균 약 1.16개로 가장 높았다. 그 다음이 2017년 대통령선거로 평균 약 0.88개였다. 동원 경로의 숫자가 가장 낮은 선거는 2016년 국회의원 총선거로 평균 약 0.68개였다. 이 결과는 위의 동원을 경험한 비율에서 드러난 결과와 일치한다.

선거별 동원 수준을 동원 횟수를 통해 살펴보면, 지방선거에서 한 번도 동원을 경험하지 못한 사람의 비율이 50.17%로 가장 낮았고 대선은 56.58%로 두 번째로 낮다. 국회의원선거의 경우 동원에 노출되지 않은 사람의 비율이 62.26%에 달했다(〈그림 7-3〉). 동원 경험이 저조한 국회의원선거의 경우 동원을 경험한 사람도 1회 동원이 20.63%로 가장 많았으며, 2회 이상의 동원 경험은 17.11%였다. 반면 지방선거의 경우 1회 동원이 19.59%, 2회 이상은 30.24%에 달했다. 4회 이상 동원 비율만 놓고 보더라도 8.52%로 매우 높은 편이다. 지방선거에서

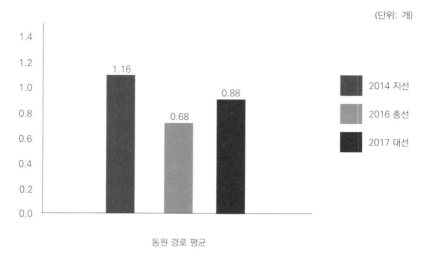

<그림 7-2> 경험한 동원 경로 수 평균

(단위: 개)

- 2014 지선
- 2016 총선
- 2017 대선

동원 경로 평균

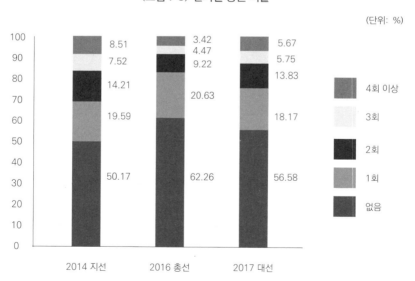

<그림 7-3> 선거별 동원 비율

(단위: %)

- 4회 이상
- 3회
- 2회
- 1회
- 없음

여러 경로를 통해 활발한 동원이 이루어지고 있음을 확인할 수 있다. 대선은 1회 동원이 18. 17%, 2회 이상 25. 25%로 지방선거보다는 덜하지만 총선보다는 동원의 경험 횟수가 더 많았다.

2) 동원이 투표참여에 미치는 영향

이 장이 분석하고 있는 최근의 서로 다른 세 가지 선거에서 동원은 실제 투표참여에 어떤 영향을 미치고 있을까? 선거별로 어떤 차이가 있을까? 투표참여를 종속변수로 하는 이항 로지스틱 회귀분석을 각각 실시하여 그 효과를 알아보았다. 기존 연구에서 투표참여에 영향을 미친다고 알려진 성별, 연령, 교육 수준, 가구 소득 수준, 종교 유무, 지역 변수를 통제변수로 삼았다. 모형 1에는 통제변수만 담았고, 모형 2에는 동원 횟수를 독립변수로 추가했다. 모형 3의 경우 각 동원의 경로를 독립변수로 고려하였다. 교육 수준 변수는 중졸 이하, 고등학교, 전문대, 대학 재학 이상으로 구성되었고, 가구 소득 변수는 200만 원 미만 구간부터 600만 원 이상 구간까지 6개 구간이 100만 원 단위로 구성되었다.

먼저 2014년 지방선거를 분석하였다(〈표 7-2〉). 분석 결과, 모형 2의 동원 경험 횟수가 $p < 0.01$ 수준에서 유의미한 영향을 미치는 것으로 나타났다. 즉, 동원 횟수가 증가할수록 투표참여 확률도 높아진다. 로지스틱 회귀분석은 독립변수 한 단위 변화에 따른 종속변수의 변화 정도를 표를 통해 직관적으로 파악하기 어렵기 때문에 예측 확률을 구해 보면, 지방선거에서의 투표참여 확률은, 동원 경험이 없을 경우 77. 32%로 예측되며, 7회의 동원을 경험할 경우 91. 48%로 예측된다.

모형 3에서와 같이 각 동원 경로별로 투표참여에 미치는 영향을 살펴보면, 가족 및 친척, 후보자 및 선거운동원은 $p < 0.05$ 수준에서 유의

미한 영향을 미치는 것으로 확인되었다. 두 경로 각각에서 동원을 경험할 경우 투표참여 확률이 높아진다. 그러나 직장 동료나 상사로부터의 동원은 투표참여 확률을 낮추며, 이 결과는 통계적으로 유의미하다.

〈표 7-3〉은 2016년 국회의원선거에서 동원의 양과 경로가 투표참여에 미치는 영향을 보여준다. 모형 2에서 독립변수인 동원 경험 횟수가

〈표 7-2〉 2014년 지방선거에서 동원과 투표참여

	모형 1	모형 2	모형 3
독립변수			
동원 경로 합계		0.164(0.053)**	
동원 경로(가변수)			
1) 가족, 친척			0.437(.216)*
2) 이웃, 친구			0.391(.239)
3) 직장동료, 상사			-1.004(.346)**
4) 소속단체 임원, 동료			-0.049(0.448)
5) 활동모임 임원, 동료			0.031(0.414)
6) 공무원			0.833(0.628)
7) 선거운동원			0.400(0.187)*
통제변수			
성별(남성)	-0.072(0.148)	-0.04(0.149)	0.030(0.152)
연령(19~85)	0.051(.006)***	0.050(0.006)***	0.050(0.006)***
교육 수준	0.149(0.078)†	0.136(0.078)†	0.135(0.079)†
가구 소득 수준	-0.055(0.052)	-0.051(0.053)	-0.048(0.053)
종교 있음	0.207(0.151)	0.210(0.151)	0.213(0.153)
지역(기준 = 서울)			
경기, 인천	-0.064(0.206)	-0.089(0.207)	-0.032(0.211)
강원	0.568(0.526)	0.404(0.535)	0.458(0.542)
충청	-0.211(0.263)	-0.267(0.265)	-0.162(0.270)
경상	0.181(0.216)	0.225(0.217)	0.316(0.221)
전라	0.647(0.317)*	0.582(0.319)†	0.685(0.327)*
제주	-0.207(0.734)	-0.640(0.764)	-0.275(0.790)
상수항	-1.294(0.443)**	-1.407(0.448)**	-1.580(0.457)***
N	1,210	1,210	1,210
Pseudo R^2	0.1009	0.1091	0.1215

$p < 0.05$ 수준에서 유의미하다. 즉, 국회의원선거에서도 동원을 경험하면 투표에 참여할 확률이 높아진다. 마찬가지로 동원 경로가 다양해질수록 투표참여 확률이 높아진다. 동원 경험이 없을 경우 투표참여 확률은 78.02%로, 7회의 동원을 경험하면 93.88%로 예측된다. 동원 경험

〈표 7-3〉 2016년 총선에서 동원과 투표 참여

	모형 1	모형 2	모형 3
독립변수			
동원 경로 합계		0.209(0.087)*	
동원 경로(가변수)			
1) 가족, 친척			1.251(0.388)***
2) 직장동료			−0.124(0.468)
3) 이웃			−0.819(0.325)*
4) 친구			0.600(0.376)
5) 종교단체			−0.177(0.646)
6) 동호회, 결사체			−0.188(0.505)
7) 선거운동			0.486(0.205)*
8) 기타			−0.818(0.610)
통제변수			
성별(남성)	−0.156(0.159)	−0.148(0.159)	−0.095(0.162)
연령(18~99)	0.049(0.006)***	0.048(.006)***	0.051(0.007)***
교육 수준	0.475(0.099)***	0.458(0.100)***	0.457(0.102)***
가구 소득 수준	0.099(0.045)*	0.086(0.045)†	0.078(0.046)†
종교 있음	0.127(0.161)	0.112(0.162)	0.130(0.164)
지역(기준 = 서울)			
경기, 인천	−0.082(0.250)	−0.059(0.251)	−0.077(0.255)
강원	0.241(0.496)	0.268(0.499)	0.268(0.502)
충청	−0.154(0.312)	−0.130(0.313)	−0.164(0.318)
경상	−0.507(0.237)*	−0.469(0.238)*	−0.466(0.241)†
전라	0.329(0.323)	0.357(0.325)	0.295(0.330)
제주	0.479(0.807)	0.478(0.805)	0.417(0.822)
상수항	−2.485(0.545)***	−2.506(0.549)***	−2.671(0.561)***
N	1,052	1,052	1,052
Pseudo R^2	0.0851	0.0908	0.1106

을 매우 많이 한 사람과 전혀 하지 않은 사람 간 투표참여 확률의 차이
는 지방선거에서의 경우와 크게 다르지 않다.

각 경로별 동원의 영향을 살펴보면, 가족이나 친척이 $p < 0.001$ 수준
에서, 선거운동원이 $p < 0.05$ 수준에서 유의미한 영향을 미치는 것으로
나타났다. 즉, 국회의원선거에서 동원은 사적인 관계에 기원하든 공적

〈표 7-4〉 2017년 대선에서 동원과 투표 참여

	모형 1	모형 2	모형 3
독립변수			
동원 경로 합계		0.300(0.091)***	
동원 경로(가변수)			
1) 가족, 친척			0.457(0.275)†
2) 직장동료			−0.410(0.357)
3) 이웃			−0.474(0.355)
4) 친구			1.040(0.345)**
5) 종교단체			Omitted
6) 동호회, 결사체			Omitted
7) 선거운동			0.293(0.273)
통제변수			
성별(남성)	0.038(0.180)	0.019(0.181)	−0.016(0.184)
연령(19~88)	0.042(0.007)***	0.040(0.008)***	0.042(0.008)***
교육 수준	0.130(0.108)	0.110(0.110)	0.136(0.111)
가구 소득 수준	0.192(0.075)**	0.200(0.076)**	0.190(0.077)*
종교 있음	0.315(0.197)	0.332(0.199)†	0.283(0.202)
지역(기준 = 서울)			
경기, 인천	0.381(0.233)	0.552(0.240)*	0.573(0.243)*
강원	−0.194(0.454)	0.108(0.462)	0.104(0.467)
충청	0.783(0.346)*	1.024(0.355)**	1.038(0.358)**
경상	0.791(0.261)**	0.967(0.268)***	0.975(0.272)***
전라	1.991(0.543)***	2.201(0.550)***	2.224(0.551)***
제주	0.545(0.810)	0.783(0.816)	0.752(0.833)
상수항	−1.628(0.613)**	−1.880(0.627)**	−1.992(0.631)**
N	1,200	1,200	1,153
Pseudo R^2	0.0722	0.0859	0.0942

인 관계에 기원하든 투표참여 확률을 높인다. 특이한 발견은 이웃이 동원의 경로인 경우 투표확률이 낮아진다는 점이다. 이에 대해서는 추가적인 분석과 논의가 필요해 보인다.

마지막으로 2017년 대통령선거에서 나타난 동원의 투표참여에 대한 효과를 분석했다. 모형 2에서 $p < 0.001$ 수준에서 동원 경로 횟수가 투표참여에 유의미한 영향을 미치는 것을 확인할 수 있다. 예측 확률을 구해 보면, 동원이 없을 때 86.93%, 7회 동원 경험할 때 98.19%로 예측되었다. 동원에 노출되지 않을 때와 노출될 때 투표참여 확률의 차이가 다른 두 선거에 비해 약간 작은데, 이는 지난 대통령선거의 투표율이 전반적으로 높았기 때문으로 보인다. 즉, 동원이 투표참여에 유의미한 차이를 만들어 내지만 다른 유형의 선거에 비해 그 차이가 미미하다. 이 결과는 비단 2017년 대통령선거에만 국한되는 것으로 보이지는 않는다. 대통령선거의 투표율이 일반적으로 지방선거와 국회의원선거에 비해 높기 때문에 동원에 따른 투표참여 확률의 상승폭이 크지 않기 때문이다. 모형 3에서는 동원 경로별로 나누어서 살펴보는데, 경로별 숫자가 너무 작은 경우 분석대상에서 자동으로 제외(omitted)되었다. 대통령선거에서 통계적으로 유의미한 동원 경로는 두 가지로, 가족이나 친척은 $p < 0.1$ 수준에서, 친구는 $p < 0.01$ 수준에서 유의미했다. 두 경로의 동원 각각을 경험할 경우 투표참여 확률이 높아진다. 위의 선거별 동원 경로 비교에서 지적한 것처럼, 지난 2017년 대통령선거는 중앙당 차원의 조직적인 동원이 역대로 가장 미약한 선거였다. 이로 인해 정당 차원의 공식적, 제도적, 조직적 동원의 투표참여에 대한 효과가 나타나지 않은 것으로 추측된다.

〈그림 7-4〉는 2014년 지방선거, 2016년 국회의원선거, 2017년 대통령선거에서 나타난 동원 경로 수에 따른 투표참여 확률을 계산해 그래

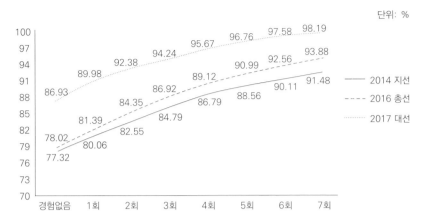

〈그림 7-4〉선거별 동원 경로 수와 투표참여 예측 확률

단위: %

- 2014 지선
- 2016 총선
- 2017 대선

프로 표현한 것이다. 대통령선거, 국회의원선거, 지방선거순으로 전체 투표율이 높다. 그리고 모든 선거에서 동원 경로 수의 증가가 투표참여 확률을 유의미하게 높이고 있다.

5. 체계적인 동원연구를 위하여

이 연구는 한국 유권자 행태연구에서 상대적으로 그 성과가 미약한 동원(*mobilization*)의 중요성을 강조하고 그 실체를 확인하고자 수행되었다. 이를 위해 한국에서 동원에 대한 경험적 및 체계적 접근을 가로막았던 자료수집의 어려움, 정치환경적 환경, 한국인 연결망과 공동체 속성의 특수성 등 세 가지 제약 요인들을 제시하고 이를 극복하는 과정에서 동원이 비로소 정치행태연구에서 한 분야로 자리잡을 수 있었음을 살펴보았다. 그리고 이 연구가 경험적으로 밝히고자 하는 동원의 정치참여에 대한 효과가 대통령선거, 국회의원선거, 지방선거마다 달라지는 이유를 이론적으로 구성하였다. 특히, 동원이 각 선거에 임하는 중앙당 차원의 제도적 및 정책적 노력의 산물이라는 입장, 선거의 경쟁 구도와 수준이 중요하다는 입장, 다른 층위의 선거가 동시에 치러지고 지역적 범위가 좁은 선거에 출마한 후보자들이 지지층을 확대하는 과정에서 직접 동원이 증가한다는 입장 등 세 가지 양립가능한 설명들을 소개하고 그들 간 차이와 공통점에 대해 설명하였다. 결론적으로 이 연구는 대통령 탄핵과 같은 충격적인 정치적 환경의 직접적인 영향이나 국회의원선거를 앞두고 벌어진 공천파동과 계파갈등 등 선거별 특수성을 고려했을 때, 동원의 양과 세기는 2014년 지방선거, 2017년 대통령선거, 2016년 국회의원선거의 순으로 나타날 것으로 예상하였다. 아울러 동원 경로는 지방선거에서는 비공식적 관계의 영향이 가장 강할 것이며 대통령선거에서는 공식적 경로를 통한 경우가 많을 것으로 예측하였다. 그리고 투표참여를 결정하는 동원의 영향력은 지방선거에서 두드러질 것으로 예상하였다.

　서울대 사회발전연구소와 정치커뮤니케이션센터가 각 선거마다 수집한 동원자료 분석결과도 이론적 논의에 근거한 예상과 크게 다르지 않았다. 동원의 총량과 강도는 지방선거, 대통령선거, 국회의원선거 순으로 높은 것으로 드러났으며, 동원 경로별로 살펴보았을 때 지방선거에서는 가족, 친척, 이웃, 친구 등 비공식적 연결망을 통한 동원이 가장 두드러진 반면, 대통령선거와 국회의원선거에서는 공식적 연결망을 통한 동원이 우세하였다. 동원이 투표참여에 미치는 영향도 지방선거에서 가장 강한 반면, 대통령선거에게 가장 약한 것으로 나타났다. 가족이나 친척의 동원은 세 가지 선거 모두에서 투표참여 확률을 높이며 선거운동원의 동원은 지방선거와 국회의원선거에서만 유의미한 것으로 밝혀졌다. 이 연구는 대통령선거에서 동원의 영향력이 전반적으로 미약한 것은 대통령선거의 일반적 특성 때문이 아니라 2017년 대통령 선거가 가진 특수성 때문인 것으로 논의하였다. 촛불집회, 대통령 탄핵, 대통령선거로 이어진 예기치 못한 정치일정으로 각 정당이 조직력을 정비하고 동원에 나서기에 너무 촉박했고, 탄핵 이후 거행된 대통령선거라서 전통적으로 조직 선거에 강점을 보였던 탄핵된 당의 후보가 명분상 조직적 동원을 선택하기에는 위험부담이 컸으며, 1위 후보와 다른 후보들 간 격차가 너무 커서 동원의 효과가 불확실했기 때문이라고 결론 내렸다.

이 연구가 가진 의의와 한계는 명확하다. 위에서 밝힌 것처럼 한국의 선거에서 동원이 정치행태와 어떤 연관을 맺고 있는가를 밝히는 작업은 이제 초보적인 수준이고 이와 관련된 자료수집도 지엽적인 수준에서만 이루어지고 있다. 따라서 이 연구가 시도한 동원의 내용과 형태, 그리고 그 효과가 선거적 특수성에 따라 극적으로 변한다는 사실을 보여준 것만으로도 의의가 크다. 그럼에도 불구하고 자료의 한계로 인해 각 선거에서 동원이 이루어지는 실제 내용을 총체적으로 규명하기 어렵고 따라서 동원이 유권자의 투표참여와 지지 후보 선택에 어떤 영향을 미치는가에 대한 보다 구체적인 지식을 축적하지는 못하고 있다. 이는 사실 이 연구의 한계일 뿐만 아니라 한국의 선거연구가 가진 한계라 할 수 있으며, 이를 개선하기 위해서는 보다 전면적이고 본격적인 동원에 대한 관심과 연구, 그리고 정보의 축적이 필요하다.

참고문헌

강원택 외. 2015.《2014년 지방선거 분석》. 파주: 나남.

김석호·박바름. 2012. "동원의 투표참여와 지지후보 선택에 대한 차별적 효과", 박찬욱·강원택 편.《2012년 국회의원선거 분석》. 파주: 나남.

김석호·박바름·하헌주. 2013. "사회연결망 특성이 후보 선택시기와 투표참여에 미치는 영향", 강원택·박찬욱 편.《2012년 대통령선거 분석》. 파주: 나남.

김석호·한수진. 2015. "지방선거와 국회의원선거에서 유권자들은 다른 이유로 투표하는가?: 동원과 시민성의 선거 간 차별적 효과에 대한 연구", 〈조사연구〉 16(3), 105~139.

김석호. 2018. "한국인의 습속(習俗)과 시민성, 그리고 민주주의", 윤평중 외. 《촛불 너머의 시민사회와 민주주의》. 파주: 아시아.

김영태. 2012. "정당의 정치적 동원과 투표참여: 19대 총선을 중심으로", 〈한국정치연구〉 21(3), 45~69.

박찬욱·강원택 편. 2013.《2013년 대통령선거 분석》. 파주: 나남.

한국선거학회. 2011.《한국 선거 60년 이론과 실제》. 서울: 오름.

Brady, H. E., Schlozman, K. L. & Verba, S. 1999. "Prospecting for participants: Rational expectations and the recruitment of political activists", *American Political Science Review*, 93(1), 153~168.

Cann, D. M. & Cole, J. B. 2011. "Strategic campaigning, closeness, and voter mobilization in US presidential elections", *Electoral Studies*, 30(2), 344~352.

Chang, Y. 1991. "The personalist ethic and the market in Korea", *Comparative Studies in Society and History*, 33(1), 106~129.

Delhey, J., Newton, K. & Welzel, C. 2011. "How general is trust in 'most people'?: Solving the radius of trust problem", *American Sociological Review*, 76(5), 786~807.

_____. 2014. "The radius of trust problem remains resolved", *American Sociological Review*, 79(6), 1260~1265.

Delhey, J. & Welzel, C. 2012. *Generalizing Trust: How Outgroup-trust Grows beyond Ingroup-trust*. Schweden World Values Survey Association 2012.

Engstrom, E. J. 2012. "The Rise and decline of turnout in congressional elections: Electoral institutions, competition, and strategic mobilization", *American Journal of Political Science*, 56(2), 373~386.

Fauvelle-Aymar, C. & François, A. 2015. "Mobilization, cost of voting and turnout: A natural randomized experiment with double elections", *Public Choice*, 162(1-2), 183~199.

Fukuyama, F. 2001. "Social capital, civil society and development", *Third World Quarterly*, 22(1), 7~20.

Huckfeldt, R. 2001. "The social communication of political expertise", *American Journal of Political Science*, 425~438.

Kim, C. 1980. "Political participation and mobilized voting", 119~141. In Kim(ed.). *Political Participation in Korea*. Santa Barbara: ClioBooks.

Kim, S. 2011. "Voluntary associations, social inequality, and participatory democracy in the United States and Korea", 〈한국사회학〉 45(3), 125~154.

_____. 2016. "Quality of civil society and participatory democracy in ISSP countries", *Development and Society*, 45(1), 113.

Knoke, D. 1990a. "Networks of political action: Toward theory construction", *Social Forces*, 68(4), 1041~1063.

_____. 1990b. *Political Networks: The Structural Perspective*. New York: Cambridge University Press.

McClurg, S. D. 2004. "Indirect mobilization: The social consequences of party contacts in an election campaign", *American Politics Research*, 32(4), 406~443.

_____. 2006a. "Political disagreement in context: The conditional effect of neighborhood context, disagreement and political talk on electoral participation", *Political Behavior*, 28(4), 349~366.

_____. 2006b. "The electoral relevance of political talk: Examining disagreement and expertise effects in social networks on political participation", *American Journal of Political Science*, 50(3), 737~754.

McDonough, P., Shin, D. C. & Moisés, J. A. 1998. "Democratization and participation: Comparing Spain, Brazil, and Korea", *The Journal of Politics*, 60(4), 919~953.

Nickerson, D. W. 2008. "Is voting contagious?: Evidence from two field experi-
ments", *American Political Science Review*, 102(1), 49~57.

Niemi, R. G. & Weisberg, H. F. 1993. *Classics in Voting Behavior*. Washington,
DC: cq Press.

Park, C. M. & Shin, D. C. 2005. "Social capital and democratic citizenship: The
case of South Korea", *Japanese Journal of Political Science*, 6(1), 63~85.

Panagopoulos, C., Larimer, C. W. & Condon, M. 2014. "Social pressure, de-
scriptive norms, and voter mobilization", *Political Behavior*, 36(2), 451~
469.

Rosenstone, S. J. & Hansen, J. 1993. *Mobilization, Participation, and Demo-
cracy in America*. New York: Macmillan Publishing Company.

Schmitt-Beck, R. & Mackenrodt, C. 2010. "Social networks and mass media as
mobilizers and demobilizers: A study of turnout at a German local
election", *Electoral Studies*, 29(3), 392~404.

van Hoorn, A. 2014. "Trust radius versus trust level: Radius of trust as a
distinct trust construct", *American Sociological Review*, 79(6), 1256~1259.

3부
한국선거 정치의
연속과 변화

8장 완전한 균열로서 지역균열[*]

윤광일

1. 들어가며

균열(*cleavage*)과 균열이 초래하는 갈등(*conflict*)은 정치학 일반에서, 특히 비교정치학 분야에서 가장 많이 연구해 온 주제 중 하나이다. 일반적으로 균열은 사회구조와 정당과 선거로 대표되는 정치제도, 그리고 유권자 행태를 통합적으로 이해하려는 정치사회학 접근의 핵심 개념으로서 주요 사회집단의 안정적 구분과 분열을 내포한다. 또한, 주로 정치사회학과 정치과정연구에서 균열과 유사한, 또는 밀접한 관련이 있는 개념으로 제시되고 있는 갈등은 사회갈등으로서 상징적·물질적 재화를 둘러싼 집단 간 심리적·물리적 대립 또는 충돌 상황을 의미한다. 이는 본질적으로 권력의 문제, 곧 정치의 문제를 내포한다. 이스턴이 정치적 상호과정의 핵심으로 파악한 사회 내 가치의 권위적 배분

---

[*] 이 장의 글은 〈한국정치연구〉 27권 1호, 241~280쪽에 수록된 "균열구조와 19대 대선: 완전한 균열로서 지역균열"(윤광일 2018)을 수정, 보완한 것이다.

과정은 집단 간 상호작용의 과정이며, 이는 무엇보다 집단 간 갈등, 곧 사회갈등을 필연적으로 수반한다(Easton 1965, 50).[1]

균열과 갈등은 현재 한국정치와 사회를 이해하는 데에 있어서도 핵심 개념이다. 현재 한국사회는 '갈등사회'로 규정될 만큼 갈등 양상이 정치와 공공영역뿐만 아니라 시민사회 영역에서도 일상화되고 보편화되어 있으며(조대엽 2014), 경제 수준이 비슷한 다른 OECD 국가와 비교했을 때에도 갈등 수준이 최상위권에 속할 만큼 매우 심각한 상황이다(박준 2013; 정영호·고숙자 2014). 한편, 한국정치와 사회갈등의 심각성은 세 차례에 걸쳐 대표성 있는 표본을 대상으로 실시한 주관적 인식조사에 의해서도 지속적으로 뒷받침 되고 있다. 예컨대 우리 사회의 갈등을 심각하다고 생각하는 응답자가 2007년 89.6%, 2010년 78%, 2014년 75.2%로 약간의 하락세를 나타내지만 여전히 대다수를 차지하고 있다. 2014년 조사결과에 의하면 응답자들은 계층, 세대, 이념, 지역, 노사 간 갈등 순으로 집단 간 갈등을 심각하게 받아들이고 있다(윤인진 2015). 2016년 조사에서도 응답자들은 앞선 조사결과와 비슷하게 빈부, 이념, 세대, 대북 및 통일 친화적 집단과 적대적 집단, 영호남 지역 등의 순으로 사회갈등의 심각성을 인식하고 있다(윤광일 2016). 사회집단 간 갈등구조에 대한 유사하고 지속적인 주관적 인식은 한국정치와 사회의 균열구조에 대한 반영으로 볼 수 있다.

균열과 갈등은 한국 정치과정연구에서도 그 접근방법이 이론적이든 경험적이든 핵심 개념으로 제시되어 왔다. 예를 들어 민주화 이후 한국

---

1 개념으로서 균열과 갈등 간의 구분 그리고 균열과 갈등 간의 이론적·경험적 관계에 대한 문제는 균열 논의에서 가장 많이 다뤄진 난제들로 꼽힌다. 이 글에서는 균열에 대한 개념적, 이론적 논의를 다루고 균열과 갈등을 명확하게 구분한 이후 균열에 초점을 맞춘다.

유권자의 투표행태와 정당선호 그리고 한국정당체계와 정당 지지 기반을 결정해 온 핵심 변인이 영남과 호남을 중심으로 한 지역주의, 곧 지역갈등 또는 지역균열이라는 연구결과에 대해 대체로 합의를 이루고 있는 것으로 보인다. 그리고 3김으로 대표되는 지역맹주가 퇴장한 이후 지역균열이 약화되고 있다는 보고가 나오면서 세대, 계층, 이념 등이 지역균열을 대체하는 잠재적 또는 현실적 균열 또는 갈등 변인으로 광범위하게 검토되어 왔다.

그러나 한국정치뿐만 아니라 비교정치연구에서 균열이 차지하고 있는 핵심적 위상과 균열 논의에 바탕을 둔 선행연구의 광범위한 양적 팽창에도 불구하고, 무엇보다 엄밀하지 못한 개념정의와 분석단위에서 거시 수준 편향으로 인해 균열 관련 연구의 체계적인 업적 축적이 저해되고 있는 것으로 보인다. 예컨대 엄밀하지 못한 개념정의는 서로 다른 개념의 무차별적 혼용을 초래해 같은 경험적 결과에 대한 해석이 달라져 소모적인 논쟁이나 공허한 이론적 세분화 또는 개량작업에 매달리게 했다. 거시 수준 편향은 균열연구에 있어서 사회구조와 정치제도와 함께 주요 행위자로 상정되는 개인의 수준에서 균열 함의를 경험적으로 확인하고 이것의 거시적 의의를 도출하는 데 있어서 미흡했던 것으로 판단된다. 다만 이와 같은 문제가 한국정치연구에서만 나타나는 문제는 아닌 것으로 보인다. 서구에서도 균열 개념과 연구방법에 대한 문제 제기와 세련화 시도가 주기적으로 이루어져 왔기 때문이다(Zuckerman 1975: 1982; Bartolini & Mair 1990; Bornschier 2009; Kitschelt 2009; Selway 2009: 2011a; Brader et al. 2014 등).

이 글에서는 현재 비교정치학과 한국정치학에서의 균열연구의 이론적 위상과 한계에 주목하여 균열 개념을 보다 엄밀하게 정의하고, 이를 바탕으로 현재 한국정치를 규정하는 균열의 특성에 대해 개인 차원 자료에 근거하여 실증적으로 분석하고자 한다. 구체적으로 이 글에서는 우선 서구정치학 문헌을 바탕으로 갈등을 포함하여 균열 관련 또는 유사 개념의 이론적 검토를 통해 균열의 내포적 속성과 외연을 확인하여 이론적 위상을 재정립하고자 한다. 경험적 분석에서는 제19대 대통령 선거 이후 서울대 사회발전연구소가 수집한 "정치와 민주주의에 관한 의식조사"(이하 '의식조사') 자료 분석을 통해, 이론적 검토에서 도출한 정의에 부합하는 한국정치에서의 균열을 살펴보려 한다. 구체적으로는, 영남과 호남, 즉, 대구/경북과 호남 출신, 그리고 이들이 정체감을 갖고 배타적으로 지지하는 지역 정당에 기초한 지역균열밖에 없으며, 현재 '완전한 균열'(*full cleavage*) 형태로 유지 또는 새로운 형태로 진화하고 있는 지역균열구조의 특성을 확인하고자 한다. 이와 같은 연구결과는 한국정치를 설명하는 새로운 균열로 세대, 계층, 이념 또는 가치 등을 제시해 온 일련의 최근 선행연구의 경험적 결론과 뚜렷하게 구분된다.

요컨대 이 장에서는 균열에 대한 엄밀한 개념 정의와 이의 비교정치학과 한국정치연구에서의 이론적 위상 확인, 그리고 이를 바탕으로 한 검증 가능한 경험적 분석 및 결론 도출을 통해 균열연구의 생산적 논쟁을 촉진하고자 한다.

2. 이론적 검토

립셋과 로칸(Lipset & Rokkan 1967)이 서유럽 정당체계 형성과 '동결'(*freezing*) 그리고 특정 정당과 특정 사회집단의 안정적 지지 연계(*linkage*) 또는 정렬(*alignment*) 형태를 설명하는 데 있어서 역사적으로 형성된 사회구조를 가리키는 개념으로 균열을 도입한 이래로, 이는 사회구조와 정당 및 선거로 대표되는 정치제도 그리고 유권자 집단 간의 상호작용 분석에 초점을 맞춰 온 비교정치학의 핵심 개념으로 널리 쓰여 왔다(Neto & Cox 1997; Deegan-Krause 2007; Bornschier 2009; Kitschelt 2009). 립셋과 로칸의 작업은 마르크스와 베버 이후 균열의 원천을 사회 분열구조에서 찾고 균열과 정치갈등 간의 관계를 탐구해 온 정치사회학 전통을 잇는 접근이다. 이는 또한 한 사회의 핵심 균열로 국민혁명 이후 형성된 중심-주변과 국가-교회 균열, 산업혁명 이후 형성된 농촌-도시와 자본-노동 균열을 제시하여 균열의 유일한 원천으로 계급을 상정한 마르크스 논의와 가능한 균열의 수에 제한이 없다고 암묵적으로 가정한 베버의 논의의 한계를 극복한 것이다(Lipset & Rokkan 1967; Zuckerman 1975). 또한 립셋과 로칸의 균열 논의는 출발점인 서유럽 정당체계연구를 넘어 서구 선진민주주의 국가뿐만 아니라 동유럽, 남미, 아시아, 중동, 아프리카 등 세계 거의 모든 지역에서의 사회균열과 정당체계 그리고 유권자 행태를 체계적으로 설명하는 분석틀로서 확산되어 왔다(Whitefield 2002; Deegan-Krause 2007).

균열과 정당체계에 대한 립셋과 로칸의 논의가 연구대상과 이론적·경험적 논쟁의 확산을 통해 비교정치학과 정치과정연구 그리고 정치사회학적 접근에 지대한 영향을 미쳐왔음에도 불구하고, 균열과 이와 유사 또는 이론적으로 관련된 개념을 엄밀히 구분하려는 시도는 최근까지 간헐적으로만 그것도 서구 문헌에서만 이루어져 왔다(Zuckerman 1975: 1982; Bartolini & Mair 1990; Deegan-Krause 2007; Bornschier 2009). 이하에서는 선행연구에서 균열에 대한 개념적 논의에 초점을 맞춰 검토하여 균열에 대한 엄밀한 개념적 정의의 필요성을 제시하고자 한다. 이후 균열에 대한 내포적·외연적 정의를 제시하고 이를 바탕으로 현재 한국정치 상황에서 경험적으로 검증 가능한 연구주제를 제시하고 분석할 것이다.

1) 균열 개념

균열 개념은 서유럽 정당체계 형성연구를 통해 확산시킨 립셋과 로칸 이전에 '민주주의 안정성'(democratic stability)을 담보하는 요건으로 제시된 바 있다. 예컨대 코저(Coser 1956: 1957)는 짐멜(Simmel)의 갈등이론을 원용하여 갈등이 집단 내 응집력(cohesion)을 강화하고 정체성을 확립시키는 기능을 하며, 집단 간 갈등이 자아내는 적대감과 긴장을 억압하지 않고 적절히 해소할 수만 있다면 사회체계는 안정적으로 유지, 변화될 수 있다고 주장한다. 그는 통합이 미약한 사회만이 집단 갈등을 두려워할 것이지만 잘 통합된 사회는 이를 오히려 환영할 것이라고 역설한다(Coser 1957, 205). 립셋(Lipset 1960, 21)은 안정적 민주주의는 공직에 대한 투쟁, 집권당에 대한 도전, 그리고 권력교체 등과 같은 갈등과정과 당사자들이 이를 평화롭게 수행하는 데에 대한 합의가 존재할 때만 가능하며 민주주의를 촉진하는 조건에 대한 연구는 균열과 합의의 기원에 초점을 맞춰야 한다고 주장한다.

그러나 초기 연구는 균열을 갈등과 개념적 구분 없이 쓰면서 권력투쟁에 초점을 맞추거나(Lipset 1960) 갈등을 야기하는 집단구분 기준(Coser 1956: 1957; Schattschneider 1960)으로 기술했다. 그러나 어떤 경우에도 균열 자체에 대한 명확한 개념적 정의를 내리지는 않은 채 분열 또는 분파(division)를 뜻하는 포괄적인(generic) 개념으로 사용했다(Deegan-Krause 2007). 또한 갈등 또는 균열 자체에 대한 관심보다는 사회체계의 균형과 급격하지 않은 변화 또는 정치체제로서 민주주의의 안정성에 초점을 맞추었기 때문에 이에 부합하는 특수한 형태의 균열, 곧 '교차'(cross-cutting) 균열에 대한 논의로 모아지게 된다. 다시 말해서 초기 연구는, 한 집단의 구성원이 다양한 기준에 의해 다른 집단에도 속하는, 따라서 복수의 집단에 정체성을 지니게 되어 집단 간 타협이 조장되고 갈등이 완화될 수 있는 균열에 초점을 맞춘 것이다(1970년대 이전 교차균열과 안정적 민주주의에 대한 논의는 Taylor & Rae 1969; Powell 1976 참고). 한편, 균열 개념의 모호함은 이를 현대 비교정치학과 정치과정 연구에서 핵심 개념으로 보편화시킨 립셋과 로칸조차도 명확한 개념적 정의 없이 분석의 중심 개념으로 사용한 데에서 상당 부분 기인하는 것으로 보인다. 특히 이들은 갈등뿐만 아니라 '대조'(contrast), '분파'(division), '반대'(opposition), '압박'(strain) 등을 균열과 상호 대체 가능한 개념으로 사용하여 모호함을 가중시켰다(Meisel 1974, 49).[2] 또한 이들의 정당체계 동결에 대한 이론적 논의를 경험적으로 검증한 로즈와 어윈(Rose & Urwin 1969: 1970)의 글에서도 균열 개념에 대한 명확한 논의는 찾아보기 어렵다.

균열연구를 정치적으로 의미 있는 균열에 한정하여 논의하고자 정치적 균열 개념을 도입한 래와 테일러는 개념 자체에 대해서는 "공동체 구성원을 특정 집단으로 나누는 기준"과 "개인으로 이루어진 일군의 집합"(a family of sets of individuals)이라는 매우 느슨한 정의를 내놓았다 (Rae & Taylor 1970, 1, 23). 이들은 특정 시점과 장소에서 중요한 정치적 차이를 보이는 집단을 나누는 기준, 곧 정치적 균열로 인종, 민족, 언어, 카스트 등과 같은 '귀속적 특성'(ascriptive or trait), 이데올로기,

---

2 디건-크라우스(2007)에 의하면, 립셋과 로칸은 균열에 대한 정밀한 정의를 시도하기보다는 논쟁을 불러일으키는 애매한 논의와 그로 인해 현재까지도 다양한 균열구조를 설명하는 데 적용될 수 있는 이론을 제시했다.

선호, 종교 등과 같은 '태도 또는 의견'(*attitudinal or opinion*), 그리고 투표, 조직 구성원 등과 같은 '행위'(*behavioral or act*)를 제시한 후, 이의 다섯 가지 속성으로 결정(*crystallization*), 파편(*fragmentation*), 파편 강도(*intensity of fragmentation*), 중첩 정도(*degree of overlap*), 교차 정도(*degree of cross-cutting*)를 제시한다(Taylor & Rae 1969; Rae & Taylor 1970). 이들의 개념화는 균열의 종류와 속성을 구체적으로 제시하고 정의하여 개념의 외연적·내포적 정의를 체계적으로 시도하는 진전을 보였으나 각 균열을 배타적으로 분류해야 하는 이유에 대한 이론적 정당화가 미흡하고, 제시한 속성 모두를 검토하지 않고 파편과 그 강도 그리고 중첩 정도에 초점을 맞춰, 정치적 균열과 이를 파생시킨 사회구조 간의 관계를 파악하는 데 한계가 있다(Bartolini & Mair 1990). 이는 래와 테일러의 균열연구의 일차적 목적이 초기 균열연구를 이어 민주주의 안정성 유지 요건으로서 교차균열을 객관적으로 측정하는 방법을 고안하는 데에 있었기 때문으로 보인다. 이와 관련하여 허쉬만(Hirschman 1994, 213)은 교차균열이 민주적 시장 사회에서 편재한 다양한 갈등 중 단지 한 유형일 뿐이며 서구 사회과학계의 이 균열에 대한 천착은 갈등에 대한 부정적 편향을 반영할 뿐만 아니라 갈등 특성과 범위에 대한 불충분한 이해를 초래한다고 비판한 바 있다.

한편 파월은 정치적 균열을 특정 정당과 강한 연계가 있는 계급, 인종 또는 종교 등 객관적인 인구통계학적 기준에 따른 집단구분으로 정의하고, 특정 정책 또는 정책분야에 대한 의견을 반영하며 실현하고자 애쓰는 정치인에 의해 발전, 지속, 조직되는 균열로 규정한다(Powell 1976; 1982). 앞선 연구와 달리 정치적 균열의 의미를 보다 구체적으로 제시하고 사회구조와 정당체계 간의 관계에 주목하여 립셋과 로칸의 논의를 이은 것이다. 특히, 그는 개인이 속한 다양한 사회집단이 모두 같은 정당을 지지하는 중첩(*cumulative*) 균열3구조에서는 집단별로 연계되어 있는 정당이 다르기 때문에 상충하는 교차압력(*cross-pressure*)이 존재하는 교차균열구조와 달리 유권자의 당파심이 강하다는 사실을 경험적으로 입증했는데(Powell 1976), 이는 균열구조와 민주주의 또는 정당체계 간의 관계와 같은 거시적 분석수준에 초점을 맞춰왔던 이전 균열연구의 지평을 유권자 개인 수준의 함의연구에까지 넓힌 것이다. 그러나 파웰 이후 사회구조, 정당체계, 그리고 유권자 행태를 체계적으로 접근하는 정치사회학적 균열연구는 제도, 더 구체적으로 '합의정치민주주의'(*consociationalism*)를 통해 사회갈등과 균열을 관리할 수 있다는 레이파트(Lijphart 1968: 1981) 이래 제도주의 혁명으로 침체기에 빠지게 된다(Selway 2009: 2011a).

최근 들어 국가별 균열구조에 대한 자료의 축적과 정치문화적 접근의 부상으로 균열에 대한 정치사회학적, 실증적 연구가 다시 늘어나고 있지만, 비교국가의 거시적 접근이든 유권자 정치행태에 대한 미시적 접근이든 여전히 균열의 특정한 형태, 곧 교차균열에 초점을 맞추고 있어 균열 개념 자체에 대한 엄밀한 정의는 찾아보기 어렵다. 예컨대 균열구조와 경제성장 그리고 균열과 인종적 분쟁 및 내전 등 정치적 폭력 간의 관계에 대한 거시적 분석을 시도한 셀웨이(Selway 2011a: 2011b; Selway & Templeman 2012)는 균열과 갈등은 구분하면서도 균열 자체는 일련의 초기 연구와 비슷하게 '차원'(*dimension*)과 같은 매우 느슨한 개념으로 이해한다. 그는 레인과 에어쏜(Lane & Ersson 1994)의 논의를 따라 균열을 특정한 기준(*criteria*)에 의해 구분할 수 있는 개인, 집단, 조직

---

3 이 글에서는 선행연구에서 cumulative, overlapping, reinforcing로 수식한 균열을 모두 중첩균열로 번역했다.

등의 '분파'이며 갈등은 이들 분파 사이에서 일어날 수 있는 현상으로 정의하고, 분파 기준으로 인종, 카스트, 민족(ethnicity), 언어 등과 같은 귀속적인 것과 이데올로기, 선호, 계급, 종교 등과 같은 태도 기준을 제시한다. 이들의 개념화는 균열의 내포적 속성에 대한 검토가 빠져 있어 정치사회학적 균열 논의가 함의하는 균열의 안정적 지속성과 광범위한 규모, 심층적 대립구조 등을 간과하게 한다.4 셸웨이(2011a, 49)는 한 사회의 다섯 개 핵심 균열로 인종, 민족 및 언어, 종교, 지역, 소득집단(income group)을 들고 있다.

그러나 각 균열에 대한 이론적 정당화가 미흡할 뿐만 아니라 이전까지 정치사회학적 균열 논의가 초점을 맞춰 온 계급 또는 계층 대신, 이론에 바탕을 두지 않은 경험적 구분의 성격이 강한 소득집단을 현저한 균열의 예로 상정한 것은 정당화하기 어려워 보인다. 한편, 교차균열이 유권자 개인 수준에서 발현되는 형태인 교차압력에 대해 방법론적으로 로버스트(robust)하고 세련된 측정 방법을 제시한 브래이더와 동료들(Brader et al. 2014)도 균열 자체에 대한 정의는 빠트린 채 인구통계학적으로 분류되는 사회집단 간 대립은 '사회균열'(social cleavage)로 정당 간 대립은 '정당 지지 집단균열'(partisan cleavage)로 쓰고 있다.

요약하면, 서구의 균열연구는 균열 개념에 대한 엄밀한 정의를 찾아보기 어렵고, 초기 연구에서부터 특정한 형태의 균열, 곧 교차균열에 초점을 맞추어 왔으며, 분석단위에서도 개인 수준보다는 거시적 수준과 현상에 치중해 왔다. 그렇다면 사회구조와 정치체제 그리고 이러한 거시적 제약 속에서 선호를 표현하고 선택을 하는 유권자 행태를 체계

---

4 한편, 주커만은 균열의 안정성과 광범위한 규모는 이론적으로 상정된 것일 뿐 경험적 근거가 없다고 주장한다(Zuckerman 1982).

적으로 이해하는 데 유용하고 이에 대한 생산적 논의를 촉진할 수 있는 균열 개념을 어떻게 정의해야 할 것인가? 이에 대해서는 균열의 본질적 속성에 대한 내포적 정의와 다른 유사 개념과의 구분을 통해 균열 개념의 경계를 획정하는 외연적 정의를 내림으로써 답할 수 있다.

우선 균열의 내포적 속성에 대해서 바르톨리니와 마이어(Bartolini & Mair 1990, 212~49)의 정의가 유용하다. 이들에 의하면, 균열은 "사회구조적 용어로 정의할 수 있는 경험적 지시체(referent)를 식별하는 '경험적' 요소, 정체감과 역할을 부여하며 관련 사회집단의 자의식을 반영하는 일련의 가치와 신념으로 구성된 '규범적' 요소, 그리고 일련의 개인 간 상호작용, 제도, 그리고 균열의 한 부분으로 발전한 정당과 같은 조직 등으로 구성된 '조직/행태' 요소"라는 세 가지 핵심요소로 구성된다(Bartolini & Mair 1990, 215).

바르톨리니와 마이어는 이 세 요소를 모든 균열을 특징짓는 본질적 구성요소로 봐야하며, 앞서 언급한 바대로 래와 테일러의 논의(Taylor & Rae 1969; Rae & Taylor 1970)에서처럼 균열 종류를 배타적으로 구분하는 기준으로 상정하지 말아야 한다고 주장한다. 어떤 기준에 의해서든 구분되는 사회적 계층, 정치적, 이념적 분파 모두가 균열은 아니며 경험적/사회구조적, 규범적/문화적, 그리고 조직적/정치적 요소가 개인의 태도와 행동을 형성하는 데 있어서 불가분의 상호 강화 역할을 하는 분할만을 균열로 정의해야 한다는 것이다. 다시 말해서 이들의 정치사회학적, 내포적 정의에 의하면, 초기 연구의 느슨한 포괄적 정의처럼 인구통계학적 구분만으로는 균열이라 부르기 어렵고, 구성원의 집단에 대한 강한 정체감과 함께 이를 조직화, 동원, 유지, 강화하는 정치가 존재해야 균열이라 할 수 있다. 균열은 이러한 핵심 구성요소가 상호작용하여 개인의 선거행태를 형성, 제약하는 힘인 것이다.[5]

디건-크라우스(2007)는 바르톨리니와 마이어의 정의를 원용하면서, 선행연구가 균열의 세 요소 각각에 대해 이의를 제기할 수 있으나 대부분 주요 저작들은 균열 논의 시 ① 구성원의 자신이 속한 집단에 대한 자의식, ② 공통된 사고방식(mindset)의 공유, ③ 뚜렷한 정치조직 등을 확인하려 할 정도로 이 요소들을 받아들이고 있다고 주장한다. 그는 이들 요소를 모두 갖춘 균열, 곧 바르톨리니와 마이어의 정의에 따른 균열을 '완전한 균열'로 지칭하면서 균열연구에서 이 중 어느 한두 요소가 결여된 형태의 대립에 대한 용어정립이 미흡하기 때문에 새로운 자료와 연구방법론의 축적과 함께 가능해진, 서구 지역을 벗어난 다른 국가의 새로운 형태의 균열과 그 기원과 결과에 대한 연구에 혼란이 초래되고 있다고 지적한다.

디건-크라우스는 이러한 한계를 극복하고자 핵심 구성요소가 하나만 존재하는 경우에는 '차이'(difference)로, 둘만 존재하는 경우에는 '분할'(divide)로 개념적 정의를 시도하여 완전한 균열과 구분하는 외연적 정의를 내린다. 구체적으로 그는 귀속적, 인구통계학적, 경험적 구분만이 존재하는 경우에는 '구조 차이', 규범적 또는 가치 구분만이 존재하는 경우에는 '태도 차이', 정치적, 조직적, 행태적 구분만이 존재하는 경우에는 '제도 차이'로 각각 규정한다. 세 요소 중 어느 한 요소만 결여된 분할의 경우에는 정렬된(aligned) 요소에 따라서 ① 구조와 태도가 정렬되었지만 정치화되지 않은 '지위 분할'(position divide), ② 집단정체성과 정치적 선택행위가 같이 가지만 태도 차이를 내포하지 않는 '센서스 분할'(census divide), 그리고 ③ 지지 정당에 따라 태도가 달라지

---

5 개인의 행태를 제약하는 균열은 베버가 제시한 '사회적 봉쇄'(social closure) 개념으로도 이해할 수 있다(Bartolini & Mair 1990, 216; Kitschelt 2009, 531).

는 경우와 같이 제도와 태도가 나란히 배열되었지만 사회구조에 바탕을 두지 않은 '쟁점 분할'(issue divide)로 분류한다.

균열의 외연에 대한 논의에서 갈등과의 구분은 빠트릴 수 없다. 정치학에서 갈등은, 특히 초기 균열연구에서 균열과 상호 대체 가능하거나 불가분한 개념으로 쓰였지만, 정치학에서 의미 있는 갈등은 일반적으로 사회집단 간 또는 국가 간 동태적 분쟁 상태를 내포한다. 예를 들어 현대사회의 대표적 균열의 하나인 인종이 초래하는 갈등을 심층적으로 연구한 호로위츠(Horowitz 1985, 95)는, 코저(Coser 1956)의 논의를 원용하여 갈등을 경쟁자와 양립하기 어려운 목표를 추구하는 행위자가 이들과 충돌하거나 이들을 무력화하거나 해치는 투쟁으로 정의한다. 다시 말해서 갈등은 종종 물리적 충돌까지 수반하는 극적인 대립과 분쟁을 지칭하는 것이다. 이에 비해 지금까지 이 글의 논의에서도 밝힌 바와 같이 정치학에서 균열은 대체로 역사적으로 형성된 사회 또는 국가 단위의 지속적, 안정적, 심층적인 집단 간 대립구조 또는 배열(constellation)을 함의한다. 따라서 비교정치학 중에서도 특히 정치과정연구에서 갈등은 잠재적(latent) 균열이 선거와 정당을 통해 정치적으로 동원되어 현저한 (salient) 균열이 되는 경우 활성화되고 사회화(socialized)되는 집단 간 또는 집단과 정렬된 정당 간 경쟁, 대립, 분쟁 상황을 가리킨다. 곧, 갈등은 균열과 개념적으로 구분되며, 모든 사회적 구분이 갈등을 낳는 것은 아니지만 기본적으로 균열에 바탕을 둔 집단 간 대립과 분쟁으로 이해할 수 있다.

한편, 집단 간 갈등과 관련해서 거시적으로는 민주주의 안정성연구의 전통을 잇는 교차균열연구, 미시적으로는 유권자의 정치참여와 선거행태에 미치는 교차압력에 대한 연구가, 앞서 살펴본 바대로 정치문화와 정치 및 사회심리학적 접근의 부상과 경험적 자료의 축적으로 제도주의 혁명 이후 침체기를 극복하고, 각 개념에 대한 엄밀한 개념적 정의와 세련된 측정방법에 바탕을 둔 실증적 연구성과를 내고 있다.

예컨대, 셀웨이(2009: 2011b)는 교차균열을 ① 한 균열 내 특정 집단의 구성원이 다른 균열에서는 어느 집단의 구성원인지 알 수 없는 통계적 독립과 같은 의미인 순수교차(*pure cross-cuttingness*), ② 교차하는 집단 수를 고려한 교차파편화(*cross-fractionalization*), ③ 교차하는 집단 수와 상대적 크기를 고려한 교차극화(*cross-polarization*), ④ 현저한 균열의 수로 측정되는 이질성(*heterogeneity*)으로 구분했다. 셀웨이는 이후에 128개국 자료 분석을 통해 균열의 순수교차 및 교차파편화 정도와 실질 GDP 성장률 간에는 양적인 관계가 존재하지만 하위 집단의 파편화는 이와 부적 관계가 존재함을 밝혀냈다. 또한 브래이더와 동료들(2014)은 유권자 개인이 다양한 사회집단의 구성원으로서 받는 축적된 정당 지지 압력 정도를 서로 다른 집단에 속함으로써 경험하는 교차압력의 구체적 메커니즘과 상관없이 측정할 수 있는 '교차압력 점수'(*cross pressure scores*)를 개발하여, 초기 교차압력연구의 이론적 주장이 타당함을 실증적으로 뒷받침했다(Lazarsfeld et al. 1944; Berelson et al. 1954; Campbell et al. 1960; Taylor & Rae 1969; Powell 1976). 곧, 다른 조건이 같다면 교차압력 점수가 높을수록 투표나 토론, 선거운동 등에 참여할 가능성이 낮고, 정치지식 수준과 정치에 대한 관심도 낮으며 소외감을 느낄 가능성이 높은 것으로 드러났다.[6]

요컨대 사회구조, 정치제도 그리고 유권자 정치행태를 체계적으로 분석하고 이에 대한 이론적·경험적 논쟁의 접점을 파악하여 연구결과

---

[6] 이들은 한국, 영국, 이스라엘, 폴란드 자료 분석에서도 교차압력 점수가 높을수록 미국과 마찬가지로 유권자 정치참여와 관여 정도가 낮아지는 결과를 얻어 측정방법의 로버스트성(*robustness*)을 확인했다(Brader et al. 2014).

축적에 유용한 개념으로서 균열은 바르톨리니와 마이어(1990)가 제시한 바대로 상호 불가분한 경험적/구조적, 태도/규범적, 정치/조직적 핵심요소로 구성된다. 디건-크라우스(2009)는 이를 완전한 균열로 명명하면서, 핵심요소가 결여된 형태의 대립을 차이와 분할로 규정한다. 또한 정치적으로 동원된 균열은 흔히 사회집단 간 또는 정당 간 갈등을 초래하며, 서로 다른 균열이 중첩되지 않고 교차하는 경우 이는 완화될 수 있다. 교차균열은 개인 수준에서 교차압력으로 발현되며 현재 선거행태에 미치는 영향에 초점을 맞춰 연구되고 있다.

그렇다면 이 같은 균열의 개념화와 논의는 한국정치의 균열을 연구하는 데 있어 어떠한 시사점을 던져주고 있는가? 이하에서는 완전한 균열로 유지 또는 새로운 형태로 진화하고 있는 한국의 지역균열에 대한 연구가설을 제시하고 '의식조사' 자료를 통해 경험적으로 검증하고자 한다.[7]

2) 한국의 균열: 완전한 균열로서 지역균열

한국정치연구의 경우에도 균열은 엄밀한 정의 없이 갈등과 상호 대체 가능한 개념으로 쓰거나, 느슨하게 사회집단 또는 세력 간 의견 또는 선호 대립을 지칭하는 개념으로 규정되어 왔다. 예컨대 샷슈나이더의 개념화를 따른 최장집(2009: 2010)을 포함하여 대부분의 연구자들은 균열을 갈등과 같은 개념으로 써 왔다. 특히, 사회구조, 태도, 조직이라는 바르톨리니와 마이어(1990)가 제시한 세 가지 균열요건을 모두

---

7 '의식조사' 자료는 2017년 8월22일부터 9월 3일까지 전국 만 19세 이상 성인남녀를 모집단으로 2017년 4월 주민등록 인구현황에 따라 성별, 연령별, 지역별 비례할당 후 무작위 추출한 1,200명의 표본을 대상으로 종이설문을 이용한 대면면접조사를 통해 수집했다. 표본오차는 95% 신뢰 수준에서 ±2.8%p이다.

갖춰 디건-크라우스의 표현대로 완전한 균열로 보는 것이 적합한 영호남 지역균열도 흔히 두 지역 간 지역갈등과 같은 개념으로 쓰여 왔다. 또한 세대와 계급 또는 계층의 인구통계학적 구분이나 이념, 가치와 특정 정책 선호의 태도 구분 등과 같이 대립집단이 명확하게 획정되기 어려우면서도 조직화되거나 정치적으로 동원되지 않은 사회집단 간 갈등이나 대립적 정치적 선호 역시 균열로 지칭되어 왔다(강원택 2002: 2003: 2011; 마인섭 2003; 최준영·조진만 2005; 조성대 2008; 노환희·송정민 2013). 한편 정치균열을 정당균열과 선거균열로, 특히 민주화 이전의 정치균열을 민주-반민주 균열로 개념화한 논의도 있다(이갑윤 1997: 2002; 백준기 외 2003; Moon 2005; 이갑윤·박정석 2011).

이와 같이 균열에 대한 명확하지 않은 개념정의와 다양한 연구대상에 대한 느슨한 적용은 서구 문헌의 한계와 마찬가지로 거시적 차원에서 균열구조의 지속 또는 진화와 변화 그리고 이의 개인 차원의 함의를 체계적으로 실증적으로 파악하는 데 어려움을 겪게 해 온 것으로 보인다. 다시 말해서, 균열에 대한 정치사회학적 접근의 취지를 제대로 구현하기 어렵기 때문에 관련 선행연구의 이론적 성취를 활용하지 못한채 '사회구조 - 정치제도 - 행태' 중 어느 한 측면에 대한 현상기술연구에 그치거나 동어반복적인 연구를 해 왔을 가능성도 낮지 않다. 개념에 대한 논쟁이 있음에도 불구하고 주로 지역주의 또는 지역균열로 접근해 온 정치학과 달리 분과학문에 따라 사회학에서는 지역갈등으로, 그리고 심리학에서는 지역감정이나 편견으로 접근해 온 사실이 시사하는 바가 크다(한국심리학회 편 1988; 한국사회학회 편 1990).

그렇다면 현재 한국정치의 균열구조는 어떻게 규정할 수 있으며 어떤 형태로 진화 또는 변화해 나가고 있는가? 지금까지 논의한 균열의 개념화와 접근 방법에 대해 이론의 여지가 없을 수는 없겠지만, 대부분

연구자들은 지역균열을 민주화 이후 한국정치를 규정해 온 '지배'균열로 이해하고 있는 것으로 보인다. 특히, 지역균열은 바르톨리니와 마이어(1990)가 제시한 균열의 본질적 3요소를 모두 갖추고 있다. 다시 말해서 한국의 지역균열은 전통적으로 영호남 출신지 중심의 구분, 곧 경험적 사회구조요소를 지니고 있고, 사회정체성 이론이 예언하는 대로 출신지에 대한 '내집단 편애'와 상대 지역 출신에 대한 '외집단 폄하'라는 사회심리적 태도 차이도 있다. 뿐만 아니라 출신지에 따라 지지 정당은 물론이고 이념과 정책선호라는 정치적 태도 차이가 뚜렷하게 드러나는 규범적 요소를 갖고 있으며, 이를 정치적으로 동원해 온 영호남의 배타적 지지에 바탕을 두어 온 정당과 정치인이라는 조직요소를 갖고 있다. 요컨대 영호남 지역균열은 역사적으로 형성된 사회구조 구분이 각 출신지역인의 정체성과 태도 차이의 기원이 되고, 이를 정치적으로 의미 있는 투표와 정책선호 행태의 차이로 동원, 재생산, 강화시키는 정당과 정치인이 맞물려 있는, 출신지와 정치적 태도 그리고 지지 정당이 정렬된 완전한 균열인 것이다.[8]

지역균열은 또한 현재 한국정치에서 '유일한' 완전한 균열로 보인다. 한국정치를 규정하는 지배균열로서 지역을 대체하거나 적어도 이러한 균열구조를 흔들 가능성이 있는 균열로 검토되어 온 이념, 세대, 계급/계층 어느 하나도 완전한 균열의 본질적 3요소 모두를 다 갖춘 것으로 보기 어렵기 때문이다. 예를 들어 이념의 경우, 이하에서 다시 검토하

---

8 최근 들어 거주지가 영호남의 배타적인 정당선호를 설명하는 데 유용하다는 보고가 나오고 있지만(이갑윤·박경미 2014; 김성모·이현우 2015; 문우진 2017) 이에 대한 경험적 근거와는 별도로 이론적 근거는 아직 미흡한 것으로 판단된다. 예컨대 이들의 논의에서 왜 영호남 지역 거주자에게서만 뚜렷하게 배타적인 정당 지지와 이념선호의 차이가 나타나는지에 대한 답을 찾기 어렵다.

겠지만, 지속적·안정적으로 구분할 수 있는 사회구조적 기반이나 이를 중심으로 특정 사회구조를 동원해 온 의미 있는 정당이 있다고 보기 어렵다. 또한 세대의 경우, 대립집단을 획정하는 것 자체가 기본적으로 경험적인 문제일 정도로 사회구조적 구분에 대한 이론적 근거가 미약할 뿐만 아니라 가장 단순하게 두 집단으로 구분할 수 있다 하더라도 ─ 예컨대 386세대와 비386세대 혹은 청년과 노년세대 ─ 자신의 세대에 정체감을 강하게 느끼거나 세대 간 뚜렷한 정치적 선호의 구분이 존재한다고 보기도 어렵다. 혹시 세대 간 정치적 선호가 뚜렷하더라도 이들 집단 간의 잠재적 또는 현실적 대립을 정치적으로 동원하는 의미 있는 정치세력이 존재한다고 보기 어렵기도 하다. 계급 또는 계층은 객관적 소득 또는 자산 기준 또는 설문 응답자의 주관적 기준에 의해 구분은 할 수 있으나 세대와 마찬가지로 자신의 집단에 대한 정체감과 다른 집단과 뚜렷하게 구분되는 선호가 존재한다고 보기 어렵고, 민주화 이후와 의회 진출에 성공한 이후에도 여전히 노동은 '과소대표'되어 있다는 평가가 있을 만큼(최장집 2009; 2010), 이를 동원하는 의미 있는 정당이 있다고 보기 힘들다. 요컨대 디건-크라우스의 개념을 원용하자면, 현재 한국정치 균열구조에서 이념, 세대, 계급/계층 등은 '차이' 또는 '분할'이지 완전한 균열은 아닌 것이다.

그럼에도 대안적 지배균열에 대한 검토는 유일하게 완전한 균열로서 지역이 규정하고 있는 한국정치 균열구조에 변화의 조짐이 감지되고 있다는 방증으로 볼 수 있다. 그렇다면 현재 한국정치 균열구조는 어떻게 변화 또는 진화하고 있는가? 이에 답하기 위해서는 지배균열인 지역과 함께 균열구조를 구성하고 있는 이념, 세대, 계급/계층 등의 변수들이 서로 어떻게 교차되고 중첩되는지 검증하고자 한 기존 논의에 대한 검토로부터 출발하는 것이 적절하다.

우선 민주화 직후 영호남 지역의 배타적 정당 지지 및 투표행태에 대한 설명으로 지역 간 정치·경제적 차별과 불평등구조에 초점을 맞춘 연구는 호남을 영남 패권세력은 물론 비호남 지역 세력에게 고립되고 배제된 소외계층으로 상정하여 지역균열이 계급/계층 갈등과 패권 이데올로기와 저항 이데올로기 간의 대립을 반영한다는 주장을 내놓는다 (최장집 1991: 1993; 김만흠 1994). 곧, 지역균열과 계층갈등 그리고 이념갈등이 중첩된 것으로 파악한 것이다. 이후 선거 후 집합자료뿐만 아니라 설문조사자료가 축적되면서 균열구조 특성에 대한 실증적 분석에 바탕을 둔 논쟁이 활발하게 되는데, 이는 지역과 진보-보수로 구분되는 정치이념이 독립적인지 아니면 지역에 따라 정치이념이 달라지는지, 즉 중첩되는지에 대한 논의로 모아진다.

　예를 들어 지역과 정치이념이 교차한다는 결과를 제시한 연구로 지역균열의 본질적 성격이 이념갈등과는 무관한 순수한 권력 획득과 유지를 둘러싼 정치적 갈등으로 본 이갑윤(2002)이나 출신지역이나 거주지역과 무관하게 자신에게 이념적으로 가까운 정당에게 투표하는 경향을 밝힌 강원택(2002: 2003) 등의 논의를 들 수 있다. 이에 반해 지역과 정치이념이 중첩되어 있다는 결론을 내린 연구로 정당 간 이념적, 정책적 차이가 지역균열을 강화하고 정당화하는 이념적 자원으로 활용되고 있다고 주장한 최영진(2001), 호남인이 영남인에 비해 상대적으로 진보적 성향을 띠는 것을 밝힌 백준기 외(2003), 영호남 출신의 이념적 차이가 대북지원과 한미관계와 같은 정치적 쟁점을 중심으로 나타나고 있다고 밝힌 조성대(2008), 호남 출신의 진보적 이념지지와 영남 출신의 보수성을 15대 대선부터 20대 총선까지 설문조사자료를 통합한 자료로 밝힌 문우진(2017) 등의 연구가 있다. 한편, 15대 대선부터 18대 대선까지 설문조사자료를 이용하여 386세대의 진보적 성향을 밝힌 노환희·송정민(2013)의 연구는 세대와 이념의 중첩 현상을, 서구와 구별되는 하위/중하위 소득계층의 보수적 이념성향과 '계급배반'투표 현상을 경제적 이해관계보다는 사회적 질서 유지와 같은 보수 정당의 어젠다에 대한 동의로 해석한 강원택(2013)의 연구는 계층과 이념의 중첩 현상을 각각 제시한다.

이 글에서는 우선 민주화 이후 30여 년이 지났고, 지역맹주로 지칭되던 정치인이 모두 퇴장했을 뿐만 아니라 호남 지역에서 배타적인 지지를 받아 온 정치세력이 세 차례나 영남 출신을 대통령 후보로 배출했음에도 불구하고, 영호남 출신지역을 바탕으로 한 투표 및 정당 지지 행태에는 근본적인 변화가 보이지 않았다는 사실에 주목한다(이갑윤 2011; 윤광일 2012: 2013: 2017a). 또한 이념과 정책, 세대의 영향에 의해 지역균열구조가 흔들리고 있거나 지역과 이념이 교차하고 있다는 결론을 제시한 일련의 연구가 대체로 특정 선거 이후 수집된 설문조사 자료에 기초하고 있는 반면에, 특정 선거 이후 지역과 이념 그리고 정치적 쟁점 간의 중첩 현상을 밝힌 연구의 결과는 통합자료를 이용한 연구에서도 지지되고 있다는 사실에도 초점을 맞춘다.

따라서 이 연구에서는 기본적으로 출신지역에 따라 정치이념성향의 차이가 이번 선거에서도 유지될 것이라는 가설을 제시한다. 다만 이와 같은 차이는 기존의 중첩연구와 달리, 영호남의 지역적 구분이라는 사회적 구조와 이를 바탕으로 역사적으로 형성된 두 지역 간 사회심리적·문화적 대립이 늦게 잡아도 민주화 이후 30여 년에 걸쳐 정당과 지역 출신 정치인에 의한 동원으로 전화, 강화, 재생산된 완전한 균열의 한 요소로 파악한다. 또한 출신지역에 따른 이념의 차이는 모든 정부, 정당, 정치인, 정책 등 정치대상에 대한 논리적으로 일관되고 시간이나 상황에 따라 잘 변화지 않는 장기적인 신념, 곧 인지적 구조로서 정치이념의 차이를 나타내는 것이 아니라, 정치세계를 '우리 대 남'(us vs. them)으로 나누는 유권자의 정서적 성향을 반영하는 것으로 이해한다(Kinder & Kam 2009; Caprara et al. 2017). 이와 같은 정서적 성향은 대북정책과 같이 한국정치에서 진보와 보수를 가르는 핵심적, 상징적 쟁점(강원택 2011)에 대한 지역에 따른 선호 차이를 예측하게 하며, 정당 이름의 잦은 변경에도 불구하고 지역에 배타적 지지 기반을 둔 정당선호로 나타날 것이라는 추론을 하게 한다. 아울러 이 연구에서는 경험적, 규범적, 조직적 요소가 서로 강화하며 개인의 정치행태를 규정하는 완전한 균열로서의 지역이 영호남 출신지역민이 서로 다른 사회집단에 속하는 데서 겪을 수 있는 교차압력 정도를 낮출 것으로 예측한다. 같은 맥락에서 지역은 이번 대선에서도 선행연구가 검토한 다른 대안적 균열변인을 통제한 모델에서도 독립적인 효과를 보일 것으로 예측된다.

요약하면 완전한 균열로서 지역균열에 대한 연구가설은 다음과 같다. 첫째, 호남 출신은 상대적으로 진보적 성향을, 영남 출신은 상대적으로 보수적 성향을 가진 것으로 자기평가를 내릴 것이다. 둘째, 대북정책과 관련하여 호남 출신은 상대적으로 진보적 선호를 영남 출신은 상대적으로 보수적 선호를 보일 것으로 예측된다. 셋째, 출신지역에 따라 각 지역에 배타적인 지지기반을 가진 정당에 대한 선호가 달라질 것이다. 넷째, 영호남 출신은 상대적으로 낮은 교차압력을 경험할 것이다. 다섯째, 이번 제19대 대선에서도 영호남 출신지역은 투표선택에 독립적인 영향을 미쳤을 것으로 예측된다. 또한 이 글에서는 같은 영남 출신이지만 대구/경북과 부산/울산/경남 출신이 지역 편견을 비롯하여 정치이념 및 정치적 선호에서 분화를 보이고 있다는 최근 연구 결과를 반영하여 두 지역 출신을 구분하여 연구가설을 검토할 것이다(윤광일 2017a; 윤지성 2017).

3. 경험적 분석

1) 정치이념과 정책선호

먼저, 주로 성장한 출신지역에 따라 분류한 집단의 정치이념 자기평가 평균을 살펴보도록 하자. 정치이념 자기평가는 0을 '매우 진보', 10을 '매우 보수'로 하는 11점 척도로 응답자가 어디에 속하는지를 표시하게 했는데, 예측대로 호남 출신은 상대적으로 진보적으로 영남 출신은 상대적으로 보수적으로 자기평가를 내리고 있는 것으로 나타났다. 〈표 8-1〉에 의하면, 광주/전라 지역 출신은 다른 지역 출신에 비해서 자신을 상대적으로 진보적($M = 4.02$)으로 평가하고 있으며, 대구/경북($M = 5.79$)과 부산/울산/경남($M = 4.80$) 출신은 상대적으로 보수적으로 평가하고 있다. 특히, 광주/전라 출신은 어느 지역 출신보다도 가장 진보적으로 자신을 평가하고 있는 데 비해 대구/경북 출신은 가장 보수적으로 평가하고 있으며, 부산/울산/경남 지역은 전국 평균보다는 상대적으로 보수적으로 드러났으나 중도(5점)보다는 진보에 상대적으로 가까운 것으로 드러났다. 이와 같은 결과는 거주지로 보든 출신지로 보든, 호남이 상대적으로 진보적이긴 하나 가장 진보적이지는 않으며, 대구/경북이나 부산/울산/경남이 상대적으로 보수적이긴 하나 가장 보수적이지도 않다는 강원택(2002)의 연구결과와 대비된다. [9]

---

[9] 이는 같은 척도로 측정한 강원택(2002)의 분류대로 출신지역을 더 나누어 얻은 결과이다. 그에 의하면, 거주지 기준으로는 인천($M = 3.8$)이 가장 진보적, 충북($M = 5.8$)이 가장 보수적으로 나타났으며, 출신지 기준으로는 경기($M = 4.4$)가 가장 진보적, 충북($M = 5.3$)이 가장 보수적으로 나타났다. '의식조사'를 이용한 더 구체적인 출신지역별 정치이념 자기평가 평균은 저자로부터 구할 수 있다.

출신지역 집단별 평균 차이에 대한 통계적 검정은 일원변량분석 (One-way Anova) 후 튜키(Tukey HSD) 짝비교 사후검정을 통해 확인했다. 10 이에 의하면, 호남 출신은 영남의 두 지역 출신은 물론이고 영호남 외 지역 출신 집단과 통계적으로 의미 있는 수준에서 정치이념 자기평가 평균에 차이를 보였으며, 영남 두 지역 출신 간에도 평균 차이가 나타났다$(p < 0.05)$. 한편, 부산/울산/경남 지역은 영호남 외 지역

〈표 8-1〉 출신지역별 정치이념 자기평가

출신지역	평균	표준편차	사례 수
광주/전라	4.02	1.89	177
부산/울산/경남	4.80	1.75	209
대구/경북	5.79	1.96	154
그 외 지역	4.63	1.54	660
전체	4.72	1.76	1,200

〈표 8-2〉 세대와 주관적 계층별 정치이념 자기평가

집단 구분		평균	표준편차	사례 수
세대	20대(19세 포함)	3.82	1.35	212
	30대	4.28	1.38	212
	40대	4.50	1.63	248
	50대	5.02	1.79	237
	60대 이상	5.64	1.86	291
주관적 계층*	하	4.98	1.79	136
	중	4.73	1.78	801
	상	4.55	1.65	258
전체		4.72	1.76	1,200

주: 주관적 계층은 10점 척도로 측정했는데, 1부터 3까지는 하층으로 4부터 6까지는 중산층으로 7부터 10까지는 상층으로 재코딩했다.

---

10 튜키 짝비교 사후검정은 일원변량분석 후 표본크기가 다른 특정 집단 간 평균 차이를 검정하는, '일종 오류'(Type I error)를 줄일 수 있는 검정방식이다(Kirk 2013).

출신(M = 4. 63) 보다 약간 보수적으로 나타났으나 통계적으로 의미 있는 차이가 나지는 않았다. 이는 우선 완전한 균열에 대한 이론이 함의하는 지역 구분이라는 경험적 사회구조요소의 차이가 태도 또는 규범적 요소의 차이에 중첩 및 강화되는 현상을 지지하는 동시에, 지역균열 관련 영남 지역의 분화를 보고해 온 최근 연구의 관찰을 뒷받침하는 결과로 보인다.

참고로 대안적 균열로 검토되어 온 세대와 주관적 계층별 이념분포를 살펴보자(〈표 8-2〉 참조). 선행연구 보고대로 젊은 세대일수록 진보적으로 자기평가를 하고 있고, 하층 계층에 속한다고 생각할수록 보수성이 나타나고 있다(노환희・송정민 2013; 강원택 2013). 그 가운데 호남 지역 평균이 20~30대 세대 평균과 거의 대등하고, 계층의 경우 세 계층 평균차가 출신지역 경우보다 크지 않고 하층과 상층 계층만 통계적으로 의미 있는 차이가 나고 있다는 사실은 주목할 만하다.11 이는 호남 출신의 진보적 자기평가 수준과 지역균열의 두드러짐을 나타내는 결과인 것이다.

이 연구에서는 정치이념을 시간이나 상황에 따라 상대적으로 변화가 없고 정치적 대상에 대한 일관된 선호의 차이를 초래하는 정치적 신념으로 이해하는 전통적 접근과 달리, 정치이념 자기평가는 정치적 대상에 대한 정보를 일상적으로 '우리 대 남'에 관계되는, 또는 '우리'에게 유리한 것으로 나누는 정향을 반영하는 것으로 이해한다. 따라서 연구자들이 전형적으로 진보 또는 보수 정책으로 분류하는 일련의 정책에 대해 출신지역에 따른 선호 차이가 명확하게 나타나리라고 기대하지는

11 가족 한 달 소득 기준으로 분류한 경우에도 주관적 소득계층별 이념분포와 유사하게 하위계층(월 300만 원 미만)일수록 보수적 자기평가 그 이상인 경우 진보적 자기평가가 나타났다.

않지만, 영남과 호남에서 배타적인 지지를 받아 온 정치세력과 강하게 연계된 정책으로 인식되어 온 사안에 대해서는 의미 있는 차이가 나타날 것이라는 가설을 제시한 것이다. 이 같은 예측은 '햇볕정책'으로 대표되는 대북정책에 대해서는 적어도 김영삼 정부시기부터 지속적으로 영호남 지역별 선호 차이가 보여 왔다는 기존 연구결과에 의해서도 뒷받침된다(강원택 2002; 조성대 2008).

분석한 결과 이 가설은 부분적인 지지를 받고 있는 것으로 드러났다. 〈표 8-3〉은 '의식조사'에서 출신지역에 따라 튜키 사후 짝비교 사후검정에서 통계적으로 의미 있는 선호 차이가 나타난 일련의 쟁점정책을 담고 있다. 리커트(Likert) 4점 척도로 4점이 "매우 반대"를 1점이 "매우 찬성"을 나타내도록 측정한 선호 조사 결과, 우선 국가보안법 폐지와 개성공단 정상화와 같은 대북 관련 정책에 대해서는 이번 조사에서도 호남과 대구/경북 출신의 선호 차이가 통계적으로 의미 있는 수준에서 드러났다($p < 0.05$). 그러나 흥미롭게도 두 쟁점 정책에 대해 호남과 부산/울산/경남 출신의 선호 차이는 통계적으로 의미가 없었으며, 개성공단 정상화에 대해서는 두 지역 출신 모두 대구/경북 출신을 제외한 다른 지역 출신과 비슷하게 찬성이나 반대로 보기 어려운, 곧 진보적 또는 보수적 선호로 해석하기 어려운 결과를 나타냈다. 또한 선행연구와 달리(조성대 2008), 한미동맹 강화에 대해서는 전체적($M = 2.01$)으로 찬성을 보였으며 출신지역에 따른 차이도 거의 드러나지 않아 '합의 쟁점'(valence issue)에 가까운 것으로 나타났다.

경제 영역에서도 호남 출신이 가장 진보적 선호를 보인 반면에 대구/경북 출신이 상대적으로 보수적 선호가 강했고, 부산/울산/경남 출신은 대구/경북 출신에 비해 그 차이가 크지는 않았지만 보수적 선호가 약했다. 예컨대 호남 출신($M = 2.81$)은 비정규직 노동자 문제를 기업 자율에

맡겨야 한다는 정책에 대해 상대적으로 높은 수준의 반대를 나타낸 반면, 대구/경북 출신($M = 2.42$)과 부산/울산/경남 출신($M = 2.48$)은 상대적으로 찬성에 가까운 편이었고, 영남 두 지역 간에는 통계적으로 의미가 있는 차이가 없었으나, 호남과 두 지역 출신 간에는 모두 유의미한 차이를 보였다($p < 0.05$). 또한 호남 출신($M = 1.53$)은 대구/경북 출신($M = 1.94$)과 부산/울산/경남 출신($M = 1.63$)에 비해서 고소득자에 대해 현재보다 더 많은 세금을 내게 하는 것에 대해 찬성이 높았고 통계적으로도 의미가 있는 차이를 보였으나($p < 0.05$), 이 정책 또한 세 지역 출신 포함하여 전체적으로 찬성이 높은 합의 쟁점에 가까워 출신지

〈표 8-3〉 쟁점 정책별 출신지역에 따른 선호 평균

쟁점과 출신지역		평균	표준편차	사례 수
국가보안법 폐지	광주/전라	2.37	0.75	177
	부산/울산/경남	2.33	0.72	209
	대구/경북	2.82	0.82	154
	비영호남	2.56	0.82	660
	전체	2.53	0.81	1,200
개성공단 정상화	광주/전라	2.54	0.82	177
	부산/울산/경남	2.56	0.89	209
	대구/경북	2.86	0.80	154
	비영호남	2.54	0.78	660
	전체	2.58	0.81	1,200
비정규직 기업자율	광주/전라	2.81	0.80	177
	부산/울산/경남	2.48	0.69	209
	대구/경북	2.42	0.83	154
	비영호남	2.46	0.73	660
	전체	2.51	0.76	1,200
고소득자 증세	광주/전라	1.53	0.68	177
	부산/울산/경남	1.63	0.76	209
	대구/경북	1.94	0.75	154
	비영호남	1.76	0.76	660
	전체	1.73	0.76	1,200

역에 따라 선호가 달라지는 정책이라기 보기 어렵다. 한편, 경제성장보다는 복지 우선 정책($M = 2.43$)이나 철도 등 공기업 민영화 정책($M = 2.54$)에 대한 선호는 전체적으로 찬성이나 반대로 보기 어려웠고, 출신 지역별로 의미 있는 차이가 나타나지도 않았다.

사회 영역에서는 세 지역 간 의미 있는 차이가 드러나지 않았다. 예컨대 학교 체벌 허용에 대해서는 세 지역 출신 모두 전국 평균($M = 2.55$)보다 약간 반대가 높았으나 지역 간 의미 있는 차이가 나타나지 않았고, 대체 복무제 허용($M = 2.71$)과 사형제 폐지($M = 2.75$) 정책에 대해서도 다른 지역 출신과 비슷한 수준에서 세 지역 간 선호 차이가 나타나지 않았다.

요약하면, 대북 관련 정책에서는 한미동맹관계 정책을 제외하고는 호남과 대구/경북 출신의 선호 차이가 뚜렷하게 나타나긴 했지만 부산/울산/경남 출신과의 차이는 크지 않았다. 경제 영역에서는 비정규직 문제에 관한 한 호남 출신의 진보적 선호가 뚜렷했으나, 다른 정책에 대해서는 합의 쟁점의 성격을 보이거나 출신지역에 따른 선호 차이가 나타나지 않았다. 사회 영역에서는 세 지역 출신 간 그리고 전체적으로 명확한 선호 차이가 드러나지 않았다. 따라서 지역에 배타적인 지지기반을 갖고 있는 정치세력과 강한 연계가 있는 정책에 대해서 호남과 영남 출신의 선호가 두드러질 것이라는 가설은 호남과 대구/경북 출신으로 한정하는 경우에만 지지되는 것으로 보인다. 이 같은 결과가 향후 영남 지역 분화의 지속을 예측하게 하는 것인지 아니면 같은 지역 출신 후보의 당선에 따른 일시적인 효과인지 추후 관찰이 필요해 보인다.

2) 정당선호구조

완전한 균열로서 지역은 출신지역에 따라 각 지역에 배타적인 지지 기반을 가진 정치세력에 대한 선호가 달라질 것이라는 예측을 하게 한다. 이 연구에서는 립셋과 로칸의 논의와 같은 맥락에서, 잠재적 지역 균열이 지역 정당의 수요를 창출한 것인지 아니면 샷슈나이더 논의의 연장선상에서 같은 지역 출신 정치인과 그의 선거머신으로서 기능했던 정당이 잠재적 지역균열을 동원하여 지역유권자와 연계되는 과정을 겪었는지에 대해서 판단할 수는 없다. 그러나 적어도 민주화 이후 지속되어 온 지역별 특정 정당에 대한 배타적 지지행태는 이번 선거에서도 재현될 것이라는 예측이 합리적이기 때문이다. 다만 이번 선거에서는 전통적으로 각 지역의 지지를 받아 온 정치세력이 대선 직전 해에 각각 둘로 나뉘어 후보를 내었고, 이들 모두 영남 출신이기 때문에 가설 자체가 쉽게 지지를 받을 수 있다고 판단하지는 않았다.

우선 기본적으로 이번 선거에서도 출신지역에 따라 정당일체감, 즉 평소 지지하는 정당이 갈리는 현상이 되풀이된 것으로 보인다(〈표 8-4〉참조). 12 특히, 전통적 지역 정치세력이 둘로 갈린 상황에서 호남과 대구/경북 출신을 중심으로 의석 수 및 지지율 기준으로 상대적으로 우위에 있는 정당에 대한 지지가 높았다. 호남 출신은 더불어민주당을 압도적으로 지지했고(80.71%) 대구/경북 출신은 비록 이에는 미치지 못하지만 자유한국당에 대해 전국적 지지(23.51%)의 두 배가 넘는 지지(52.76%)를 드러냈다. 또한 부산/울산/경남 출신의 같은 후보가 제 18

---

12 이는 지지 정당이 없는 응답자에게 후속 탐침 질문을 통해 조금이라도 더 선호하는 정당을 파악한 것을 합산한 결과이다.

<표 8-4> 출신지역별 정당일체감

[단위: 명(%)]

지지정당	광주/전라	부산/울산/경남	대구/경북	비영호남	전체
더불어민주당	113(80.71)	74(49.66)	35(27.56)	279(63.55)	501(58.60)
자유한국당	4(2.86)	56(37.58)	67(52.76)	74(16.86)	201(23.51)
국민의당	11(7.86)	5(3.36)	11(8.66)	46(10.48)	73(8.54)
바른정당	3(2.14)	13(8.72)	14(11.02)	18(4.10)	48(5.61)
정의당	9(6.43)	1(0.67)	0(0.00)	22(5.01)	32(3.74)
전체	140(100.00)	149(100.00)	127(100.00)	439(100.00)	855(100.00)

주: $\chi^2(12)$ = 162.6468, p < 0.01.

<표 8-5> 정당일체감별 정치이념

지지정당	평균	표준편차	사례 수
더불어민주당	3.87	1.47	501
자유한국당	6.74	1.41	201
국민의당	4.64	1.38	73
바른정당	5.46	1.49	48
정의당	3.19	1.55	32
전체	4.67	1.90	855

대 대선에 이어 이번 대선에 출마했음에도 호남 지역 전통적 지지 정당의 후보로 출마해서인지, 부산/울산/경남 출신의 지지가 자유한국당 후보 지지와도 상대적으로 차이가 작았고(12.08%p), 전국적 지지(58.60%) 보다도 낮은 지지를 나타냈다. 그럼에도 이는 앞서 살펴본 바대로 영남 지역 분화 가설을 어느 정도 지지하는 것으로 보인다. 한편, 전통적 지역 정치세력에서 갈라져 나왔지만 열세로 인식된 정당으로 전체적으로 한자리 수의 지지율을 보인 국민의당과 바른정당의 경우, 신생 정당으로 전통적 의미의 정당일체감을 형성했다고 보기 어려운 측면이 있음에도, 국민의당은 호남 출신에게 바른정당은 영남 출신에게 비록 큰 차이는 아니지만 상대 정당에 비해 높은 지지를 받았다.

출신지역별 정당일체감 분포의 차이는 정당 지지 집단 간 정치이념의 차이를 나타나게 하는 것으로 보인다. 정당일체감에 따른 정치이념의 평균을 나타내고 있는 〈표 8-5〉에 의하면, 더불어민주당 지지 집단($M = 3.87$)의 경우 호남 출신 평균($M = 4.02$)에 가까운 것으로, 자유한국당 지지 집단($M = 6.74$)의 경우 대구/경북 출신 평균($M = 5.79$)보다 더 보수적이긴 하지만 그래도 다른 지역 출신에 비해 가까운 것으로 드러났다. 또한 일반적 인식대로 정의당 지지 집단($M = 3.19$)이 가장 진보적으로 자유한국당 지지 집단이 가장 보수적으로 드러난 가운데, 국민의당 지지 집단은 중도에서 조금 왼쪽에 그리고 바른정당 지지 집단은 중도에서 조금 오른쪽에 위치하는 것으로 나타났으며, 튜키 짝비교 사후검정에서 모든 정당 지지 집단 간 비교에서 통계적으로 의미 있는 차이를 보였다($p < 0.05$).

이 같은 결과는 앞서 정치이념 논의에서도 밝힌 바와 같이 지지 집단 간의 심층적 정치이념의 차이를 반영한다기보다는, 장기적으로 지속되어 온 완전한 균열로서 지역의 요소가 상호 강화해 온 정서적 요소가 강한 '정치적 편가르기'를 반영하는 것으로 보인다. 또한 정당 간 미미한 정책 차이, 언론의 지속적인 '진보-보수' 도식 활성화, 정당의 잦은 이합집산과 지역맹주 퇴장 그리고 '자기 편' 정당에 대립집단으로 여겨져 온 지역 출신 후보의 등장 등과 같은 사실을 고려했을 때, 일체감을 가진 정당의 '설득효과'에 의한 자기평가의 변화〔곧, 정치이념에 따른 '지지 정당 찾아가기'(party sorting)〕보다는 자기 편, 곧 내집단 지역 정당이 지역균열에 의해 형성된 자신의 정치이념평가에 부합한다고 생각하는 '투사효과'(projection effect)를 반영한 결과일 가능성이 높다.

출신지역별 정당 지지의 차이가 인지적 구조로서 정치이념보다는 정서적 편가르기 잣대로서 정치이념과 이를 뒷받침하는 지역균열에 기인

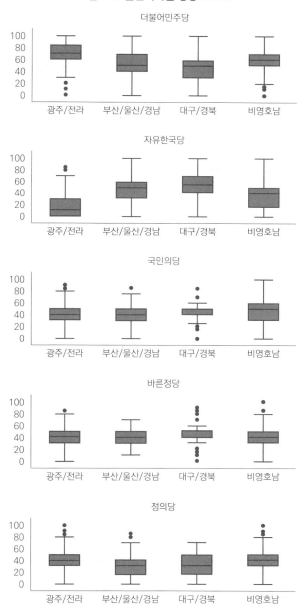

〈그림 8-1〉 출신지역별 정당 호오도

한다는 해석은 출신지역별로 정당호오도가 다른 결과에 의해서도 어느 정도 지지되는 것으로 보인다.

〈그림 8-1〉은 0점("대단히 부정적인 느낌")에서 100점("대단히 호의적인 느낌")까지 체온계 형식으로 측정한 각 정당에 대한 호오도를 출신지역별로 상자도표로 보여주는데, 예상대로 출신지역에 따라 정당에 대한 온도차가 드러나는 가운데 영남 지역의 분화도 두드러지고 있다. 예컨대 더불어민주당은 호남 출신($M = 70.68$)이 가장 호의적으로 느끼는 정당이지만, 영남 출신에게는 비영호남 출신에 비해서 호감을 주고 있지 못하다. 그럼에도 부산/울산/경남 출신($M = 56.27$)은 이 당에 대해 "약간 호의적인 느낌"으로 예시된 60점에 가까운 감정을 드러냈고 다른 정당에 비해서도 높은 호감을 나타냈다. 이는 더불어민주당이 같은 지역 출신 후보를 내세웠고 직전 총선에서도 5석이나 획득했을 정도로 약진했다는 사실과 관계가 있는 것으로 보인다. 자유한국당에 대해서 호남 출신($M = 16.68$)은 "상당히 부정적인 느낌"으로 예시된 15점에 가까운 감정을 나타냈지만, 영남 출신은 호남출신은 물론이고 비영호남 출신에 비해서도 호감을 나타냈고, 특히 대구/경북 출신($M = 54.32$)은 다른 정당에 비해서도 상대적으로 호감이 높았다. 한편, 두 유력 정당에 비해서 다른 정당들은 대체로 부정적인 느낌에 가까운 평가를 받았다. 이는 특히 국민의당이나 바른정당과 같이 전통적 지역 정당에서 갈라져 나온 정당일지라도 후보의 당선가능성이 높지 않고 대선 직전 급조된 정당이라 감정적 유대를 형성하기 어려웠기 때문일 것으로 보인다.

3) 교차압력구조

유일하게 완전한 균열로서 지역균열은 영호남 출신이 상대적으로 낮은 교차압력을 경험할 것이라는 예측을 하게 한다. 거시적 개념인 교차 균열이 유권자 개인 수준에서 발현되는 교차압력을 이것의 경험 메커니즘과 독립적으로 측정하는 교차압력 점수를 이용하여 이 연구가설을 검정한 결과 부분적인 지지를 받았다.[13]

우선, 호남 출신($M = 0.31$)은 예상대로 다른 지역 출신에 비해서든 절대적으로 보든 매우 낮은 교차압력을 경험하고 있는 것으로 보인다(〈그림 8-2〉 참조). 곧, 호남 출신 유권자는 서로 다른 사회집단에 속한다고 해도 이를 반영하여 상충하는 압력을 경험할 가능성이 낮은 것이다.[14] 그러나 예상과 달리 부산/울산/경남 출신($M = 0.61$)과 대구/경북 출신($M = 0.64$)은 호남 출신뿐만 아니라 비영호남 출신($M = 0.59$)보다도 높은 교차압력을 경험하고 있는 것으로 드러났다. 이 같은 결과는 제14대 대선부터 제18대 대선까지 5번의 설문자료를 사용하여 교차압력 점수를 산출, 분석한 윤지성(2017)의 추세 관찰에도 대조되어 보인다. 그에 의하면 지난 20년간 호남 지역과 부산/울산/경남 유권자의 교차압력이 가파르게 상승하고 있으며, 대구/경북 지역에서는 교차 압력이 오히려 완만하게 낮아지는 추세를 보이고 있기 때문이다. 그럼에도 그의 연구에서도 호남의 교차압력은 전 연구시기에 걸쳐 영남에

---

13 교차압력 점수는 브래이더와 동료들(Brader et al. 2014)이 제시한 방법을 원용한 윤지성(2017, 17~18)의 측정방식을 따라 인구통계학적 변수 중 출신지, 성별, 연령대, 월 가구 소득, 교육 수준, 종교만 고려했다.

14 호남 출신의 교차압력 점수 평균은 대안적 균열로 검토된 세대와 계층의 어느 범주의 평균보다도 낮다. 세대와 계층별 교차압력 점수 평균은 저자에게서 구할 수 있다.

비해 매우 낮은 수준으로 나타났고, 대구/경북 출신의 교차압력이 이번 대선을 변곡점으로 상승할 가능성도 배제할 수 없기 때문에 두 결과가 완전히 상충되는 것은 아니다. 따라서 출신지역별 교차압력 점수 분포로 보건대 현재로서는 지역균열 유지가 호남을 중심으로 이루어지고 있으며 영남 지역의 분화가 일어나고 있는 가운데 이 지역 출신의 균열 관련 규범적 태도요소가 약화되고 있는 것으로 볼 수 있다.

이 같은 관찰은 출신지역별로 연령대에 따른 교차압력 점수 평균을 나타내고 있는 〈그림 8-3〉에 의해서도 어느 정도 뒷받침 된다. 호남 출신은 연령대가 높을수록 교차압력이 미세하게 낮아지는 가운데에서도 전 연령대에 걸쳐 어느 지역 출신보다도 교차압력 점수가 낮은 것으로 드러났다. 반면에 부산/울산/경남의 경우는 50대를 기점으로, 대구/경북의 경우는 40대를 기점으로 교차압력이 낮아지기는 하지만 호남 출신에 비해서는 모든 연령대에서 상대적으로 높은 교차압력을 경험할 가능성이 큰 것으로 나타났다. 한편, 교차압력 점수는 정치이념을 통제하지 않고 인구통계학적 변수만을 고려하여 산출하는데 그럼에도 호남 출신이 경험할 수 있는 교차압력이 전 연령대에 걸쳐 낮고, 앞서 살펴본 바대로 다른 지역 출신에 비해 자신이 진보적이라고 생각하며 연령이 낮을수록 이 경향이 강하다는 사실은, 가까운 장래에 현재와 같은 지역균열구조의 변화를 기대하기 어렵게 한다.

4) 제19대 대선 투표행태

마지막으로 이번 선거에서 다른 대안적 균열로 검토되어 온 일련의 사회경제 변수를 통제한 경우에도 출신지역이 독립적인 영향을 미쳤을 것이라는 연구가설을 검토해 보자. 이는 사회구조와 이와 정렬된 정

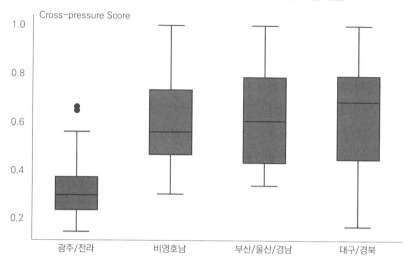

〈그림 8-2〉 출신지역별 교차압력 점수 분포(중위수 오름차순)

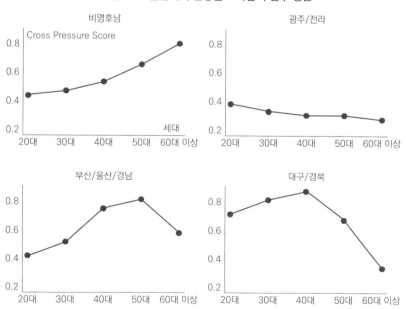

〈그림 8-3〉 출신지역 연령별 교차압력 점수 평균

〈표 8-6〉 제 19대 대선 투표선택 조건부로짓모델

(n = 768)

모델 1	승산비(표준오차)			
후보와 이념거리	0.962			
	(0.063)			
정당일체감	25.07***			
	(4.836)			
	문재인 대 홍준표	안철수 대 홍준표	유승민 대 홍준표	심상정 대 홍준표
여성	0.814	0.682	0.997	0.629
	(0.333)	(0.381)	(0.599)	(0.473)
연령	0.961	0.962	0.931**	0.919
	(0.023)	(0.023)	(0.024)	(0.046)
월 가구소득	1.490***	1.384*	1.241	1.951*
	(0.159)	(0.219)	(0.146)	(0.646)
교육수준	0.689	1.081	0.554	2.535
	(0.233)	(0.278)	(0.291)	(1.805)
광주/전라 출신	6.053	4.537	2.264	11.24
	(7.333)	(5.600)	(2.354)	(17.335)
부산/울산/경남 출신	0.374***	0.321**	0.117***	0.000***
	(0.093)	(0.126)	(0.037)	(0.000)
대구/경북 출신	0.261***	0.678	0.179***	0.000***
	(0.087)	(0.230)	(0.089)	(0.000)
모델 2	승산비(표준편차)			
정당과 이념거리	0.927			
	(0.051)			
정당일체감	24.05***			
	(4.138)			
	문재인 대 홍준표	안철수 대 홍준표	유승민 대 홍준표	심상정 대 홍준표
여성	0.804	0.664	1.000	0.625
	(0.337)	(0.368)	(0.616)	(0.459)
연령	0.963	0.963	0.933**	0.922
	(0.023)	(0.022)	(0.024)	(0.047)
월 가구소득	1.502***	1.386*	1.247	1.984*
	(0.157)	(0.226)	(0.143)	(0.637)
교육수준	0.689	1.081	0.563	2.506
	(0.228)	(0.266)	(0.297)	(1.687)

(n = 768)

	문재인 대 홍준표	안철수 대 홍준표	유승민 대 홍준표	심상정 대 홍준표
광주/전라 출신	5.912	4.484	2.210	10.86
	(7.236)	(5.651)	(2.385)	(16.646)
부산/울산/경남 출신	0.373***	0.318**	0.119***	0.000***
	(0.094)	(0.124)	(0.038)	(0.000)
대구/경북 출신	0.259***	0.665	0.185***	0.000***
	(0.087)	(0.228)	(0.087)	(0.000)

*p < 0.05, **p < 0.01, ***p < 0.001.

치조직이 개인의 정치행태를 규정한다는 균열이론에 따라 제시된 가설이다. 개인에 따라 달라지는 출신지역과 사회경제 변수, 그리고 종속변수인 후보에 따라 달라지는 정당일체감과 후보(모델 1)와 정당(모델 2)과의 이념거리를 함께 통제할 수 있는 맥파든(McFadden)의 선택 모형, 대안-특정 조건부로짓(alternative-specific conditional logit) 모형을 이용하여 검증했다. 모형은 홍준표 후보를 기저 대안(base alternative)으로 삼았으며, 통계적 검정에서 응답자 거주지를 기준으로 군집화 로버스트 표준오차(clustered robust standard errors)를 사용했다.

〈표 8-6〉은 조건부로짓모형에 의한 승산비 추정결과를 담고 있는데, 이에 의하면 무엇보다 정당일체감과 영남 출신의 승산비가 눈에 띤다.[15] 다시 말해서, 다른 조건이 같다면, 두 모델 모두 평소 지지하는 정당의 후보를 선택할 가능성이 매우 높고, 통계적으로 의미가 없는 안철수에 대한 대구/경북 출신의 경우를 제외하고 영남 출신은 다른 어느 후보보다 홍준표 후보를 선택할 가능성이 높았다. 호남 출신의 경우 예

---

[15] 승산비는 다른 조건이 같다면 1보다 큰 경우에는 비교 대안보다 선택할 가능성이 높다는 것을 1보다 작은 경우에는 선택할 가능성이 낮다는 것을 의미한다.

상대로 문재인 후보에 대한 투표가능성이 매우 높았으나 통계적으로 의미는 없었는데, 아마도 이는 호남 출신 약 80.71%가 평소 지지하는 정당으로 더불어민주당을 선택하여(〈표 8-4〉참고) 출신지역 변인의 독립적 효과를 추정하기 어려웠기 때문으로 보인다.[16] 한편, 후보든 정당이든 이념거리가 멀어질수록 해당 후보를 선택할 가능성이 아주 근소하게 낮아지긴 하지만 통계적으로 의미는 없는 것으로 드러났다. 이같은 결과가 이 연구의 주장대로 정치이념 자기평가가 인지적 특성보다는 정서적 특성이 강해 명확한 구분이 어렵다는 점을 반영하는 것인지, 아니면 주관적으로 인식된 정당의 이념차가 명확하여 정치이념의 영향이 정당일체감에 반영된 것인지 추후 좀더 면밀한 연구가 필요해 보인다.

요컨대 연구가설을 지지하는 영남 출신과 지역 정당의 독립적인 효과는 적어도 출신지역과 정렬된 정당과 후보를 선택하는 행동 차원에서는 지역균열의 약화가 아직은 뚜렷하지 않다는 점을 시사한다. 또한 대구/경북 출신의 경우 문재인 후보를 선택할 가능성이 부산/울산/경남 출신에 비해 더 낮긴 하지만 그 차이가 그리 크지 않아 영남 지역의 분화를 뒷받침한 일련의 경험적 사실과 대조되는데, 이는 태도 분화가 있더라도 아직 행동 분화까지로 이어지지 않은 것으로 해석될 수 있다. 한편, 월 가구 소득 수준이 높으면 홍준표 후보보다 문재인이나 안철수 후보를 선택할 가능성이 높았는데 이것이 계층 균열의 등장 가능성을 시사하는 것인지 계급배반투표 현상을 반영한 것인지에 대한 추후 검토가 필요해 보인다.

---

[16] 참고로 윤광일(2017b)은 다른 표본을 사용했고 심리적 특성 변수를 추가했긴 했지만 같은 맥파든모형으로 추정한 결과 호남 출신이 문재인 후보를 선택할 가능성이 통계적으로 의미 있는 수준($p < 0.05$)에서 높다는 결과를 얻었다.

4. 나가며

이 글에서는 사회구조, 정치제도 그리고 개인의 정치행태 간의 상호관계를 체계적으로 분석하는 데 중요한 설명틀을 제시해 온 균열이론에 대해, 핵심개념의 엄밀한 정의가 미흡하고 정당체계 형성과 민주주의체제 비교 등 거시적 분석에 주로 치중해 온 한계가 있다고 지적했다. 또한 이론적·경험적 논쟁의 접점을 파악하여 연구결과 축적에 유용한 개념으로 균열이 경험적/구조적, 태도/규범적, 정치/조직적 핵심요소로 구성된다는 바르톨리니와 마이어(1990)의 내포적 정의와, 상호 불가분하며 상호 강화적인 요소를 모두 갖춘 정치적 균열을 완전한 균열로 명명하면서 핵심요소가 결여된 형태의 대립을 차이와 분할로 규정한 디건-크라우스(2007)의 외연적 정의가 유용하다고 판단했다.

따라서 이 글은 이들의 개념화와 논의를 원용하여 완전한 균열로 유지 또는 새로운 형태로 진화하고 있는 한국의 지역균열에 대해, 균열의 개인 수준에 대한 함의에 초점을 맞춰 연구가설을 제시하고 제19대 대선 직후 수집한 '의식조사' 자료를 통해 경험적으로 검증했다. 이를 통해 다음과 같은 사실을 확인했다. 첫째, 호남 출신은 상대적으로 진보적 성향을, 대구/경북 출신은 상대적으로 보수적 성향을 가진 것으로 자기평가를 내리고 있다. 부산/울산/경남 출신도 통계적으로 유의미한 수준에서 호남 출신보다 보수적이라는 자기평가를 하고 있었으나 대구/경북 출신과도 차이가 났고 평균으로 보수보다는 진보에 조금 더 가까운 편으로 드러났다. 둘째, 지역에 배타적인 지지기반을 갖고 있는 정치세력과 강한 연계가 있는 대북정책에 대해서 호남과 영남 출신의 선호가 두드러질 것이라는 가설은 호남과 대구/경북 출신으로 한정하는 경우에만 지지되는 것으로 나타났다. 셋째, 자기 편 정당이자 우세한 정당으로 알려진 더불어민주당과 자유한국당에 대한 선호가 예상대로 각각 호남과 대구/경북 출신에게서 높게 나타났으나 부산/울산/경남 출신의 지역 정당 선호는 두드러지지 않았다. 넷째, 영남 출신은 상대적으로 높은 교차압력을 경험할 가능성이 높지만, 호남 출신은 전 연령대에 걸쳐 어느 지역 출신보다도 교차압력 점수가 낮은 것으로 드러났다. 마지막으로, 맥파든 선택 모형으로 유권자 투표선택 모형을 추정한 결과 영남 출신과 여전히 지역에 따라 지지가 갈리는 정당의 독립적 영향이 드러난 반면에 호남 출신의 독립적 영향은 나타나지 않았다.

이와 같은 연구결과의 함의는 무엇인가? 우선 '완전한 균열'로서 지역균열이 호남과 대구/경북을 중심으로 재편되고 있는 것으로 보인다. 이는 최근 일련의 경험적 연구의 결과에 의해서도 뒷받침 된다. 특히, 호남 출신은 정치세계를 일상적으로 '우리 대 남'으로 나누는 데 유용한 정서적 잣대로서 상정된 정치이념에 대한 자기평가와 지역 정치세력과 강하게 연계된 정책, 자기 편으로 알려진 정당에 대한 선호, 그리고 서로 다른 사회집단에 속하는 데서 경험할 수 있는 교차압력 등에서 영남 출신뿐만 아니라 다른 지역 출신과도 뚜렷한 차이를 보이고 있다. 이는 '사회구조(지역) - 태도(정치이념과 정책선호) - 조직(지역 정당)'으로 구성된 완전한 균열로서 지역균열이 적어도 호남을 중심으로 앞으로도 상당 기간 유지될 것이라는 예측을 하게 한다.[17]

영남의 정치적 선호 분화와 호남의 지역에 바탕을 둔 뚜렷한 정치적 선호 유지로 요약될 수 있는 현재 한국정치 균열구조에 대한 경험적 연

---

17 호남 출신의 대조적 정치적 선호의 기원에 대한 규명은 이 연구의 범위를 벗어난다. 다만, 이는 역사적으로 존재해 온 '반호남 편견'과 관련이 있는 것으로 판단된다. 또한, 최근 연구에서 대구/경북 출신의 호남에 대한 편견이 다른 지역 출신과 달리 유지되고 있다는 사실도 주목할 만하다(윤광일 2017a).

구결과는, 지역구분의 역사가 오래되었고 늦게 잡아도 민주화 이후 30 여 년간 지속되어 온 정치인과 정당의 지역동원이 지역균열구조 유지와 강화에 작지 않은 역할을 해왔다는 사실을 고려해 보면 제한적으로 해석되어야 한다. 예컨대 최근 보고되고 있는 영남의 분화는 같은 지역 출신의 정치인이 다른 지역 정치세력으로 알려진 정당의 유력 대선 후보로 지난 15년간 세 차례(2002년 제16대, 2012년 제18대, 2017년 제19대) 출마했다는 사실과 어느 정도 관련이 있어 보인다. 다시 말해서, 향후 같은 지역 출신 정치인과 정당의 동원에 의해 영남 지역의 정치적 선호가 사회구조와 지역 정당에 다시 정렬될 가능성이 낮지 않다고 볼 수 있는 것이다. 이와 관련해서 최근 영남 출신 정치인을 중심으로 일어나고 있는 보수의 동원과 정당 통합 시도는 시사하는 바가 크다.

이 연구에서는 정치이념을 정치적 선호의 일관성을 담보하는 인지적 신념으로 보기보다는 정서적 유인가가 있는 편 가르기 잣대로 상정하는데, 이 같은 이해는 정치세력의 잦은 이합집산과 당명 변경으로 특징 지워지는 한국정치상황에서 매우 유용한 것이다. 즉, 의도가 있든 없든 영남 지역 출신의 이념동원은 현재 정치균열구조를 영호남 대립의 완전한 균열구조로 되돌릴 가능성이 있다. 선거제도에 초점을 맞춰 정당체계 형성을 설명한 뒤베르제도 정당체계를 규정하는 결정적인 영향력은 다름 아닌 사회경제구조와 정치이데올로기라고 인정할 만큼(Duverger 1954, 205) 균열구조, 곧 완전한 균열은 강고하기 때문이다. 또한 민주주의 안정성과 체제 실적(*performance*) 측면에서 긍정적 기능을 하는 것으로 알려진 교차균열에 대한 연구결과를 상기해 보면 이념동원과 정당재편에 의한 완전한 균열의 새로운 형태로의 진화는 충분히 우려할 만하다.

참고문헌

강원택. 2002. "유권자의 정치이념과 16대 총선: 지역균열과 이념균열의 중첩?"
　　　진영재 편. 《한국의 선거 IV》. 서울: 한국사회과학데이터센터.

_____. 2003. 《한국의 선거정치: 이념, 지역, 세대와 미디어》. 서울: 푸른길.

_____. 2011. "한국에서 정치균열 구조의 역사적 기원 : 립셋-록칸 모델의 적
　　　용", 〈한국과 국제정치〉 27(3), 99~129.

_____. 2013. "한국선거에서의 '계급배반투표'와 사회계층", 〈한국정당학회보〉
　　　12(3), 5~28.

김만흠. 1994. "정치균열, 정당정치 그리고 지역주의", 〈한국정치학회보〉 28(2),
　　　215~237.

김성모 · 이현우. 2015. "출신지 거주자와 비거주자의 지역주의 행태 비교분석",
　　　〈한국정치학회보〉 49(5), 243~266.

노환희 · 송정민. 2013. "세대균열에 대한 고찰: 세대효과인가, 연령효과인가",
　　　박찬욱 · 강원택 편. 《2012년 대통령선거 분석》. 파주: 나남.

마인섭. 2003. "한국사회 균열구조의 변화와 민주주의적 정착", 〈한국정당학회
　　　보〉 2(1), 31~69.

박 준. 2013. "한국사회 갈등 현 주소", 제2차 국민대통합 심포지엄. 서울. 8월.

백준기 · 조정관 · 조성대. 2003. "이데올로기와 지역주의, 그리고 2002년 대통령
　　　선거", 〈국가전략〉 9(4), 139~168.

문우진. 2017. "지역주의 투표의 특성과 변화: 이론적 쟁점과 경험분석", 〈의정연
　　　구〉 23(1), 82~111.

윤광일. 2012. "지역주의와 제19대 총선", 박찬욱 · 강원택 편. 《2012년 국회의원
　　　선거 분석》. 파주: 나남.

_____. 2013. "지역주의 투표", 박찬욱 · 강원택 편. 《2012년 대통령선거 분석》.
　　　파주: 나남.

_____. 2016. "지역주의와 통일 및 북한에 대한 인식", 한국정치학회 편. 〈한국
　　　사회 내 갈등과 대한민국 통합의 미래〉 학술회의. 서울. 6월.

_____. 2017a. "지역주의의 변화: 1988년, 2003년 및 2016년 조사결과 비교",
　　　〈의정연구〉 23(1), 113~149.

_____. 2017b. "제19대 대통령선거에서 나타난 유권자 기본 심리특성의 영향:

가치와 정치이데올로기를 중심으로", 〈선거연구〉 8, 5~35.

윤인진. 2015. "한국인의 갈등의식 현황과 변화: 제 1~3차 한국인의 갈등의식조사 결과 분석", 〈한국사회〉 16(1), 3~36.

윤지성. 2017. "교차압력과 지역주의 투표의 변화", 〈한국정당학회보〉 16(3), 5~45.

이갑윤. 1997. 《한국의 선거와 지역주의》. 서울: 오름.

_____. 2011. 《한국인의 투표행태》. 서울: 후마니타스.

_____. 2002. "지역주의의 정치적 정향과 태도", 〈한국과 국제정치〉 18(2), 155~178.

이갑윤·박경미. 2014. "지역발전과 지역적 정당투표", 이갑윤·이현우 편. 《한국의 정치균열 구조》. 서울: 오름.

이갑윤·박정석. 2011. "지역민 호감도가 정당지지에 미치는 영향", 〈한국과 국제정치〉 27(3), 131~158.

정영호·고숙자. 2014. 《사회갈등지수 국제비교 및 경제성장에 미치는 영향》. 한국보건사회연구원 연구보고서. 2014-26-3. 세종: 한국보건사회연구원.

조성대. 2008. "균열구조와 정당체계", 〈현대정치연구〉 1(1), 169~198.

조대엽. 2014. 《갈등사회의 도전과 미시민주주의의 시대》. 파주: 나남.

최영진. 2001. "제 16대 총선과 한국 지역주의 성격", 〈한국정치학회보〉 35(1), 149~165.

최장집. 1991. "지역감정의 지배 이데올로기적 기능", 김학민·이두엽 공편. 《지역감정연구》. 서울: 학민사.

_____. 1993. 《한국민주주의 이론》. 서울: 한길사.

_____. 2009. 《민중에서 시민으로: 한국 민주주의를 이해하는 하나의 방법》. 파주: 돌베개.

_____. 2010. 《민주화 이후의 민주주의: 한국 민주주의의 보수적 기원과 위기》 (개정2판). 서울: 후마니타스.

최준영·조진만. 2005. "지역균열의 변화 가능성에 대한 경험적 고찰", 〈한국정치학회보〉 39(3), 375~394.

한국사회학회. 1990. 《한국의 지역주의와 지역갈등》. 서울: 성원사.

한국심리학회. 1988. 《심리학에서 본 지역감정》. 서울: 성원사.

Bartolini, S. & Mair, P. 1990. *Identity, Competition, and Electoral Availability*:

The Stabilisation of European Electorates 1885 ~1985. New York: Cambridge University Press.

Berelson, B., Lazarsfeld, P. F. & McPhee, W. N. 1954. *Voting: A Study of Opinion Formation in a Presidential Campaign*. Chicago: University of Chicago Press.

Bornschier, S. 2009. "Cleavage politics in old and new democracies", *Living Reviews in Democracy* 1, 1~13. http://www.cis.ethz.ch/research/living-reviews-in-democracy.html (검색일: 2018.01.09).

Brader, T., Tucker, J. A. & Therriault, A. 2014. "Cross pressure scores: An individual-level measure of cumulative partisan pressures arising from social group memberships", *Political Behavior* 36(1), 23~51.

Campbell, A., Converse, P. E., Miller, W. E. & Stokes, D. E. 1960. *The American Voter*. New York: Wiley.

Caprara, G. V., Vecchione, M., Schwartz, S. H., Schoen, H., Bain, P. G., Silvester, J., Cieciuch, J., Pavlopoulos, V., Bianchi, G., Kirmanoglu, H., Baslevent, C., Mamali, C., Manzi, J., Katayama, M., Posnova, T., Tabernero, C., Torres, C., Verkasalo, M., Lnnqvist, J-E., Vondrkov, E. & Caprara, M. G. 2017. "Basic values, ideological self-placement, and voting: A cross-cultural study", *Cross-cultural Research* 51(4), 388~411.

Chandra, K. 2006. "What is ethnic identity and does it matter?", *Annual Review of Political Science* 9(1), 397~424.

Coser, L. A. 1956. *The Functions of Social Conflict*. Glencoe, Ill.: Free Press.

_____. 1957. "Social conflict and the theory of social change", *The British Journal of Sociology* 8(3), 197~207.

Dahl, R. A. 1966. *Political Oppositions in Western Democracies*. New Haven: Yale University Press.

Deegan-Krause, K. 2007. "New dimensions of political cleavage", In Dalton, R. J. & Klingemann, H-D. (eds.). *The Oxford Handbook of Political Behavior*. New York: Oxford University Press.

Duverger, M. 1954. *Political Parties, Their Organization and Activity in the Modern State*. London, New York: Methuen; Wiley.

Easton, D. 1965. *A Framework for Political Analysis*. Englewood Cliffs, N.J.:

Prentice-Hall.

Gubler, J. R. & Selway, J. S. 2012. "Horizontal inequality, crosscutting cleavages, and Civil War", *Journal of Conflict Resolution* 56(2), 206~232.

Hirschman, A. O. 1994. "Social conflicts as pillars of democratic market society", *Political Theory* 22(2), 203~218.

Horowitz, D. L. 1985. *Ethnic Groups in Conflict*. Berkeley: University of California Press.

Huber, J. & Inglehart, R. 1995. "Expert interpretations of party space and party locations in 42 societies", *Party Politics* 1(1), 73~111.

Kinder, D. R. & Kam, C. D. 2009. *Us Against Them: Ethnocentric Foundations of American Opinion*. Chicago: University of Chicago Press.

Kitschelt, H. 2009. "Party systems", In Boix, C. & Stokes, S. C. (eds.). *The Oxford Handbook of Comparative Politics*. New York: Oxford University Press.

Kirk, R. E. 2013. *Experimental Design: Procedures for the Behavioral Sciences*. Los Angeles, California: SAGE Publications.

Knutsen, O. 2010. "The regional cleavage in Western Europe: Can social composition, value orientations and territorial identities explain the impact of region on party choice?", *West European Politics* 33(3), 553~585.

Lane, J-E. & Ersson, S. O. 1999. *Politics and Society in Western Europe*. London; Thousand Oaks, Calif.: Sage Publications.

Lazarsfeld, P. F., Berelson, B. & Gaudet, H. 1944. *The People's Choice: How the Voter Makes up His Mind in a Presidential Campaign*. New York: Columbia University Press.

Lipset, M. S. 1960. *Political Man: The Social Bases of Politics*. Garden City, N.Y.: Doubleday.

Lipset, M. S. & Rokkan, S. 1967. "Cleavage structure, party systems, and voter alignments: An introduction", In Lipset, M. S. & Rokkan, S. (eds.). *Party Systems and Voter Alignments: Cross-national Perspectives*. New York: Macmillan.

Lijphart, A. 1968. *The Politics of Accommodation: Pluralism and Democracy in the Netherlands*. Berkeley: University of California Press.

_____. 1981. "Consociational theory: Problems and prospects. A reply", *Comparative Politics* 13(3), 355~360.

Meisel, J. 1974. *Cleavages, Parties and Values in Canada*. London: Sage Publications.

Moon, W. 2005. "Decomposition of regional voting in South Korea: Ideological conflicts and regional benefits", *Party Politics* 11(5), 579~599.

Neto, O. A. & Cox, G. W. 1997. "Electoral institutions, cleavage structures, and the number of parties", *American Journal of Political Science* 41(1), 149~174.

Powell, G. B. 1976. "Political cleavage structure, cross-pressure processes, and partisanship: An empirical test of the theory", *American Journal of Political Science* 20(1), 1~23.

_____. 1982. *Contemporary Democracies Participation, Stability, and Violence*. Cambridge, MA: Harvard University Press.

Rae, D. W. & Taylor, M. 1970. *The Analysis of Political Cleavages*. New Haven: Yale University Press.

Rose, R. & Urwin, D. W. 1969. "Social cohesion, political parties and strains in regimes", *Comparative Political Studies* 2(1), 7~67.

_____. 1970. "Persistence and change in Western party systems since 1945", *Political Studies* 18(3), 287~319.

Schattschneider, E. E. 1960. *The Semisovereign People: A Realist's View of Democracy in America*. New York: Holt, Rinehart and Winston.

Selway, J. S. & Templeman, K. 2012. "The myth of consociationalism?: Conflict reduction in divided societies", *Comparative Political Studies* 45(12), 1542~1571.

Selway, J. S. 2009. *Constitutions, Cleavages and Coordination: A Socio-institutional Theory of Public Goods Provision*. Ph. D. Diss., University of Michigan, Ann Arbor.

_____. 2011a. "The measurement of cross-cutting cleavages and other multidimensional cleavage structures", *Political Analysis* 19(1), 48~65.

_____. 2011b. "Cross-cuttingness, cleavage structures and Civil War onset", *British Journal of Political Science* 41(1), 111~138.

Shamir, M. 1984. "Are Western party systems 'frozen'?: A comparative dynamic analysis", *Comparative Political Studies* 17(1), 35~79.

Taylor, M. & Rae, D. 1969. "An analysis of crosscutting between political cleavages", *Comparative Politics* 1(4), 534~547.

Tóka, Gábor. 1998. "Party appeals and voter loyalty in new democracies", *Political Studies* 46(3), 589~610.

Weaver, R. K. & Rockman, B. A. 1993. *Do Institutions Matter?: Government Capabilities in the United States and Abroad*. Washington, D. C.: The Broo‐kings Institution.

Whitefield, S. 2002. "Political cleavages and post-communist politics", *Annual Review of Political Science* 5(1), 181~200.

Zuckerman, A. S. 1975. "Political cleavage: A conceptual and theoretical analysis", *British Journal of Political Science* 5(2), 231~248.

_____. 1982. "New approaches to political cleavage: A theoretical introduction", *Comparative Political Studies* 15(2), 131~144.

9장 집합자료를 이용한 19대 대통령선거 결과 예측

송병권

1. 들어가며

2017년 5월에 치러진 제 19대 대통령선거는 다음 두 가지 점에서 이전 선거들과는 확연하게 구분된다. 첫째는 현직 대통령이 탄핵되어 조기에 치러진 선거라는 점이다. 선거가 치러지기 얼마 전에 최순실 국정농단 사태와 뒤이은 대규모 촛불집회로 인해 헌정 사상 처음으로 현직 대통령이 파면되었다. 둘째는 진보와 보수 양대 정당이 모두 분열되어 후보가 난립한 선거라는 점이다. 야당이었던 새정치민주연합은 탄핵 정국 이전에 이미 더불어민주당과 국민의당으로 분당된 바가 있고 여당이었던 새누리당은 탄핵의 여파로 인해 자유한국당과 바른정당으로 분당되었다. 따라서 19대 대선에서의 정당구도는 양대 정당이 경쟁하던 이전 선거와는 달랐다. 지난 선거에서의 유효정당수(effective number of parties)는 3.56으로 이는 민주화 이후에 치러진 선거 중 가장 높은 수치이다.[1]

---

[1] 유효정당수는 선거에 출마한 각 후보자의 득표율에 락소와 타게페라의 공식을 적용

제 19대 대통령선거 당시의 정치적 지형이 이전과 매우 다르다는 것은 비교적 자명한 사실인 것처럼 보인다. 하지만 유권자들의 투표행태 및 선거의 결과는 과거와 얼마나 다른가? 조기에 치러진 지난 대통령선거에서 더불어민주당의 문재인 후보가 약 41%의 득표율로 당선되었다. 2위를 한 자유한국당 홍준표 후보의 득표율은 24%로 문재인 후보가 선거에서 압승을 거두었다고 할 수 있다. 이러한 선거결과는 최순실 국정농단 사태와 박근혜 대통령 파면이라는 정치적 사건들이 초래한 것으로 볼 수 있을까? 19대 대통령선거는 이전 선거들에 비해서 얼마나 특별한가? 돌이켜 보면, 민주화 이후에 치러졌던 모든 대통령선거들이 특별한 것처럼 보일 수 있다. 이는 한국민주주의의 역사가 그리 오래되지 않았기 때문일 것이다. 1987년에는 민주주의의 부활을 알린 첫 대통령선거가 치러졌고, 1992년 선거를 통해 민주화 이후 처음으로 문민정부가 꾸려졌으며, 1997년 선거는 전대미문의 외환위기 가운데 치러졌다. 2002년 선거에서는 상대적으로 인지도가 낮았던 노무현 후보가 극적으로 당선되었고, 2007년 선거를 통해 민주화 이후 처음으로 정권이 두 번 바뀌게 되었으며, 2012년 선거에서는 헌정 사상 처음으로 여성 후보가 대통령에 당선되었다.

이 연구에서는 각 대통령선거의 특수성보다는 선거에서 나타나는 유권자 행태의 지속성에 초점을 맞추어서 19대 대통령선거 결과를 분석하고자 한다. 이 연구의 일차적인 목적은 몇 가지 구조적인 변수들을 (*fundamentals*) 가지고 대통령선거 결과를 예측하는 통계적인 분석모형을 제시하는 것이다. 구체적으로, 이 연구의 모형은 이전 선거결과, 지

하여 계산하였다(Laakso & Taagepera 1979). 13대부터 18대 대통령선거의 유효정당수의 평균은 2.77이고 18대 대선의 유효정당수는 2.01이다.

역주의, 정권 교체(*time for change*), 단일화 여부 등의 변수를 사용하여 시도 수준에서 정당의 득표율을 예측한다. 이 연구의 모형에서 사용된 대부분의 변수들은 선거가 치러지기 전에 결정된다.[2] 즉, 해당 모형은 선거기간에 일어나는 정치적인 사건들을 고려하지 않는다. 또한 이전 선거결과와 지역주의 변수를 포함하는 이 연구의 예측모형은 유권자 투표행태의 연속성을 강조한다. 따라서 이 연구의 분석결과는 19대 대통령선거가 얼마나 특별한가라는 질문에 대한 답을 제시해줄 수 있을 것이다. 2016년 말부터 발생한 일련의 정치적인 사건들이 선거결과에 지대한 영향을 미쳤다면 구조적인 변수들의 설명력이 19대 대통령선거에서 특히 낮을 것이기 때문이다.

2. 기존 문헌 검토

선거결과를 예측하는 연구는 민주주의의 역사가 오래된 미국에서 활발하게 이루어져 왔다. 선거의 결과를 예측하는 모형을 만들려면 시계열적인(*time-series*) 자료를 확보하는 것이 필수적인데 이를 위해서는 선거자료가 오랜 기간 축적되어 있어야 하기 때문이다. 통계적인 기법을 사용하여 선거결과를 예측하는 초창기 모형들은 몇 가지의 정치, 경제적인 변수들만을 가지고도 선거의 결과를 상당히 정확하게 예측한 바있다(Fair 1978; Broady & Sigelman 1983; Rosenstone 1983).

미국정치학회(American Political Science Association)에서는 그동안

---

[2] 엄밀하게 말하면, 단일화 여부 변수는 선거기간 동안에 정해진다고 볼 수 있을 것이다. 하지만 해당 변수를 제외해도 분석 및 예측결과, 특히 2017년 선거에 대한 예측결과는 크게 바뀌지 않는다.

축적된 연구결과들을 바탕으로 2002년부터 대통령선거가 치러질 때마다 학회에서 발간하는 잡지인 *PS: Political Science and Politics*를 통해 대통령선거의 결과를 예측하는 다양한 모형들을 소개하고 예측결과를 제시한다(Campbell 2004: 2008: 2012: 2016). 각 호마다 약 10개 정도의 예측모형을 소개하는데, 대부분의 모형들은 선거결과를 거시적으로 분석하여 전국적인 수준에서의 양당 득표율(*two-party vote share*) 및 선거의 최종 승자를 예측한다.3 이 모형들의 예측은 실제 선거결과와 상당히 유사하다. 2004년부터 2016년까지 *PS*에 실린 모든 모형들의 예측값들을 종합해 보면, 예측값의 절대평균오차(*mean absolute error*)는 2.28이고4 선거에서 가장 많은 득표를 한 후보를 정확하게 예측한 경우는 전체의 77.5%에 달한다.5 이들 모형의 예측이 선거가 치러지기 전에 이루어졌다는 점이 주목할 만하다. 대부분의 예측이 선거가 치러지기 2~3달 전에 이루어졌고 일부 모형의 예측은 본 선거가 치러지기 약 10달 전에 이루진 것이다(Norpoth 2004: 2008: 2016; Norpoth & Bednarczuk 2012).

한국에서는 아직까지 선거결과를 예측하는 모형에 대한 연구가 체계적으로 이루어지지 않고 있다고 볼 수 있다. 선거의 결과를 예측하는

---

3 최근의 연구들은 주(*state*) 수준에서 정당 간 득표율을 예측하는 분석모형을 제시하기도 한다(Bardwell & Lewis-Beck 2004; Klarner 2008: 2012; Hummel & Rothschild 2014; Jerome & Jerome-Speziari 2016).

4 절대평균오차는 오차(예측값 – 실제값)의 절대값을 평균 낸 수치이다. 이 글에서는 *PS*에 정리된 수치들을 참고하여(Campbell 2004: 2008: 2012: 2016) 절대평균오차를 계산하였다.

5 미국 대통령선거에서 최종 당선자는 선거인단 득표로 결정되기 때문에 2016년 선거에서처럼 가장 많은 득표를 한 후보가 선거인단의 과반수를 확보하지 못해서 낙선하는 경우가 발생할 수 있다. 따라서 모형이 최다득표 후보를 정확하게 예측해도 선거에서 승리하는 후보를 잘못 예측할 수 있다.

일부 모형들은 하나의 선거만을 횡단적으로(cross-sectional) 분석하였는데(송근원 2011; 조기숙 2013), 이러한 연구들은 선거결과를 예측하는 연구라기보다는 특정 선거에서의 유권자 투표행태를 분석하는 연구에 더 가깝다고 할 수 있다. 예외적으로 2012년에 치러진 제18대 대통령선거를 앞두고 〈미래정치연구〉 제2권 1호에서 선거결과를 예측하는 네 개의 모형을 소개한 바 있다(윤종빈 2012). 유성진(2012)은 선거결과가 현직 대통령에 대한 평가를 반영한다는 기존의 연구들을 참고하여 대통령 지지율을 가지고 18대 대통령선거의 결과를 예측하고자 하였다. 하지만 해당 연구는 자료의 한계로 인해 선거의 결과를 예측하는 통계적인 분석을 실시하지는 못했고 당시 대통령 지지율이나 경제지표의 추세로 보았을 때 여당이었던 새누리당에게 불리할 것이라는 질적인 분석을 하였다.

조진만·윤종빈(2012)은 30명의 전문가를 대상으로 델파이(Delphi) 조사를 진행하였다. 분석결과는 실제 선거결과에서 크게 벗어났는데, 전문가들은 대체로 야권 후보가 선거에서 승리할 확률을 높게 점쳤지만 실제로는 여당 후보가 선거에서 승리를 거두었다. 연구자들은 편향성의 문제를 극복하기 위해 노력하였다고 밝혔지만, 표본 추출의 대상이 되는 집단의 특성이 일반 유권자와 다를 수 있고, 또한 사례수가 적기 때문에 결국 편향성의 문제를 해결하지는 못한 것으로 보인다.

선거예측에 대한 본격적인 통계분석이라고 할 수 있는 모형들은 윤종빈·조진만(2012)과 장승진(2012)에 의해 제시되었다. 윤종빈·조진만(2012)은 대통령선거 전에 치러진 총선이나 지방선거의 결과를 가지고 대통령선거의 결과를 예측하고자 하였다. 구체적으로 보면, 연구자들은 이전 선거결과와 대통령선거의 결과가 유사한 대표 선거구들을 선정한 뒤 해당 지역구에서의 양대 정당득표율을 가지고 대통령선거의 결과를 예측하였다. 마지막으로 장승진(2012)은 대통령선거의 사례수 부족 문제를 해결하기 위해 선거 전에 실시된 설문조사자료와 선거결과자료를 함께 사용하였다. 먼저 설문조사자료를 이용하여 유권자 수준에서 사회경제적 특성과 투표선택 간의 연관성을 분석하는 모형을 만들고, 분석을 통해 얻은 계수를 인구가중치로 활용하여 선거결과를 통계적으로 예측하였다.

한국의 선거, 특히 대통령선거를 예측하는 경험적인 연구가 아직까지 미진한 이유는 한국민주주의의 역사가 오래되지 않았기 때문이라고 볼 수 있다. 대통령선거에서 승자는 후보들이 전국에서 얻은 표를 합산하여 결정되기 때문에 선거의 결과를 예측하는 통계적인 모형을 만들려면 전국 단위의 시계열적인 분석이 필요하다. 하지만 민주화 이후 대통령선거는 가장 최근의 선거를 포함해서 총 7회밖에 치러지지 않았기 때문에 시계열적인 통계분석을 하기가 어렵다. 앞서 언급한 윤종빈·조진만(2012)과 장승진(2012)의 연구는 대통령선거의 사례수 부족 문제를 해결하기 위한 의미 있는 시도라고 할 수 있다.

부족한 사례수의 문제를 해결하기 위한 또 다른 방법은 분석단위를 세분화하는 것이다. 최필선·민인식(2016)은 읍면동 단위의 자료를 활용하여 선거결과를 예측하는 모형을 제시하였다. 해당 논문의 저자들은 분석의 결과를 바탕으로 논문이 발표된 시점에서는 아직 치러지지 않았던 20대 총선에서 종로구의 선거결과를 예측하였는데, 이는 실제 결과와도 유사했다. 이 논문은 읍면동 단위의 자료를 사용하였기 때문에 대통령선거를 비롯한 여러 선거에 유연하게 적용할 수 있다는 강점이 있다. 하지만 모형에서 선거 당일, 혹은 직전에 결정되는 변수들(투표율, 후보 출마자 수, 진보 정당 출마 여부 등)을 포함하고 있다는 점에서 예측모형으로서는 한계를 가진다고 할 수 있다.

조남운 외(2016)의 연구는 여론조사를 통한 예측모형과 거시모형의 대안으로 예측시장을 활용하는 방안을 제시하였다. 선거예측시장은 선거결과에 따라 수익금이 결정되는 상품을 거래하는 시장이다. 선거예측시장을 활용한 예측은 미국을 중심으로 활발하게 이루어져 왔으며 이들은 실제 선거결과를 상당히 정확하게 예측하였다(Arrow et al. 2008; Berg et al. 2008; Wolfers & Zitzewitz 2008). 하지만 조남운 외 (2016)의 예측은 실제 선거결과에서 크게 벗어났는데, 이는 선거법상의 제약으로 인해 실험이 선거예측시장과 다르게 진행되었기 때문인 것으로 보인다.

이 장에서는 기존 연구들의 단점들을 보완하는 새로운 예측모형을 제시하고자 한다. 이 논문에서는 대통령선거의 사례수 부족 문제를 해결하기 위해서 분석단위를 시도로 설정한다. 분석단위를 시도로 설정하면 매 선거마다 16개의 시와 특별시가 분석에 포함되기 때문에 적은 수의 선거를 가지고도 통계적인 분석을 할 수 있게 된다.[6]

한국의 대통령선거를 통시적으로 분석할 때는 한국의 정당체제가 불안정하다는 문제 또한 염두에 두어야 한다. 민주화 이후 치러진 대통령선거에서는 두 개 이상의 주요 정당이 후보자를 내는 경우가 많고 선거 때마다 정당들이 이합집산을 반복해 왔다. 특히, 대선 기간 동안 주요 정당들의 후보단일화 여부가 유효정당수에 큰 영향을 미칠 수 있다. 즉, 두 개의 선거를 비교할 때 주요 정당에 대한 유권자들의 선호가 크게 변하지 않았음에도 불구하고 후보단일화 여부에 따라 특정 정당의 득표율이 크게 달라질 수 있는 것이다. 이 연구는 이를 극복하기 위해 민주당 계열과 한나라당 계열 두 개의 주요 정당만을 분석대상에 포함시켰다.

---

[6] 비교적 최근에 설치된 세종특별자치시는 분석에서 제외하였다.

민주화 이후의 선거에서 대통령 당선자는 항상 양대 정당에서 나왔고 이 연구의 분석대상인 1997년 이후의 대통령선거에서 양대 정당득표율의 평균은 82.8%이고 유효정당수의 평균은 2.7이다. 따라서 양대 정당의 득표율을 분석하는 것만으로도 선거의 승자를 예측할 수 있게 된다.

마지막으로 한국선거에서 집합자료를 분석할 때 발생하는 세 번째 문제는 단위의 지리적인 경계가 매 선거마다 조금씩 바뀐다는 점이다. 하지만 이 연구의 분석단위인 시도는 매 선거마다 일정하게 유지되기 때문에 시도 수준에서 패널자료(panel data)를 구성하여 선거결과를 통시적으로 분석할 수 있다.

3. 예측모형

이 연구에서 대통령선거결과를 예측하기 위해서 사용한 모형은 다음과 같다.

$$Y_{st} = \alpha + \beta Y_{s(t-1)} + \delta' 지역주의_s + \gamma_1 단일화_t + \gamma_2 정권교체_t + \varepsilon_{st}$$

위 모형에서 아래첨자 s와 t는 각각 시도와 선거연도를 표시하고 α와 ε_{st}는 각각 상수항과 오차항을 나타낸다. 모형을 측정하기 위하여 시도 수준의 집합자료(aggregate data)를 이용하였고, 선거결과자료는 중앙선거관리위원회가 제공하는 자료를 집계, 정리하여 사용하였다.

종속변수인 Y_{st}는 t년도 선거에서 민주당 계열 정당이 시도 s에서 얻은 득표율을 나타낸다.[7] 모형의 가장 중요한 독립변수는 시차득표율 (lagged vote share) $Y_{s(t-1)}$이다. 시차득표율 변수는 t년도의 선거결과와 그 직전 선거인 $t-1$년도 선거의 결과 간의 상관관계를 측정한다. 거시수준에서의 선거결과 예측모형은 보통 다양한 방식으로 정당들의 지지도를 측정하는데 그 중 대표적인 방법은 선거 전 실시되는 여론조사결과를 이용하는 것이다(Wlezien & Erikson 1996; 2001; 2004; Erikson & Wlezien 2016; Holbrook 2016). 한국에서도 대통령선거 기간 동안 여러 기관에서 여론조사를 실시하지만, 보통 조사가 전국 단위에서만 이루어지기 때문에 여론조사결과를 이용하여 시도 단위별 정당 지지 정도를 측정할 수 없다.

지역 단위의 정당 지지 성향은 미국정치연구에서 사용되는 정상투표(*normal vote*)의 개념과도 밀접한 관련이 있다.[8] 한국선거에서는 박원호(2009)가 이를 "표준정당충성도"라는 용어로 표현하였으며, 이전 4번의 선거결과를 가지고 측정하였다. 송병권·윤지성(2016)은 국회의원선거에서 비례대표 정당득표를 사용하여 유권자들의 정당 지지 성향을 통제하였다.[9] 하지만 민주화 이후 치러진 선거의 수가 많지 않기 때문에 여러 선거의 결과를 종합하여 정당 지지 성향을 측정하기 어려운 문제가 있다. 또한 대통령선거와 국회의원선거의 주기가 다르기 때문에 국회의원선거의 비례대표 정당득표를 사용하기도 어렵다. 따라서 이

<hr>

7 예를 들면 2007년 선거에서 종속변수는 다음과 같이 정의된다.

$$\frac{\text{대통합민주신당이 s시도에서 얻은 총 표수}}{\text{대통합민주신당이 s시도에서 얻은 총 표수 + 한나라당이 s시도에서 얻은 총 표수}}$$

이 글에서는 편의상 종속변수를 민주당 계열 정당의 득표율로 정의했지만, 종속변수를 한나라당 계열 정당의 득표율로 정의해도 본문에 보고된 결과는 변하지 않는다.

8 정상투표란 유권자들의 정당선호만이 선거결과에 영향을 미친다고 가정할 때 기대되는 수준의 득표(*baseline vote*)를 의미한다(송병권·윤지성 2016, 96).

9 박원호(2009) 또한 표준정당충성도를 측정하기 위해 지방의회 비례선거결과를 사용한 바 있다.

연구에서는 시차 득표율(*lagged vote share*)을 사용하여 시도 수준의 정당 지지도를 측정하고자 한다. 시차득표율 변수($Y_{s(t-1)}$)의 계수인 β는 이전 선거와의 상관관계를 측정하기 때문에 시도 단위의 정당 지지도가 단기적으로 얼마나 안정적인지를 보여준다고 볼 수 있다.

한국선거의 가장 큰 특징 가운데 하나인 지역주의가 선거결과에 미치는 영향을 고려하기 위하여 지역주의 변수들을 추가하였다. 위 회귀식에 있는 지역주의$_s$는 벡터로서 호남, 대구경북, 부산경남울산, 충청 네 개의 지시변수(*indicator variables* 혹은 *dummy variables*)들을 포함한다. 10

이 모형은 각 선거의 특수성을 고려하기 위해서 두 개의 연도별 변수를 추가하였다. 단일화$_t$변수는 양대 정당에서 단일 후보가 출마했는지의 여부를 나타내는 지시변수이다. 해당 변수는 2002년과 2012년 선거에서 1의 값을 갖고 나머지 선거에서는 0의 값을 갖는다. 11 마지막으로 정권교체$_t$는 유권자들이 정권교체를 원하는지의 여부를 측정하는 변수이다. 아브라모비치(Abramowitz)는 경제성장률, 대통령 지지도, 정권교체기(*time for change*) 세 변수를 가지고 대통령선거의 결과를 예측하는 모형을 제시한 바 있다(Abramowitz 1988). 이 연구의 정권교체$_t$변수는 민주당 계열 정당이 2번 이상 집권한 경우에(2007년 선거) 1, 한나라당 계열 정당이 2번 이상 집권한 경우에(2017년 선거) -1, 나머지 선거에서는 0의 값을 갖는다. 12

---

10 이 연구는 패널자료를 사용하기 때문에 시도별 고정효과(*fixed effects*)를 포함시켜서 모형의 설명력을 높일 수도 있겠지만, 모형의 설명력을 과도하게 높이면 (*overfitting*) 오히려 모형의 예측이 떨어질 수 있기 때문에 4개의 범주만을 모형에 포함시켰다.

11 2002년과 2007년의 유효정당수는 각각 2.18과 2.01이고 나머지 선거에서의 유효정당수의 평균은 3.15이다.

12 1997년에 치러진 대통령선거에서도 정권교체기 변수는 -1의 값을 갖게 될 것이다.

<표 9-1> 기술통계

변수	평균	표준편차	최솟값	최댓값	사례 수
민주당계열 득표율	0.517	0.246	0.080	0.975	64
시차득표율	0.483	0.256	0.080	0.983	64

<표 9-1>은 종속변수와 시차 변수의 기술통계량을 보여준다. 표의 첫 번째 행(종속변수)은 2002년과 2017년 사이에 치러진 대통령선거에서 민주당 계열 정당득표율의 기술통계량을, 두 번째 행(시차득표율 변수)은 1997년과 2012년 사이에 치러진 대통령선거에서 민주당 계열 정당득표율의 기술통계량을 각각 보여준다.

4. 분석 및 예측결과

<표 9-2>는 회귀분석의 결과를 보여준다. 우선 (1)번 모형에서는 시차득표율만을 독립변수로 포함시켰다. 분석결과에 의하면, 시차득표율 변수가 종속변수 변동의 많은 부분을 설명하고 있다. 표에서 볼 수 있듯이, 시차득표율 변수의 계수(coefficient)에 대한 측정값은 0.82이고 모형의 설명력을 측정하는 R^2의 값은 0.74이다. 시차득표율의 설명력이 높다는 사실은 시도 수준에서 측정된 유권자들의 정당 지지 성향이 적어도 단기적으로는 상당히 안정적임을 시사한다. 매번 대선 기간 때마다 후보단일화 등 많은 정치적 사건들이 발생함에도 불구하고 시도 수준의 선거결과는 이전 선거의 결과에서 크게 벗어나지 않는다는 것이다.

하지만 이 연구는 1997년과 2017년 사이에 치러진 대통령선거를 분석대상으로 삼고 있고 독립변수에 시차 변수가 포함되어 있기 때문에 1997년 선거는 분석에서 제외되었다.

〈표 9-3〉은 종속변수와 시차득표율 간의 연도별 상관관계를 보여준다. 〈표 9-3〉의 분석결과는 회귀분석결과와 마찬가지로 시도 수준의 정당득표율이 시차득표율과 높은 상관관계를 가지고 있다는 점을 보여준다. 특히, 2017년 대통령선거에서의 상관계수가 1에 근접하다는 사실에 주목할 만하다. 앞서 지적했듯이, 2017년 선거는 여러 면에서 이전 선거들과는 구분되는 이례적인 선거였다. 그럼에도 불구하고 시도 수준의 정당득표율이 이전 선거와 크게 다르지 않다는 사실은 지역 단위의 투표행태가 단기적인 요인들에 큰 영향을 받지 않는다는 점을 시사한다.

〈표 9-2〉의 모형 (2)는 이전 장에서 제시한 모형의 측정결과를 보여준다. 우선, 시차득표율의 계수 측정값이 낮아졌다는 점을 확인할 수 있는데, 이는 지역주의 변수들이 포함되었기 때문이다. 민주당 계열 정당은 전통적으로 호남 지역에서 높은 득표율을, 영남 지역에서 낮은 득표율을 기록해왔다. 표에서 호남 변수의 계수는 양수이고 대구경북 및 부산경남울산 변수의 계수는 음수임을 확인할 수 있다. 한편, 시도별, 연도별 변수가 추가되어 전체적인 모형의 설명력은 높아졌다. 모형 (2)에서 볼 수 있듯이 R^2값과 Adjusted R^2값은 각각 0.965와 0.961로 상당히 높다. 종속변수의 대부분의 변동을 해당 모형으로 설명할 수 있는 것이다. 또한 단일화가 성공한 선거에서 민주당 계열 정당이 한나라당 계열 정당보다 상대적으로 많은 득표를 한 것으로 나타났다. 마지막으로, 정권교체 변수의 계수가 음수인 것으로 나타났다. 아브라모비치의 분석에 따르면 미국의 유권자들은 한 정당의 집권시기가 길어질수록 변화를 원하는 경향이 있는데(Abramobitz 1988), 한국의 대통령선거에서도 이와 비슷한 양상이 나타나는 것을 확인할 수 있다.

〈표 9-2〉의 측정결과를 바탕으로 실제 선거결과를 예측해 볼 수 있다.

<표 9-2> 회귀분석결과

		종속변수 = 민주당 계열 정당의 득표율	
		(1)	(2)
시차득표율		0.824***	0.548***
		(0.062)	(0.104)
호남			0.163***
			(0.054)
대구/경북			−0.149***
			(0.035)
부산/경남/울산			−0.043*
			(0.025)
충청			0.003
			(0.018)
단일화			0.064***
			(0.017)
정권교체			−0.136***
			(0.009)
상수		0.139***	0.229***
		(0.032)	(0.052)
사례 수		64	64
R^2		0.741	0.965
Adjusted R^2		0.736	0.961

***p < 0.01.
주: 별표는 유의수준을 나타냄.

<표 9-3> 민주당계 정당의 득표율과 시차득표율 간의 상관관계

연도	상관관계 계수
2002	0.980
2007	0.981
2012	0.974
2017	0.982

구체적으로, 〈표 9-2〉의 ⑵ 열에 의하면 이전 장에서 제시된 회귀식은 다음과 같이 측정된다.

$$\hat{Y}_{st} = 0.229 + 0.548Y_{s(t-1)} + 0.163호남_s - 0.149대구경북_s$$
$$- 0.043부산경남울산_s + 0.003충청_s + 0.064단일화_t$$
$$- 0.136정권교체_t$$

위의 식에 변수들의 실제 값을 대입하면 선거-연도별 민주당 계열 정당의 득표율을 계산할 수 있다. 〈그림 9-1〉의 ⑺는 예상 득표율과 실제 득표율 간의 관계를 보여준다. 대부분의 점들이 45도 선 근처에 있다는 사실은 모형의 적합도(*fit*)가 높다는 점을 의미한다. 〈그림 9-1〉의 ⑷는 모형의 예측이 얼마나 정확한지를 평가하기 위하여 표본 외 예측(*out-of-sample prediction*)과 실제 득표율 간의 관계를 보여준다. 특정 연도의 표본 외 예측을 하기 위해서는 그 해를 제외한 나머지 자료를 바탕으로 회귀식을 측정하고 그렇게 측정된 회귀식에 해당 연도의 변수 값을 대입한다. 〈그림 9-1〉에서 볼 수 있듯이 표본 외 예측은 표본 내 예측보다는 덜 정확하지만 실제 득표율에서 크게 벗어나지 않는다.

〈표 9-4〉는 연도별 절대평균 오차(*mean absolute error*)를 보여준다. 연도별 예측 오차를 살펴보면 2002년 선거의 예측이 가장 정확하고 2007년의 선거결과가 예측에서 가장 벗어나 있음을 알 수 있다. 2007년 선거의 결과가 예측과 다른 이유는 당시 대통합민주신당의 득표율이 예상 득표율에 미치지 못했기 때문인 것으로 보인다. 2007년 선거에서 오차의 평균은 -0.06이고 대부분의 시도에서 대통합민주신당의 실제 득표율이 예상 득표율보다 낮았다. 2007년 대통령선거 1년 전에 치러졌던 2006년 동시지방선거에서 당시 여당이었던 열린우리당은 역사상

<그림 9-1> 실제 득표율과 예측 득표율

(가) 표본 내 예측

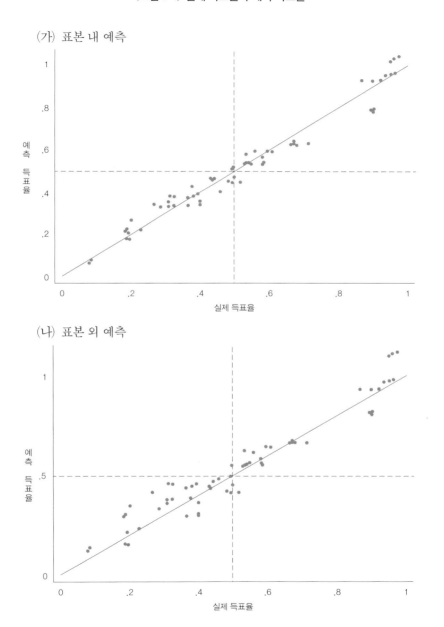

(나) 표본 외 예측

<表 9-4> 예측 오차

연도	절대평균오차	
	표본 내 예측	표본 외 예측
2002	0.020	0.027
2007	0.051	0.097
2012	0.036	0.046
2017	0.039	0.056
전체	0.036	0.057

최악의 참패를 하였고 이후 대통령 후보 선출과정도 순탄하지 않았다. 정권교체 변수의 계수가 음수이기 때문에 모형에 따르면 2007년 선거에서 여당이었던 대통합민주신당의 약세를 예상할 수 있다. 하지만 대통합민주신당은 거의 모든 시도에서 모형의 예측값보다 더 낮은 득표를 하였다. 따라서 이 연구의 측정은 실제 정권교체 변수의 계수를 과소평가했을 가능성이 있다. 이 연구에서는 표본 내 예측에서는 3개의 선거를, 표본 외 예측에서는 4개의 선거만을 분석에 사용하였기 때문에 정권교체나 단일화 같은 연도 변수의 측정값이 아직 정확하다고 보기는 어렵다. 선거자료가 축적될수록 모형의 예측력이 높아질 것으로 기대된다.

〈그림 9-2〉의 (가)는 2017년 선거에서 민주당 계열 정당의 실제 득표율과 예측 득표율 간의 관계를 보여준다. 〈그림 9-1〉의 (가)의 결과와 마찬가지로 실제 득표율이 예측 득표율과 크게 다르지 않다는 사실을 확인할 수 있다. 〈그림 9-2〉의 (나)는 표본 외 예측의 결과를 보여준다. 이 연구에서는 자료의 한계로 실시간 예측(real-time prediction)이 아니라 표본 외 예측(out-of-sample prediction)의 결과를 보고하였다. 실시간 예측이란 종속변수의 값이 정해지기 전, 즉 선거가 치러지기 전에 사용가능한 정보만을 가지고 선거의 결과를 예측하는 것을 말한다(Fair

2012). 민주화 이후에 치러진 대통령선거의 사례수가 많지 않기 때문에 모든 선거에 대해서 실시간 예측을 하기는 어렵다. 2012년 선거의 실시간 예측을 하려면 2002년과 2007년의 선거결과를, 2007년 선거의 실시간 예측을 하려면 2002년의 선거결과만을 분석에 사용할 수 있다. 하지만 2017년 선거는 가장 최근에 치러진 선거이기 때문에 표본 외 예측과 실시간 예측이 일치한다. 2017년 선거의 표본 외 예측을 할 때 사용된 모형의 종속변수 및 모든 독립변수들의 값은 2012년 대통령선거 직후에 파악할 수 있다. 따라서 이 모형의 예측은 2017년 선거가 치러지기 전의 정보만을 이용하여 이루어진 것이다. 〈그림 9-2〉의 (나)에 나타나 있듯이 표본 외 예측결과는 통합민주당의 득표율을 과대평가하는 경향이 있기는 하지만, 예측 득표율과 실제 득표율이 크게 차이가 나지 않았다.

2017년도의 예측결과를 시도별로 살펴보면, 수도권 지역의 예측결과가 비교적 정확한 것으로 나타났고, 호남 지역에서 비교적 오차가 큰 것으로 나타났다. 이는 호남 지역에 정치적 기반을 둔 국민의당의 존재와 무관하지 않은 것으로 보인다.

이 연구의 모형의 분석단위는 전국이 아니라 시도이기 때문에 선거의 결과를 예측하려면 시도별 예측결과를 집계하여야 한다. 미국의 대통령선거에서는 선거인단의 수가 각 주의 선거결과에 의해서 정해지기 때문에 주의 선거결과를 예측하는 것이 큰 의미를 가질 수 있다. 2016년 선거에서처럼 전국적으로 표를 더 얻은 후보가 선거에서 패할 수도 있기 때문이다. 하지만 한국의 대통령선거와 같이 투표결과가 전국적으로 집계되는 경우에는 시도별 투표결과 자체만으로는 선거의 결과를 예상하기가 어렵다. 이러한 문제를 해결하기 위해 이 연구에서는 각 시도의 총 유효투표수를 가중치로 사용하여 전국 평균을 계산하였다. 예를

〈그림 9-2〉 실제 득표율과 예측 득표율: 2017년 선거

(가) 표본 내 예측

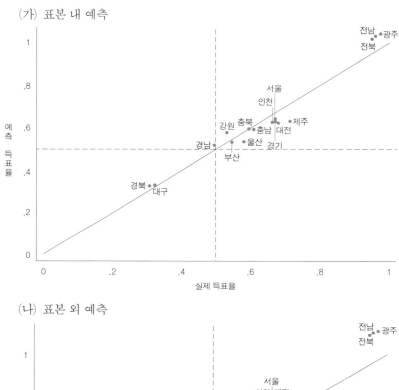

(나) 표본 외 예측

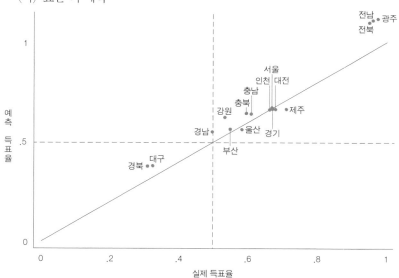

<표 9-5> 선거 결과 예측

연도	실제	예측	오차	승자예측여부
2002	0.512	0.535	0.023	예측
2007	0.350	0.435	0.086	예측
2012	0.482	0.426	−0.056	예측
2017	0.631	0.662	0.031	예측

들면 2017년 대통령선거의 경우 전국의 총 유효투표수는 3,267만 2,175이고 서울특별시의 총 유효투표수는 656만 8,917이다. 따라서 서울시에서 민주당 계열 정당의 예측 득표율에는 0.201의 가중치를 부여한다.

〈표 9-5〉는 선거결과의 예측값과 실제 결과를 보여준다. 선거결과를 예측하기 위해 〈표 9-5〉에서는 표본 외 예측값을 사용하였다. 이 연구에서 사용된 예측모형을 적용한 경우 2002년부터 2017년 사이에 치러진 모든 선거의 승자를 정확하게 예측할 수 있었다. 또한 예측결과를 전국 단위로 집계했을 때 오차의 폭이 대부분 줄어들었다는 사실을 확인할 수 있다. 이는 인구 밀도가 상대적으로 높은 지역의 예측값이 인구 밀도가 상대적으로 낮은 지역의 예측값보다 실제와 더 가까웠기 때문이다. 또한 〈표 9-4〉에서와 마찬가지로 2007년의 예측값이 실제 선거결과와 가장 큰 차이가 난 것으로 드러났다. 하지만 예측모형에서도 대통합민주신당의 약세를 예상했기 때문에 승자를 정확하게 예측할 수 있었다.

가장 최근에 치러진 선거인 2017년의 예측결과를 주목할 필요가 있다. 앞서 지적했듯이, 이 장에서는 2017년 대통령선거가 치러지기 이전에 정해진 변수들의 값을 사용하여 선거의 결과를 예측하였다.[13] 이 연

---

13 후보단일화 변수는 선거기간에 정해진다고 할 수도 있지만, 앞서 언급한 대로 해당 변수를 제거해도 결과는 크게 바뀌지 않는다. 또한 2017년 선거결과의 표본 외 예측

구에서 사용된 모형의 분석에 따르면 최순실 국정농단 사태 및 박근혜 대통령 탄핵사건을 고려하지 않고도 민주당 계열 정당의 후보가 한나라 당 계열 정당의 후보를 비교적 큰 득표율 차이로 이길 것이라는 예측을 할 수 있다. 이러한 결과는 한국의 대통령선거를 분석할 때 정당 지지의 연속성을 중요하게 고려해야 함을 시사한다. 이 연구는 서두에서 제19 대 대통령선거의 결과가 과연 이전 선거와 확연히 구분되는지의 의문을 제기한 바 있다. 〈표 9-4〉에 나타난 결과에 따르면 19대 대통령선거결 과는 과거의 추세에서 크게 벗어나지 않는다는 점을 확인할 수 있다. 이 장의 모형은 현직 대통령 탄핵이라는 전대미문의 정치적 사건을 고려하 지 않고도 더불어민주당 후보의 승리를 예측할 수 있었다.

5. 나가며

아직까지 한국민주주의의 역사가 길다고 할 수는 없기 때문에 통계적 인 기법을 활용하여 선거결과를 통시적으로 분석하는 연구는 찾아보기 힘들다. 선거의 사례수가 부족하기 때문이다. 이 연구에서 제시한 분석 방법은 이 문제를 해결할 단서를 제공한다고 할 수 있다. 이 연구는 시 도별 집합자료를 활용하여 이전 선거결과, 지역주의, 후보단일화, 정 권교체 변수들을 가지고 선거결과를 예측하는 모형을 제시하였다. 분 석결과에 의하면 이 연구에서 제시한 모형은 시도-연도별 득표율 변동 의 대부분을 설명할 수 있었다. 또한 모형의 표본 내 예측 및 표본 외 예 측을 통해 실제 선거결과를 상당히 정확하게 예측할 수 있었다.

을 하는 경우 해당 변수는 다중공선성(*multicollinearity*) 때문에 모형에서 제외된다.

이 장은 제 19대 대통령선거가 치러진 이후에 쓰였기 때문에 19대 선거를 미리 예측할 수는 없었다. 하지만 후속 연구를 통해 이 연구에서 제시한 모형을 이용하여 선거결과를 미리 예측해 볼 수 있기를 기대한다. 앞으로 대통령선거의 사례수가 많아질수록 연도별 변수들의 측정이 더 정확해질 것이기 때문에 모형의 설명력 및 예측력이 상향될 수 있을 것이다. 또한 자료의 한계상 이 연구에서는 시도별 경제지표를 분석에 포함하지 못했다. 앞으로 지역별 경제지표를 체계적으로 측정할 수 있는 방법이 생긴다면 경제상황이나 경제에 대한 유권자들의 평가를 선거예측모형에 포함시킬 수 있을 것이다.[14]

선거예측모형의 분석결과는 한국정당체제의 불안정성이 어디로부터 비롯한 것인지에 대한 단서를 제공할 수 있을 것이다. 한국선거의 특징은 정당의 이합집산이 빈번하다는 점이다. 만약 대통령선거에서처럼 다른 선거에서도 분석모형의 설명력이 높다는 사실이 드러난다면 이는 끊임없이 변화하는 정치환경에서도 유권자들의 선호가 안정적이라는 것을 의미한다. 또한 정당의 이합집산이 유권자들의 선호를 잘 반영하고자 하는 노력이기보다는 정당엘리트들 사이에서 벌어지는 계파갈등의 산물일 수 있음을 시사할 것이다.

이 연구에서는 선거기간 전에 결정되는 변수들을 가지고 선거결과를 비교적 정확하게 예측할 수 있었다. 이러한 분석결과는 미국선거연구

---

14 최필선·민인식(2016)은 경제 상황을 측정하기 위한 수단으로 주택가격을 모형에 포함시켰다. 하지만 주택가격의 상승이나 하락이 경제성장이나 경제상황에 대한 유권자들의 인식에 어떤 영향을 미치는지는 불분명하다. 박원호(2009)는 자가 소유자와 비소유자가 가격 상승에 다르게 반응한다는 것을 경험적으로 보여준 바 있다. 따라서 전통적인 경제투표(economic voting)를 측정하기 위한 수단으로 주택가격을 활용하려면 유권자들의 경제 상황 평가와 주택 가격의 변화가 어떤 관계가 있는지에 대한 연구가 선행되어야 할 것으로 보인다.

의 주요한 화두 가운데 하나인 "과연 선거운동이 중요한가?"(*Do cam-paigns matter?*)의 질문이 한국선거에도 유효함을 시사한다. 앞서 언급하였듯이, 많은 선거예측모형들이 경제상황, 정당 지지, 후보자들의 이념성향 등 선거운동 기간 중에 정해지는 몇 가지의 구조변수(*fun-damentals*)들을 가지고 실제 선거결과를 상당히 정확하게 예측한 바 있다(Tufte 1978; Rosenstone 1983; Holbrook 1991; Lewis-Beck & Rice 1992; Hibbs 2000; Wlezien & Erikson 2004). 이러한 결과들은 선거운동의 효율성에 대한 의문을 제기한다. 구조변수들에 의해 선거결과가 미리 정해진다면 선거운동은 의미가 없기 때문이다(Jacobson 2015).[15] 하지만 선거기간 동안 여론의 추이를 분석한 연구들은 선거운동의 중요성을 강조한다. 구조변수들이 선거결과를 정확하게 예측할 수 있는 이유는 유권자들이 선거기간 동안 정당 및 후보들의 선거운동을 통해 이러한 변수들의 중요성을 알게 되기 때문이라는 것이다(Gelman & King 1993; Wlezien & Erikson 2002; Erikson & Wlezien 2012).

이 장의 분석은 대통령선거 결과가 지역주의 및 이전 선거에서의 정당 지지 등의 변수로 잘 설명될 수 있다는 것을 보여준다. 과연 한국의 대통령선거에서 선거결과는 선거운동에 영향을 받지 않는 것인가? 한국선거에서 지역주의의 중요성을 감안하면(강원택 2008; 윤광일 2013), 선거기간 동안 정당의 활동에 상관없이 유권자들의 투표선택은 정당의 지역적 지지기반에 의해서 정해진다고 볼 수 있을 것이다. 즉, 선거운동이 유권자들의 투표선택이나 정당 및 후보자에 대한 인식에 큰 영향을 미치지 않는 것이다. 반면에 미국의 유권자들처럼 한국의 유권자들

---

15 제이콥슨은 이를 다음과 같이 표현한다. "If only the fundamentals matter, campaigns do not."(Jacobson 2016, 33)

도 선거기간 동안 정당 및 후보자들의 선거운동을 통해 본인의 지지 정당을 정하는 것일 수도 있다. 선거기간 동안 정당 간의 이합집산이 빈번하고 정당의 이름이 단기간에 바뀌는데도 불구하고 양대 정당의 득표율이 연속성을 보인다는 사실은 역설적으로 선거운동의 중요성을 보여주는 것일 수도 있다. 즉, 정당의 이름이 바뀌고 분당, 합당이 빈번하게 일어나는데도 양대 정당의 득표율이 안정적인 것은 선거운동을 통해 유권자들이 본인이 과거에 지지하던 정당과 유사한 정당의 후보가 누구인지 알게 될 수 있다는 것이다. 선거기간 동안에 정당 및 후보자들에 대한 유권자들의 선호가 어떻게 변화하는지, 왜 선거의 결과를 선거기간 전에 정해지는 변수로 설명할 수 있는지 등은 후속 연구의 주제로 남겨둔다.

참고문헌

강원택. 2008. "2007년 대통령선거와 이슈: 회고적 평가 혹은 전망적 기대?", 〈의정연구〉 25, 31~59.
박원호. 2009. "부동산 가격 변동과 2000년대의 한국선거: 지역주의 '이후'의 경제투표에 대한 방법론적 탐색", 〈한국정치연구〉 18(3), 1~28.
송근원. 2011. "후보자 득표율 예측 모형과 지표의 구성: 2010 광역단체장 선거를 중심으로", 〈조사연구〉 12(1), 31~63.
송병권·윤지성. 2016. "후보자 전과 기록이 선거결과에 미치는 영향 분석: 제 19~20대 국회의원 선거를 중심으로", 〈한국정치연구〉 25(3), 85~107.
유성진. 2012. "대통령 업무수행평가를 통해 본 18 대 대통령선거 예측", 〈미래정치연구〉 2(1), 37~61.
윤광일. 2013. "지역주의 투표", 박찬욱·강원택 편. 《2012년 대통령선거 분석》.

파주: 나남.

윤종빈. 2012. "12·19 대통령선거 전망: 구조와 변수", 한국정당학회 추계학술회 의 발표논문.

윤종빈·조진만. 2012. "2012년 한국 대통령선거 포어캐스팅: 대표 선거구 분석", 〈미래정치연구〉 2(1), 105~119.

장승진. 2012. "역대 선거 후 설문조사자료를 통해 본 제18대 대통령선거 전망", 〈미래정치연구〉 2(1), 85~103.

조기숙. 2013. "'정당지지'에 기초한 선거예측 종합모형: 19대 총선의 구조를 중심으로", 〈한국정치학회보〉 47(4), 71~92.

조남운·박원호·한규섭·안도경. 2016. "선거예측시장에서의 당파적 거래: 2012 대선 주식시장에 대한 보고", 〈한국정치연구〉 25(3), 197~223.

조진만·윤종빈. 2012. "전문가 델파이조사를 통한 18대 대선 예측", 〈미래정치연구〉 2(1), 63~83.

최필선·민인식. 2016. "읍·면·동 멀티레벨 데이터를 이용한 정당우세율 분석 모형", 〈조사연구〉 17(1), 85~112.

Abramowitz, A. I. 1988. "An improved model for predicting presidential election outcomes", *PS: Political Science & Politics* 21(4), 843~47.

Arrow, K. J. et al. 2008. "The promise of prediction markets", *Science*, 320(5878), 877~878.

Bardwell, K. & Lewis-Beck, M. S. 2004. "State-level forecasts of U.S. Senate elections", *PS: Political Science & Politics* 37(4), 821~826.

Berg, J. E., Nelson, F. D. & Rietz, T. A. 2008. "Prediction market accuracy in the long run", *International Journal of Forecasting* 24, 285~300.

Berry, M. J. & Bickers, K. N. 2012. "Forecasting the 2012 presidential election with state-level economic indicators", *PS: Political Science & Politics* 45(4), 669~674.

Brody, R. & Sigelman, L. 1983. "Presidential popularity and presidential elections: An update and extension", *Public Opinion Quarterly* 47(3), 325~328.

Campbell, J. E. 2004. "Introduction: The 2004 presidential election forecasts", *PS: Political Science & Politics* 37(4), 733~735.

_____. 2008. "Editor's introduction: Forecasting the 2008 national elections", *PS: Political Science & Politics* 41(4), 679~682.

_____. 2012. "Forecasting the 2012 American national elections", *PS: Political Science & Politics* 45(4), 610~613.

_____. 2016. "Forecasting the 2016 American national elections", *PS: Political Science & Politics* 49(4), 649~654.

Erikson, R. S. & Wlezien, C. 2012. *The Timeline of Presidential Elections: How Campaigns Do (and Do Not) Matter.* Chicago: University of Chicago Press.

_____. 2016. "Forecasting the presidential vote with leading economic indicators and the polls", *PS: Political Science & Politics* 49(4), 669~672.

Fair, R. C. 1978. "The effect of economic events on votes for president", *Review of Economics and Statistics* 60(2), 159~173.

_____. 2011. *Predicting Presidential Elections and Other Things.* Stanford: Stanford University Press.

Gelman, A. & King, G. 1993. "Why are American presidential election campaign polls so variable when votes are so predictable?", *British Journal of Political Science* 23(4), 409~451.

Hibbs, D. A. 2000. "Bread and peace voting in US presidential elections", *Public Choice* 104(1), 149~180.

Holbrook, T. M. 1991. "Presidential election in space and time", *American Journal of Political Science* 35(1), 91~109.

_____. 2016. "National conditions, trial-heat polls, and the 2016 election", *PS: Political Science & Politics* 49(4), 677~679.

Hummel, P. & Rothschild, D. 2014. "Fundamental models for forecasting elections at the state level", *Electoral Studies* 35(3), 123~39.

Jacobson, G. C. 2015. "How do campaigns matter?", *Annual Review of Political Science* 18(1), 31~47.

Jerome, B. & Jerome-Speziari, V. 2016. "State-level forecasts for the 2016 US presidential elections: Political economy model predicts Hillary Clinton victory", *PS: Political Science & Politics* 49(4), 680~686.

Klarner, C. 2008. "Forecasting the 2008 U. S. house, senate, and presidential elections at the district and state level", *PS: Political Science & Politics*

41(4), 723~728.

_____. 2012. "State-level forecasts of the 2012 federal and gubernatorial elections", *PS: Political Science & Politics* 45(4), 655~662.

Laakso, M. & Taagepera, R. 1979. "Effective number of parties: A measure with application to West Europe", *Comparative Political Studies* 12(1), 3~27.

Lewis-Beck, M. S. & Tom, R. W. 1992. *Forecasting Elections*. Washington, DC: Congressional Quarterly Press.

Norpoth, H. 2004. "From primary to general election: A forecast of the presidential vote", *PS: Political Science & Politics* 37(4), 737~740.

_____. 2008. "On the razor's edge: The forecast of the primary model", *PS: Political Science & Politics* 41(4), 683~686.

_____. 2016 "Primary model predicts Trump victory", *PS: Political Science & Politics* 49(4), 655~658.

Norpoth, H. & Bednarczuk, M. 2012. "History and primary: The Obama reelection", *PS: Political Science & Politics* 45(4), 614~617.

Rosenstone, S. J. 1981. *Forecasting Presidential Elections*. New Haven: Yale University Press.

Tufte, E. R. 1978. *Political Control of the Economy*. Princeton: Princeton University Press.

Wlezien, C. & Erikson, R. S. 1996. "Temporal horizons and presidential election forecasts", *American Politics Quarterly* 24(4), 492~505.

_____. 2001. "After the election: Our forecast in retrospect", *American Politics Research* 29(3), 320~328.

_____. 2002. "The timeline of presidential election campaigns", *Journal of Politics* 64(4), 969~993.

_____. 2004. "The fundamentals, the polls, and the presidential vote", *PS: Political Science & Politics* 37(4), 747~751.

Wolfers, J. & Zitzewitz, E. 2008. "Prediction markets in theory and practice", In Blume, L. & Durlauf, S. (eds.). *The New Palgrave Dictionary of Economics, 2nd ed*. London: Palgrave Macmillan.

10장　정책투표

한규섭 · 이혜림 · 장슬기

1. 연구배경

1) 국내 선거에서의 정책투표

정책투표(*issue voting*)는 선거에 입후보한 후보자의 정책과 공약에 대한 입장과 가장 유사한 후보자에게 투표하는 것으로 볼 수 있고 규범적 차원에서 가장 '합리적'인 투표행태로 인식되고 있다. 유권자가 후보자의 정책과 공약을 면밀히 점검하고 이에 근거하여 투표함으로써 후보자에게 더 나은 공약을 만들게 하는 효과도 기대할 수 있다. 또 유권자는 자신의 이익을 극대화 해줄 후보를 선택함으로써 자신의 권리를 효과적으로 행사한다는 점에서 일반적으로 정책적 유사도에 기반을 둔 정책투표는 매우 바람직한 행위로 여겨진다.

이러한 중요성에도 불구하고 국내에서는 정책투표에 대한 연구가 많이 이루어지지 않았다. 가장 큰 이유는 1987년 개헌 이후 지역 정당의 등장으로 정책 차이보다는 지역주의가 선거결과를 지배해 왔기 때문이라고 할 수 있다. 지역기반 정당의 이념적 스펙트럼은 협소할 수밖에 없었고 국내선거는 정책적 차이보다는 지역과 같은 장기적인 요인이 유권자의 선택을 결정하는 경향이 강하다고 여겨져 왔다. 따라서 국내에서는 정책선거의 여건이 제대로 갖춰지기 어려웠다고 할 수 있다(류재성 2016; 박경미·한정택·이지호 2012; 윤성이·김민규 2011; 이갑윤 1998).

최근에는 이러한 지역주의를 둘러싼 회의적 시각을 대체하는 수정주의적 시각을 공유하는 학자들이 점차 늘고 있다. 예를 들어 전통적인 한국사회의 '균열'이라고 할 수 있는 지역감정이 약화되고 있는 가운데 이 균열이 세대(김욱 2004; 최준영·조진만 2008)와 이념(강원택 2003; 이현출 2005) 등 다른 요인으로 대체되고 있다는 시각이 늘고 있는 것이다. 이러한 수정주의적 시각은 정책투표의 가능성도 높아지고 있음을 시사한다고 할 수 있다. 강한 지역구도가 약화되면서 이념성향, 계급투표, 세대투표 등 정책선호에 기반을 둔 투표경향이 나타날 여지가 생겨나고 있다고 해석될 수 있기 때문이다. 이에 따라 공약의 차별화를 통해 득표율 상승을 노리는 후보자들이 증가할 것이라는 기대가 높아지고 있다.

실제로 최근 선거에서는 계급투표가 늘어나는 등 선거의 역동성이 증가하는 추세가 관측되고 있다(강원택 2013). 또한 유권자의 정책태도가 대선에서 후보자 선택에 영향력을 미쳤다는 연구결과도 다수 존재한다(강우진 2013; 김성연·김준석·길정아 2013; 김성연·정효명 2014; 송근원·정봉성 2007; 장승진 2013; 지병근 2013). 이런 점으로 미루어 볼 때 정책의 중요성이 이전보다 더 증가하고 있다고 할 수 있으며 앞으로의 선거에서 정책투표의 가능성에 대해 더욱 구체적으로 살펴보아야 한다는 함의를 가진다.

2) 제19대 대통령선거에서 정책투표 분석의 필요성

2016년 12월 16일, 헌법재판소가 박근혜 대통령의 탄핵을 만장일치로 최종 판결했다. 이른바 '박근혜-최순실 게이트'로 박근혜 대통령 퇴진을 요구하는 분노한 시민들이 광화문 광장으로 몰려 나왔고, 총 23차례의 대규모 촛불집회에 참석한 시민들의 누적 인원이 1,500만 명을 넘은 것으로 추산된다. 헌법재판소의 탄핵 판결로 인해 본래 2017년 12월 20일로 예정되어 있던 제19대 대통령선거가 5월 9일 조기 '장미대선'으로 치러졌다. 18대 대선에서 박근혜 대통령에게 패한 더불어민주당 문재인 후보가 가장 유력한 후보로 떠올랐지만, 반기문 유엔 전 사무총장의 출마, 탄핵으로 인한 보수층 분열로 5명의 후보가 난립하는 등 매우 혼란스러운 상황에서 선거가 치러졌다. 또한 자유한국당의 홍준표 후보가 선거 막판 갈 곳을 잃었던 보수층 결속효과의 수혜를 보기도 했다. 하지만 최종적으로 '적폐청산' 메시지를 내세운 문재인 후보가 승리했다.

문재인 대통령 취임 이후 보수 정당은 고전을 면치 못하고 있다. 계파 갈등이 여전하고 보수 정당이 자유한국당과 바른정당으로 분열된 상황에서 보수층 유권자를 효과적으로 결속시키지 못하는 것이다. 2017년 11월 2주째 갤럽조사에서 자유한국당 지지율은 12%, 바른정당 지지율은 7%에 머무르고 있다. 반면 북핵 위기가 심화되고 있는 상황에서도 문재인 대통령의 지지율은 70%대를 유지하며 고공행진 중이다 (74%, 2017년 11월 2주째 갤럽조사).

이러한 선거결과와 선거 이후 정세가 가지는 함의는 무엇일까? 지난 대선의 유권자의 표심이 한국정치 지형의 근본적 변화를 의미하는 것인지, 아니면 탄핵 정국이라는 19대 대선의 상황이 이끌어 낸 결과인지

가늠해 볼 필요가 있다. 이 장에서는 2017년 제 19대 대통령선거에서 나타난 정책투표 경향을 분석하고, '촛불 민심', '박근혜 대통령 탄핵', 그리고 '문재인 대통령 당선'이 근본적인 한국정치 지형 변화의 신호탄 이었는지 살펴본다. 또 향후 선거에서 정책투표의 가능성이 얼마나 되는지 가늠해 본다.

2. 분석

이 연구에서는 아래와 같은 세 개의 연구질문을 설정했다.

연구질문 1. 제 19대 대통령선거에서 유권자들은 얼마나 정책선호에 기반을 둔 투표를 했는가?

연구질문 2. 제 19대 대통령선거에서 정책투표 경향이 과거에 비해 증가했는가?

연구질문 3. 탄핵 정국이 정책투표를 저해했는가?

1) 설문조사

이 연구에서는 서울대 정치커뮤니케이션센터가 세 번의 선거(2012년 제 18대 대통령선거, 2014년 제 6회 지방선거, 2017년 제 19대 대통령선거)에서 실시한 설문조사 데이터를 분석하였다. 2012년, 2014년 설문조사는 각각 2차례, 3차례의 패널조사로 진행되었다. 이 분석에서는 이 중 마지막 조사까지 참여한 응답자만을 대상으로 하였다. 〈표 10-1〉은 각 선거데이터에 포함된 응답자의 인구·사회학적 특성을 보여준다. 〈표

10-1〉에서 볼 수 있듯이 제19대 대통령선거 조사의 표본은 상당한 정도의 인구·사회학적 대표성을 가지고 있는 반면, 2014년 및 2012년 표본은 대표성이 다소 떨어지는 것으로 나타났다. 따라서 정책투표결과를 이전 선거와 비교하는 데 있어 분명한 한계점이 존재한다는 점을 미리 밝힌다.

정치커뮤니케이션센터는 지난 세 번의 선거기간 동안 실시된 조사에서 응답자의 정책 관련 입장을 후보자 공약과 일반 정책에 대한 설문으로 구분하여 물었다. 공약 설문들은 해당 선거에서 중심적으로 논의되었던 후보자들의 공약에 대한 응답자의 입장을 물었던 반면 일반 정책

〈표 10-1〉 설문 응답자의 인구·사회학적 특성

[단위: 명(%)]

구분		2017년 19대 대선	2012년 18대 대선(3차)	2014년 6회 지선(2차)
성별	남	594(49.5)	1,179(64.0)	1,071(55.6)
	여	606(50.5)	663(36.0)	854(44.4)
연령	20~30대	424(35.3)	920(50.0)	886(46.0)
	40~50대	485(40.4)	841(45.7)	1,039(54.0)
	60대 이상	291(24.3)	81(4.4)	–
임금	500만 원 이하	847(70.8)	1,195(64.9)	1,272(66.1)
	500만 원 이상	353(29.4)	647(35.1)	653(33.9)
교육	대졸 이하	662(55.3)	334(18.1)	510(26.5)
	대졸 이상	538(44.8)	1,508(81.9)	1,415(73.5)
지지정당	자유한국당(새누리당)	201(16.8)	523(28.4)	538(34.8)
	더불어민주당*	501(41.8)	730(39.6)	514(33.3)
	국민의당	73(6.1)	–	–
	바른정당	48(4.05)	–	–
	정의당(통합진보당)	32(2.7)	125(20.1)	124(4.2)
거주지역	수도권	965(80.4)	1,011(54.9)	1,140(59.2)
	비수도권	235(19.6)	831(45.1)	785(40.8)
총합		1,200	1,842	1,925

* 민주통합당(2012년), 새정치민주연합(2014년).

〈표 10-2〉 18 · 19대 대선에서의 공약 사안에 대한 후보자 입장

19대 대선(2017년)						18대 대선(2012년)		
대선 공약	문재인	홍준표	안철수	유승민	심상정	대선 공약	박근혜	문재인
1. 국정원 국내 정보수집 기능 폐지	Yes	No	Yes	No	Yes	1. 국회의원 수 증원	No	Yes
2. 사드 배치	No	Yes	Yes	Yes	No	2. 한미 FTA 재협상	No	Yes
3. 위안부 합의 폐기	Yes	Yes	Yes	Yes	Yes	3. 복지예산 확충	Yes	Yes
4. 전술핵 설치	No	Yes	No	No	No	4. 비정규직 정책	No	Yes
5. 전경련 해체	Yes	Yes	Yes	Yes	Yes	5. 대북지원 정책	No	Yes
6. 일반해고제 도입	No	Yes	Yes	Yes	No	6. 재벌순환출자금지	No	Yes
7. 법인세 인상	No	No	Yes	Yes	Yes	7. 원전 폐지	No	Yes
8. 노동이사제 도입	Yes	No	Yes	No	Yes	8. 청년채용비율 강제	No	Yes
9. 최저임금 인상	Yes	Yes	Yes	Yes				
10. 기본소득 보장	No	Yes	No	No	Yes			
11. 공무원 증원	Yes	No	Yes	Yes	Yes			
12. 자사고/특목고 폐지	Yes	Yes	No	Yes	Yes			
13. 원자력 의존도 감소	Yes	Yes	Yes	Yes	Yes			
14. 전교조 합법화	Yes	No	Yes	No	Yes			

〈표 10-3〉 일반 정책설문 문항

2012년 18대 대선	2017년 19대 대선	2014년 6회 지선
한미 FTA 재협상	한미 동맹 강화	경제성장보다 복지
경제성장보다 복지	국가보안법 폐지	교내 체벌 허용
교내 체벌 허용	개성공단 재개	한미동맹 강화
대체복무제 허용	경제성장보다 복지	비정규직 정책
한미동맹 강화	비정규직 정책 완화	임대아파트 신축
비정규직 정책	부자 증세	집회와 시위의 자유 보장
부동산 정책	공기업 민영화	일본과의 경제군사협력
사형제 폐지	교내 체벌 허용	대북지원 정책
집회와 시위의 자유 보장	대체복무제 허용	원전 확대
일본과의 경제군사협력	사형제 폐지	노사분규 공권력 해결
대북지원 정책		특목고 운영
원전 폐지		중국과의 경제군사협력
노사분규 공권력 해결		기업규제 완화
특목고 운영		기업 열린고용 세제 지원
동성애 법 · 제도적 인정		무상급식 제공
중국과의 경제군사협력		
기업규제 완화		
기업 열린고용 세제 지원		

설문은 경제, 외교·국방, 사회 등의 영역에서 주요 정책(사형제, 대체 복무제 등)에 대한 응답자의 입장에 대해 물었다. 〈표 10-2〉와 〈표 10-3〉은 각 조사에 포함되었던 대선공약 및 일반 정책 설문들을 보여준다. 〈표 10-2〉에는 각 공약 사안에 대한 후보자들의 입장도 포함했다. 19대 대선공약 설문의 경우, 서울대 폴랩(PoLLab)과 〈문화일보〉가 2017년 3월 공동으로 수행한 설문조사에서 동일한 공약 사안('공무원 증원' 문제 제외)에 대한 입장을 각 후보자들에게 직접 전달 받은 바 있다. 따라서 후보자가 직접 제공한 응답을 해당 후보자의 입장으로 규정했다. 18대 대선공약 설문의 경우, 대선공약집과 후보자 토론회에서 밝힌 입장을 토대로 각 후보자의 입장을 추정하여 기록하였다. 2017년 19대 대선 조사는 14개, 2012년 18대 대선 조사는 8개의 공약설문을 포함했다. 2017년 조사에서는 각 공약사안에 대하여 응답자가 동의하는지 여부를 '그렇다' 또는 '아니다'로 대답하게 하였다. 반면 2012년 조사에서는 각 공약에 대한 태도를 0~10점 척도로 응답하도록 한 후 선거 간 비교를 용이하게 하기 위하여 5점을 기준으로 보수 또는 진보적 태도로 재코딩하였다.

일반 정책에 대한 입장은 18대, 19대 대선 조사에서는 4점 척도, 2014년 6회 지방선거 조사에서는 5점 척도로 측정했다. 이들은 정부의 일반적 정책(한미관계, 경제성장, 복지 문제 등)에 대한 입장을 묻는 설문으로 구성되었다. 18대 대선, 19대 대선, 그리고 6회 지방선거 조사에서 각각 18문항, 10문항, 15문항의 일반 정책 관련 설문이 포함되었다(〈표 10-3〉 참고).

2) 분석방법

이 분석에서는 문항반응 이론(*items response theory*, *IRT*)을 적용하여 각 설문응답자 및 후보자의 정책입장을 점수화 하였다. 문항반응 이론은 문항의 속성(난이도 또는 변별력)을 고려하면서 응답자의 기저능력을 측정하는 방법론으로서 공인영어인증시험 등에서 널리 활용되는 방식(강태훈 2010; 성태제 2001)이다. 이 분석에서는 가장 일반적으로 사용하는 일차원 문항반응모형(*unidimensional IRT model*)을 활용, 각 설문 응답자의 정책태도를 점수화하였다. 일차원 문항반응모형은 정답을 1로, 오답을 0으로 처리하고 응답자의 잠재적 성향(*latent trait*, θ)과 문항의 곤란도(*difficulty*, β)를 추정한다. 이 분석에서는 "그렇다/아니다"로 응답하도록 한 대선공약 설문에서 '보수적' 응답을 1, '진보적' 응답을 0으로 재코딩하고 응답자별로 잠재적 성향(*ability score*, θ)을 추정하였다. 따라서 잠재적 성향을 보여주는 추정값이 커질수록 전반적으로 보수적인 정책입장을 가진 유권자이며 작아질수록 진보적인 정책입장을 가진 유권자로 해석할 수 있다. 또 해당 문항에 대해 보수적 또는 진보적 응답이 많다면 이러한 설문의 성향을 고려하여 설문 응답자의 성향을 추정하게 된다. 가령 대부분의 응답자가 보수적 태도를 보인 설문에 '진보적' 응답을 할 경우 응답자의 성향이 진보적으로 추정되는 데 큰 영향을 미치게 된다.

4점 혹은 5점 척도로 측정된 일반 정책 설문에 대해서는 다분 문항반응모형(*polytomous IRT model*)을 적용하여 분석하였다. 다분 문항반응모형은 일차원 문항반응모형을 확장시킨 것으로서 이 중 등급반응모형(*graded response model*, *GRM*)(Samejima 1968)은 일차원 IRT모형의 2모수모형을 확장한 모형이다. GRM은 순서가 있는 다분응답에 대한 점수를 산출하는 대표적인 다분문항 IRT모형이라고 할 수 있다. 이 분석에서는 데이터에 따라 일반 정책 설문을 가장 보수적인 응답을 4(5점 척도 설문에서는 5), 가장 진보적인 응답을 1로 재코딩하여 점수를 산출하였다.

3. 분석결과

1) 대선후보 공약설문 분석결과

우선 대선후보의 공약에 대한 태도를 개괄적으로 살펴보기 위하여 각 공약설문에 대한 보수적 응답의 비율을 계산하였다. 18대와 19대 대선에서 일관적으로 대북지원, 전술핵 및 사드 배치와 같은 국방·외교 정책에서는 보수적인 태도를 보인 응답자가 50% 이상인 것으로 나타났다. 김정은 체제 출범 이후 계속되어 온 도발로 북한의 핵 위협이 현실화되면서, 이념과 관계없이 외교·국방정책에서는 현실주의적 시각이 지배적이라는 것을 보여주는 결과다(〈표 10-4〉 참고).

다음은 유권자들의 정책입장 분포에서 후보자들의 위치를 살펴보았다. 가장 큰 특징은 후보자들의 정책입장에서는 이념적 양극단화가 분명하게 나타난 반면 그들의 지지자들 사이에서는 유사한 정도의 양극단화가 나타나지 않았다. IRT모형에 근거하여 산출한 정책점수는 심상정(-1.863), 문재인(-1.275), 안철수(-0.590), 유승민(-0.288), 홍준표(1.580) 후보순으로 정렬되었고 이는 소속 정당의 알려진 이념위치와 유사했다. 가장 진보적 정책입장을 보인 심상정 후보와 가장 보수적 입장을 보인 홍준표 후보와의 차이는 약 3.443이었다.

후보자 지지자들도 후보자들과 동일한 순(심상정 지지자(-0.388), 문

<표 10-4> 대선후보 공약 설문 '보수적' 응답 비율

(단위: %)

2017년 19대 대선	보수적 응답	2012년 18대 대선	보수적 응답
전술핵 배치	68.3	국회의원 수 증원	83.8
공무원 증원	67.9	대북지원 정책	60.1
사드 배치	64.5	원전 확대	51.7
원자력 의존도 감소	60.4	재벌순환출자	33.3
전교조 합법화	53.2	한미 FTA 재협상	25.7
일반해고제 도입	47.4	청년고용	20.5
노동이사제 도입	44.5	복지예산 확대	18.3
자사고/특목고 폐지	41.9	비정규직 정책	18.0
국정원 국내감찰 폐지	39.1		
전경련 해체	38.6		
최저임금 인상	35.3		
법인세 인상	32.3		
기본소득 도입	30.3		
위안부합의 폐기	29.7		

주: 이항응답으로 재코딩.

재인 지지자(-0.160), 안철수 지지자(0.190), 유승민 지지자(0.200), 홍준표 지지자(0.305)]으로 정렬되었다. 그러나 지지자들 간의 양극단화는 후보자들과 비교해 미약한 수준이었다. 가장 진보적인 위치를 가졌던 심상정 후보 지지자들과 가장 보수적인 위치를 가졌던 홍준표 후보 지지자들의 차이는 약 .693으로 후보자들 간의 차이의 약 1/5에 불과했다. 안철수와 유승민 후보 지지자들은 다소 진보적인 성향으로 나타났으나 두 후보 지지자들의 정책입장은 중도보수 성향으로 나타났다. 또한 문재인 후보의 지지자들은 문재인 후보 자신과는 달리 0에 가깝게 위치했고 문 후보와의 간극이 매우 큰 것으로 나타났다(〈그림 10-1〉 참고).

18대 대선에서도 후보자들의 양극단화 경향이 나타났다. 18대 대선 당시 문재인 후보의 정책입장 점수는 -1.070이었던 반면 박근혜 후보는 1.549였었다. 반면 문 후보 지지자들의 평균 점수는 -0.264, 박 후보

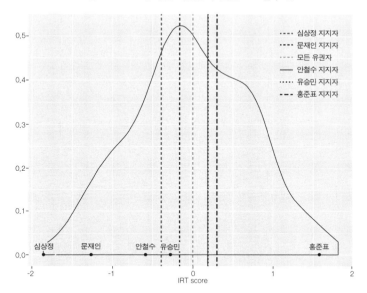

〈그림 10-1〉 19대 대선 대선공약 설문 IRT 점수 분포

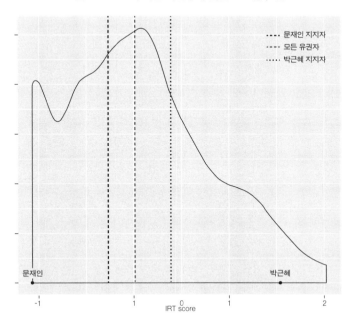

〈그림 10-2〉 18대 대선 대선공약 설문 IRT 점수 분포

지지자들은 0.390으로 나타났다. 따라서 19대 대선과 마찬가지로 후보 자들 간의 양극단화가 지지자들보다 거의 5배 정도 강했다. (〈그림 10-2〉 참고).

이러한 전체 유권자의 정책적 입장에 근거하여 후보자별로 지지자들과의 거리를 계산해 보았다. 우선 당선 후보인 문재인 후보 지지자 중 7.7%(92명)만이 문재인 후보와의 정책적 입장 차이가 다른 후보에 비해 가까웠다. 즉, 문재인 후보 지지자 중 7.7%만이 문 후보와의 정책적 입장의 유사도 때문에 문 후보에게 투표했다는 추론이 가능하다. 심상정 후보 지지자 중 1.4%(17명)만이 심 후보와의 정책적 입장의 유사도가 다른 후보자보다 높았다. 반면 유승민 후보 지지자들 중에는 정책투표자 비율이 51.4%(617명)에 달했다. 홍준표 후보 지지자들의 21.7%(260명), 안철수 후보 지지자들의 17.8%(214명)가 잠재적 정책투표자로 분류되었다. 전체 유권자 중 이러한 잠재적 정책투표자의 비율은 17.8%(213명)로 나타났다.

반면 2012년 18대 대선에서는 전체 응답자 1,842명 중 63.4%(1,168명)가 자신과 가장 가까운 정책입장을 가진 후보자에게 투표한 것으로 나타나 19대 대선에 비해서 그 비율이 훨씬 높았다(〈표 10-5〉 참고). 박근혜 후보 지지자의 31.7%만이 박 후보와 유사한 정책입장을 가지고 있었던 반면, 문재인 후보 지지자의 무려 68.3%가 문 후보와 유사한 정책적 입장을 가지고 있었다. 따라서 18대와 19대 대선에서 정책투표자의 비율이 낮은 후보가 최종 당선되었다고 볼 수 있다. 따라서 이 분석에 포함된 두 번의 대통령선거에서 모두 정책투표보다는 정책 외적인 요인이 투표에 더 결정적 역할을 했다는 추론이 가능하다.

좀더 심층적인 분석을 위해 각 대선에서 당선 후보들에 대한 투표가 얼마나 후보자들과 정책입장 유사도에 의해 결정되었는지 로짓분석을

(단위: %)

19대 대선(2017년)	문재인	홍준표	안철수	유승민	심상정	총합
정책유사 유권자 비율	7.7	21.7	17.8	51.4	1.4	100.0
정책유사 유권자 수(n)	92	260	214	617	17	1,200
전체 유권자 중 정책투표자 비율	5.8	7.5	1.8	2.3	0.3	17.8
해당 후보자 지지자 중 정책투표자 비율	11.9	38.5	16.9	47.5	11.1	
18대 대선(2012년)	박근혜	문재인	총합			
정책유사 유권자 비율	31.7	68.3	100.0			
정책유사 유권자 수(n)	584	1,258	1,842			
전체 유권자 중 정책투표자 비율	18.3	45.1	63.4			
해당 후보자 지지자 중 정책투표자 비율	48.5	79.8				

통해 살펴보았다. 19대 대선에서는 문재인 후보에 대한 투표 여부(문재인 후보 = 1, 기타 후보 = 0), 그리고 18대 대선에서는 박근혜 후보에 대한 투표 여부(박근혜 후보 = 1, 기타 후보 = 0)를 종속변수로 설정하고 성별, 연령, 지역, 임금, 교육 수준, 지지 정당을 통제한 상태에서 정책유사도가 얼마나 영향을 미쳤는지를 분석하였다(〈표 10-6〉 참조).

두 대선 간의 흥미로운 차이점이 발견되었다. 우선 18대 대선에서는 당선자인 박근혜 후보와의 정책적 거리가 가까울수록 박 후보에 대한 투표확률이 높아진 것을 볼 수 있다. 반면 박 후보와의 정책적 거리를 통제한 상황에서는 문 후보에 대한 정책적 거리는 박 후보에 대한 투표 여부에 거의 영향을 주지 않은 것으로 나타났다. 반면 19대 대선에서는 문재인 당선자와의 정책적 거리가 문 후보에 대한 투표 여부에 거의 영향이 없었다. 반면 홍준표 후보와의 정책적 거리가 문 후보에 대한 투표에 통계적으로 유의한 영향이 있었다. 즉, 홍 후보와의 정책적 거리가 멀수록 문 후보에게 투표할 확률이 높아진 것이다. 이는 문 후보에게 투표한 유권자 중 상당수는 문 후보와의 정책적 입장의 유사도보다는 홍 후보와의

<table>
<tr><th></th><th>문재인(2017년 대선)</th><th>박근혜(2012년 대선)</th></tr>
</table>

	문재인(2017년 대선)	박근혜(2012년 대선)
자유한국당(새누리당) 지지자	2.432**	2.550*
	(0.221)	(0.197)
더불어민주당(민주통합당) 지지자	−2.906**	−1.289*
	(0.373)	(0.167)
국민의당 지지자	−3.082**	
	(0.614)	
바른정당 지지자	−3.123**	
	(0.765)	
정의당 지지자	−0.745	−0.501
	(0.448)	(0.267)
당선자: IRT점수거리 [문재인(19대), 박근혜(18대)]	−1.129	−1.819*
	(1.333)	(0.675)
2위 후보: IRT점수거리 [홍준표(19대), 문재인(18대)]	2.365**	−0.776
	(0.874)	(0.644)
안철수와의 IRT점수거리	0.558	
	(0.909)	
유승민과의 IRT점수거리	−0.253	
	(0.528)	
심상정과의 IRT점수거리	2.811*	
	(1.278)	
성별	−0.070	0.223
	(0.191)	(0.146)
연령	−0.003	0.030*
	(0.008)	(0.000)
임금	0.047	−0.047
	(0.061)	(0.034)
호남 지역	0.661	−0.495
	(0.394)	(0.275)
대학졸업자	−0.210	−0.401*
	(0.231)	(0.185)
상수	−7.608***	2.366
	(2.904)	(1.780)
N	1,039	1,719

*p < .05, **p < .01.

<표 10-7> 제19대 대통령선거: 공약 선호와 탄핵에 대한 태도가 투표에 미치는 영향

투표	문재인	문재인
민주당 지지자	2.432**	2.394**
	(0.220)	(0.221)
자유한국당 지지자	−2.812**	−2.626**
	(0.361)	(0.367)
국민의당 지지자	−3.014**	−3.017**
	(0.610)	(0.612)
바른정당 지지자	−2.910**	−2.809**
	(0.739)	(0.741)
정의당 지지자	−0.726	−0.745
	(0.446)	(0.450)
IRT	−0.207	−0.175
	(0.135)	(0.137)
탄핵 평가	−	0.117*
	−	(0.049)
성별	−0.0512	−0.0267
	(0.190)	(0.191)
연령	−0.002	−0.000
	(0.008)	(0.008)
임금	0.046	0.039
	(0.061)	(0.062)
호남 지역	0.691	0.497
	(0.359)	(0.368)
대학졸업자	−0.177	−0.155
	(0.231)	(0.232)
상수	0.002	−0.935
	(0.551)	(0.677)
N	1,039	1,039

*p < .05, **p < .01.

정책적 거리감 때문에 문 후보에게 투표했다는 추론이 가능하다.

또 한 가지 흥미로운 점은 심상정 후보와도 정책적 거리가 멀수록 문 후보에게 투표할 확률이 높아진 것으로 나타났다. 이는 상대적으로 더 극단적인 입장을 가진 심 후보에게 투표하는 것을 부담스럽게 느낀 유권자중 일부가 문 후보에게 투표한 것으로 해석할 수 있다. 요약하면 18대 대선과는 달리 19대 대선에서는 문 후보의 정책적 입장과 자신의 선호가 부합하기 때문에 투표한 유권자보다 다른 경쟁 후보와의 거리감 때문에 문 후보에게 투표하는 일종의 '부정적 투표' 경향이 두드러졌다(〈표 10-6〉 참고).

이러한 결과는 18대 대선과 비교하여 19대 대선에서 정책투표 경향이 오히려 감소했다는 것을 보여준다. 이러한 현상이 나타난 이유는 무엇일까? 이 질문에 대한 만족할 만한 답을 제시하는 것은 이 장의 목적을 넘어서는 것이다. 그러나 한 가지 가능성은 19대 대선의 가장 큰 특징으로 꼽을 수 있는 탄핵 정국이라 할 수 있다. 19대 대선은 탄핵 정국으로 박근혜 전 대통령에 대한 평가가 투표에 지대한 영향을 끼칠 수밖에 없는 상황이었다. 이러한 상황적 요인으로 인해 정책적 고려가 투표에 큰 영향을 주지 못했다는 가설을 설정할 수 있다.

실제로 응답자의 탄핵에 대한 태도가 문재인 후보에게 투표하는 데 상당한 영향을 주었던 것으로 분석됐다(〈표 10-7〉 참조). 정책입장 점수는 문 후보에게 투표하는 데 영향을 미치지 않았던 반면, 탄핵이 공정했는지를 묻는 설문에 대한 응답은 문 후보에게 투표할 확률에 유의미한 영향을 미쳤던 것으로 나타난다($p < 0.5$). 이는 19대 대선결과에 박근혜 대통령 탄핵에 대한 평가가 큰 영향을 미치면서 정책투표의 영향을 축소했다는 추론을 가능케 한다. 물론 자료의 제한성으로 인해 이 분석을 통해 단정적 결론을 내기에는 분명한 한계가 있다.

2) 일반 정책설문 분석결과

일반 정책설문은 4점 또는 5점 척도로 구성되어 있었다. 제6회 지방선거의 경우, 각 선거구마다 다른 후보자들이 입후보하였기 때문에 후보별로 각 사안에 대해 입장을 확인하는 것이 불가능하였다. 따라서 일반 정책설문에 대해서는 다분항 IRT 모델을 적용하여 유권자들의 입장만을 추정하고 이를 점수로 산출하였다.

〈표 10-8〉은 각 선거별 일반 정책에 대한 유권자의 보수적 응답 비율을 제시한다. 대선공약과 마찬가지로 대체복무제, 한미동맹 및 대북지

〈표 10-8〉 일반 정책설문에서 '보수적' 응답 비율

(단위: %)

제19대 대통령선거(2017년)		제6회 지방선거(2014년)		제18대 대통령선거(2012년)	
정책설문	비율	정책설문	비율	정책설문	비율
한미 동맹 강화	82.60	한미 동맹 강화	39.20	한미 동맹 강화	72.30
비정규직 정책	50.50	비정규직 정책	13.90	비정규직 정책	26.10
경제성장보다 복지	45.50	경제성장보다 복지	34.60	경제성장보다 복지	51.70
교내 체벌 허용	50.80	교내 체벌 허용	46.40	교내 체벌 허용	71.60
개성공단 재개	56.50	대북지원 정책	35.00	대북지원정책	45.30
공기업 민영화	50.30	기업규제 완화	32.40	기업규제 완화	52.60
사형제 폐지	60.50	무상급식 제공	24.00	사형제 폐지	75.00
대체복무제 도입	59.80	임대아파트 신축	13.30	대체복무제 도입	54.10
국가보안법 폐지	53.50	노사분규 공권력 해결	24.90	노사분규 공권력 해결	37.80
부자증세	14.90	원전 확대	22.20	원전 확대	45.50
		일본과의 경제군사협력	13.20	일본과의 경제군사협력	29.20
		중국과의 경제군사협력	12.20	중국과의 경제군사협력	21.50
		집회와 시위의 자유보장	20.20	집회와 시위의 자유보장	28.20
		특목고 운영	17.80	특목고 운영	34.60
		기업 열린고용세제 지원	6.70	기업 열린고용세제 지원	9.60
				동성애 법·제도적 지지	44.30
				한미FTA 재협상	27.90
				부동산 정책	20.70

원과 같은 국방 관련 이슈에 대해서는 모든 선거에서 과반 이상의 유권자들이 '보수적' 태도를 보인다는 것을 알 수 있다. 또 최근 선거에서는 경제성장보다는 복지가 중요하다는 태도가 늘어나 경제적 측면에서는 큰 정부를 지향하는 진보적 태도가 증가 추세를 보이고 있다.

일반 정책설문에 근거하여 유권자의 정책입장을 IRT 점수로 산출했을 때, 18대 대선과 6회 지방선거에서는 진보-보수를 대표하는 후보자 지지자들 간의 평균 정책거리가 각각 0.987(문재인 지지자: -0.399, 박근혜 지지자: 0.588), 0.948(새정치 후보 지지자: -0.320, 새누리당 후보 지지자: 0.628)로 비교적 컸던 반면, 19대 대선에서는 그 거리가 0.487(심상정 지지자: -0.231, 홍준표 지지자: 0.247)로 상대적으로 작았던 것을 볼 수 있다(〈그림 10-3〉 참고). 이는 19대 대선에서 정책투표가 과거에 비해 줄어들었다는 앞선 결과와 부합하는 것으로 볼 수 있다.

정책점수가 투표에 미치는 영향을 분석했을 때도 앞선 분석과 유사한 결과가 도출되었다. 19대 대선에서는 문재인 후보에 대한 투표 여부(문재인 후보 = 1, 기타 후보 = 0)를, 6회 지선에서는 새누리당 후보자에 대한 투표 여부(새누리당 후보 = 1, 기타 후보 = 0), 그리고 18대 대선에서는 박근혜 후보에 대한 투표 여부(박근혜 후보 = 1, 기타 후보 = 0)를 종속변수로 하여 정책선호 영향이 미치는 영향을 분석해 보았다(〈표 10-9〉 참조). 19대 대선에서는 응답자의 정책입장이 투표에 거의 영향을 미치지 않았던 반면, 6회 지선과 18대 대선에서는 IRT 점수가 높을수록 보수 후보에게 투표할 확률이 높았던 것으로 나타났다($p < .01$). 결국 대선 후보의 공약에 대한 입장을 분석했을 때와 마찬가지로 19대 대선에서는 과거 선거에 비해 정책투표가 줄어들었다는 결론에 도달할 수 있었다.

마지막으로 〈표 10-10〉에서 볼 수 있는 것처럼, 정책 IRT 점수는 투표에 영향을 미치지 않는 반면, 탄핵의 공정성에 대한 평가는 문재인 후

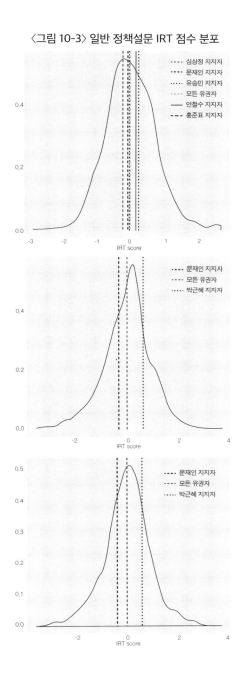

〈그림 10-3〉 일반 정책설문 IRT 점수 분포

심상정 지지자
문재인 지지자
유승민 지지자
모든 유권자
안철수 지지자
홍준표 지지자

문재인 지지자
모든 유권자
박근혜 지지자

문재인 지지자
모든 유권자
박근혜 지지자

〈표 10-9〉 일반 정책선호에 따른 정책 투표

	문재인 (제 19대 대통령선거)	새누리후보 (제 6회 지방선거)	박근혜 (제 18대 대통령선거)
자유한국당 지지자 [새누리당(2014)]	2.448** (0.220)	1.350** (0.202)	2.128** (0.201)
더불어민주당 지지자 [새정치연합(2014), 민주당(2012)]	−2.805** (0.361)	−1.275** (0.239)	−1.200** (0.170)
국민의당 지지자	−3.016** (0.610)		
바른정당 지지자	−2.929** (0.738)		
정의당 지지자	−0.710 (0.446)	−0.159 (0.395)	
통합진보당 지지자		−1.732 (1.039)	−0.224 (0.277)
IRT	−0.209 (0.130)	0.821** (0.119)	1.343** (0.120)
성별	−0.035 (0.190)	−0.110 (0.163)	0.344* (0.150)
연령	−0.003 (0.008)	0.023** (0.007)	0.022** (0.007)
임금	0.0425 (0.061)	−0.006 (0.037)	−0.057 (0.035)
호남 지역	0.795* (0.346)	−1.544** (0.416)	−0.700* (0.283)
대학졸업자	−0.153 (0.230)	−0.485* (0.190)	−0.417* (0.188)
상수	0.0275 (0.550)	−1.369** (0.389)	−0.928* (0.366)
N	1,039	1,225	1,719

*p < .05, **p < .01.

362

〈표 10-10〉 일반 정책선호와 탄핵에 대한 태도가 투표에 미치는 영향

투표	문재인*	문재인*
민주당 지지자	2.448**	2.404**
	(0.220)	(0.221)
자유한국당 지지자	-2.805**	-2.618**
	(0.361)	(0.367)
국민의당 지지자	-3.016**	-3.007**
	(0.610)	(0.612)
바른정당 지지자	-2.929**	-2.815**
	(0.738)	(0.740)
정의당 지지자	-0.710	-0.739
	(0.446)	(0.451)
IRT	-0.209	-0.190
	(0.130)	(0.131)
탄핵 평가		0.120*
		(0.049)
성별	-0.035	-0.0107
	(0.190)	(0.191)
연령	-0.003	-0.010
	(0.008)	(0.008)
임금	0.0425	0.0357
	(0.061)	(0.061)
호남 지역	0.795*	0.578
	(0.346)	(0.357)
대학졸업자	-0.153	-0.136
	(0.230)	(0.232)
상수	0.0275	-0.935
	(0.550)	(0.678)
N	1,039	1,039

*p < .05, **p < .01.

보에게 투표할 확률에 유의미한 영향을 미쳤다$(p < .05)$. 즉, 정책에 대한 선호보다 탄핵 정국이 투표에 미치는 영향이 더 컸다고 볼 수 있고 이는 앞선 분석의 결과와 일맥상통하는 것으로 해석할 수 있다.

4. 나가며

이 장에서는 제19대 대통령선거에서 정책투표가 얼마나 이루어졌는지 분석했다. 제19대 대통령선거는 소위 '촛불 혁명'의 결과로 여겨지고 역대 어느 대선보다 민의가 많이 반영된 것으로 보는 시각이 일반적이다. 그러나 규범적 차원에서 우리 연구진의 분석결과는 이러한 대중적 기대와는 차이가 있었다. 즉, 민의의 반영이 증가한 19대 대선에서 오히려 정책투표가 줄어든 것으로 나타난 것이다.

이 분석의 가장 중요한 결론은 19대 대선에서 과거에 비해 정책투표가 오히려 퇴보했다는 것이다. 18대 대선에서는 정책입장이 가장 유사한 후보자에게 투표한 유권자 비율이 약 63.4%였던 것으로 추정된 데 반해 19대 대선에서는 약 17.8%만이 정책투표를 한 것으로 나타났다. 전체 유권자 중 50% 이상이 유승민 또는 안철수 후보의 정책입장과 가장 유사한 입장을 가진 것으로 나타났으나 실제 두 후보에게 투표했다고 응답한 비율은 극소수에 불과했다. 반면 최종 당선자인 문재인 후보에게 정책투표한 응답자의 비율은 불과 5.8% 정도였다.

또 한 가지 주목할 만한 결과는 문재인 후보에 대한 투표가 문 후보와의 정책적 유사도보다 홍준표 후보에 대한 반 정책투표에 기인했다는 것이다. 18대 대선에서는 박근혜 후보의 정책에 대한 선호가 박 후보에 대한 투표에 영향을 주었던 반면 19대 대선에서는 문재인 후보에 대한 투표가 문 후보와의 정책적 유사도와 전혀 상관이 없었던 것으로 나타났다. 일반 정책설문에 기반을 둔 분석에서도 18대 대선과 6회 지선에서는 정책태도가 투표에 매우 유의미한 영향을 미친 데 반해 19대 대선에서는 아무런 영향이 없었던 것으로 나타났다.

왜 이런 현상이 나타났을까? 한 가지 해석은 이러한 결과를 19대 대선의 특수성에 기인한 것으로 보는 것이다. 19대 대선은 대통령 탄핵이라는 사상 초유의 상황에서 치러졌다. 따라서 박근혜 전 대통령 탄핵이라는 점이 탄핵에 대한 평가가 이념적 정책선호나 대선 공약 선호를 압도하는 영향력을 보여 다른 선거와 비교하여 특수한 촛불선거의 성격을 명확히 띤다고 결론 내릴 수 있었다. 이 분석으로만 이 질문에 대한 설득력 있는 답을 낸다는 것은 불가능하며 향후 추가적인 분석이 필요하다.

또 다른 가능성은 한국정치 전반에 퍼지고 있는 극단적 정치대립으로 인해 지속적으로 정책투표의 가능성이 줄어들고 있는 것이다. 즉, 정치적 대립이 극단화하면서 상대 진영에 대한 감정이 격앙되고 이 것이 정치적 결정에 미치는 영향이 늘어나는 만큼 합리적 또는 이성적 결정의 영역이 점차 감소하고 있는 것으로 해석할 수 있다. 실제로 미국 학계에서는 선거결과의 양극단화가 증가하고 있는 원인이 이념적 또는 정책적 차이의 증가에 기인하기보다는 감정적 양극단화에 기인한 것이라는 연구결과가 설득력 있게 받아들여진다(Iyengar, Sood & Lelkes 2012 등). 이런 맥락에서 이 분석의 결과는 이러한 시대적 변화가 반영된 것으로 해석될 수 있다. 그렇다면 향후 한국정치에서 정책투표의 미래가 매우 불투명하다는 것을 의미한다. 정책투표가 이루어지지 않는 원인이 한국정치의 근본적인 속성에 있는 것으로 봐야하기 때문이다.

어느 시각이 더 설득력 있든지 간에 한국정치에 가지는 함의는 동일하다. 가장 큰 함의는 2017년 대선결과가 한국유권자 지형의 근본적인 변화를 신호한다고 보기는 어렵다는 점이다. 자신의 정치성향을 진보적이라고 표현하는 젊은 유권자가 대다수를 차지하고 세대 간 투표성향이 양극단화되고 있는 것을 두고 한국유권자 지형이 근본적으로 변화하고 있다고 보는 학계의 시각이 존재한다. 그러나 이 분석의 결과는 이러한 시각을 수용할 만한 실증적 근거가 매우 미약하다는 것을 시사한다. 즉, 젊은 유권자들이 자신을 진보적이라고 지칭하기는 하나 실제 정책입장의 측면에서는 중장년층과 많이 다르지 않다. 실제로 19대 대선에서 문재인 후보에게 투표한 것이 문 후보의 정책입장을 지지해서라고 보기에는 무리가 있었다. 따라서 유권자 지형이 근본적으로 현여당에 유리하게 바뀌었다고 보는 것은 무리가 있어 보인다. 오히려 보수 진영의 지리멸렬함이 이러한 유권자들의 표심을 흡수하지 못하고 있다고 보는 것이 더 설득력 있는 시각으로 볼 수 있다.

참고문헌

강우진. 2013. "제 18대 대선과 경제투표", 〈한국정치학회보〉 47(5), 213~233.
강원택. 2003. 《한국의 선거정치: 이념, 지역, 세대와 미디어》. 서울: 푸른길.
_____. 2013. "한국선거에서의 '계급배반투표'와 사회계층", 〈한국정당학회보〉 12(3), 5~28.
강태훈. 2010. "IRT summed-score linking to achieve comparability between observed test scores", 〈교육평가연구〉 23, 509~528.
김성연・김준석・길정아. 2013. "한국 유권자들은 정책에 따라 투표하는가?", 〈한국정치학회보〉 47(1), 167~183.
김성연・정효명. 2014. "정책선호가 정당 지지에 미치는 영향", 〈한국정치학회보〉 48(1), 119~140.

김 욱. 2004. "17대 총선과 충청권 정치지형의 변화", 〈정치정보연구〉 7(1), 6
9~87.

류재성. 2016. "집단 간 갈등 인지 결정요인 분석", 〈한국정당학회보〉 15(2), 13
9~171.

박경미・한정택・이지호. 2012. "한국사회 이념갈등의 구성적 특성", 〈한국정당
학회보〉 11(3), 127~154.

성태제. 2001. 《문항반응 이론의 이해와 적용》. 서울: 교육과학사.

송근원・정봉성. 2007. "16대 대선에서 나타난 유권자들의 정책입장과 투표행
태", 〈21세기정치학회보〉 17(1), 45~70.

윤성이・이민규. 2011. "한국사회 이념측정의 재구성", 〈의정연구〉 34, 63~82.

이갑윤. 1998. 《한국의 선거와 지역주의》. 서울: 오름.

이현출. 2005. "한국 국민의 이념성향", 〈한국정치학회보〉 39(2), 321~343.

장승진. 2013. "경제민주화와 제 18대 대선", 〈한국정당학회보〉 12(1), 87~112.

지병근. 2013. "유권자들의 정책선호와 투표선택", 이내영・서현진 편. 《변화하
는 한국유권자 5》. 서울: 동아시아연구원.

최준영・조진만. 2005. "지역균열의 변화 가능성에 대한 경험적 고찰", 〈한국정치
학회보〉 39(3), 375~394.

Iyengar, S., Sood, G. & Lelkes, Y. 2012. "Affect, not ideology: A social
identity perspective on polarization", *Public Opinion Quarterly* 76(3), 405~
431.

Samejima, F. 1968. "Estimation of latent ability using a response pattern of
graded scores", *ETS Research Report Series* 1968(1).

저자 약력 (가나다순)

강신구

아주대 정치외교학과 교수. 미국 로체스터대(University of Rochester)에서 정치학 박사학위를 취득하였다. 한국정치학회 연구이사, 한국정당학회 총무이사 및 기획이사 등의 역할을 수행하였다. 주된 연구관심 분야는 선거, 의회 등 정치과정과 비교정치제도이다. 《변화하는 한국유권자 6》(2017), 《2014년 지방선거분석》(2015), 《2012년 대통령 선거분석》(2013) 등 다수의 선거분석 저작에 공동연구자이자 저자로서 참여하였다. 주된 연구논문으로는 "Representation and policy responsiveness"(2010), "The influence of presidential heads of state on government formation in European democracies"(2009), "제 19대 대통령 선거와 TV토론회"(2017), "사전투표제도와 투표율"(2016), "한국인 이념인식의 단기변동성"(2013), "어떤 민주주의인가?"(2012) 등이 있다.

강원택

서울대 정치외교학부 교수. 영국 런던정치경제대(London School of Economics and Political Science)에서 정치학 박사학위를 취득하였다. 한국정치학회장과 한국정당학회장을 역임했고, 현재 중앙선거관리위원회 선거자문위원, 국회 입법지원위원 등으로 있다. 주요 저서로는 《한국의 정치개혁과 민주주의》(2005), 《보수정치는 어떻게 살아남았나》(2008), 《통일 이후의 한국 민주주의》(2011), 《한국정치론》(2018) 등이 있다.

김석호

서울대 사회학과 교수. 서울대 사회발전연구소 소장. 미국 시카고대 (The University of Chicago) 에서 사회학 박사 학위를 취득하였다. 주요 관심 분야는 정치 태도와 행위, 시민사회, 이민, 서베이방법론 등이다. 한국사회학회, 한국인구학회 이사, 신고리 5·6호기 공론화 검증위원회 위원장 등을 역임하였고, 현재 한국조사연구학회, 한국 삶의질 학회, 한국미래학회 이사, 국가통계위원회, 법무부 등 각종 부서의 자문 위원으로 있다. 주요 저서로는 《촛불 너머의 시민사회와 민주주의》(공저 2018), 《한국 민주주의의 질》(공저 2018) 등이 있다.

김연숙

서울대 한국정치연구소 연구원. 숙명여대에서 정치학 박사학위 취득 후, 미국 일리노이대 (University of Illinois at Urbana-Champaign) 에서 방문학자로 연구하였다. 한국사회과학데이터센터 (KSDC) 연구실장을 역임하였고, 현재 한국정당학회 편집위원, 한국선거학회 총무이사로 활동하고 있다. 주요 저서와 논문으로 《한국의 선거 Ⅶ》(공저 2017), "긍정과 부정의 정치심리학"(2014), "상충적 유권자의 감정합리성과 투표선택"(2014), "한국정치학의 이론적 스케치: 한국 민주화 경험의 이론화를 위한 소고"(2017) 등이 있다.

김용민

서울대 사회학과 석사졸업. 서울대 사회발전연구소 연구보조원.

류재성

계명대 국제지역학부 교수. 미국 텍사스주립대 (The University of Texas, Austin) 에서 정치학 박사학위를 취득하였다. 한국정당학회장을 역임하였고, 현재 한국정치학회 총무이사, 한국의회발전연구회 연구편집위원장으로 있다. 주요 논문으로는 "부동층은 누구인가?: 2012년 총선 및 대선, 2014년 지방선거 비교 분석"(2014), "중도 및 무당파 유권자 특성: 무태도 (non-attitudes) 인가 부정적 태도 (negativity) 인가?"(2012), "정치이념의 방향, 강도 및 층위"(2013), "정치이념의 정책선호 결정에 있어 정치지식의 역할"(2012) 등이 있다.

박원호

서울대 정치외교학부 교수. 미국 미시간대(The University of Michigan)에서 정치학 박사학위를 취득하였다. 한국정당학회 부회장, 한국정치학회 연구이사, 한국조사연구학회 연구이사 등을 역임하였고, 중앙선거관리위원회 여론조사심의위원회 자문위원으로 있다. 주요 연구 분야는 연구방법론, 투표행태 및 한국정치 등이다. 주요 저서와 논문으로는 《한국사회의 변화를 돌아보다》(공저 2018), 《한국지방자치의 현실과 개혁과제》(공저 2014), "정당선호의 감정적 기반"(2014) 등이 있다.

성예진

서울대 정치외교학부 박사과정.

송병권

한양대 정책학과 교수. 미국 하버드대(Harvard University)에서 정치학 박사학위를 취득하였다. 주요 연구 분야는 선거, 미디어 정치, 정치경제이며 *American Politics Research*, *Electoral Studies*, *Journal of East Asian Studies*, *Journal of Politics* 등의 학술지에 연구논문을 게재하였다.

윤광일

숙명여대 정치외교학과 교수. 미국 미시간대(The University of Michigan)에서 정치학 박사학위를 취득하였다. 미국정치연구회 회장과 한국정당학회 편집위원장, 숙명여대 다문화통합연구소장을 역임하였고, 현재 한국의회발전연구회 국회연수과정 위원장으로 있다. 주요 논문으로는 "국가정체성과 대북 태도: 애국심을 중심으로"(2018), "한국인 국가정체성의 정치심리학"(2017), "지역주의의 변화: 1988년, 2003년 및 2016년 조사결과 비교"(2017) 등이 있다.

이혜림

서울대 언론정보학과 박사수료.

장슬기

서울대 언론정보학과 박사수료.

장승진

국민대 정치외교학과 교수. 미국 컬럼비아대(Columbia University)에서 정치학 박사학위를 취득하였다. 한국과 미국을 비롯한 다양한 국가의 선거 및 정당정치, 유권자의 정치행태에 대한 연구를 진행하고 있다. 주요 논문으로는 "허위합의(False Consensus) 효과와 쟁점투표"(2017), "사회적 공정성 인식과 복지 확대 및 증세에 대한 한국인들의 태도"(2017), "제20대 총선의 투표선택: 회고적 투표와 세 가지 심판론"(2016), "체제전환 이후 공산당 계승정당에 대한 지지: 동유럽 비세그라드(Visegrád) 4국 사례를 중심으로"(2016) 등이 있다.

하상응

서강대 정치외교학과 교수. 미국 시카고대(University of Chicago)에서 정치학 박사를 취득하였고, 예일대(Yale University) 박사 후 연구원, 뉴욕시립대(Brooklyn College of the City University of New York) 정치학과 조교수를 역임하였다. 주요 관심 분야는 정치심리학, 정치커뮤니케이션, 투표행태이다. 성격 특성, 이민자에 대한 태도, 투표행태 등의 주제로 *American Political Science Review*, *American Politics Research*, *Journal of Ethnic and Migration Studies*, *Political Psychology*와 같은 학술지에 논문을 게재하였다. 현재 *PLOS One* 편집위원으로 활동 중이다.

한규섭

서울대 언론정보학과 교수. 미국 스탠퍼드대(Stanford University)에서 언론학(정치커뮤니케이션) 박사학위를 취득하였다. *British Journal of Political Science*, *Communication Research*, *Computational Statistics*, *Journal of Applied Statistics*, *Journal of Communication*, *Journal of Politics*, *Political Communication*, *PlosOne* 등의 저널에 논문을 게재해 오고 있다. 최근 저서인 《빅데이터로 보는 한국정치 트렌드》(2017)는 일본어(《ビッグデータから見える韓國》)로 번역되어 출판된 바 있다.